Organiser le développement durable

Expériences des entreprises pionnières et formation de règles d'action collective

Franck Aggeri

Maître-assistant à l'école des Mines de Paris

Éric Pezet

Maître de conférences à l'université d'Évry Val d'Essonne, chercheur à M-Lab (ENS Cachan)

Christophe Abrassart

Auditeur RSE chez Vigéo depuis janvier 2005

Aurélien Acquier

Doctorant à l'école des Mines de Paris

Chercheurs au Centre de gestion scientifique (CGS) de l'école des Mines de Paris

ADEME

Agence de l'Environnement et de la Maîtrise de l'Energie

Vuibert

Le présent ouvrage est issu de l'étude « Le développement durable nouvel horizon de l'entreprise ? Une analyse comparative des pratiques de quatre entreprises en matière de développement durable ». © ADEME

ISBN 2 7117 6962 3

ADEME

Agence de l'Environnement et de la Maîtrise de l'Energie

Agence de l'Environnement et de la Maîtrise de l'Énergie

Siège social : 2 square La Fayette, BP 90406
49004 Angers Cedex 01. Tél. : 02 41 20 41 20, Fax : 02 41 87 23 50
Centre de Paris : 27 rue Louis Vicat, 75015 Paris.
Tél. : 01 47 65 20 00, Fax : 01 46 45 52 36
Centre de Valbonne : 500 route des Lucioles
06560 Valbonne Cedex. Tél. : 04 93 95 79 00, Fax : 04 93 65 31 96
www.ademe.fr

L'ADEME est un établissement public sous tutelle des ministres chargés de l'écologie, de l'industrie et de la recherche.
Acteur du développement durable, l'ADEME participe à la mise en œuvre des politiques publiques en matière d'énergie et de protection de l'environnement.
Elle intervient dans les domaines suivants : la prévention de la pollution de l'air, la limitation de la production des déchets, la maîtrise de l'énergie, la promotion des énergies renouvelables, le traitement des sols pollués, la lutte contre les nuisances sonores et le management environnemental.
Elle s'appuie sur différentes compétences : l'expertise scientifique et technique, l'aide à la décision pour le montage de projets, l'aide financière, la diffusion de pratiques exemplaires et l'action sur les comportements.

Le développement durable…
Des entreprises privées, des établissements publics, des collectivités s'investissent dans des stratégies de développement durable. Le chef d'entreprise, tout en recherchant la rentabilité de son activité a souvent le choix entre différentes alternatives qui n'auront pas le même impact sur l'environnement. L'élu doit répondre aux aspirations de ses administrés et ses choix doivent nécessairement intégrer les dimensions économiques, sociales et environnementales.
Dans ce contexte, l'ADEME a mis le développement durable au cœur de son action, avec le concours d'un large réseau de partenaires, afin de rendre cette démarche la plus concrète possible, selon trois axes :
– assurer la cohérence de ses politiques et de ses actions avec une démarche de développement durable grâce à une grille de critères adaptés ;
– aider ses partenaires, et notamment les PME, à progresser dans leurs propres démarches en leur proposant des méthodes et des outils adaptés ;
– mettre en œuvre, dans son propre fonctionnement interne un programme « ADEME exemplaire » pour qu'elle s'applique à elle-même des démarches de responsabilité environnementale et sociale.

Chiffres-clés

- Un budget de l'ordre de 411,6 millions d'euros
- 850 collaborateurs
- 3 sites centraux
- 26 délégations régionales
- Un bureau de représentation à Bruxelles

Contact

Élisabeth Gaillarde. Tél : 01 47 65 21 73 - elisabeth.gaillarde@ademe.fr

Sommaire

Remerciements

Ce livre n'aurait pas été possible sans le soutien de l'ADEME. Nous tenons en particulier à remercier M. Jean-Pierre Tabet et Mme Élisabeth Gaillarde-Thannberger, du service économique de l'ADEME, pour leurs conseils et pour l'intérêt qu'ils ont accordé à ce projet de recherche. Nos remerciements vont également à Jérôme Le Bihan qui a soutenu ce projet chez Vuibert et pour ses conseils avisés.

Mais ce projet n'aurait pu aboutir sans la collaboration avec les entreprises dont nous étudions ici les expériences (Accor, Arcelor, Lafarge et Monoprix) et qui ont accepté de nous ouvrir leurs portes. Les analyses que nous proposons ont été discutées et validées avec les responsables de ces actions. Nous tenons à remercier Mme Stéphanie Levet (Monoprix), Mme Gaelle Monteiller (Lafarge), M. Patrick Du Bois (Arcelor), M. John Du Monceau (Accor) qui ont accueilli favorablement ce projet de recherche. Nous sommes aussi redevables à Mme Hélène Roques et Mme Patricia Cortijo (Accor), M. Patrick Paris (Lafarge), M. Claude Keradec (Lafarge), M. Jacky Prudhomme (Arcelor) et Mme Frédérique Willard (Ademe) qui ont permis les contacts indispensables à ce travail et avec qui nous avons eu des échanges très fructueux. Nous remercions aussi tous ceux qui ont accepté de nous recevoir et nous ont ainsi permis de mener à bien les investigations approfondies qui nourrissent cet ouvrage.

Enfin, ce livre doit beaucoup aux échanges que les auteurs ont pu avoir avec plusieurs collègues dont ceux du Centre de gestion scientifique (CGS) de l'École des Mines de Paris. Qu'ils soient remerciés pour leur soutien et leurs conseils précieux.

Introduction

L'énigme du développement durable dans l'entreprise

Jusqu'au milieu des années 1990, le développement durable semblait une notion étrangère à l'entreprise. En dehors de quelques entreprises militantes anglo-saxonnes (Ben and Jerry's, The Body Shop, Patagonia), l'heure était au triomphe du modèle actionnarial, à une vision réduite aux acquêts de la responsabilité de l'entreprise. Il était alors surtout question de création de valeur pour l'actionnaire et de rendement à court terme des capitaux investis ; objectifs aux antipodes du projet de développement durable, notion popularisée au sommet de la terre de Rio en 1992 qui met l'accent sur la prise en compte du long terme, sur la conciliation des intérêts des générations présentes et futures et sur l'intégration des dimensions sociales, environnementales et économiques.

Dix ans plus tard, si l'on en juge par les déclarations des dirigeants, la multiplication de rapports ou de fonctions dédiées à ce thème, les grandes entreprises européennes semblent s'être converties, à l'instar de leurs homologues anglo-saxonnes, au développement durable. Il n'est plus seulement question de valeur actionnariale mais de « dialogue avec les parties prenantes », de « bonne gouvernance », de « prise en compte des dimensions environnementales », de « gestion durable des ressources humaines ».

Cet engouement subit et massif des grandes entreprises suscite des débats contradictoires : pour les uns, il ne s'agit que d'une nouvelle rhétorique, au mieux d'un discours consistant à revêtir d'habits neufs ce que les entreprises font déjà en matière sociale et de protection de l'environnement ; pour les autres, l'entreprise a toujours exercé sa responsabilité envers la société, depuis le paternalisme au XIXe siècle jusqu'à l'éthique des affaires plus récemment ; pour d'autres enfin, la prise de position des entreprises serait une réponse mécanique à un certain nombre de pressions externes qui auraient vu le jour récemment (nouvelles exigences réglementaires en matière de *reporting* social et environnemental, émergence des fonds éthiques, critiques de la société civile)[1]. Les deux premières approches relèvent d'une posture naturaliste. L'entreprise serait par nature opportuniste ou, au contraire, responsable. Dans un cas, elle poursuivrait, derrière une rhétorique de façade, un seul objectif : la maximisation du profit. Dans l'autre, sa performance économique ne serait nullement incompatible avec un principe de responsabilité à l'égard de la société. Bien au contraire, le capital humain, le développement de relations harmonieuses avec son environnement

1. Nous reviendrons sur ces différents points dans la première partie.

seraient des conditions indispensables à sa prospérité. La troisième approche est fonctionnaliste. L'entreprise n'a pas de nature. Son comportement est entièrement déterminé par un ensemble de facteurs objectifs qui s'imposent à elle. De nombreux ouvrages et articles parus récemment sur le sujet se font l'écho de ces débats [2].

Notre point de vue est différent : il n'est pas de chercher la véritable nature de l'entreprise ; il n'est pas de se demander si le développement durable est le nouvel horizon pour l'entreprise ou s'il n'est, à l'inverse, qu'une grossière manipulation. Ces questions n'ont, de notre point de vue, pas de sens dans la mesure où, pour reprendre l'analyse d'Armand Hatchuel, « l'entreprise n'est pas un collectif comme les autres : elle a pour particularité d'être éphémère et de n'admettre aucune définition naturelle [...] et la révision de ses frontières (physiques, légales, humaines, commerciales, etc.) est une condition de son existence » [3]. Ses objectifs, son identité, ses pratiques, ses frontières et ses rapports à la société n'ont cessé de se transformer au cours de processus de rationalisations successifs mettant en scène des collectifs et des savoirs renouvelés. Autrement dit, pour comprendre la vogue actuelle du développement durable, il s'agit de la remettre en perspective avec les rationalisations et les crises récentes auxquelles ont été confrontées les entreprises.

Le développement durable : une notion et un sens à spécifier

Le développement durable est une notion associée à des valeurs positives – qui pourrait souhaiter un développement éphémère ? – mais son succès tient aussi à son flou : c'est une notion élastique que chacun peut investir d'un sens particulier. Ainsi, nous n'avons pas cherché ici à partir d'une définition préconçue du développement durable pour en tester la validité. Nous considérons le développement durable dans l'entreprise non pas comme une évidence mais, au contraire, comme une énigme à éclaircir. Pour reprendre une démarche proposée par Michel Foucault, notre projet vise à mettre en évidence la façon dont les entreprises problématisent le développement durable. Considérer ce dernier sous cet angle consiste en premier lieu à s'écarter d'une approche naturaliste où il serait possible d'aborder cette notion comme un objet déjà existant que l'on pourrait décrire précisément. Il s'agit, au contraire, d'adopter une approche généalogique selon laquelle les pratiques et les réflexions sur ces pratiques s'influencent mutuellement, dans des processus faits de discontinuités et de ruptures. Ensuite, c'est adopter non pas un point de vue extérieur – celui d'un observateur projetant ses valeurs et ses critères d'efficacité –, mais un point de

2. On pourra notamment consulter le livre très bien documenté de Michel Capron et Françoise Lanoizelée, *Mythes et réalités de l'entreprise responsable*, La Découverte, 2004. Parmi les ouvrages récents sur le sujet, on peut également citer Elkington J. (1997), *Cannibal with Forks : the Triple Bottom Line of 21st Century Business*, Oxford ; Dubigeon O. (2002), *Mettre en pratique le développement durable*, Eyrolles ; Férone G., d'Arcimoles C.-H. *et al.* (2002), *Le Développement durable*, Dunod ; Laville E. (2002), *L'Entreprise verte. Le développement durable change l'entreprise pour changer le monde*, Village mondial ; Igalens J. et Joras M. (2002), *La Responsabilité sociale de l'entreprise : comprendre, rédiger le rapport de développement durable*, Eyrolles ; Boasson C. (2002), *La Responsabilité sociale des entreprises*, Entreprise et Personnel/CSR Europe (cahier). Parmi les synthèses récentes en langue française, on pourra consulter le numéro spécial sur l'éthique paru dans la *Revue française de gestion* (RFG) en novembre-décembre 2001, le numéro spécial de la RFG paru en novembre-décembre 2004 sur le développement durable ainsi que le numéro spécial de *Regards sur l'actualité*, La Documentation française, sur la France et le développement durable paru en juin-juillet 2004.

3. Voir Hatchuel A. (2000), « Quel horizon pour les sciences de gestion ? Vers une théorie de l'action collective », *in Les Nouvelles Fondations des sciences de gestion*, David, Hatchuel, Laufer (éd.), Vuibert, p. 7-34.

vue intérieur : celui des entreprises en situation d'action, qui ont des stratégies, qui gouvernent, et dont les discours sur le développement durable peuvent être analysés à l'aune de leurs pratiques, des limites de celles-ci et des rationalisations qu'elles cherchent à conduire[4]. Cette analyse nous semble d'autant plus nécessaire à mener que le sens que donnent les entreprises au développement durable n'apparaît de façon évidente à la lecture des rapports de développement durable ou dans les ouvrages des consultants. Qu'y a-t-il en effet derrière la façade dressée par la communication d'entreprise en matière de développement durable *(window dressing)*? Les études récentes[5] sur les pratiques de *reporting* des entreprises constatent la difficulté croissante à différencier l'action des entreprises en matière de développement durable sur la base des seules informations publiques disponibles. Elles mettent en évidence une inflation de la taille des rapports de développement durable, saturés de discours rhétoriques plus que d'informations précises et vérifiables sur la performance sociale et environnementale des entreprises. C'est le « syndrome du tapis de bombes » *(carpet bombing syndrome)*[6], encouragé par une professionnalisation rapide de la communication d'entreprise alors que le *reporting* est encore en chantier. Dévoiler le sens de l'action des entreprises, distinguer celles qui se contentent d'une communication à peu de frais de celles qui s'engagent dans une action stratégique requiert de dépasser l'analyse des seuls discours pour caractériser les dynamiques d'action collective qui sont à l'œuvre.

Présentation du cadre théorique mobilisé

Avant d'aller plus loin dans l'analyse, présentons d'abord le cadre théorique que nous avons mobilisé dans ce livre.

Théorie de l'action collective et apprentissages collectifs

Le cadre théorique mobilisé s'inspire de la théorie de l'action collective proposée par Armand Hatchuel (2000) qui considère, à un niveau général, que toute action collective résulte d'une interaction dynamique entre deux dimensions inséparables : un système de relations (figures d'acteurs, relations entre ces acteurs : hiérarchie, coopération, rapports marchands, etc.) et un ensemble de savoirs (discours, règles, expertises). Postuler un principe de « non-séparabilité » de ces deux dimensions, c'est considérer qu'il n'existe pas de modèle « relationnel » ou de « savoir » pur. Ainsi l'émergence de nouvelles figures d'acteurs et de nouveaux partenariats est-elle indissociable des règles qui les constituent et des savoirs qu'ils mobilisent et qui fondent leur légitimité. Réciproquement, la construction de nouvelles règles et de nouvelles expertises est inséparable de l'identité des acteurs et des collectifs qui en sont à l'origine.

4. Cette approche généalogique présente des parentés avec la démarche compréhensive, telle que la concevait Max Weber (1971), pour qui le dévoilement du sens de l'action nécessitait une mise en perspective historique des processus de rationalisation. L'usage contemporain de cette approche compréhensive rejette souvent la dimension historique au second plan au profit d'une analyse immédiate des rapports de pouvoir, des écarts entre l'organisation formelle et l'organisation réelle, entre discours et pratiques.

5. Voir le rapport de mission de l'ORSE, EPE et Orée sur l'application de l'article 116 de la loi NRE parue en juin 2004 et le rapport de l'Unep-Sustainability, *Trust us : The Global Reporters Survey of Corporate Social Reporting*, UNEP (éd.), 2003.

6. Voir en particulier le rapport de l'UNEP, *op. cit.*

Un concept résume cette interaction entre savoirs et relations: l'apprentissage collectif. Pour éviter tout malentendu, précisons le sens que nous donnons à cette notion. Une conception largement répandue de l'apprentissage consiste à éliminer tout rapport stratégique entre acteurs au profit d'une vision béate des rapports entre acteurs. Dans cette perspective, l'apprentissage se réduit à une dynamique autonome des savoirs; il devient synonyme de progrès. Telle n'est pas notre conception de l'apprentissage collectif. Dans la lignée de ce qui précède, la construction de capacités stratégiques des acteurs [7] est conditionnée par l'acquisition de savoirs leur permettant de construire leur représentation mais également de dévoiler où se situent leur intérêt et celui des autres. Les rapports stratégiques ne s'opposent pas à l'apprentissage; ils sont l'envers du même processus. La notion d'« apprentissages croisés » (Hatchuel, 1994) [8] et de « prescriptions réciproques » permet de mieux saisir cette dimension interactive où l'apprentissage n'est jamais un processus à sens unique allant d'un émetteur vers un récepteur mais naît toujours d'interactions, de « prescriptions réciproques » entre acteurs qui dessinent un espace de contraintes au sein duquel ces apprentissages peuvent se déployer (Hatchuel, 1996).

Corollaire de l'adoption de ce cadre d'analyse, il est nécessaire de se débarrasser de dichotomies, apparemment naturelles, comme la distinction entre l'entreprise et son environnement, l'action et son contexte. Ces catégories se fondent sur une représentation implicite selon laquelle il est possible de décrire à l'avance les propriétés d'un système d'action: la liste des acteurs, les règles du jeu et son déroulement. Il faut également abandonner la mythologie du grand architecte capable de concevoir, à lui seul, le système d'action. Cette vision substantialiste a non seulement été abandonnée en sciences sociales au profit d'une approche procédurale, mais elle l'a été également par les acteurs économiques eux-mêmes qui mobilisent désormais le registre du management par projet et par processus [9].

Caractériser la formation d'espaces d'action collective

Pour caractériser ces processus d'apprentissage collectifs, il est besoin de spécifier à la fois le périmètre et le contenu de ces interactions. À ce propos, nous proposons d'introduire une dimension supplémentaire par rapport au cadre analytique des apprentissages collectifs: la notion d'espace d'action collective. Il faut prendre cette notion d'espace, non pas dans son sens géographique, mais dans le sens métaphorique où l'entend Michel Foucault; à savoir comme un travail de cartographie visant à mettre en évidence simultanément des rapports de pouvoir et des relations de savoir, médiatisés par des dispositifs. Dans cette perspective, un espace d'action collective est à la fois le produit de pratiques

7. Nous emprutons cette formule à Crozier et Friedberg (1977).

8. La notion d'apprentissages croisés, développée par Hatchuel, renvoie à l'idée que l'apprentissage dans les organisations n'est jamais un processus à sens unique allant d'un émetteur vers un récepteur. Il naît toujours d'interactions, de «prescriptions réciproques» entre deux ou plusieurs acteurs. Selon cette perspective, étudier les processus d'apprentissages croisés consiste à spécifier simultanément les relations et les savoirs qui se forment à cette occasion. Voir Hatchuel A. (1994), «Apprentissages collectifs et activité de conception», *Revue française de gestion*, juin-juillet-août 1994. Une vision similaire est proposée par Blackler qui propose une relecture particulièrement éclairante des travaux sur l'apprentissage (voir Blackler F. « Knowledge, Knowledge Work and Organizations : An Overview and Interpretation », *Organization Studies*, 1995, 16/6, p. 1021-1046). Voir également March J.G., « Exploration and Exploitation in Organizational Learning», *Organization Science*, vol. 2, n°1, février 1991, p. 71-87.

9. Voir Boltanski L. et Chiappello È. (1999).

établies de longue date et le champ d'exercice de ces pratiques (voir Dreyfus et Rabinow, 1984, p. 173)[10].

Nous proposons ici d'utiliser cette notion d'espace d'action collective mais en en précisant le sens : *étudier la formation d'un espace d'action collective, c'est élaborer, pour un phénomène particulier, la cartographie des apprentissages collectifs, définis par un périmètre et une échelle d'analyse*. Dans cette perspective, le travail du chercheur s'apparente à un travail de cartographie particulier : mettre à jour une carte des systèmes de relations et des dynamiques de savoir, sachant que les cartes précédentes sont lacunaires, voire, à certaines échelles, parfois inexistantes ! Mobiliser les notions d'espace d'action collectif et d'apprentissages collectifs, c'est d'abord chercher à saisir, dans un cadre intelligible, la dynamique des processus d'action collective et restituer l'incertitude à laquelle sont confrontés les acteurs. Il est important de considérer cette notion d'espace au pluriel : il n'existe jamais un seul espace d'action collective qui épuiserait à lui seul l'ensemble des représentations possibles d'un phénomène. Tout comme en géographie, il est fécond d'appréhender un phénomène à différentes échelles, selon des focales d'observation différentes, en montrant les interactions et l'articulation – toujours problématique – entre ces échelles. Il est également important de la considérer dans une dynamique, c'est-à-dire comme un processus dont les frontières, les interactions et les représentations se modifient en permanence en fonction des apprentissages réalisés.

L'entrée par les technologies managériales : conception et mode d'existence

Dans cette perspective, s'il n'est pas possible de décrire complètement à l'avance comment va se dérouler l'action collective, il est possible d'identifier les directions dans lesquelles elle est susceptible de s'orienter. Au sein de ces espaces, systèmes de relation et savoirs sont polarisés par des dispositifs et des règles, produits de l'action collective, mais qui orientent en retour les apprentissages collectifs. Ainsi, la généalogie des dispositifs, des règles et des instruments fait partie intégrante de l'analyse de ces espaces. Un point d'entrée privilégié pour étudier ces espaces d'action collective consiste donc à étudier la conception, la mise en œuvre et les effets inattendus des dispositifs et des instruments mis en place, à différents niveaux, par les acteurs pour piloter ces processus d'action collective.

Dans cette perspective, une série de travaux en gestion explorent, depuis trente ans, le management des entreprises, non pas dans sa dimension normative ou du point de vue de la figure héroïque du dirigeant, mais sous l'angle des dispositifs de savoir/pouvoir que constituent l'instrumentation de gestion et les techniques managériales[11]. Le foisonnement des instruments de gestion (tableaux de

10. Les pratiques auxquelles Foucault fait référence ont évolué au fil de son œuvre. Portant une attention quasi exclusive aux pratiques discursives (*Les Mots et les Choses*, 1966), il s'est ensuite intéressé aux rapports entre les pratiques discursives et non discursives à partir de l'analyse de dispositifs de savoir/pouvoir disciplinaires (*Surveiller et punir*, 1975) ou le dispositif de sexualité (*La Volonté de savoir*, 1976). Ces derniers travaux portent sur les pratiques de gouvernement, entendu dans le sens non pas d'appareil d'État, mais dans le sens générique de « conduite des conduites » (voir *Dits et écrits*, tomes 3 et 4).

11. Dans cette approche, on peut citer les travaux de Moisdon J.-C. (éd.), *Du mode d'existence des outils de gestion*, Seli Arslan, 1997 ; Hatchuel A. et Weil B., *L'Expert et le Système*, Paris, Economica, 1992 ; MacKinlay A. et Starkey K. (éd.), *Foucault, Management and Organization Theory*, Sage, Londres, 1998 ; Berry M., *Une Technologie invisible*, Paris, École polytechnique, 1983 ; David A., « Outils de gestion et dynamique du changement », *Revue française de gestion*, septembre-octobre 1998, p. 44-59 ; Lacousmes P. et Le Gales P. (éd.), *Gouverner par les instruments*, Presses de Sciences Po, 2004.

bord, indicateurs, procédures, etc.) constitue en effet une des caractéristiques du management moderne. Le détour par les instruments de gestion, de leur conception à l'analyse de leur « mode d'existence », se révèle fécond pour mettre au jour les rouages de la gestion et ses effets inattendus.

Pour comprendre l'engouement, les motifs et les limites des instruments de gestion, il est nécessaire de mettre en perspective ces instruments dans un cadre plus général : celui des techniques managériales (Hatchuel et Weil, *op. cit.*). Celles-ci regroupent non seulement l'instrumentation mais plus largement les savoirs, les acteurs et les dispositifs associés à celle-ci. Le développement des techniques managériales est indissociable de la naissance de nouvelles « figures d'acteurs »[12] et de nouveaux savoirs. Ainsi, ces techniques managériales ont accompagné les grandes vagues de rationalisation qu'ont connues les entreprises au cours du XXe siècle. Du taylorisme à la gestion de projet, de la comptabilité à la gestion assistée par ordinateur, l'histoire de l'entreprise est jalonnée par l'invention et la diffusion de nouvelles « technologies » gestionnaires qui sont aujourd'hui indissociables de la professionnalisation de nouveaux métiers du management (comptable, ingénieur d'organisation, qualiticien, etc.). À côté des outils de gestion conçus dans une optique de conformation des agents (ex. : les standards de l'organisation scientifique du travail), les nouvelles générations d'outils développés dans les entreprises depuis vingt ans (ex. : systèmes experts, systèmes de management de la qualité) relèvent davantage d'une logique d'exploration du nouveau et d'investigation des fonctionnements organisationnels[13]. Suivant l'analyse proposée par Armand Hatchuel et Benoît Weil, ces techniques managériales ont trois caractéristiques : elles se fondent sur un substrat technique (bases de données, expertises, logiciels), sur une philosophie gestionnaire (ex. : améliorer l'efficacité, l'amélioration continue) et sur une vision simplifiée des relations entre acteurs (ex. : une vision hiérarchisée des relations dans un système de GPAO)[14]. Ces techniques managériales fonctionnent dans les entreprises comme un mythe relationnel (Hatchuel et Weil, *op. cit.*) : il faut y croire pour s'y lancer mais l'efficacité du processus dépend de la façon dont les actions conduites seront révisées ou de nouvelles voies inventées. Nous mobiliserons cette grille d'analyse pour analyser le foisonnement des techniques et des instruments qui accompagnent la vague du développement durable.

Objets de gouvernement confinés et objets transversaux

Pour construire une représentation intelligible de ces différents dispositifs et instruments, il est nécessaire de les mettre en perspective par rapport à la transformation des « objets de gouvernement »[15] sur lesquels ils s'exercent. Un objet de gouvernement correspond à une catégorie repérable et partagée par des managers sur lesquels porte leur action. C'est une catégorie plus fine qu'un domaine d'action ou une fonction de l'entreprise. Ainsi, on dira des ressources humaines qu'il s'agit d'un domaine d'action et d'une fonction. Mais ce domaine est lui-même constitué de divers objets de gouvernement dont la liste évolue en

12. Cette notion désigne le processus de différenciation social qui accompagne des processus de rationalisation et qui se matérialise par l'apparition de nouveaux métiers, rôles, statuts, droits (Hatchuel et Weil, *op. cit.*).
13. Cette distinction entre logique de conformation et logique d'exploration est proposée par J.-C. Moisdon (Moisdon *et al.*, 1997, *op. cit*).
14. Voir HATCHUEL A. et WEIL B. (1992), *op. cit.*
15. Cette notion proposée par Foucault est développée par HATCHUEL A. (2001), LENAY O. et MOISDON J.-C. (2003) et AGGERI F. (2005).

fonction de processus de rationalisation (ex. : gestion des compétences, de la formation, des conditions de travail, etc.). De même, le management de l'environnement est un domaine et une fonction constitués de différents objets : gestion environnementale des sites, éco-conception, etc.[16] Les objets de gouvernement évoluent beaucoup plus vite que les domaines qui ont une stabilité plus grande.

À ce propos, on peut distinguer entre des objets confinés et des objets transversaux. Un objet confiné se caractérise par un système confiné de relations et une liste limitée et relativement stable de savoirs. Un objet transversal se caractérise, au contraire, par un système de relations et une liste de savoirs étendus et souvent indéterminés. Par exemple, le management de la qualité sur des sites de production est progressivement devenu un objet de gouvernement confiné dans les entreprises. Celui-ci s'organise désormais autour de systèmes de management, fondés sur une philosophie gestionnaire stable (le progrès continu), sur un système de relations descriptible à l'avance (relations clients-fournisseurs, certification par des tiers, etc.), un ensemble d'outils et de savoirs stabilisés (mesure statistique des procédés, normes de management de type ISO, etc.).

Par contraste, la gestion de la santé au travail est un objet de gouvernement en plein renouvellement. L'émergence des risques environnementaux (la question des doses infinitésimales), celle de nouvelles maladies qui nécessitent de nouvelles formes de prise en charge et de nouveaux savoirs (ex. : sida) ont suscité de nouvelles formes de problématisation qui débordent très largement du cadre traditionnel de la médecine du travail. Il s'agit désormais d'un objet frontière, à l'interface entre plusieurs domaines d'action (environnement, médecine du travail, ressources humaines, etc.).

La formation d'espaces d'action collective et de technologies managériales orientés vers le développement durable

Illustrons ces différents points à travers l'exemple du développement durable. Première constatation : le développement durable déborde très largement du cadre de l'entreprise. Cette notion mobilise une multitude d'acteurs (pouvoirs publics, ONG, entreprises, consultants, etc.) dont les objectifs, les fonctionnements et les rapports de prescription réciproques ont été jusqu'à présent peu explorés. Les rapports entre ces acteurs sont plus complexes que le laissent entendre les discours simplistes concernant l'émergence de nouvelles pressions sur les entreprises. Il convient de s'intéresser à la formation de ces nouveaux espaces d'action collective et à leurs enjeux, en appliquant un principe de symétrie selon lequel aucun acteur n'a *a priori* de position centrale ou dominante.

Le développement durable dans l'entreprise est généralement appréhendé selon le point de vue des dirigeants et des acteurs du siège en charge de ce dossier. Horizontalement, il est possible à partir de ce point d'entrée de dresser une cartographie des relations et des savoirs que ces acteurs vont construire au sein de l'entreprise avec d'autres directions fonctionnelles (environnement, ressoures humaines, communication, finance, etc.) ou à l'extérieur avec des homologues d'autres entreprises, des consultants, des responsables d'ONG, des hauts fonctionnaires, etc. La formation de ce premier espace d'action collective présente trois traits saillants.

16. Une analyse historique du management de l'environnement et des ressources humaines est développée dans les chapitres 2 et 3 de la deuxième partie.

• **Une dimension internationale.** La problématisation et les réseaux du développement durable traversent les frontières nationales. Les collectifs précédemment mentionnés se rencontrent régulièrement dans des forums internationaux (WBCSD, Global Compact, GRI, groupe de travail de la Commission européenne sur la responsabilité sociale de l'entreprise, etc.) où s'échangent, se testent des représentations mais également s'expérimentent et se discutent les futures règles en matière de *reporting* extra-financier.

• **Communication externe et nouveau langage managérial.** L'aspect le plus visible, en surface, de cet espace collectif est l'omniprésence de la communication externe. La floraison de ces discours s'accompagne d'un foisonnement d'instruments de gestion (rapports de développement durable, indicateurs, tableaux de bord, référentiels d'évaluation de la performance extra-financière, etc.). Elle s'accompagne également de la formation d'un nouveau langage managérial, en apparence ésotérique, fondé sur une série de concepts (développement durable, responsabilité sociale de l'entreprise [RSE], *stakeholder*, *Triple Bottom Line* [TBL], etc.) *a priori* étrangers au but supposé de l'entreprise – la recherche du profit.

• **De nouvelles expertises et de nouveaux marchés.** Cet espace d'action collective ne se limite pas à une nouvelle production discursive. Il se donne à voir également comme un espace d'expérimentation de nouvelles pratiques et de nouveaux partenariats, mais aussi comme un espace de construction de nouveaux marchés (évaluation de la performance extra-financière des entreprises, conseil, audit).

Cette cartographie, qui est développée dans la première partie, dessine les contours d'un premier espace d'action collective stratégique qui met aux prises des responsables et des managers, qu'ils viennent d'entreprises ou d'autres organismes.

Ce premier espace n'épuise pas toutes les représentations des processus d'action collective en matière de développement durable. Il restitue une image tronquée en ne s'intéressant qu'aux processus d'apprentissage les plus visibles, ceux qui sont en surface : la communication externe sur le développement durable (rapports, déclarations publiques des dirigeants), les partenariats médiatisés avec les ONG, la construction de référentiels d'évaluation (ex. : la GRI). Or, sur quels savoirs se fonde la communication externe des entreprises ? Sur quelles expériences et sur quelles pratiques ?

Pour répondre à ces questions, il faut considérer un deuxième espace d'action collective, moins médiatisé, qui touche aux pratiques locales des entreprises en matière d'environnement, de ressources humaines ou d'intégration des sites dans les communautés locales. Horizontalement, il est possible de construire une cartographie des relations et des savoirs sur ces différents thèmes. Cette cartographie ne se superpose pas à la précédente. Elle met en scène des collectifs, des savoirs et des règles qui ont leur propre logique interne et qui ont été constitués pour des motifs spécifiques. Par exemple, le management de l'environnement dans l'entreprise s'est formé antérieurement à la vague du développement durable. Il s'appuie sur tout un ensemble de savoirs constitués au fil du temps (développement et recueil des technologies propres, des instruments de gestion comme la norme ISO 14000, des expertises, des réglementations, etc.) ainsi que sur un ensemble de relations nouées avec des acteurs extérieurs : consultants spécialisés, riverains, administration, éco-industrie, etc.

Cet espace d'action collective est d'abord structuré sur le plan local. Certes, la négociation initiale des normes réglementaires a pu mobiliser les niveaux stratégiques de l'entreprise, mais, dans son fonctionnement effectif, l'environnement s'est construit comme une fonction « technique », gérée de façon décentralisée sur le plan local par des experts en lien avec d'autres experts. Selon un processus similaire, mais avec des modalités différentes, la gestion des ressources humaines s'est progressivement autonomisée par rapport à la stratégie de l'entreprise au sein de directions fonctionnelles et à travers des outils et des démarches spécifiques (voir partie 2, chapitres 2 et 3).

Les frontières entre ces espaces évoluent en fonction de processus de rationalisation et de nouvelles problématisations, et présentent des zones de recouvrement. La santé au travail est, comme nous l'avons indiqué, l'un de ces objets frontières. Mais l'émergence du développement durable dans l'entreprise n'est-elle pas elle-même liée à un constat similaire selon lequel les interactions entre ces domaines étant multiples, il s'agit de mieux les intégrer et de reconstruire une cohérence d'ensemble ?[17]

Doctrines et technologies du développement durable : zoom sur la question du reporting extra-financier

La représentation la plus en vogue du développement durable dans l'entreprise fait référence à l'intégration de trois dimensions : environnementale, sociale et économique. Des consultants ont inventé un mot pour décrire ce tryptique : la *Triple Bottom Line (TBL)* – ou approche des trois piliers. Cette notion recycle le triangle QCD (qualité-coûts-délais) utilisé en matière de gestion par projets. Elle fait désormais partie de la vulgate utilisée aussi bien par les entreprises que par les consultants et les pouvoirs publics internationaux, l'ONU notamment[18]. Elle est d'ailleurs prolongée par toute une offre de conseil qui vise à guider l'entreprise dans la déclinaison de cette démarche et dans la construction de systèmes de pilotage et de mesure de la performance (tableau de bord, indicateurs) organisés selon cette représentation[19].

L'autre aspect le plus visible de ces doctrines est l'omniprésence de la question du *reporting* extra-financier. Ce nouvel objet de gouvernement connaît une structuration spectaculaire, depuis le milieu des années 1990, à travers le développement et le déploiement d'instruments et d'expertises. Ce *reporting* se déploie à différents niveaux : depuis les sous-traitants qui doivent rendre des comptes à leurs donneurs d'ordre, en passant par l'usine qui doit rendre des comptes à sa direction générale, jusqu'aux services centraux des entreprises qui doivent rendre des comptes auprès des actionnaires, des pouvoirs publics et des investisseurs.

Cette approche du *reporting* est portée par différents acteurs : par des agences de notation sociales et environnementales travaillant pour le compte d'investisseurs dits « responsables » (les fonds éthiques), tenant compte dans leur sélection de portefeuille de valeurs mobilières d'autres critères que strictement financiers ; par les pouvoirs publics qui cherchent à construire un cadre pour le développement durable et à susciter, par des régulations incitatives (ex. : la loi NRE en

17. Sous d'autres formes, c'est la même idée qui prévaut en matière d'action publique dans les doctrines sur le management intégré ou sur la nécessaire intégration des politiques publiques.
18. Cette généalogie des doctrines est développée dans le chapitre 1 de la première partie.
19. L'outil du *BalanceScoreCard* en est une illustration (voir CAPRON M. et QUAIREL F., 2004).

France), le développement du *reporting*; par une coalition d'acteurs hétérogènes (organismes internationaux comme les Nations unies ou la Commission européenne, des ONG, des consultants, etc.) qui cherchent, à travers différentes initiatives collectives, à structurer un référentiel de *reporting* fondé sur un jeu d'indicateurs sociaux et environnementaux faisant consensus, et adopté de manière volontaire par les entreprises. Nous revenons dans la première partie sur ces initiatives, en particulier sur la plus emblématique de cette nouvelle raison régulatrice: la GRI *(Global Reporting Initiative)*, un dispositif privé, développé à l'initiative des Nations unies et associant divers partenaires, visant à promouvoir un référentiel international de *reporting* extra-financier aujourd'hui adopté par plus de 600 grandes entreprises à travers le monde.

Pour souligner les difficultés de l'exercice auxquelles sont confrontés les promoteurs de ce *reporting* social et environnemental, traçons un parallèle avec un domaine bien balisé et qui est pris en référence: la finance d'entreprise. Celle-ci forme, à première vue, un édifice stable et cohérent qui s'appuie, d'une part sur des référentiels et des dispositifs obligatoires et normalisés (la comptabilité) censés produire des informations certifiées, sincères et fidèles[20], d'autre part sur des méthodes d'analyse, des indicateurs et des théories aujourd'hui bien rodés (finance d'entreprise et de marché). Sur cette base, il semble possible de conduire, aussi bien pour les professionnels que pour les chercheurs, des analyses quantitatives et statistiques avec un degré de confiance relatif. Les scandales financiers de l'actualité récente (Enron, WorldCom, etc.) ont cependant mis en évidence la fragilité de l'édifice. Les méthodes et les règles doivent en permanence être adaptées aux pratiques et aux innovations financières des entreprises. Les entreprises ne se conforment pas de manière automatique aux règles de la finance mais il existe tout un jeu dynamique autour de celles-ci qu'illustrent les développements récents en matière de gouvernance d'entreprise[21].

Les fondements de l'évaluation sociale et environnementale des entreprises sont beaucoup plus incertains que ceux de la finance d'entreprise: il n'existe ni référentiel obligatoire et normalisé, ni informations certifiées « sincères et fiables »[22] permettant d'organiser le *reporting* de l'entreprise, ni méthode d'analyse ou indicateurs qui fassent autorité, ni, encore moins, de discipline scientifique qui traite de ces questions. Les acteurs de ce nouveau champ n'ont pas, à l'instar des experts-comptables ou des commissaires aux comptes, de compétences ni de légitimité bien établies. En d'autres termes, il n'existe ni substrat technique, ni philosophie gestionnaire, ni cartographie claire des acteurs et de leurs relations permettant de considérer ces pratiques comme une technique managériale comparable à la finance d'entreprise.

Asymétries d'information ou incertitudes partagées ?

L'enjeu du développement durable ne se réduit pas à un problème d'asymétrie d'information dans lequel « l'agent » – l'entreprise – aurait intérêt à cacher les informations qu'elle détient vis-à-vis de son « principal » (ici les agences de nota-

20. Malgré un haut degré de normalisation, les systèmes comptables n'échappent pas aux risques de manipulation de la part des entreprises, comme l'ont montré les derniers scandales financiers.
21. Voir Perez R. (2003).
22. Si certains rapports de développement durable font l'objet d'une certification, les certificateurs prennent bien soin d'expliquer que celle-ci ne porte pas sur la « sincérité » des données mais sur le fait que les informations fournies sont bien issues d'un système de management.

tion, les actionnaires et les autres *stakeholders*). Certes, comme nous l'avons indiqué, il existe dans les entreprises une distance irréductible entre « dire » et « faire » qui se traduit par le fait que les indicateurs non financiers ne reflètent pas les discours généreux que tiennent les entreprises en matière de développement durable. Mais si les données sont lacunaires et peu fiables, c'est moins parce que les entreprises ne veulent pas les divulguer que parce qu'elles font le plus souvent défaut. Les pratiques sociales et environnementales des entreprises sont très dépendantes des contextes locaux (réglementations, rapports sociaux, relations avec les *stakeholders*) et commencent à peine à faire l'objet de tentatives de formalisation systématiques. Par ailleurs, ces pratiques sont loin d'être stabilisées et se transforment en même temps que les problématiques sociétales auxquelles elles sont associées[23]. Ainsi, les différents acteurs du domaine ne sont pas confrontés à une situation « d'asymétries d'information » mais plutôt à une situation « d'incertitudes partagées »[24] où personne n'est capable de définir de façon autonome la nature ni la forme des informations qui doivent être produites.

L'émergence de prescripteurs et de marchés du développement durable

Ces situations d'incertitudes partagées favorisent l'émergence de la figure du prescripteur dont le rôle est de résoudre les crises de l'échange marchand : « Le prescripteur intervient vis-à-vis du client et lui préconise le comportement qu'il doit adopter, les investigations qu'il doit mener, les questions qu'il doit poser au vendeur, etc. »[25] Hatchuel distingue trois formes de prescription : une *prescription de fait* qui spécifie les attributs du produit échangé (ex. : lorsqu'un expert certifie qu'un bijou est en or) ; une *prescription technique* qui vise à concevoir un produit pour un client (ex. : l'intervention d'un architecte pour concevoir une maison ou celle d'un *designer* dans la conception d'un produit) ; une *prescription de valeur* qui vise à définir la fonction d'utilité pour un acheteur (ex. : un critique de cinéma qui exprime simultanément son jugement et la façon dont on doit juger un film). Cette notion de prescription est utile pour comprendre comment le développement durable ne se réduit pas à un face-à-face entre les entreprises et ses actionnaires mais fait intervenir différents prescripteurs qui structurent les échanges et les relations entre les deux parties. À cet égard, on peut identifier l'émergence de trois métiers – et de marchés – associés au développement durable.

• **Le métier (et le marché) de l'audit social et environnemental** est structuré par les grandes firmes d'audit (KPMG, Ernst&Young, PriceWaterhouse, etc.) qui considèrent la certification des rapports de développement durable et des systèmes de *reporting* comme un moyen d'étendre leur champ d'activité. Ces firmes produisent une prescription de fait visant à répondre à une question simple : est-ce que les investisseurs peuvent faire confiance aux informations sociales et environnementales fournies par les entreprises ?

---

23. Ces nouvelles problématiques dans le domaine social et environnemental sont présentées dans les chapitres 2 et 3 de la deuxième partie. À titre d'exemple, on peut mentionner, dans le domaine environnemental, l'émergence de la question du produit (éco-conception, analyse de cycle de vie). Dans le domaine social, le champ des conditions sociales chez les sous-traitants, les partenariats avec les ONG ou le traitement social des restructurations.

24. Voir Aggeri et Hatchuel (1999).

25. Voir Hatchuel A., « Les marchés à prescripteurs », *in* Jacob A. et Vérin H., *L'Inscription sociale du marché*, 1995, Paris, L'Harmattan, p. 76.

• **Le métier (et le marché) du conseil en développement durable** est actuellement en cours de segmentation. On peut distinguer entre un conseil « sur mesure », orienté vers le management stratégique des *stakeholders*, symbolisé par des entreprises comme SustAinability au Royaume-Uni et Utopies en France (voir première partie, chapitre 2), et un conseil plus industriel orienté, porté par les grands cabinets conseil, et orienté vers le développement d'outils génériques, dérivés des systèmes d'assurance qualité (*balance scorecard*, outils de *risk management*, système de management : ISO 14000, etc.). Cette offre de conseil vise à fournir à l'entreprise une prescription technique : comment les entreprises peuvent-elles mettre en œuvre la RSE dans leurs procédures et leurs systèmes de management ? Quels indicateurs doivent être mis en place pour piloter une démarche de développement durable ?

• **Le métier (et le marché) de la notation sociale et environnementale** est très lié au développement du marché de l'investissement socialement responsable (ISR) qui connaît un développement important ces dernières années. Des agences de notation (ex. : Vigéo, Coreratings ou Innovest en France) développent de nouvelles compétences pour évaluer la performance extra-financière des entreprises. Ces notations sont vendues à des investisseurs financiers qui cherchent à élargir leurs critères de sélection de leur portefeuille de valeurs, voire qui proposent à leurs clients des portefeuilles spécifiques fondés sur une sélection de critères pas seulement financiers mais également sociaux, environnementaux ou sociétaux (les fonds éthiques). Les mots et les montants parfois cités[26] ne doivent pas, cependant, masquer la réalité sous-jacente. L'ISR recouvre des phénomènes hétérogènes et s'inscrit le plus souvent dans une continuité avec l'analyse financière. Férone[27] note ainsi que la logique de la plupart des analystes « non financiers » reste d'abord financière et consiste à enrichir celle-ci avec une analyse des risques. Malgré leurs limites, l'activité de ces prescripteurs joue un rôle crucial pour construire des agents économiques « équipés » de capacités de calcul qui, comme l'ont montré Callon et Muniesa (2002), est une dimension importante du fonctionnement des marchés. Ces agences de notation extra-financières visent à fournir à la fois une prescription de fait et une prescription de valeur. Elles fournissent aux investisseurs et aux autres *stakeholders* de l'entreprise une prescription de fait en classant les entreprises en fonction de leur performance sociale et environnementale. Mais elles leur fournissent simultanément une prescription de valeur portant sur les comportements qui relèvent du développement durable et les critères qu'il faut prendre en compte dans cette évaluation.

Ces trois marchés sont, en théorie, interdépendants les uns des autres : ils forment un ensemble de marchés de la prescription qui contribuent à concrétiser la notion de développement durable mais dans un sens restrictif organisé autour de la notion de *reporting* extra-financier.

Des référentiels d'évaluation inséparables des pratiques des entreprises

La réalité est cependant éloignée de cet agencement cohérent de dispositifs, de métiers et de marchés. Dans la phase actuelle d'exploration, on observe plutôt une instabilité des référentiels, concomitante de celle des pratiques des entre-

26. Éric Loiselet (2002) rapporte que les investissements « labellisés » ISR représentent 13 % des fonds investis aux États-Unis contre moins de 1 % en France.
27. G. Férone *et al.* (2002).

prises et du champ même du développement durable. Mieux encore : la structuration de ce nouvel espace d'action collective est inséparable de l'action des entreprises. En d'autres termes, le développement de ces marchés, de ces métiers, de ces référentiels ne s'opère pas de façon autonome ; il s'appuie, au contraire, de façon étroite sur l'action des entreprises. Ces relations ne sont pas le symptôme d'un dysfonctionnement ou d'une concession faite aux intérêts industriels. Elle est la contrepartie inévitable de la situation d'incertitudes partagées. Autrement dit, et pour utiliser des notions introduites précédemment, il existe entre ces différents acteurs des rapports de « prescription réciproque » et « d'apprentissages croisés » (Hatchuel, *op. cit.*) qui sont d'autant plus intenses que les incertitudes sont fortes sur l'objet même de la prescription.

Des acteurs en quête de légitimité

Ce processus de « régulation conjointe »[28] ne vise pas seulement à produire de nouveaux savoirs. Il vise également, et en priorité, à légitimer l'action des différentes parties prenantes du processus. Qu'entendons-nous par la notion de légitimité ? Nous reprenons ici l'analyse proposée par Romain Laufer des systèmes de légtimité. Selon lui[29], depuis la fin du XVIIIe siècle, le système de légitimité rationnel-légal est au fondement de l'action publique et privée dans les pays occidentaux. Dans ce système, sont légitimes les actions qui sont conformes à la loi des hommes (le droit) ou aux lois de la nature (la science). Ce système de légitimité, fondé sur la raison et incarné par l'idée de progrès, a constitué le socle du développement de nos sociétés modernes. Il y a crise du système de légitimité lorsque ni le droit ni la science ne permettent de trancher des conflits ; ce qui est le cas dans un nombre croissant de situations depuis les années 1960. Les manifestations de cette crise sont bien connues : multiplication des controverses socio-techniques, contestation de l'idée de progrès, procès faits à la science et à la technologie, crise de l'État, instabilité du droit, critiques de l'appareil judiciaire, etc. On peut d'ailleurs noter que la notion même de développement durable est une retombée de cette crise de légitimité. Cette notion a été historiquement formée à partir de la critique, formulée à partir du début des années 1970, des effets pervers du développement économique et technologique sur la dégradation de l'environnement[30]. Elle indique que tout développement n'est pas bon en soi et qu'il s'agit de mieux en contrôler les effets vis-à-vis des générations actuelles et futures.

Puisqu'il n'est plus possible de fonder objectivement ses actions sur le droit et la science, la justification, l'argumentation, la rhétorique tendent à occuper une place de plus en plus prépondérante, aussi bien dans l'espace politique que dans l'espace économique. Ainsi, note Laufer, la contrepartie la plus visible de cette crise est l'omniprésence de la communication. On peut analyser, à cette aune, l'émergence de discours et de règles sur le développement durable comme autant de tentatives symboliques menées par des acteurs en quête de légitimité[31]. Cette quête concerne les grandes entreprises qui sont touchées, au premier chef, par une crise de légitimité sans précédent – scandales financiers, controverses

28. Nous empruntons la notion à Jean-Daniel REYNAUD (1989).
29. Voir LAUFER R. (1993, 2000).
30. Voir première partie, chapitre 1.
31. Cette approche symbolique de la légitimité est la plus couramment admise dans l'approche néo-institutionnelle contemporaine. Par exemple, Suchman la définit comme « l'impression partagée que les actions de l'organisation sont désirables, convenables ou appropriées par rapport au système socialement construit de normes, de valeurs ou de croyances sociales » (SUCHMAN, 1995).

avec les groupes concernés et les ONG à propos de questions sociales et environnementales, malaise des salariés, etc. – qui affecte leur image publique. Mais elle concerne également les autres parties prenantes de ce nouvel espace d'action collective: les institutions internationales (Nations unies, Commission européenne) qui revendiquent un leadership sur ces questions; les pouvoirs publics nationaux, les syndicats et les ONG qui, pour des raisons différentes – enrayer leur perte d'influence pour les deux premiers, sortir d'un rôle contestataire pour les troisièmes – souhaitent participer à l'élaboration des normes internationales en matière de développement durable; les consultants et les agences de notation extra-financières qui veulent démontrer la valeur de leurs expertises. Chacun essaye de justifier sa place et la valeur de son intervention dans le jeu collectif en train de s'inventer.

Logique marchande et risques de bureaucratisation

Les actions collectives qui se déploient aujourd'hui ne convergent pas nécessairement vers un monde meilleur, constitué d'entreprises plus responsables, régies selon les règles issues d'une gouvernance multipartite. La rhétorique positive du développement durable ne doit pas faire perdre de vue l'existence d'intérêts contradictoires et la confrontation de stratégies. À cet égard, le développement durable constitue également de nouvelles opportunités de marché pour le conseil et l'évaluation de nouvelles opportunités de carrière pour des cadres d'entreprise. Derrière l'empressement à formaliser de nouvelles règles d'évaluation, pointent des logiques locales qui n'ont aucune raison de coïncider avec l'intérêt des générations futures, l'équité sociale ou la protection de l'environnement. Ainsi, sous couvert d'inciter les entreprises à adopter de nouvelles pratiques, une dérive possible est de constituer une « machine gestionnaire » qui aurait comme logique première sa propre reproduction. Le risque est alors d'alimenter un processus de bureaucratisation en détournant l'attention des enjeux sociaux, environnementaux et sociétaux qu'ils sont censés résoudre. Aussi convient-il d'exercer la plus grande vigilance sur le contenu des processus d'action collective à l'œuvre et les effets qu'ils peuvent susciter.

Exploration et conception collective

La question du sens du développement durable doit être posée, non seulement pour l'entreprise, mais également du point de vue de cet espace d'action collective: comment se structurent ces nouvelles règles du jeu collectif? Quelles sont les conditions de l'action collective permettant de concilier intérêt collectif et création de valeur pour les entreprises et leurs *stakeholders*? Parmi les démarches développées, quelles sont celles susceptibles d'engendrer des apprentissages collectifs et de susciter l'initiative des entreprises?

Ces questions renvoient au thème plus général de la conception d'un nouvel intérêt collectif et de son articulation avec la stratégie des entreprises. Il est à noter que des travaux récents étudient l'action collective en adoptant une démarche de conception des systèmes techniques et des processus d'action collective[32]. Que faut-il entendre par démarche de conception? Pour illustrer

32. Pour une vision d'ensemble des travaux sur ce thème, on pourra consulter l'ouvrage collectif issu du colloque de Cerisy organisé en juin 2004 sur les « nouveaux régimes de la conception », HATCHUEL A. et WEIL B. (éd.), Aubier (à paraître). On pourra également consulter le cahier de recherche du CRG paru sur le sujet en 1996 : BOUDÈS T., CHARUE F., GAREL G., JOUINI B.M.S., KESSELER A. et MIDLER C., « Du management de projet aux nouvelles rationalisations de la conception », *Cahier du CRG*, n° 13, 1996, ainsi que la thèse de Weil B., « Conception collective, coordination et savoirs, les rationalisations de la conception automobile », École nationale supérieure des Mines de Paris, 1999, Paris.

celle-ci, prenons un exemple familier : la conception d'un nouveau produit. Concevoir un nouveau produit consiste, par des méthodes et des outils spécifiques (gestion et ingénierie de projet, analyse fonctionnelle, etc.), à concrétiser un nouveau concept pour lequel il faut développer de nouvelles connaissances ou, dit autrement, à organiser un processus de convergence permettant de réduire progressivement la distance entre des concepts et des connaissances. Si l'on transpose cette démarche à un concept comme le développement durable, comment organiser le processus de convergence permettant de concrétiser cette notion générale pour les entreprises ? Comment faire en sorte qu'elle se décline dans des stratégies, des produits, des rapports sociaux et économiques qui combinent intérêts privés et intérêts collectifs ? Cette question de la conception peut s'aborder à différents niveaux. Elle peut l'être au niveau d'une entreprise qui cherche à incarner le développement durable dans sa stratégie, ses produits et ses activités. Elle peut l'être au niveau de la conception des institutions et des règles d'évaluation. Dans la suite, nous chercherons à approfondir cette approche à ces deux niveaux.

Tous ces éléments définissent l'agenda d'un nouveau champ de recherche sur le développement durable. Le travail que nous avons mené depuis deux ans, avec le soutien de l'ADEME, n'est qu'une amorce, dont nous présentons les premiers résultats dans ce livre.

La démarche d'investigation

Le matériau principal de ce livre est d'abord constitué par l'analyse en profondeur des pratiques de quelques entreprises pionnières qui forment l'objet de la deuxième et de la troisième partie. Partant du constat des limites d'une analyse externe, fondée sur la seule analyse des données officielles fournies par les entreprises, la deuxième partie de cet ouvrage explore les pratiques des entreprises à partir d'études de cas détaillées conduites dans quatre d'entre elles. Ces quatre groupes de l'industrie et des services – Accor, Arcelor, Monoprix, Lafarge – n'ont pas été choisis au hasard. Ils font partie du « front de l'exploration » en matière de développement durable, c'est-à-dire qu'ils sont considérés, par leurs pairs, comme des pionniers dans leurs secteurs respectifs et parce que leur action s'inscrit dans une histoire ancienne en matière de politique sociale et environnementale. Par ailleurs, ces quatre groupes de l'industrie et des services ne sont ni des cas particuliers ni des déviants mais, au contraire, des entreprises qui sont au cœur du système capitaliste. De ces deux points de vue, il nous semblait qu'il était possible de tirer de l'analyse de leurs démarches de développement durable des enseignements ayant un certain degré de généralité. Nous avons mené dans ces entreprises un travail d'enquête approfondi. Dans chaque entreprise, deux types de sources ont été mobilisés : en premier lieu des sources orales qui sont des entretiens semi-directifs avec des opérationnels, avec des *stakeholders* (associations, institutions internationales, sous-traitants, syndicats, ONG, riverains, etc.) et avec des experts ; en second lieu des sources écrites primaires (archives d'entreprises, notes de communication internes, documents internes de travail) et secondaires (articles et rapports d'expertise).

Trois questions de recherche

À travers l'analyse de ces différentes sources et de ces études de cas, nous avons cherché à répondre, en première approche, à trois questions de recherche :

- **Comment se concrétise le développement durable : simple cosmétique ou nouvelle dimension de la stratégie des entreprises ?**

Comme nous l'avons indiqué, le discours des entreprises sur le développement durable est tout sauf naturel. Il engendre, le plus souvent, le scepticisme : scepticisme des pouvoirs publics qui se demandent s'il s'agit d'une nouvelle rhétorique visant à échapper à la contrainte réglementaire ou à cacher certaines pratiques ; scepticisme du public et des consommateurs qui se demandent pourquoi l'entreprise affiche des valeurs autres que la recherche du profit, et s'il n'y a pas dans cette démarche la volonté de se donner une bonne image à peu de frais comme le suggère l'expression anglaise « *greenwashing* » (littéralement « verdir son image ») ; scepticisme des salariés qui se demandent pourquoi des pratiques anciennes sont rangées derrière cette nouvelle bannière. Convaincre suppose, comme nous l'avons indiqué, un effort de problématisation et de concrétisation de la part des entreprises. Mais jusqu'où va cette concrétisation ? S'agit-il d'une simple cosmétique visant à masquer le « recyclage » de pratiques anciennes juxtaposées ? Ou bien s'agit-il d'une nouvelle dimension de la stratégie des entreprises s'appuyant sur des expériences volontaires et innovantes dans le domaine social, sociétal ou environnemental, qui vont au-delà de la réglementation et qui se démarquent de celles de leurs concurrents ? En nous intéressant à des entreprises pionnières, nous avons sélectionné des entreprises susceptibles de présenter, *a priori*, des expériences innovantes. En quoi consistent celles-ci ? Quel est leur degré de nouveauté ? Pourquoi et comment celles-ci émergent-elles et comment se diffusent-elles dans l'entreprise ? En quoi sont-elles spécifiques aux entreprises étudiées ou, au contraire, susceptibles d'intéresser d'autres entreprises ?

- **Quelle dynamique interne et quels partenariats en matière de développement durable ?**

Prendre au sérieux cette question requiert d'examiner les exemples significatifs que désigne l'entreprise et d'interroger leur caractère innovant. Pour étudier ce processus de concrétisation, nous avons mis l'accent sur trois points d'analyse :

– la genèse de nouvelles « figures d'acteurs » dans l'entreprise (Hatchuel et Weil, 1992), leur rôle dans l'organisation, le type d'expertises qu'ils développent et sur lesquelles ils fondent leur légitimité, leurs marges de manœuvre et leurs moyens d'action ;

– le rôle et les effets des instruments de gestion (*reporting*, projet, plans d'action, structures, réseaux, partenariats, etc.) utilisés par les entreprises pour piloter des processus d'action collective internes et externes, pour « coordonner, déléguer et évaluer », pour « conformer le comportement » des acteurs par rapport à des normes et pour organiser « l'exploration du nouveau » (Moisdon, 1997) ;

– les effets de ces expérimentations locales en termes d'apprentissages collectifs, non seulement pour les acteurs locaux mais aussi sur l'élaboration de la stratégie.

Dans cette analyse, nous avons porté une attention particulière aux partenariats et aux relations mis en œuvre par les entreprises avec leurs *stakeholders* (sous-traitants, ONG, associations, riverains, institutions internationales, etc.). À ce titre, nous nous sommes interrogés sur la multiplication de partenariats (public-privé, entreprises-ONG) et sur les problèmes spécifiques de pilotage que posent ces « partenariats d'exploration » (Segrestin, 2003).

- **À quelles injonctions contradictoires se heurtent les démarches de développement durable ?**

Le déploiement d'une démarche de développement durable n'est pas un processus sans heurts. Les objectifs du développement durable sont *a priori* en contradiction avec différentes démarches managériales en vogue ces dernières années, comme le recentrage de l'entreprise sur ses activités de base ou l'externalisation qui s'opposent, terme à terme, au développement des relations et des partenariats avec les *stakeholders* d'une part, et aux exigences de traçabilité qu'implique une responsabilité étendue de l'entreprise (en matière de conditions de travail, de travail des enfants et d'environnement par exemple) d'autre part. Quelles sont les zones de tensions dans l'entreprise où ces injonctions se manifestent ? Comment faire pour les repérer et comment les entreprises gèrent-elles ces contradictions ?

Présentation de l'ouvrage

Ce livre explore la formation de nouveaux espaces d'action collective sur le développement durable en étudiant conjointement les pratiques des entreprises et le processus d'institutionnalisation dans lequel ces pratiques s'inscrivent et qu'elles influencent en retour. Il est organisé autour de trois parties.

La cartographie d'un espace d'action collective stratégique du développement durable est l'objet de la première partie. Cette partie vise à résoudre une énigme à laquelle la littérature ne fournit pas de réponse satisfaisante : comment expliquer la convergence des discours et des doctrines en matière de développement durable des deux côtés de l'Altlantique ?

Le premier chapitre présente et discute les trois explications les plus courantes à ce phénomène d'isomorphisme[33] : la thèse de la convergence des contextes socio-économiques ; la thèse des nouvelles incitations économiques et réglementaires ; la thèse de la pression des *stakeholders*. Dans la discussion, nous mettons en évidence les limites de ces explications fonctionnalistes en termes de pressions externes qui, postulant une coupure arbitraire entre l'entreprise et son environnement, ne rendent pas compte des dynamiques collectives à l'œuvre.

Le deuxième chapitre s'interroge sur un phénomène peu étudié : la formation et la diffusion d'un nouveau langage managérial qui contribue à l'homogénéisation des représentations sur le développement durable. Dans un premier temps, nous nous attachons à comprendre les origines et les fondements des concepts utilisés. Nous mettons en évidence la filiation étroite qu'entretient ce langage managérial avec des travaux anglo-saxons, progressivement structurés depuis les années 1950 autour du champ *Business and Society*. Cette abondante littérature managériale est présentée selon une perspective généalogique, c'est-à-dire en reliant la formation de nouveaux concepts (*Corporate Social Responsibility, CSR* ; *stakeholder*, etc.[34]) aux transformations historiques du contexte institutionnel et des pratiques d'entreprise. Dans un second temps, nous mettons en

33. Cette notion, proposée par Powell et Di Maggio (1983), est présentée et discutée dans la première partie.

34. Ces concepts sont davantage connus à travers leur traduction française : responsabilité sociale de l'entreprise (RSE) pour *Corporate Social Responsibility*, « partie prenante » ou « partie intéressée » pour *stakeholder*.

évidence la « main visible » des consultants et des ONG britanniques dans le transcodage et la vulgarisation de ces concepts théoriques dans un langage managérial accessible aux entreprises et aux institutions internationales. Ce discours sur le développement durable fait aujourd'hui référence dans le monde de l'entreprise.

Le troisième chapitre présente le processus d'institutionnalisation du développement durable auquel ces consultants ont été associés et ses effets sur les entreprises. En particulier, nous mettons en évidence comment ce processus s'accompagne de l'émergence de nouveaux acteurs et de nouveaux dispositifs de régulation autour d'une activité qui polarise les débats : la structuration d'un *reporting* social et environnemental. Nous analysons la généalogie de ces règles, des acteurs et des dispositifs en la matière. La mise en œuvre de ces règles aboutit, pour l'instant, à un résultat paradoxal : loin de favoriser une meilleure identification de la performance relative des entreprises, elle contribue, selon un processus d'isomorphisme, à une standardisation progressive de la communication des entreprises en matière de développement durable. Celle-ci s'apparente ainsi de plus en plus à un exercice de « figures imposées » dans lequel il est difficile de distinguer, même pour les professionnels, le recyclage de pratiques anciennes des pratiques réellement innovantes.

La deuxième partie, organisée en trois chapitres, présente le processus de concrétisation du développement durable dans quatre groupes : Accor, Arcelor, Lafarge et Monoprix.

Le premier chapitre analyse, selon une perspective historique, la problématisation du développement durable opérée par chacune de ces quatre entreprises. Nous étudions le type de raisonnement et de diagnostic qui a conduit chacune à s'engager dans cette voie, le type d'organisation et les moyens qui ont été mis en œuvre dans ce but.

Le deuxième chapitre explore la dimension environnementale du développement durable. Dans un premier temps, nous présentons, de façon synthétique, les transformations historiques des objets, des figures d'acteurs, des outils et des pratiques en matière de management de l'environnement. Nous montrons qu'un certain nombre de thématiques aujourd'hui labellisées de développement durable ont été initiées avant l'apparition de cette problématique. Mais, dans le même temps, nous montrons que la formation de directions et de politiques en matière de développement durable a favorisé l'essor de nouvelles pratiques et la légitimation d'experts de l'environnement, associés à la formation de ces espaces d'action collective. Cinq études de cas viennent illustrer, dans un second temps, ces nouvelles pratiques : les nouveaux enjeux du *reporting* environnemental, à travers le cas de la mise en place d'un *reporting* environnemental dans les hôtels Accor ; les nouveaux enjeux du management local des *stakeholders*, illustrés à partir du cas de la mise en place d'instances de concertation dans les usines de la branche Lafarge ciments et du cas de l'usine Arcelor de Fos sur Mer ; les enjeux de la conception environnementale des produits, illustrés par le cas du développement de nouvelles gammes de produit chez Monoprix ; l'implication des entreprises dans les projets de ville durable, illustrée par le cas de la participation de Monoprix à des agendas 21 locaux.

Le troisième chapitre explore, à partir de trois études de cas, la dimension sociale du développement durable. Dans un premier temps, nous présentons brièvement les transformations historiques des objets et des pratiques en matière de management des ressources humaines. Si le développement durable est rarement problématisé de façon principale autour de la dimension sociale, nous mettons cependant en évidence l'émergence de nouveaux objets de gouvernement et de nouvelles modalités d'action collective, étroitement articulés avec le développement durable. Trois études de cas viennent, dans un second temps, illustrer l'émergence de nouveaux objets transversaux (santé, gestion des restructurations) caractérisés par une gestion élargie des *stakeholders* allant au-delà des partenaires sociaux traditionnels (syndicats, pouvoirs publics) et la mise en œuvre de nouvelles ingénieries : la construction de partenariats d'exploration pour élaborer de nouvelles normes sociales, illustrée par le cas de l'élaboration d'une politique de lutte contre le Sida chez Lafarge en Afrique ; de nouvelles formes de normalisation de la relation d'emploi, illustrées par les cas de la conception d'un plan de restructuration européen chez Arcelor et par l'élaboration d'un projet de reconversion des salariés chez Lafarge-Maroc.

S'appuyant sur une analyse comparative de ces cas ainsi que sur d'autres sources secondaires, la troisième partie synthétise les principaux enseignements de l'émergence de ces nouveaux espaces d'action collective et présente des pistes de réflexion pour leur pilotage. À cet égard, les entreprises étudiées ne sont pas représentatives de la masse des entreprises qui considèrent le développement durable comme un exercice de « figures imposées », assez largement déconnecté de leurs pratiques. En revanche, ces exemples nous semblent illustratifs de stratégies de pionniers qui s'engagent dans des processus d'exploration et d'expérimentation (les « figures libres »[35]), qui s'interrogent sur la soutenabilité de leurs modèles d'activités *(business models)* et qui participent à l'élaboration des futures normes du développement durable. Dans cette perspective, nous nous attachons, dans un premier temps, à modéliser les démarches stratégiques de ces entreprises pionnières, dans un second temps, à caractériser les nouvelles fonctions du développement durable dans l'entreprise, puis, dans un troisième temps, à spécifier les ingénieries et les instruments de gestion qui sont mis en place. Nous concluons par une discussion des chocs qui pourraient menacer les dynamiques d'exploration en cours, à la fois dans les entreprises (le développement durable aux prises avec les injonctions contradictoires du management) et en externe (les formes d'incitation et de normalisation qui peuvent supporter ces dynamiques d'exploration). Sur ce deuxième point, le débat ne porte pas tant sur l'utilité de normes d'évaluation en matière de développement durable, largement admise, que sur les formes de cette normalisation qui dépend des apprentissages collectifs. De ce point de vue, une normalisation trop précoce, conçue selon une logique d'assurance qualité, nous semble contradictoire avec la dimension exploratoire des processus que nous avons observés. Non seulement une telle normalisation risque de décourager les expérimentations nouvelles dans les entreprises pionnières, mais elle risque d'engendrer un phénomène de bureaucratisation, contraire à l'objectif initialement recherché. À cet égard, les formes de pilotage permettant de stimuler des processus d'apprentissage collectifs restent encore largement à inventer.

35. Cette distinction entre figures libres et figures imposées est présentée dans Aggeri F. (2004), « Les entreprises françaises et le développement durable », *Regards sur l'actualité*, numéro spécial sur la France et le développement durable, juin-juillet, La Documentation Française, p. 57-65.

Première partie

La formation de nouveaux espaces d'action collective

Introduction

Comment comprendre l'engouement des entreprises pour le développement durable et la responsabilité sociale des entreprises ? Comment expliquer l'homogénéisation croissante du discours des entreprises ? Quel crédit apporter aux discours et aux engagements des entreprises ? En quoi ces démarches se distinguent-elles de vogues précédentes qui présentent des similitudes comme l'éthique des affaires ?

Pour avancer dans l'exploration de ces questions, nous avons posé en introduction générale qu'il était fécond d'appréhender le développement durable dans l'entreprise, non pas comme une réponse fonctionnelle à des pressions externes, mais comme la formation d'espaces d'action collective, fondés sur des processus d'apprentissage dont il s'agit de mettre au jour les mécanismes et les leviers d'action.

Dans cette première partie, nous proposons de caractériser ces espaces d'action collective en identifiant les systèmes de relation (acteurs, réseaux, dispositifs) et les savoirs (règles, expertises, discours) qui les constituent. Pour commencer, étudions ce qui est le plus en « surface », l'aspect le plus visible de ces espaces d'action collective : les discours managériaux sur le développement durable.

Le développement durable : nouvel avatar de l'éthique des affaires ?

Qu'est-ce que l'analyse des discours permet de révéler des actions des entreprises et des caractéristiques de ces espaces d'action collective ? Permet-elle de dévoiler autre chose qu'un exercice de communication convenu ? Un survol rapide des déclarations des dirigeants entretient la suspicion d'avoir affaire à un exercice de communication externe. Voici quelques extraits :

« Nous croyons que la compétitivité à long terme dépend de notre capacité à créer de la confiance et à répondre aux attentes de la société [...] Notre programme depuis 1999 vise à élargir le débat avec nos *stakeholders* sur la manière de conduire notre activité à travers le monde » (trad.), Mark Moody-Stuart, président du groupe Royal-Dutch Shell de 1998 à 2001[1].

« Dans notre travail, nous cherchons à être économiquement viables, socialement et environnementalement responsables. Trouver un équilibre entre les trois piliers de la *Triple Bottom Line* consiste à prendre en compte chacune de ces dimensions dans les processus de décision de l'entreprise. Par ce moyen, nous ne gérons pas uniquement notre activité sainement, nous démontrons également notre engagement à être un pionnier dans le développement durable, globale-

1. Cité dans *Beyond Numbers : How Leading Organizations Link Values with Value to Gain Competitive Advantage*, rapport KPMG, 2002.

ment et localement. » (*Source:* rapport de développement durable Novonordisk, Danemark (trad.), 2003.)

« Nous croyons à un métier plus responsable: plus propre, avec une croissance plus juste. Nous comprenons la nécessité de dépasser notre propre performance environnementale et celle de notre industrie et même de découpler la croissance économique de l'impact environnemental. Cela implique également de travailler avec nos *stakeholders* pour comprendre leurs préoccupations et croître de la façon la plus acceptable avec eux. Cette philosophie d'une croissance plus propre et plus juste sous-tend notre approche du développement durable. » (*Source:* rapport de développement durable de BAA (UK) (trad.), 2003.)

La lecture des rapports de développement durable des grandes entreprises conforte le sentiment d'être dans le meilleur des mondes possibles. Au milieu de photographies d'enfants et de paysages naturels, il est question des responsabilités de l'entreprise envers la société, de valeurs et de principes auxquels l'entreprise aurait toujours été attachée, puis suit une exposition de toutes les actions engagées par l'entreprise dans le domaine de l'environnement, du social ou du mécénat. Confiés à des professionnels aguerris, les éléments factuels et les orientations sont noyés[2] dans une rhétorique qui vise un double objectif: valoriser les expériences positives pour donner une bonne image de l'entreprise, gommer toutes les aspérités possibles pour éviter de donner prise aux critiques. Si l'on s'arrête à cette lecture superficielle, certains y verront une nouvelle illustration du cynisme et de la manipulation des entreprises pour regagner une respectabilité mise à mal. À cet égard, le développement durable n'est-il pas le nouvel avatar de la rhétorique de l'entreprise citoyenne et de l'éthique des affaires ?

À y regarder de plus près, ces rapports de développement durable diffèrent pourtant assez sensiblement des chartes et des codes de conduite qui ont fleuri, surtout aux États-Unis, à la fin des années 1980, activement soutenus par les « gourous » et les consultants en management (voir Le Goff, 1993). Ces chartes et codes de conduite relèvent de la démarche de « l'éthique des affaires » *(Business Ethics)*. Ils se présentent sous la forme d'une liste de principes ou de règles éthiques générales auxquelles les membres de l'organisation sont censés se conformer[3]. Ils ont souvent une double visée: externe – afficher les valeurs de l'entreprise vis-à-vis des actionnaires, des clients, des fournisseurs et des pouvoirs publics, dans un contexte de crise de légitimité de l'entreprise et de perte de repères de la société – et interne – un outil de gestion visant à mobiliser les salariés et à renforcer leur sentiment d'appartenance à une culture d'entreprise (voir Pesqueux et Biefnot, 2002). Nombre d'observateurs restent toutefois dubitatifs, voire critiques, à l'égard du sens réel de cette vogue: nouvelle idéologie managériale? Nouvelle forme de domination des salariés? Instrumentalisation de l'éthique à des fins mercantiles (Salmon, 2002)? Le procès n'est pas nouveau. Le paternalisme avait lui aussi suscité, en son temps, bien des controverses. Mais dans le cas de l'éthique des affaires, le soupçon quant à ses fins

2. Les consultants anglo-saxons ont une formule très évocatrice pour qualifier ce phénomène : le syndrome du « tapis de bombe » *(the carpet bombing syndrome)*. Ainsi, une étude des rapports de développement durable des grandes entreprises (*Trust Us, the Global Reporters Survey of Corporate Sustainability Reporting*, 2002) publiée par l'UNEP et *Sustainability* illustre ce syndrome en observant que la taille moyenne de ces rapports est passé de 59 pages à 86 pages entre 2000 et 2002 sans que la qualité des informations contenues s'améliore de façon significative.

3. Pour une présentation de ce mouvement, on pourra se référer à Pesqueux et Biefnot (2002), Mercier (2004), Le Goff (1993), Salmon (2002).

réelles est alimenté par le fait que, contrairement au paternalisme, qui avait des effets concrets et visibles de tous (la prise en charge du logement, de l'église, de la couverture sociale des ouvriers, etc.), cette vogue semble cantonnée dans l'ordre du discours, la mise en œuvre étant généralement invérifiable. Le terme lui-même ne fait pas l'unanimité parmi les managers lorsqu'il est mobilisé, non à titre individuel (l'éthique du dirigeant), mais au nom d'un collectif impersonnel, celui de la grande entreprise.

Par rapport à ces codes, il y a davantage dans les rapports de développement durable que des déclarations de principe: on y trouve également des engagements chiffrés, des indicateurs, des données certifiées par des experts indépendants, des plans d'action; bref, tout un langage faisant partie de l'univers plus familier pour les entreprises du management. Deuxième différence: à l'inverse des chartes qui s'accompagnent rarement d'une inscription organisationnelle précise – à l'exception parfois d'un déontologue et d'un comité d'éthique[4] –, les rapports de développement durable mentionnent, dans un nombre croissant de cas la création de directions du développement durable dont l'organisation et les fonctions sont décrites précisément. Troisièmement, contrairement aux codes dont la pratique est restée assez marginale en dehors des États-Unis, la communication sur le développement durable, structurée autour de démarches de *reporting*, connaît une croissance rapide[5] sur tous les continents[6].

Des discours bien réglés

Mais le constat le plus significatif est l'homogénéité et la convergence des discours des entreprises sur le développement durable. Les extraits que nous avons retranscrits précédemment ne sont pas ceux d'entreprises militantes mais le fait de grandes entreprises. Au-delà des spécificités nationales ou sectorielles, de l'identité du locuteur (entreprise, institution internationale, consultant, etc.), le développement durable est aujourd'hui associé à un ensemble de notions, à première vue assez éloignées de l'objectif supposé de l'entreprise: la recherche du profit. Il y est question de responsabilité sociale de l'entreprise (RSE), d'engagement et de relations avec les *stakeholders*, de *Triple Bottom Line* (TBL), de gouvernance d'entreprise, de *reporting* social et environnemental; notions anglo-saxonnes utilisées aussi bien par les grands groupes français que par leurs homologues européens, asiatiques ou américains.

L'observation des rapports de développement durable produits des deux côtés de l'Atlantique signale cette convergence vers un modèle anglo-saxon, dont les exemples les plus avancés se situent au Royaume-Uni et dans les pays d'Europe du Nord (voir Capron et Quairel, 2004; Maignan *et al.*, 2002; Dubigeon, 2003; Boasson, 2002). En particulier, la rhétorique et la mise en scène de ces

4. L'Association américaine des déontologues (Ethics Officer Association) recensait 283 membres en 1997 dont 87 % occupant une fonction à temps plein; 64 % de ces 283 entreprises ayant constitué en sus un comité d'éthique. (*Source: Ethics Officer Association 1997 Membre Survey.*)

5. En 2002, 45 % des 500 plus grandes entreprises mondiales ont produit un rapport environnemental et social ou de développement durable contre 35 % en 1999. Ce pourcentage atteint 100 % dans le secteur de la chimie et 86 % dans la pharmacie. 25 % des entreprises du top 500 ont produit un rapport certifié par des auditeurs indépendants (*Source: KPMG International Survey of Corporate Sustainability Reporting 2002.*)

6. Sur les 100 premières entreprises considérées par l'Unep comme étant les leaders en matière de *reporting* extra-financier (*Trust Us, op. cit.*), 10 sont américaines, 63 sont européennes et 27 viennent d'autres régions (Australie, Japon, Afrique du Sud, etc.).

rapports de développement durable tendent à converger autour d'une présentation des relations de l'entreprise vis-à-vis de ses *stakeholders*[7] (voir Dubigeon, 2002; Boasson, 2002; Maignan et Ralston, 2002).

Les différences principales se situent dans la hiérarchisation des enjeux qui est affichée. Là où les entreprises américaines mettent en avant les mesures de non-discrimination des salariés, de gouvernance d'entreprise ou les actions de mécénat, les entreprises européennes mettent d'abord en avant leur politique environnementale (mesures anti-pollution, certification ISO 14000, éco-conception, etc.) et leur politique de gestion des ressources humaines (formation, compétences, sécurité et conditions de travail, etc.) (voir Maignan *et al.*, 2002)[8].

On observe ainsi un usage réglé de différentes notions qui forment un nouveau langage managérial. Cette homogénéisation a de quoi interpeller: comment expliquer la formation et la diffusion de ce nouveau langage managérial? Quels en sont les mécanismes?

Ce processus d'homogénéisation des pratiques des organisations est une question générale dont s'est saisi le courant néo-institutionnaliste américain. Dans un article séminal, Powell et Di Maggio (1983) qualifient le phénomène d'isomorphisme. Si leur approche présente des limites (son caractère statique) sur lesquelles nous reviendrons à la fin de cette partie, elle met en évidence trois mécanismes permettant de mieux comprendre la convergence des discours des entreprises en matière de développement durable : la coercition (les pressions exercées par les pouvoirs publics ou des donneurs d'ordre), le mimétisme (l'imitation entre organisations) et la professionnalisation (la pression exercée au sein de communautés professionnelles pour adopter des normes de comportement au sein d'un champ organisationnel).

Si cette approche est statique et n'explique pas la formation d'un champ organisationnel et des normes qui le constituent, elle présente l'intérêt de mettre en évidence deux mécanismes, actifs dans le cas du développement durable et qui permettent de sortir d'une approche fonctionnaliste: le mimétisme entre entreprises qui s'opère via la médiation de prescripteurs dont l'expertise s'inscrit dans un processus de professionnalisation.

En arrière-plan des discours: l'intervention de nouveaux prescripteurs

La différence avec les codes de conduite ne porte pas seulement sur le contenu des discours mais sur les conditions de production de ces discours. Contrairement aux codes de conduite dont le contenu était peu prescrit, **la production des rapports de développement durable est de plus en plus encadrée par des institutions, des règles, de nouvelles professions** qui ont émergé au cours de ces dix dernières années et qui constituent de puissants facteurs d'homogénéisation de la communication d'entreprise. L'émergence de ces

7. *Stakeholder* – littéralement un « porteur d'enjeux » – qui, selon la définition classique de Freeman (1984), signifie: « tout acteur ou groupe d'acteurs susceptible d'être affecté par ou d'avoir un impact sur l'activité de l'entreprise ». Cela peut être les pouvoirs publics locaux ou nationaux, les salariés, les riverains, les actionnaires, les communautés locales, les clients, les fournisseurs, etc. Pour une généalogie de la notion, on pourra se référer au chapitre 2 de la première partie.

8. Pour ces auteurs, ces différences reflètent le poids relatif de l'interventionnisme public, les traditions politiques et culturelles différentes de part et d'autre: la prégnance de valeurs communautaires, religieuses et de charité du côté américain; le poids des politiques publiques en matière sociale et environnementale du côté européen.

nouveaux prescripteurs est l'un des éléments marquants de ce mouvement du développement durable, comme l'indique de façon humoristique cet extrait d'un rapport récent de l'ONU sur le *reporting* en matière de développement durable[9], intitulé « L'invasion des costumes-cravates » *(Invasion of the suits)*:

« Aujourd'hui, nous voyons des professionnels de toute sorte jouer un rôle croissant pour aider les entreprises à mettre en œuvre un système de management du développement durable, une comptabilité et un *reporting*, et à un degré moindre, à organiser un management des *stakeholders*. [...] Qu'ils soient habillés en noir, bleu ou gris ces auditeurs, certificateurs, vérificateurs et autres professionnels du management jouent un rôle essentiel dans le business de la gouvernance, de l'assurance et de la confiance. » (trad.)

Ces prescripteurs sont producteurs de discours et de normes sur l'entreprise, sur la façon dont elle doit communiquer, rendre compte, agir et coopérer. Comme l'indique la référence au *business*, le développement de ces nouveaux rapports de prescription cherche à s'inscrire dans un cadre marchand, comme l'atteste la multiplication des offres de conseil, d'audit, de certification et d'évaluation de la performance extra-financière des entreprises. Toutefois, on est encore dans une phase d'exploration où s'échangent les meilleures pratiques et les doctrines, où se construisent les référentiels de *reporting*, où s'expérimentent de nouvelles expertises en matière d'évaluation, de certification et de conseil.

L'analyse des rapports de développement durable des entreprises porte les traces de l'intervention de ces prescripteurs: soutien de cabinets conseil dans la rédaction du rapport, certification des rapports par des cabinets d'audit, nombre d'indicateurs conformes à un référentiel d'évaluation extra-financier (la GRI), évaluation de l'entreprise par rapport à ses concurrents par des agences de notation sociale, etc. Mais ces rapports fourmillent également d'éléments sur les partenariats conduits par l'entreprise avec d'autres entreprises, des ONG ou des syndicats. Ces différents éléments dessinent, en arrière-plan, les espaces d'action collective du développement durable que nous évoquions précédemment. Ainsi, au-delà des exercices de style de la communication externe, il s'agit d'étudier ces espaces d'action collective, leurs modes de structuration et les effets qu'ils ont sur l'action des entreprises et sur leurs relations avec la société.

Plan de la première partie

Avant de caractériser ces espaces d'action collective et leur dynamique, nous présentons, dans le premier chapitre, les représentations les plus communément admises sur l'émergence du développement durable pour en montrer les apports, mais aussi les limites et les lacunes.

Le deuxième chapitre aborde un aspect encore mal connu de la formation de l'espace d'action collective de la communication et du *reporting* en matière de développement durable: la formation d'un nouveau langage managérial, formé de notions parfois anciennes, récemment transcodées et reformulées par des consultants anglo-saxons. Le troisième chapitre analyse la construction de règles, d'institutions et de nouvelles figures d'acteurs qui jouent un rôle clé dans la formation d'un espace international relativement homogène du *reporting* extra-financier qui est l'une des dimensions importantes du développement durable

9. *Sustainability/UNEP Report*, 2002, *Trust Us. The Global Reporters Survey of Corporate Sustainability Reporting*, *op. cit.*

pour l'entreprise. Ces éléments d'analyse permettent d'identifier, en conclusion de cette partie, quelques pistes méthodologiques pour l'analyse détaillée des pratiques des entreprises qui fait l'objet de la deuxième partie.

Chapitre 1

L'entreprise confrontée aux injonctions d'évaluation : l'hypothèse des pressions externes en débat

La convergence des discours en matière de développement durable n'a pas échappé à la plupart des observateurs. Par exemple, on peut s'interroger sur les raisons pour lesquelles cette approche anglo-saxonne, cohérente avec une conception communautariste de la société américaine, a pu être transposée en Europe. Par exemple, comment expliquer son adoption en France notamment où l'idée de communauté est rejetée dans une conception républicaine où domine l'idée d'intérêt général dont l'État est le garant ? Quels sont les facteurs qui conduisent à cette homogénéisation progressive des discours des entreprises ?

Trois explications sont généralement avancées pour expliquer ce processus d'isomorphisme : la convergence des contextes institutionnels, l'irruption de nouvelles incitations, les exigences des *stakeholders*. Elles relèvent toutes trois d'une même logique : l'émergence de pressions externes qui s'imposeraient aux entreprises. Nous allons présenter chacune de ces thèses en soulignant à la fois leur portée explicative mais aussi leurs limites.

1. Une convergence des contextes institutionnels ?

Une première explication de l'intérêt des entreprises pour le développement durable est d'ordre macro-économique : la convergence progressive des contextes institutionnels et socio-économiques qui serait l'un des aspects de la mondialisation. Cette thèse est résumée avec le plus de clarté dans un article récent de Michel Albert dans *Futuribles* (2003).

En 1991, Michel Albert proposait de distinguer deux modèles de l'entreprise capitaliste : un modèle anglo-saxon caractérisé par la prépondérance des marchés financiers et la recherche du profit à court terme ; un modèle rhénan, présentant les traits d'une économie sociale de marché, caractérisée par une cogestion avec les syndicats et par l'importance d'un petit groupe de banques dans le financement des entreprises. Le modèle français s'approchait davantage du modèle rhénan que du modèle anglo-saxon avec néanmoins quelques différences : le rôle central de l'État dans la régulation du système économique et des syndicats plus confinés dans un rôle revendicatif que réellement associés aux décisions de l'entreprise. Ce qui fondait les spécificités du modèle rhénan et du modèle français a, selon Michel Albert, progressivement volé en éclat. Parmi les évolutions plus notables en Europe, il en cite trois qui illustrent la convergence des modèles capitalistes.

1.1. Première évolution : la désintermédiation bancaire et ses conséquences sur les règles de gouvernance de l'entreprise

La montée en puissance des investisseurs institutionnels au cours de ces vingt dernières années (marquée notamment par l'arrivée en Europe d'investisseurs anglo-saxons majoritairement américains) constitue un changement majeur dans les modes de financement des entreprises européennes où les banques jouaient traditionnellement un rôle clé, en tant que pourvoyeurs de crédit, mais aussi en tant qu'actionnaires.

Cette évolution dans le mode de financement de l'économie (désintermédiation des banques et recours massif aux marchés de capitaux) s'est accompagnée d'un modèle de gouvernance d'entreprise (Perez, 2003) centré sur la performance boursière à court terme, fondé sur des dispositifs permettant d'aligner les intérêts des managers sur ceux des actionnaires (ex. : règle de transparence, *stock options*, etc.).

Le mouvement de désintermédiation bancaire a été favorisé en France, au milieu des années 1980, par plusieurs facteurs : entre autres la libéralisation des marchés financiers [1], les privatisations d'entreprises publiques et l'évolution des pratiques de gestion de l'épargne des ménages.

Selon le *Journal des Finances*, le poids des fonds d'investissements étrangers dans l'actionnariat des entreprises du CAC 40 atteignait de plus de 50 % en 1999. Ce chiffre s'accroît si l'on ajoute les fonds nationaux, qui fonctionnent globalement selon le modèle anglo-saxon (Mottis et Ponsard, 2002).

Les investisseurs institutionnels ne s'impliquent pas tous de la même manière dans la gestion des entreprises. Ainsi, les fonds communs de placement (FCP), qui conservent une forte proportion d'actifs liquides, ont tendance à sortir du capital des entreprises en cas de désapprobation avec les pratiques de l'entreprise (ils « votent avec leurs pieds »). Ces acteurs font preuve d'un moindre activisme que les fonds de pension, qui n'ont pas de contraintes aussi fortes en termes de liquidité et qui utilisent plus fortement leur pouvoir d'actionnaire afin de modifier les pratiques des entreprises. Bien qu'actionnaires minoritaires, ces acteurs ont un droit de regard sur les pratiques des entreprises. Certains investisseurs rentrent dans les entreprises pour une dizaine d'années. Ainsi, Calpers, le plus gros fond de pension américain entre dans le capital des entreprises pour une durée moyenne de seize ans.

Pour l'entreprise, un enjeu essentiel est de minimiser l'écart entre ses « fondamentaux », mesurés par différents indicateurs financiers, et le consensus du marché. Ainsi se sont fortement structurés les services de communication financière au sein des grands groupes, ainsi que le secteur des analystes financiers. Il s'agit, pour l'entreprise, de convaincre le petit nombre de prescripteurs qui influencent le « consensus de marché » (Mottis et Ponssard, 2002).

---

1. En France, le second marché est créé en 1983, le MATIF (Marché à terme international de France) en 1986, le MONEP (Marché des options négociables de Paris) en 1987. Ces innovations sur les marchés des capitaux visent à suivre celles mises en place à Londres quelques années plus tôt et à y répondre.

En quoi ces acteurs sont-ils des vecteurs de normalisation de l'entreprise? Mottis et Ponssard soulignent deux aspects majeurs:

– des tentatives visant à aligner les intérêts des dirigeants et ceux des propriétaires (*stock options*, déclinaison de critères du type EVA – *Equity Value Added* – indicateur de mesure de la création de valeur actionnariale). Mais ces tentatives sont, semble-t-il, relativement difficiles à mettre en œuvre ;

– une communication accrue vers les propriétaires de l'entreprise, qui tend à accroître les engagements des dirigeants (effets de cliquet liés à la publication des résultats trimestriels). Ces pratiques véhiculent un modèle de gestion plus lisible et plus prévisible, « qui dit ce qu'il fait et qui fait ce qu'il dit ».

1.2. Deuxième évolution : l'éclatement des cadres normatifs

Dans tous les domaines d'activité de l'entreprise (économique, social, environnemental, gouvernance, etc.) on observe une globalisation des règles concomitante de l'affaiblissement des cadres de régulation nationaux et des partenaires institutionnels traditionnels (État, syndicats). Premier corollaire de cet affaiblissement des cadres réglementaires nationaux, la montée en puissance, depuis les années 1990, des normes et référentiels privés et adoptés sur une base volontaire par les entreprises dans le domaine environnemental (normes ISO 14000), du social (normes SA 8000) ou du développement durable (GRI). Deuxième corollaire, l'importance croissante de la jurisprudence (multiplication des procès à l'encontre des entreprises dans le domaine social, environnemental ou des droits de l'homme) qui a pour conséquence, entre autres, une privatisation de la gestion des risques à travers l'explosion des primes d'assurance. Une étude de la société d'assurance Munich Re évalue que le coût des catastrophes pour les compagnies d'assurance dans le monde a atteint 670 millions de dollars au cours des années 1990, soit trois fois plus qu'au cours des années 1980[2]. Cette globalisation des règles, notamment des normes de management, est encouragée par les grands cabinets de conseil et d'audit[3] qui jouent un rôle actif dans l'élaboration et la diffusion de normes de management. L'enjeu pour eux est l'élargissement du marché du conseil et de l'audit à de nouvelles dimensions jusque-là peu structurées.

1.3. Troisième évolution : l'internationalisation des entreprises et la globalisation des marchés

L'internationalisation des firmes n'est pas un phénomène récent. Mais il consistait pour l'entreprise à pénétrer des marchés locaux, protégés par des barrières douanières et réglementaires. La globalisation désigne ce processus selon lequel les entreprises doivent désormais opérer dans des marchés économiques et financiers interconnectés. Les investisseurs anglo-saxons détiennent parfois une part importante du capital et contribuent à diffuser des normes anglo-saxonnes. L'état-major de ces grands groupes comporte un nombre croissant de cadres issus de différents continents. L'autre versant de cette internationalisation concerne le management interne de l'entreprise : l'image des entreprises se construisant désormais à une échelle mondiale, il s'agit de standardiser les

2. *Annual Review of Natural Catastrophes*, Munich Re, 2003.

3. À cet égard, rappelons les travaux de Marie-Laure DJELIC (1998) qui a montré le rôle prépondérant des cabinets conseil dans l'exportation d'un modèle américain de la firme multi-divisionnelle dans le monde entier.

pratiques commerciales et marketing, d'internationaliser les équipes dirigeantes et de favoriser l'émergence d'une culture commune au sein de ces groupes.

Ces observations font indiscutablement partie des contraintes avec lesquelles doivent jouer les entreprises. Mais jusqu'où cette homogénéisation des espaces institutionnels et socio-économiques induit-elle les pratiques en matière de développement durable? Par ailleurs, dans quelle mesure les entreprises sont-elles en mesure d'influencer la construction des institutions et des marchés et d'y participer? De ces deux points de vue, les analyses qui précèdent constituent au mieux des conditions de possibilité de l'action des entreprises mais ne déterminent pas les formes de celle-ci.

2. De nouvelles incitations pour les entreprises?

Dans la lignée du point 1, mais à un niveau méso-économique, un deuxième argument est souvent avancé pour expliquer la mobilisation des entreprises en faveur du développement durable: l'émergence de nouvelles incitations spécifiques, d'ordre réglementaire (ex.: loi NRE en France) et économique (le développement de l'investissement socialement responsable : ISR, et l'évaluation de la performance sociétale des entreprises).

2.1. La loi NRE: un bilan mitigé

Si les entreprises s'engagent en matière de développement durable, estiment certains, c'est qu'elles y sont contraintes par des obligations réglementaires. Ainsi, la France s'est dotée d'un cadre réglementaire visant à promouvoir le *reporting* social et environnemental dans les grandes entreprises: c'est l'article 116 de la loi des nouvelles régulations économiques, dite loi NRE (voir ci-dessous encadré).

La loi NRE

Selon l'article 116 de la loi NRE du 15 mai 2001, les entreprises cotées en Bourse et de droit français sont tenues de rendre compte de leurs impacts sociaux et environnementaux dans le cadre du rapport de gestion que présente le conseil d'administration, ou le directoire, à l'assemblée générale des actionnaires. Cet article concerne environ 700 entreprises cotées en Bourse au premier marché, au second marché ou au nouveau marché. Les informations que doivent fournir les entreprises sont définies dans le décret 2002-221 du 20 février 2002. Comme le notent Igalens et Joras (2002), trois remarques peuvent être faites à propos de ce décret:

– première remarque: le décret ne précise pas le périmètre de consolidation des données au niveau du groupe, difficile à imposer en droit, mais dont l'absence est préjudiciable pour les investisseurs;

– deuxième remarque: s'il définit une liste de thèmes sociaux et environnementaux sur lesquels les entreprises doivent rapporter, le choix des indicateurs est laissé à l'appréciation des entreprises. Les thèmes identifiés reprennent des éléments déjà obligatoires dans la loi du 12 juillet 1977 sur le bilan social (données quantitatives, éléments de politique sociale: formation, embauches, relations professionnelles, etc.) mais proposent des éléments plus inédits dans le domaine social – préciser l'impact territorial des activités, importance de la sous-traitance et manière dont l'entreprise promeut les conventions de l'organisation internationale du travail – et environnemental – consommation de ressources en eau, matières premières et énergie, atteinte à l'équilibre des milieux naturels, existence de démarches d'évaluation ou de certification environnementale, exis-

tence de services internes de gestion de l'environnement, montant de provisions et garanties pour risques en matière d'environnement, etc. ;
– troisième remarque : le décret d'application ne définit pas de façon précise les indicateurs à renseigner et ne prévoit pas de sanction en cas de non-publication.

À l'instar de la TRI *(Toxic Release Inventory)* qui avait favorisé l'essor, aux États-Unis, du *reporting* environnemental[4], la loi NRE a incontestablement joué un rôle incitatif dans l'élaboration d'un *reporting* social et environnemental au sein des grandes entreprises françaises.

Mais comme le soulignent les évaluations les plus récentes, il faut néanmoins en relativiser l'impact, notamment compte tenu de l'incertitude sur les modalités de suivi et les sanctions prévues dans la loi. Selon un rapport de mission de l'ORSE (Observatoire sur la responsabilité sociétale des entreprises), d'Orée et de l'association EPE (Entreprises pour l'environnement) remis au gouvernement en juin 2004[5] concernant l'application de l'article 116 de la loi NRE, la majorité des entreprises concernées ont appliqué la loi de façon très partielle. Certes, les plus grandes entreprises, cotées au CAC 40, ont produit un rapport spécifique de développement durable mais, selon ce rapport, seule la moitié de ces entreprises s'est engagée dans une démarche de développement durable formalisée et appuyée par le président de l'entreprise.

Le rapport note également que plus la taille des entreprises est réduite, moins les renseignements sur le nombre de thématiques et de pages sur le développement durable sont nombreux. Ainsi, plus de 80 % des 130 entreprises les plus petites du SBF 250 consacrent moins de cinq pages aux informations sociales et environnementales ; 50 % ne proposent pas plus de quatre indicateurs ; 56 % n'ont aucun indicateur pour l'environnement. Cependant, cette analyse ne concerne pas les plus grandes entreprises dont le rapport se caractérise, à l'inverse, par une inflation de la taille des rapports et du nombre d'indicateurs présentés (c'est le *carpet bombing syndrome* évoqué en introduction). Autre remarque : le coût pour les entreprises des opérations de *reporting* qui peut mobiliser jusqu'à dix personnes en équivalent temps plein pendant six mois pour certaines d'entre elles.

2.2. L'émergence de l'investissement socialement responsable (ISR) en Europe : origine, enjeux et limites

La deuxième incitation serait d'ordre économique : si les entreprises se mobilisent en faveur du développement durable, c'est que les marchés financiers intègrent, de façon croissante, des informations sur la performance extra-financière des entreprises dans leurs décisions d'investissement. L'intégration des externalités sociales et environnementales, grâce à la médiation d'agences de notation sociétales, constituerait ainsi un puissant incitatif à l'amélioration des performances sociétales des entreprises. Examinons en détail le déploiement de cette logique et ce qui se cache derrière les notions, en vogue, d'investissement socialement responsable (ISR) et de notation sociétale des entreprises.

Les chiffres sont, en apparence, impressionnants : en 2001, le montant cumulé de l'investissement socialement responsable aurait atteint dans le monde

4. Voir White A. et Zinkl D. (1997).
5. ORSE/Orée/EPE, « Rapport de mission au gouvernement : bilan critique de l'application de l'article 116 de la loi NRE », juin 2004.

1 420 milliards de dollars (ADEME, 2001). Avec la création d'indices responsables ou durables en collaboration avec des organismes comme le Dow Jones, le STOXX ou le FTSE dans les pays anglo-saxons, cette démarche est en plein essor. L'ISR a ainsi été à l'origine de l'émergence et de la structuration du marché de la notation environnementale et sociale, qui, parmi les marchés associés au développement durable, semble être celui dont l'émergence a été la plus précoce et le développement le plus rapide.

À quelles pratiques correspond l'ISR ? Cette notion générique recouvre en fait une variété de pratiques parfois anciennes : la sélection d'entreprises vertueuses dans un portefeuille d'investissement « éthique » sur les marchés financiers, l'« activisme actionnarial » qui consiste à influencer le comportement des entreprises en utilisant le droit de vote attaché aux actions pendant les assemblées d'actionnaires, les programmes d'investissement à vocation solidaire ou encore la prise en compte des critères de développement durable dans les programmes d'investissement.

Historique de l'investissement socialement responsable : deux tendances hétérogènes

Évaluées aujourd'hui à plus de 10 % des investissements en actifs gérés par des professionnels aux États-Unis, notamment grâce à l'importance des fonds de pension, ces pratiques d'ISR restent cependant encore embryonnaires en France et faibles en Europe.

L'essor récent des pratiques d'ISR et des fonds éthiques est présenté comme le produit de deux tendances :

– le développement progressif d'un actionnariat militant ;

– la diffusion, la crise et la réforme d'un modèle de gouvernance d'entreprise centré sur la performance boursière à court terme et associé à un financement de l'économie par les marchés financiers.

Nous présentons successivement ces deux tendances, considérées comme ayant contribué au développement de l'ISR.

L'émergence d'une nouvelle figure : l'actionnaire « militant »

Le premier fonds aujourd'hui labellisé « éthique » serait né aux États-Unis dans les années 1920, à l'initiative de groupes religieux refusant d'investir dans des sociétés dont l'activité était en décalage par rapport à leurs valeurs (sociétés ayant des activités dans l'alcool, les jeux, le tabac, la pornographie, l'armement), regroupées sous le nom de « *sin stocks* », les « actions du péché ».

Loiselet (2002) indique qu'il faut attendre la fin des années 1960 pour que l'investissement éthique dépasse la seule conception puritaine. La dénonciation de la guerre du Viêtnam et des industries du secteur de l'armement ou la montée des controverses environnementales constituent alors des thèmes de mobilisation pour des groupes pacifistes et écologistes contre les entreprises impliquées. Dans les années 1980, les entreprises du secteur nucléaire ou celles présentes en Afrique du Sud sont, à leur tour, visées par de nouveaux groupes de pression. Le cas de l'apartheid est exemplaire car il a conduit à la suite de la création en 1980 d'un indice des firmes non impliquées dans le commerce avec l'Afrique du Sud (l'indice « *Safe* », *South Africa Safe Equity*), au retrait de ce pays d'un grand nombre d'entreprises américaines. Cette campagne anti-apartheid a été déterminante pour le démarrage de l'ISR aux États-Unis, les problèmes écologiques (couche d'ozone, catastrophes de Bhopal, l'*Exxon Valdez*, Tchernobyl) prenant ensuite le relais après la fin de l'apartheid en 1993.

Les formes d'actionnariat se sont aussi transformées pour devenir plus activistes, en interpellant directement les dirigeants lors des assemblées générales et en exigeant des informations non financières. La première initiative de ce type a été prise par un groupe de militants (les « *shareholders activists* ») en 1967 chez Kodak où l'entreprise a été interpellée sur ses pratiques salariales jugées discriminatoires. Loiselet note qu'en 1996, 303 résolutions ont été soumises par des églises, des fonds de retraite ou des organisations internationales sur des questions de responsabilité sociétale dans les assemblées d'actionnaires.

L'ISR comme réforme du modèle de gouvernance de l'entreprise

Les modèles de gouvernance centrés sur la performance boursière à court terme sont récemment entrés en crise (Perez, 2003) avec une série de scandales financiers (Enron, WorldCom, Parmalat, etc.) ayant eu un fort retentissement médiatique. Dans cette perspective les possibilités offertes par les pratiques d'ISR ont été promues pour repenser un modèle de gouvernance plus vertueux et plus prévisible. Toutefois, si les référentiels de l'ISR sont utilisés dans cette perspective, on peut craindre que les agences de notations des entreprises soient incitées à donner un poids de plus en plus important au chapitre « gouvernance économique de l'entreprise » (qui inclut des critères comme l'existence d'un système de *risk management* dans l'entreprise) au détriment d'une approche innovante du développement durable sur les dimensions « environnement » et « social » (voir la troisième partie).

La construction de nouveaux référentiels d'ISR : dynamique et effets sur les entreprises

En ce qui concerne les fonds dits « éthiques », on peut remarquer aujourd'hui la coexistence entre une approche par l'exclusion sectorielle (les entreprises de certains secteurs comme le tabac ou l'armement sont alors exclues des indices) et une approche par la notation privilégiant les entreprises ayant les meilleures pratiques au sein d'un secteur. Si les pratiques d'exclusion, courantes dans les pays anglo-saxons, sont jugées limitées en Europe continentale, l'approche par la notation est plus difficile à mettre en œuvre, surtout si elle veut apprécier la dynamique de la performance environnementale et sociale des entreprises. D'où le développement, depuis les années 1990, d'organismes d'analyse sociétale et environnementale comme Vigéo (anciennement Arese), Innovest et BMJ-Coreratings[6] en France, Sam ou Eiris.

Selon ses promoteurs, le développement de l'ISR crée un nouveau contexte incitatif pour les entreprises cotées sur les marchés financiers, visant à enclencher un cercle vertueux. Les performances sociales et environnementales des entreprises sont évaluées et classées par les agences de notation dans des indices socialement responsables. Ces évaluations sont ensuite vendues à des investisseurs (fonds éthiques). Cette extension du champ de la mesure participe

6. Les activités françaises de CoreRatings (créé en 2002 par le groupe Filamac) ont été reprises par BMJ au printemps 2004. L'activité de CoreRatings était basée sur la notation « déclarative », c'est-à-dire sur une évaluation externe à l'entreprise, s'appuyant sur des documents publics, et vendue à des investisseurs. À l'inverse, les deux nouvelles structures ont affiché leur volonté de se positionner sur l'activité de la notation « sollicitée », c'est-à-dire sur une évaluation interne et payée par l'entreprise. Cette dernière est propriétaire de l'évaluation (qui n'est pas vendue aux fournisseurs).

d'une logique d'expansion des marchés, fondée sur un principe d'intégration des externalités dans les règles du jeu économique. Selon cette logique, les entreprises sont, en théorie, incitées à révéler et améliorer leur performance sociétale afin d'accéder à de nouveaux financements. Cette logique repose toutefois sur une hypothèse implicite : pour renforcer la confiance des marchés, ces référentiels d'évaluation et les acteurs qui les supportent doivent, à l'instar des systèmes comptables, produire des informations sincères et fidèles.

Des référentiels et des acteurs en quête de légitimité

Contrairement à ce que les discours sur les pressions externes pourraient laisser accroire, ces nouveaux marchés et ces nouveaux acteurs doivent faire la preuve de leur légitimité vis-à-vis des entreprises et des investisseurs potentiels. À cet égard, la norme « socialement responsable » n'est pas un jeu de critères donnés une fois pour toutes. Elle résulte des dynamiques d'apprentissage, de prescriptions réciproques et des stratégies d'acteurs (par exemple les consultants, mais aussi les entreprises) qui viennent définir et transformer ces critères. Par ailleurs, ces acteurs doivent faire la preuve de la valeur de leurs notations ; ce qui est loin d'être acquis *a priori*. Dans cette perspective, pour améliorer la pertinence de leurs évaluations, ces acteurs doivent suivre de près l'évolution des pratiques des entreprises et modifier leurs questionnaires en lien étroit avec celles-ci. Nous reviendrons sur ce point dans le troisième chapitre de cette partie.

On n'est pas donc pas dans une logique de conformation des entreprises à des référentiels externes stables mais plutôt dans une dynamique d'interaction et de prescription réciproque (Hatchuel, 1996) entre les critères des référentiels pour l'ISR et les pratiques des entreprises.

L'instabilité des questionnaires d'évaluation

On peut distinguer deux types de critères dans les référentiels utilisés par les organismes d'analyse sociétale et environnementale[7] : les critères normatifs (ceux, par exemple, des normes de l'OIT, des normes ISO 14000 ou SA 8000) et les critères renvoyant directement à des pratiques d'entreprise, que ces pratiques soient jugées exemplaires (les *best practices* : l'éco-conception, l'équité homme-femme par exemple), souhaitables (ex. : engagement de la direction) ou répréhensibles (ex. : part du chiffre d'affaire dans le secteur de l'armement).

L'examen de l'évolution des critères de SAM dans les questionnaires de 1998, 2000 et 2002 pour l'indice du *Dow Jones Sustainability Index (DJSI)* met en évidence cette instabilité forte des questionnaires envoyés aux entreprises. À titre d'illustration, voici quelques exemples pris dans le domaine de l'environnement :

- *Le* reporting *environnemental* : ce critère n'apparaît qu'en 2002 (n°s 41 et 42 : fréquence du *reporting* des différentes unités de l'entreprise, existence d'une base de données environnementale centralisée), même si, dès 2000, le questionnaire demandait à l'entreprise de remplir un tableau consolidé concernant plusieurs types d'émissions : CO_2, gaz contribuant à la destruction de la couche d'ozone, production de déchets, consommation d'eau, etc.

7. Ces référentiels sont explicités dans les questionnaires des organismes d'analyse sociétale et environnementale comme SAM ou EIRIS. Des référentiels similaires sont également utilisés pour l'attribution des prix des meilleurs rapports de développement durable (exemple du prix Entreprise et progrès du meilleur rapport sur le développement durable – voir le site Internet : http://www.entreprise-progres.net).

• *L'éco-conception*: les questionnaires sont de plus en plus précis sur ce point, abandonnant à partir de 2000 les critère d'exclusion (présence de CFC ou HCFC dans les produits) pour préférer des questions sur les pratiques d'éco-conception expérimentées au cours de cette période dans les entreprises (évaluation de la performance des produits par ACV ou selon une approche du cycle de vie, existence de *guidelines* distribuées aux services de conception, etc.).

• *Les gaz à effet de serre*: une rubrique nouvelle apparaît sur ce thème d'actualité dans le questionnaire 2002 (rubriques n° 47 à 51): inventaires précis de ces émissions, stratégies de réduction, procédure de vérification des inventaires par un tiers (ce service est offert la même année par certains consultants), stratégie et cibles de réduction.

Ainsi, malgré son essor récent, il faut relativiser l'impact incitatif de l'ISR sur l'action des entreprises. Ce label masque des pratiques de notation hétérogènes, dont la logique s'inscrit, le plus souvent, dans la continuité de l'analyse financière. Entre la notation classique et la notation sociétale la frontière est parfois ténue; la différence étant surtout affaire de rhétorique et de marketing. Les agences de notation sociétales doivent également composer avec des données qualitatives et peu fiables, ainsi qu'avec des effectifs réduits, ce qui est un handicap pour mener à bien des analyses approfondies. Dans ces conditions, ces organismes sont contraints au bricolage et la valeur des notations est sujette à caution, contribuant au scepticisme des investisseurs à l'égard de ces nouveaux produits (voir Capron et Quairel, 2004).

3. Crise de légitimité et émergence de nouveaux *stakeholders*

Un autre argument, qui englobe les précédents est souvent invoqué pour expliquer l'engagement des entreprises en matière de développement durable: la pression des *stakeholders*. Par rapport aux deux explications précédentes qui adoptent un point de vue extérieur à l'entreprise pour examiner la nature des incitations qui pèsent sur l'entreprise, l'approche des *stakeholders* inverse le point de vue: l'analyse part de l'entreprise pour s'interroger sur l'identité des *stakeholders* et la nature de leurs exigences à l'encontre de l'entreprise. Dans cette perspective, l'entreprise n'a pas seulement à rendre des comptes *(accountability)* vis-à-vis des parties prenantes traditionnelles du jeu économiques (actionnaires, investisseurs, clients) mais, plus largement, vis-à-vis de tous les *stakeholders*, « c'est-à-dire tous les acteurs ou groupes d'acteurs qui sont susceptibles d'affecter ou d'être affectés par l'activité de l'entreprise » (Freeman, *op. cit.*). Outre les acteurs précédemment mentionnés, et sans qu'il en existe une liste exhaustive, cette notion inclut les ONG, les syndicats, les salariés, les associations de riverains, les associations de consommateurs, les groupes concernés, etc.

Nous reviendrons dans le chapitre 2 sur la généalogie de cette notion et des travaux théoriques qui ont été développés sur ce thème. Soulignons ici que tout un courant de recherche – notamment américain – approfondit depuis plus de vingt ans les travaux initiés par Freeman dans son ouvrage séminal: *A Stakeholder Theory of the Firm*. Les approches *stakeholders* développent, dans cette perspective, des arguments à la fois normatifs (quelle est la responsabilité de l'entreprise à l'égard des *stakeholders*?), instrumentaux (comment gérer les relations avec les *stakeholders*?) et descriptifs (comment sont-ils gérés concrètement?). Ces travaux cherchent à asseoir la théorie des *stakeholders* comme une nouvelle approche de la stratégie de l'entreprise.

Deux traits saillants caractérisent cette approche :

– elle est *connexionniste* : l'entreprise est située au centre d'un réseau de *stakeholders* et doit répondre à leurs attentes *(responsiveness)* ;

– elle est *contingente* et *relativiste* : le postulat de départ est que l'entreprise doit gérer des *stakeholders* qui ont des intérêts divergents ; la liste et les revendications de ces *stakeholders* ne sont pas définies *a priori* mais varient en fonction du type d'entreprise, des choix stratégiques et de ses activités.

Il est intéressant de noter que ces développements théoriques, qui ont pu apparaître pendant un certain temps en décalage avec les pratiques de la plupart des entreprises, font aujourd'hui écho de façon croissante à leurs préoccupations.

Ainsi, le management des *stakeholders* prend une nouvelle ampleur avec les crises médiatiques à répétition où elles sont violemment prises à partie par des groupes d'acteurs. De la crise du Gaucho aux controverses contre les OGM, de la mobilisation contre les compagnies pétrolières à celle contre les politiques d'achat des grands groupes de distribution, l'actualité fourmille d'exemples où l'image et la réputation des entreprises, mais aussi la mise sur le marché et l'avenir commercial des produits sont menacés par la mobilisation de nouveaux *stakeholders*. Cette mobilisation peut également avoir des effets juridiques, comme le rappelle l'exemple médiatisé du procès intenté aux États-Unis par l'activiste Marc Kasky à l'entreprise Nike (voir encadré ci-dessous).

Le procès Nike et ses effets juridiques

L'origine de l'affaire est la plainte déposée en 1998, en Californie, par l'activiste Marc Kasky à l'encontre de l'entreprise Nike. Au cours des années 1990, le groupe avait pris position en matière de responsabilité sociale de l'entreprise, affirmant que les employés de sous-traitants étaient payés deux fois plus que les minima légaux dans les pays en voie de développement et qu'ils étaient protégés contre les abus physiques et sexuels. Dénonçant les pratiques sociales de Nike à l'encontre de ses sous-traitants, en contradiction avec les déclarations publiques de l'entreprise, M. Kasky poursuivit Nike pour publicité mensongère, en infraction avec les lois californiennes sur la protection des consommateurs. En réponse, Nike avait argué que ces déclarations n'avaient pas de valeur juridique, et qu'elles devaient être protégées, en conséquence, par le premier amendement de la Constitution américaine sur la liberté d'expression. En mai 2002, la Cour suprême de l'État de Californie rendit un arrêt retentissant selon lequel elle considérait que les déclarations de l'entreprise à propos de ses pratiques sociales chez ses sous-traitants constituaient un « discours à caractère commercial » *(commercial speech)* – visant à augmenter ses ventes ou la valeur de ses actions – et qu'elles ne pouvaient être protégées, en conséquence, par le premier amendement de la Constitution. En juin 2003, la Cour suprême des États-Unis, qui avait été saisie par Nike, se déclara incompétente sur le sujet. Ces deux arrêts eurent pour conséquence la poursuite de la procédure judiciaire devant les tribunaux. Après cette annonce, Nike décida qu'elle ne produirait plus de rapport de développement durable tant que la question ne serait pas clarifiée sur le plan juridique. Pour les analystes, cet arrêt constitue une source d'incertitudes juridiques majeures pour les entreprises qui veulent s'engager en matière de développement durable en ouvrant la voie à des procès possibles aux conséquences difficilement évaluables.

Source : business-ethics. com, novethic. fr

Mais le management des *stakeholders* dépasse le cadre des discussions théoriques et des débats médiatiques : il a une traduction opérationnelle dans des dispositifs d'évaluation, des référentiels de *reporting* et dans un certain nombre d'outils et démarches proposés par les consultants. C'est ainsi l'une des dimensions sur lesquelles s'opère la notation sociétale des entreprises ; elle est également au fondement du référentiel international en matière de *reporting* (le GRI), d'une norme de management du développement durable (la norme AA 1000) et de l'offre de cabinets conseils en développement durable comme *SustainAbility* ou Utopies. Ces différents points sont développés dans le chapitre trois de cette première partie.

3.1. Genèse et métamorphose des stakeholders

Cette représentation de la stratégie comme réponse aux pressions des *stakeholders* est aujourd'hui largement répandue dans le monde anglo-saxon. Mieux : elle constitue le fondement épistémologique des approches les plus couramment admises sur la responsabilité sociale de l'entreprise et le développement durable. Si cette vision anglo-saxonne est assez cohérente avec une approche communautariste de la société, elle n'a rien de naturel en Europe où l'idée de *stakeholder* est *a priori* problématique.

Plutôt que de considérer comme acquise la notion de *stakeholder*, il s'agit, au contraire, de s'interroger sur celle-ci : qui sont ces *stakeholders* ? Comment leur identité et leurs modalités d'action se sont-elles transformées ? Pourquoi les entreprises considèrent-elles aujourd'hui qu'il s'agit d'un objet de management légitime pour elles ? Pour explorer ces questions, il faut sortir d'une posture naturaliste afin de s'interroger sur la genèse et la métamorphose des *stakeholders* et de leurs relations avec les entreprises.

La figure la plus connue de ces nouveaux *stakeholders* est formée par les ONG, qui font désormais partie intégrante du jeu social. Une étude montre que le nombre d'ONG recensées dans le monde est passé de moins de 500 en 1955 à plus de 45 000 en 1995 et que leur nombre double en moyenne tous les cinq ans (*source :* Union of International Associations, 1999). Ce foisonnement s'accompagne d'une grande hétérogénéité. À côté d'ONG locales, certaines grandes ONG, comme Greenpeace, WWF ou Care, sont devenues des acteurs à part entière du jeu institutionnel. Elles ont acquis une taille internationale et ont développé des méthodes de travail qui les rapprochent de celles des entreprises. Elles sont associées à toutes les grandes initiatives internationales qui cherchent une légitimité démocratique. Elles sont des partenaires importants de l'ONU dans ses différentes initiatives (conférences sur l'environnement en 1992 ou en 2002, *Global Compact*, GRI) ou de la Commission européenne (« livre vert » sur la responsabilité sociale de l'entreprise). Elles interpellent les entreprises directement à propos des conséquences de leurs activités sur l'environnement ou le développement. Vis-à-vis des entreprises, certaines d'entre elles, comme WWF ou Care, ont évolué d'une posture contestataire vers une logique de mission, passant éventuellement par la signature de partenariats avec les entreprises (voir deuxième et troisième parties). Selon cette approche, mieux vaut transformer l'entreprise et le système capitaliste de l'intérieur en développant des coopérations, plutôt que de les combattre de l'extérieur. C'est cette logique de la revendication d'un droit à la critique que résume la formule du WWF : « *we agree to disagree* ». Derrière les objectifs affichés, ces partenariats ne font pas l'unanimité au sein de ces organismes ; sans compter qu'ils répondent à une logique peu explicitée, mais bien réelle : accroître les ressources financières des ONG.

Il n'est pas anodin de constater que cette montée en puissance des ONG et des associations dans le jeu institutionnel s'opère au moment où le poids des syndicats dans le jeu social et institutionnel semble être remis en cause. Symbole de cette évolution des règles du jeu : le « livre vert » de la Commission sur la responsabilité sociale des entreprises dans lequel les syndicats ne sont plus qu'un *stakeholder* parmi quinze[8].

À côté de ces grands acteurs institutionnels, l'un des phénomènes sociologiques les plus marquants est la montée en puissance des « groupes concernés » (Callon *et al.*, 2001). Il s'agit de collectifs (associations de riverains, associations de malades, associations écologistes, etc.) qui se mobilisent à propos de controverses scientifiques ou techniques (maladies orphelines, déchets nucléaires, tracé du TGV, pollutions industrielles, etc.). Pour Michel Callon, Pierre Lascoumes et Yannick Barthe, leur montée en puissance remet en cause les principes d'une « démocratie délégative », où seuls les représentants élus (élus locaux et nationaux, syndicats, etc.) ont voix au chapitre (Callon *et al.*, 2001). Sur ce point encore, force est de constater les convergences entre l'Europe et les États-Unis, avec la capacité d'intervention croissante de ces « groupes concernés » dans le débat public[9]. Ceux-ci utilisent, à cet effet, la caisse de résonance que représentent les médias.

Les capacités d'influence et de mobilisation de ces acteurs se sont considérablement accrues avec le développement des technologies de l'information : n'importe quel événement local (accident industriel, conflit social, manquement aux droits de l'homme, etc.) mettant en cause une entreprise ou l'un de ses sous-traitants est désormais susceptible d'être connu en temps réel et de déclencher une tempête médiatique affectant l'image globale de l'entreprise. Les entreprises doivent désormais gérer cette contestabilité croissante (Godard, 2002) non seulement au niveau de la direction générale, par une communication adaptée, mais à tous les niveaux de l'entreprise par une gestion préventive permanente.

Conclusion

Nous avons présenté, dans ce chapitre, les trois explications les plus communément admises pour expliquer les engagements et l'homogénéisation des pratiques de développement durable des entreprises. Si leur logique diffère, toutes trois présentent cependant un trait commun : l'entreprise serait soumise à de nouvelles pressions externes avec lesquelles elle doit composer. En d'autres termes, tout se passerait comme si les politiques des entreprises en matière de développement durable étaient la résultante mécanique des exigences des *stakeholders*, de nouvelles incitations réglementaires et économiques. Quant aux processus d'isomorphisme des pratiques, ils s'expliqueraient par la convergence des contextes socio-économiques auxquels les entreprises font face.

Peut-on se satisfaire de ces explications ? La réponse est non. Elles constituent des conditions de possibilité de l'action des entreprises mais n'éclairent en aucun cas ni le processus concret de construction de la stratégie des entreprises, ni le processus de construction des règles et des institutions.

---

8. Cette marginalisation de leur rôle dans les débats sur le développement durable explique, en partie, les réticences que leur inspire la notion (voir les études de cas).

9. Deux exemples contrastés de « groupes concernés » : l'un positif – l'Association française contre la myopathie (AFM) qui cherche à sensibiliser la population et à polariser la recherche sur les maladies orphelines (voir Callon *et al.*, *op. cit.*) – ; l'autre contestataire – *Coalition Against Bayer* – dont la raison est de dénoncer les activités et les produits de Bayer à travers le monde.

Ces analyses présentent deux lacunes importantes.

– En premier lieu, les explications restent extérieures à la « boîte noire », se contentant d'observer, en amont, de nouvelles exigences, en aval des réponses des entreprises, sans faire le lien entre les deux. Elles procèdent d'une séparation arbitraire entre l'entreprise et son environnement. Tout se passe comme si ces nouvelles incitations se construisaient de façon autonome, en extériorité, par rapport aux entreprises. Or, comme nous allons le montrer dans les deux chapitres suivants, les entreprises sont partie prenante dans la construction de ces règles et disposent, en outre, d'une marge de manœuvre importante dans leur mise en œuvre.

– En second lieu, les trois explications relèvent d'une approche exclusivement relationnelle : soumises aux pressions conjuguées des marchés, des pouvoirs publics et des *stakeholders*, les entreprises ne feraient que réagir et s'adapter à ces forces qui s'exercent sur elles. C'est, pour résumer, la thèse de la *responsiveness* qui mesure la capacité de réponse des entreprises à ces pressions externes. Or, comme nous l'avons montré, il faut relativiser la portée des incitations réglementaires et financières qui pèsent sur les entreprises. Quant aux *stakeholders*, il est plus fécond de s'écarter d'une vision naturaliste pour considérer la transformation simultanée des activités de l'entreprise et de ses *stakeholders*. Dans cette perspective, il n'existe pas de mouvement autonome de constitution des *stakeholders* indépendamment de la crise de légitimité que vivent les entreprises, en particulier des débordements et des controverses qu'occasionnent leurs activités. Autrement dit, la notion de *stakeholder* peut être utile si elle est replacée dans une théorie plus large de l'action collective fondée sur deux principes :

– un principe de *non-séparabilité stratégie-règles* que nous illustrerons dans la deuxième partie à travers l'analyse conjointe de la construction des stratégies des entreprises et des règles qui s'exercent sur elles ;

– un principe d'analyse conjointe des *dynamiques de savoirs et de relations* (principe S/R) qui constitue, pour reprendre l'analyse d'Armand Hatchuel (2000), l'axiomatique de base d'une théorie de l'action collective. Autrement dit, il convient de considérer les relations des entreprises avec leurs *stakeholders* non pas de façon autonome, mais en lien avec les savoirs (discours, règles, expertises) qui sont produits au cours de l'action.

Chapitre 2

Aux sources des discours d'entreprise : généalogie des concepts et formation d'un langage managérial

Introduction

Pour aller plus loin dans la compréhension d'une structuration d'espaces d'action collective du développement durable et dans l'homogénéisation des pratiques des entreprises, nous allons aborder, dans ce chapitre, un point méconnu : la formation et les mécanismes de diffusion d'un langage managérial sur le développement durable et la responsabilité sociale de l'entreprise (RSE). Nous verrons comment ce langage contribue au processus d'isomorphisme précédemment mis en évidence. Pour étudier ce processus de formation, nous appliquerons les principes présentés en introduction, en analysant, dans un premier temps, la généalogie des concepts qui sont à la base de ce langage puis, dans un deuxième temps, les dispositifs, les acteurs et les savoirs qui ont supporté ce processus de formation et de diffusion.

Le développement durable dans l'entreprise : l'hybridation de différentes influences

Levons d'emblée une ambiguïté possible : le développement durable n'a pas le même sens dans l'entreprise et dans le débat politique. L'histoire de l'idée de développement durable dans le champ politique est bien connue. Elle a fait l'objet de plusieurs travaux (voir Godard, 1994, Sachs ; 1998 ; Aggeri, 2004) qu'il est utile de rappeler ici pour bien comprendre la différence qui sépare cette problématisation politique du développement durable de la problématisation dans le champ du management.

La notion de développement durable est en effet issue de réflexions de hauts fonctionnaires internationaux à propos des effets négatifs de la croissance sur l'environnement naturel qui remontent au début des années 1970. L'idée que le développement doive être durable suppose une critique préalable considérant que tout développement ne l'est pas forcément ! Cette critique a émergé à partir des années 1960 dans des cercles de hauts fonctionnaires internationaux et d'intellectuels qui s'inquiétaient de la multiplication des accidents industriels et qui se fondaient sur des projections alarmistes qui prédisaient un épuisement prochain des ressources naturelles. Dès cette époque, est émise l'hypothèse d'un réchauffement climatique d'origine anthropique. L'environnement n'est plus vu comme une variable d'ajustement mais comme un élément central d'un système qui conditionne la survie de l'humanité. Contrairement à l'écologie politique qui développe une critique sévère du développement occidental, ces hauts fonctionnaires s'inscrivent dans une démarche réformiste où il s'agit d'élaborer un nouveau projet de société. Les premières manifestations de ces réflexions sont, en 1972, le rapport Meadows, commandité par le club de Rome, et la conférence de Stockholm. Dans cette conférence, si l'on n'évoque pas encore l'expression de développement durable, on souligne qu'il est nécessaire de concilier les besoins des générations actuelles et des générations futures et, pour résumer cette idée, on propose un nouveau concept : l'« éco-développement ». On sait ce qu'il advint de ces propositions : elles firent l'objet de critiques dures, venant aussi bien des pays occidentaux que des pays en voie de développement, pour lesquels il était exclu de ralentir le rythme de la croissance économique.

Il a fallu attendre quinze ans, et la fin des années 1980, pour que l'idée des limites de la croissance et du progrès scientifique et technique à tout crin refasse surface. La définition de la notion de développement durable est généralement attribuée à Gro Harlem Brundtland, ex-ministre norvégien de l'Environnement et coordinatrice d'un rapport pour le Programme des Nations unies pour l'environnement (PNUE) en 1987 intitulé « Notre futur à tous » *(Our common future)*. On trouve dans ce rapport la définition canonique du développement durable comme un « développement apte à répondre aux besoins des générations présentes sans compromettre la capacité des générations futures à répondre aux leurs ». Bien que très proche, la formule du développement durable est plus habile et plus politiquement correcte que la notion, très écocentrée, d'éco-développement. En outre, contrairement au rapport Meadows qui se signalait par ses prévisions alarmistes, le rapport Brundtland est beaucoup plus nuancé dans son diagnostic et dans ses propositions. Il élargit en outre la problématique du développement durable en introduisant des dimensions sociales : lutte contre la pauvreté, équité sociale, droits des femmes, etc. La notion de développement durable connaît un important succès médiatique à partir du sommet de la Terre de Rio en 1992 où les entreprises sont peu représentées [1].

Responsabilité sociale de l'entreprise (RSE) et stakeholder : deux notions associées au développement durable dans l'entreprise

L'analyse des rapports de développement durable des entreprises, des discours des consultants ou des rapports des pouvoirs publics montre que le développement durable dans l'entreprise renvoie moins à des débats généraux sur les effets de l'action des entreprises sur l'équité intra- et intergénérationnelle qu'aux notions de responsabilité sociale de l'entreprise (RSE) et de *stakeholder*. La notion de RSE est une traduction de la notion anglo-saxonne de *Corporate Social Responsibility*. Il est important de noter que le terme *social* a en anglais un sens beaucoup plus large qu'en France : il désigne non seulement le domaine des rapports sociaux, mais inclut aussi plus largement la protection de l'environnement et les dimensions sociétales (relations des entreprises avec les communau-

1. Il faut attendre 1995, avec la création du WBCSD *(World Business Council on Sustainable Development)*, pour que les grandes entreprises mondiales se dotent d'une structure de représentation et de *lobbying* sur le développement durable.

tés locales, mécénat, etc.). Ainsi, l'idée de RSE correspond à une conception élargie de la responsabilité de l'entreprise qui s'exerce non seulement vis-à-vis de ses actionnaires et de ses clients, mais plus largement vis-à-vis de ses différents *stakeholders*.

Le terme *stakeholder* – littéralement « porteur d'enjeux » – est, au départ, un jeu de mot avec la notion de *stockholder* (actionnaire). Selon la définition de Freeman (1984), le terme désigne « tout groupe ou individu qui peut influencer ou être affecté par l'atteinte des objectifs de l'organisation »[2]. Les *stakeholders* de l'entreprise peuvent recouvrir des groupes aussi divers que les pouvoirs publics locaux ou nationaux, les salariés, les riverains, les actionnaires, les communautés locales, les clients, les fournisseurs, etc. La notion de « partie prenante » – traduction la plus courante en français – ne rend que très imparfaitement l'hétérogénéité, la variabilité et la précarité de l'identité de ces *stakeholders* et de leurs relations avec l'entreprise. L'évocation en français d'un « modèle partenarial » pour qualifier une approche *stakeholder* est là encore insatisfaisante car les relations de l'entreprise avec ces derniers ne sont pas nécessairement coopératives mais peuvent être aussi marchandes ou de conflit. Dans la suite du livre, nous conserverons le terme anglais plutôt que sa traduction française.

Les notions de RSE, de *stakeholder* et de développement durable apparaissent souvent dans les discours des entreprises comme synonymes. Ainsi, les rapports des grandes entreprises s'intitulent, indifféremment, rapport de développement durable (*sustainability report* en anglais), *stakeholder report* ou rapport sur la responsabilité sociale de l'entreprise.

Les entreprises proposent rarement une définition du développement durable ou de leur responsabilité sociale. Pour chercher une définition plus précise, on peut se référer à la définition, proposée par la Commission européenne, de la responsabilité sociale des entreprises (RSE) qui a le mérite de poser de façon plus précise les termes du débat (voir encadré ci-dessous).

L'approche de la RSE par la Commission européenne

À l'issue d'un groupe de travail associant différents partenaires (entreprises, administrations des pays membres, associations de consommateurs, ONG, syndicats, etc.) sous l'égide de la DG emploi et affaires sociales, la Commission européenne a produit en juillet 2001 un livre vert intitulé « Promouvoir un cadre européen pour la responsabilité sociale des entreprises ». Dans ce document, la Commission définit la RSE, qui participe de sa stratégie de développement durable, comme « l'intégration volontaire des préoccupations sociales et écologiques des entreprises à leurs activités commerciales et à leurs relations avec leurs *stakeholders* » (p. 8). Dans cette définition, la Commission se garde bien de définir de façon précise les champs que recouvre cette responsabilité sociale. Elle propose deux critères de qualification du caractère socialement responsable des actions de l'entreprise : le *volontarisme* (pour être qualifiées de socialement responsables, les actions des entreprises doivent aller au-delà de la réglementation ou de la recherche du simple profit), l'*intégration des externalités* – ici sociales et environnementales – non seulement liés aux activités de l'entreprise mais aussi à leurs relations avec les *stakeholders*.

2. On retrouve, à peu de choses près, cette définition dans le livre vert de la Commission européenne, le référentiel de *reporting* sociétal AA1000 ou encore le référentiel du GRI.

Cette convergence des discours d'entreprise autour de ces quelques notions peut surprendre : d'où viennent ces notions de *stakeholder* et de RSE ? Que recouvrent-elles ? Comment expliquer leur utilisation par des acteurs aussi différents que des entreprises, des ONG, des institutions internationales ?

Dans cette perspective, il convient de s'interroger sur les origines de ces concepts : comment ont-ils été formés ? Sur quelles pratiques et sur quelles théories s'appuient-ils ? Dans quel contexte historique et institutionnel sont-ils apparus ? Par quels mécanismes se sont-ils diffusés et sont-ils devenus le socle d'une nouvelle rhétorique ?

Pour répondre à ces questions, nous opérerons en deux temps.

– Dans un premier temps, nous nous attacherons à reconstituer la généalogie des concepts utilisés par les entreprises. Il ne s'agit pas, dans cette perspective, de faire une histoire générale des idées ou de l'entreprise en remontant par exemple à la conception de l'éthique chez les philosophes grecs ou aux différentes acceptions de l'idée de responsabilité. À supposer qu'un tel projet soit possible, il n'a guère de sens dans la mesure où il n'existe pas de lien évident entre ces réflexions philosophiques et l'usage actuel par les entreprises des notions de responsabilité ou d'éthique. Notre projet est ici plus précis : il est de montrer les rapports étroits qu'entretiennent les discours d'entreprise avec une école de pensée américaine qui s'est progressivement constituée à partir des années 1950 autour du thème *Business and Society*. Nous mettrons en évidence que les notions de RSE, de *stakeholder*, de performance environnementale et sociale de l'entreprise ont été formées par des chercheurs en gestion aux États-Unis, dans un contexte sociologique, économique et historique particulier.

– Dans un deuxième temps, nous étudierons le processus de reformulation de ces concepts dans un langage managérial qui constitue le socle de ce nouvel espace discursif, les mécanismes de sa diffusion et leurs effets sur les entreprises. À cet égard, nous mettrons en évidence le rôle de consultants et d'ONG britanniques dans le « transcodage »[3] (Lascoumes, 1994) et la formation de ce nouveau langage managérial.

1. La généalogie des concepts théoriques

1.1. L'émergence de l'idée de « responsabilité sociale » aux États-Unis

Alors que le débat sur la responsabilité sociale de l'entreprise peut sembler relativement nouveau en France, la littérature économique et gestionnaire nord-américaine témoigne de l'existence et de la vigueur d'un tel débat aux États-Unis depuis plus de cinquante ans. À ce titre, l'analyse de travaux incluant une dimension historique (*cf.* en particulier Bowen, 1953 ; Heald, 1961, 1970 ; Epstein, 2002) se révèle particulièrement riche en enseignements pour éclairer sous un angle nouveau les discussions actuelles sur le développement durable.

Il apparaît ainsi que l'émergence de la grande entreprise va de pair avec une interrogation sur sa responsabilité. La notion de responsabilité sociale de l'entreprise, posant la question de l'articulation entre l'entreprise et la société, émerge

3. La notion de transcodage, proposée par Lascoumes (1994), fait référence à « l'ensemble des activités de regroupement et de traduction d'informations et de pratiques dans un code différent. Transcoder c'est d'une part agréger des informations éparses et les lire comme une totalité ; c'est aussi les traduire dans un autre registre relevant de logiques différentes, afin d'en assurer la diffusion à l'intérieur d'un champ social et à l'extérieur de celui-ci » (Lascoumes, p.22).

à la fin du XIXe, mais sous la forme mal définie d'un « mélange de bonnes intentions de la part d'hommes d'affaires [qui] produisit des résultats qui furent pour le moins confus » (Heald, 1961). Le débat va ensuite se développer sous une forme plus formalisée au début du XXe (les années 1920 sont cruciales à cet égard), à mesure que se généralisent le modèle de la grande entreprise à actionnariat dispersé (Heald, 1970; Epstein, 2002) et la figure du dirigeant salarié non propriétaire. Comme le souligne Heald (1961), cette étape de transformation de l'entreprise est cruciale dans l'émergence d'un débat sur la responsabilité sociale de l'entreprise.

– L'émergence de la grande entreprise à actionnariat dispersé a deux conséquences. Premièrement, elle diminue le contrôle que les actionnaires exercent sur les dirigeants. Ainsi, au cours des années 1920, « il existait des différences dans la manière dont les cadres dirigeants parlaient de leurs employeurs, mais déjà les actionnaires commençaient à être simplement considérés comme l'un parmi la variété d'intérêts et de participants dont le management doit reconnaître et réconcilier les revendications » (Heald, 1961, p. 130). Du fait de sa taille et du nouvel « éloignement » de ses propriétaires, l'entreprise change de nature pour devenir une institution à part entière. Il devient plus difficile de la considérer comme le simple instrument des actionnaires. Elle apparaît de plus en plus comme redevable vis-à-vis d'un ensemble de « groupes intéressés, incluant cette vague entité, la communauté dans son ensemble » (Heald, 1961)[4].

– Deuxièmement, la figure du dirigeant se transforme radicalement à mesure qu'aux dirigeants familiaux se substituent des juristes et ingénieurs formés dans les nouvelles *business schools* américaines[5]. Les programmes de formation, incluant des enseignements dans les domaines de l'économie et de la gestion, mais aussi des disciplines plus larges, développent une sensibilité des dirigeants aux relations entre leurs décisions et le fonctionnement plus général de la société. En outre, la nouvelle figure du dirigeant pose la question de l'identité du rôle de manager, que beaucoup décrivent alors comme une profession (Malott, 1924; Donham, 1927; Calkins, 1946; Abrams, 1951), posant ainsi comme centrale la question de la déontologie des dirigeants.

À partir des années 1920, on voit apparaître un débat autour de la question de la responsabilité sociale, avec de nombreux dirigeants s'exprimant publiquement sur ces questions. Si « aucune doctrine clairement formulée de la responsabilité sociale n'émerge à la fin de la décennie », les discours de l'époque sont très marqués par les concepts de « *public service* » et de « *trusteeship* », stipulant l'idée d'un contrat implicite, caractérisant la relation entre l'entreprise et la société (Heald, 1961; 1971). Ces débats sont certes controversés, mais ils sont portés par des grands dirigeants eux-mêmes (dont Henry Ford, Sloan, des dirigeants de la General Electric Company, etc.). De nouvelles pratiques d'entreprise vont se développer au cours de cette période, suivant une logique d'« essais-erreurs » (Heald, 1961), débouchant sur le développement de négociations sociales, la mise en place de démarches de communication et de relations publiques, le développement de mécénat et d'autres actions philanthropiques.

---

4. Comme le souligne Owen D.Young, alors cadre dirigeant de General Electric, en 1933: « Le fait que [j'exerce en tant que] mandataire d'une institution ou bien en tant qu'avocat de l'investisseur représente une grande différence dans mon attitude à l'égard de ma fonction de cadre dirigeant. Si je suis le mandataire d'une institution, qui sont les ayants droit? Vis-à-vis de qui suis-je redevable de mon obligation? » (p. 131)

5. La première *business school* américaine fut fondée à l'université de Pennsylvanie en 1881. Deux autres furent créées en 1898 à Chicago et à l'université de Berkeley. En 1910, il y avait 14 écoles et en 1925, ce nombre s'élevait à 183.

Des discours et pratiques relatifs à la responsabilité sociale se développent ainsi de manière précoce dans le milieu des affaires. S'ils préfigurent la nature des débats qui vont se développer par la suite, c'est seulement dans les années 1950 que des efforts significatifs de formalisation et de systématisation vont voir le jour à la frontière entre théologie, économie et gestion, ouvrant progressivement la voie à un nouveau champ académique nommé *Business and Society*.

1.2. 1950-1975 : premières formalisations des rapports entre entreprise et société

Prenant place en économie, gestion, et dans les milieux d'affaires dès le début des années 1950, la question de l'articulation entre entreprise et société est un débat qui va gagner l'ensemble de la société à partir de la fin de la décennie, avec l'apparition de pressions de la société civile sur les entreprises qui se traduiront par une vague de nouvelles réglementations au cours des années 1960 et 1970. Situé à un niveau politique – comme en témoigne le rattachement de ces travaux à un champ émergent : *Business and Society* [6] –, ce débat pose avant tout la question des modes d'intégration de l'entreprise dans la société américaine, interrogeant les devoirs des entreprises envers la société et la nécessité d'encadrement par les pouvoirs publics des initiatives privées [7].

Les années 1950 : la formulation des termes du débat par des chercheurs

Au début des années 1950, les débats relatifs à la responsabilité sociale ressurgissent avec une nouvelle intensité dans le monde des affaires, certains dirigeants publiant des ouvrages largement diffusés (voir notamment Randall, 1952). Dans ce contexte d'inflation des discours où « les discussions portant sur les responsabilités sociales de l'entreprise sont non seulement devenues acceptables dans les cercles dirigeants, mais même à la mode » (Bowen, 1953, p. 44), quelques économistes et gestionnaires (en particulier Peter Drucker mais surtout Howard R. Bowen) tentent de poser la question de la responsabilité sociale des dirigeants de manière plus systématique. Ces débats et travaux prennent place dans un contexte où l'interventionnisme étatique et la légitimité de l'intervention publique sont relativement faibles [8] et où l'entreprise continue à jouir d'une image favorable au sein du grand public (Roper, 1949) :

« En 1953, Charles Erwin Wilson, alors président de General Motors Corp., pouvait annoncer que “depuis des années je suis convaincu que ce qui est bon pour notre pays l'est aussi pour General Motors, et vice versa” (déposition au Sénat, 1953) sans que trop de monde fronce les sourcils. » (trad.) (Wood and Cochran, 1992)

6. La plupart des travaux font remonter l'institutionnalisation du champ *Business and Society* et *Business Ethics* au sein des business schools aux années 70.

7. L'intensité de ce débat est à mettre en parallèle avec l'évolution de l'image de la grande entreprise dans la population américaine. Ainsi, Bowen et Ladd rapportent que la grande dépression et la stagnation économique des années 1930 n'avaient pas profondément affecté la confiance des Américains dans l'entreprise : ainsi, en 1939, au cœur de la période de stagnation économique, 56 % des Américains considéraient que les intérêts des employeurs et employés étaient globalement convergents, 25 % répondant qu'ils étaient opposés. Ces proportions sont inversées en 1994. *Cf.* Bowen et Ladd, « Opinion Pulse », *The American Enterprise*, janvier-février, 1995.

8. Pour une comparaison statistique et une explication culturelle de la place du secteur public dans l'économie américaine, on pourra se reporter aux travaux de McCraw, qui tente d'expliquer la réticence culturelle des Américains à recourir à l'interventionnisme public (McCRAW, T.K., « Business and Government : The Origins of the Adversary Relationship », *California Management Review*, XXVI (2), 1984).

Pour de nombreux auteurs, l'ouvrage théorique fondateur sur la question est celui de Howard R. Bowen : *Social Responsibilities of the Businessman*[9] (1953). Bowen était un économiste de mouvance keynésienne. Si de nombreux auteurs lui accordent aujourd'hui le statut de père fondateur de la RSE et du champ académique *Business and Society* aux États-Unis, l'ouvrage semble être entré dans la postérité tardivement. Ainsi, durant les années 1950, il n'est pas présenté comme un travail majeur, et ne semble pas avoir eu un retentissement particulièrement important lors de sa sortie. L'ouvrage, commandité par une organisation religieuse, le « Département de l'Église et de la vie économique »[10], n'a jamais été réédité, ce qui rend le livre très difficilement accessible aujourd'hui encore. Ensuite, sa lecture montre que Bowen n'établit pas une programmatique de recherche et ne tend pas à ouvrir un champ de recherche autonome sur la question de la responsabilité sociale. Enfin, l'examen de ses autres publications indique que l'ouvrage et la question de la responsabilité sociale n'occupent pas une place centrale dans ses travaux scientifiques.

Si l'on peut s'interroger sur l'impact réel du livre de Bowen dans le champ *Business and Society*, il n'en est pas moins digne d'intérêt et remarquable à plusieurs égards. *Social Responsibilities of the Businessman* fournit tout d'abord un témoignage historique très documenté, recense les discours des dirigeants sur la responsabilité sociale et analyse des facteurs d'émergence de la RSE[11]. Ainsi, l'ouvrage recèle des déclarations des dirigeants sur la responsabilité sociale, entendues comme un ensemble d'obligations à l'égard de la société. Il est structuré autour des notions de *stewardship*, de *trusteeship* et de prise en compte des « groupes intéressés », qui résonnent étrangement avec certains concepts actuels *(stakeholders)*, et on observe une importante interpénétration entre ces discours et ceux de l'éthique religieuse[12, 13].

À quelles questions Bowen cherche-t-il à répondre dans ce livre ? Le plus souvent, on ne le cite que pour reprendre les quelques lignes de la sixième page où Bowen définit la responsabilité sociale comme « [renvoyant] aux obligations des hommes d'affaires de mener les politiques, de prendre les décisions, ou de conduire les actions qui sont désirables en termes d'objectifs et de valeurs pour notre société ». L'examen montre que l'ouvrage a, en fait, une portée plus importante que ces considérations générales. Les questions auxquelles Bowen tente de

9. Pour une analyse plus détaillée de l'ouvrage de Bowen, de ses propositions et de ses répercussions dans le champ de la RSE, voir Acquier A. et Gond J.-P., « Aux sources de la responsabilité sociale de l'entreprise : (re)lecture et analyse d'un ouvrage séminal : *Social Responsibilities of the Businessman* d'Howard Bowen (1953) », *Working Paper, CGS*, École des mines de Paris, 2005.

10. Un comité d'étude du conseil fédéral des Églises du Christ en Amérique, une organisation fédérant des corps d'Église de confession protestante et orthodoxe.

11. Il est intéressant de noter qu'au sein des deux chapitres de l'ouvrage recensant les facteurs d'émergence de la responsabilité sociale dans le milieu des affaires, il n'est à aucun moment fait référence à l'investissement socialement responsable (ISR).

12. Parmi les 18 chapitres de l'ouvrage, deux sont dédiés à l'application d'une éthique religieuse à la sphère économique : « *Protestant Views of the Social Responsibilities of Businessmen* » (chapitre 5) et « *Proposals : The Industry Council Plan* » (chapitre 14, analysant des propositions d'organisation économique formulées par des penseurs catholiques).

13. L'observation des rapports étroits entre les entreprises américaines et l'éthique réligieuse rejoint les analyses de Max Weber sur l'esprit du capitalisme. Toutefois la thèse de Weber diverge de celle de Bowen sur deux points : c'est l'éthique protestante qui, selon Weber, a constitué, aux débuts du capitalisme un terreau favorable à l'expansion de l'esprit d'entreprise et à l'accumulation des richesses dans les pays anglo-saxons. Cet esprit des pionniers aurait ensuite été supplanté au cours du XIXe siècle par une éthique progressiste à laquelle est associé l'idéal-type de la bureaucratie (Weber, 1964).

répondre sont les suivantes : dans un contexte d'émergence des discours relatifs à la responsabilité sociale et d'une « doctrine de la responsabilité sociale » (voir l'encadré p. 53), que peut-on attendre de ces notions ? Comment expliquer l'émergence des débats sur ces thèmes ? À quels enjeux ces concepts renvoient-ils, et sous quelles conditions ces notions peuvent-elles constituer une réponse aux enjeux auxquels les entreprises et les États-Unis sont confrontés à cette époque-là ?

L'ouvrage montre que les réflexions relatives à la responsabilité sociale s'inscrivent, durant les années 1950, dans le cadre de transformations assez profondes des modes de fonctionnement de l'économie américaine et d'interrogations sur le modèle économique en place. Ainsi, Bowen souligne que les décennies précédentes ont été marquées par une remise en cause progressive du laisser faire comme principe de fondation des fonctionnements économiques. Du fait de l'accroissement de la législation, de la concentration du pouvoir au sein de grandes entreprises mais aussi de l'émergence d'autres « groupes organisés » (syndicats, associations, etc.), l'économie américaine est mieux décrite sous la forme d'une « *mixed economy* » (p. 21), c'est-à-dire une économie à mi-chemin entre le socialisme et le libéralisme. S'ils n'usent pas de leur pouvoir de manière responsable, les dirigeants risquent ainsi de voir s'accroître le contrôle social qui s'exerce sur eux, sous la forme de nouvelles régulations restreignant leur liberté d'action. Ainsi, la responsabilité sociale des dirigeants (le comportement responsable du dirigeant peut ici se résumer à user de son pouvoir de manière responsable) doit permettre d'améliorer l'alignement entre les objectifs de l'économie et ceux de la société, tout en évitant de renforcer l'encadrement strict des hommes d'affaires par de nouvelles réglementations, préservant ainsi leur liberté d'action. Selon Bowen, la responsabilité sociale se présente donc comme une troisième voie, entre une économie fondée sur une doctrine du laisser faire et une économie planifiée[14].

Mais comment opérationnaliser ce nouveau modèle ? Comment faire en sorte que les dirigeants intègrent l'intérêt social dans leurs décisions quotidiennes ? La « doctrine de la responsabilité sociale » propose que l'initiative *volontaire* de la part des hommes d'affaires constitue une réponse à ces questions. Selon Bowen, « La doctrine de la responsabilité sociale renvoie à l'idée, désormais largement exprimée, selon laquelle la prise en compte volontaire d'une responsabilité sociale de l'homme d'affaires peut ou pourrait contribuer à résoudre des problèmes économiques et à atteindre de manière plus globale les objectifs économiques que nous poursuivons » (p. 6). Pour l'auteur, il est indispensable que cette doctrine soit largement acceptée si l'on veut que s'améliore l'articulation entre les comportements individuels et les résultats sociétaux. Cependant, cette doctrine ne saurait suffire, à elle seule, à fonder une responsabilité sociale. Si elle constitue une pierre de l'édifice, elle n'a pas de sens (et ne peut réellement exister) sans la construction de *nouvelles institutions* permettant de nouvelles formes de coopération entre acteurs (pour définir l'intérêt social), *sans le renforcement des pressions du marché* et de *celles exercées par la société* sur les entreprises, et sans la découverte de *nouveaux savoirs* permettant de mieux appréhender les mécanismes par lesquels s'articulent l'action individuelle d'une entre-

14. La problématisation de la responsabilité sociale de l'entreprise est fortement influencée, en arrière-plan, par les débats politiques de l'époque. La menace communiste, de même que le contexte de la guerre froide, ont ici un poids déterminant sur les réflexions développées par Bowen.

prise et l'économie dans son ensemble. Ces savoirs doivent déboucher sur de nouvelles techniques, de nouveaux outils de management et des dispositifs législatifs. Mais Bowen met également en évidence l'importance du soubassement éthique de toute décision pour asseoir leur légitimité. Il conclut son ouvrage par des propositions de transformations aux niveaux politique, des formations en management, et au sein des entreprises (il est le premier à proposer le concept d'audit social), soulignant, au passage, l'ampleur des difficultés que représente l'opérationnalisation du concept de responsabilité sociale.

Un point intéressant de l'approche de Bowen est l'importance des considérations éthiques comme fondement de la responsabilité sociale des entreprises. Cet élément fondateur de la culture américaine, fondée sur l'appartenance à une communauté, souligne un point mis en évidence également par Weber dans son analyse des origines du capitalisme : la dynamique entrepreneuriale n'est pas réductible à des facteurs objectifs ; elle peut être mue par des fondements éthiques et psychologiques [15]. Cette référence à l'éthique religieuse est ensuite progressivement gommée dans les travaux suivants qui cherchent à constituer une théorie managériale de la responsabilité sociale, à l'instar de Peter Drucker.

Dans la conclusion de son ouvrage *The Practice of Management*, intitulée « *The Responsabilities of Management* », Peter Drucker évoque les responsabilités des managers (Drucker, 1954). En une quinzaine de pages, il montre comment les enjeux sociaux et ceux de l'entreprise sont indissociables et en quoi les grandes entreprises, qui détiennent un pouvoir inégalé du fait de leur concentration inédite et de leur longévité, doivent assumer de nouvelles responsabilités. Il dresse, à cet égard, un véritable agenda de l'entreprise responsable, vis-à-vis de son personnel (motiver les employés en leur donnant le « sens et le sentiment de leur mission », proposer une carrière à tous), vis-à-vis d'elle-même (anticiper les enjeux sociaux, participer à la définition des lois la concernant) et vis-à-vis de la société (respecter les termes du contrat implicite avec la société, ne pas procéder à des licenciements brutaux dans des collectivités très dépendantes de l'entreprise). La démarche de Drucker consiste donc à fois à mettre en évidence la nécessité, pour les dirigeants, de tenir compte de l'environnement dans leurs pratiques et de poser la question des principes qui doivent motiver les décisions de l'entreprise. Sur ce dernier point, Drucker, en ligne avec Clark (1916) ou Bowen, rejette l'utilitarisme prôné par les économistes libéraux (Smith, Mandeville) comme principe de l'action managériale. Que cette proposition soit vraie ou fausse, aucune société ne peut être fondée sur l'idée selon laquelle l'agrégation des comportements égoïstes mène mécaniquement au bien public :

« [La responsabilité de l'entreprise] ne peut continuer à être fondée sur l'hypothèse que l'intérêt privé du propriétaire vise au bien public, ou que l'intérêt privé et le bien public peuvent vivre séparés sans avoir rien à voir l'un avec l'autre. Au contraire, cette garantie de durée de l'entreprise exige du directeur qu'il assume des responsabilités en vue du bien public, qu'il subordonne ses actions à des règles morales de conduite, et qu'il limite son intérêt et son autorité, toutes les fois que leur pratique menace d'empiéter sur le bien public et sur la liberté de l'individu. » (trad. p. 394) Drucker propose ainsi de rejeter l'idée selon

15. La thèse de Weber a été critiquée par les historiens – Braudel notamment – qui considèrent qu'elle ne prend pas en compte les conditions économiques, sociales et institutionnelles (les infrastructures et les superstructures de l'économie pour reprendre les concepts proposés par Braudel) qui ont permis l'essor du capitalisme (Braudel, 1979).

laquelle « ce qui est bon pour l'entreprise X est naturellement bon pour les États-Unis ». Le véritable enjeu pour la stratégie consiste à mettre en cohérence les intérêts de l'entreprise avec ceux de la société.

Ces deux approches sont intéressantes dans la mesure où elles portent en germe la nature du débat qui va se développer dans les années 1960 et comportent de nombreux points communs avec les recherches qui vont se développer ultérieurement, donnant naissance au champ *Business and Society*: l'idée qu'il existe un contrat implicite entre l'entreprise et la société, la question du pouvoir des grandes entreprises, le fondement normatif de la responsabilité de l'entreprise introduisant l'éthique comme une des variables du débat, la question de la déontologie des managers et de leurs principes d'action envers différents « groupes intéressés » (Abrams, 1951).

Du début des années 1960 au milieu des années 1970 : la légitimité de l'entreprise en question

À l'occasion de la réédition d'un article fondateur, William Frederick revient sur le contexte dans lequel se sont développées les idées associées à la responsabilité sociale de l'entreprise aux États-Unis : « Mon intuition est qu'il est très difficile, aujourd'hui, pour une personne n'ayant pas vécu le tumulte social de la fin des années 1950, 1960 et du début des années 1970, de saisir l'effet de tremblement de terre suscité par ces événements sur le milieu des affaires et la prise de conscience de ces enjeux dans les entreprises. L'entreprise se retrouvait violemment projetée dans un maelström social, dans lequel beaucoup remettaient en cause non seulement sa légitimité, mais aussi fondamentalement son droit à l'existence. » (trad.) (Frederick, 1994)

Ainsi, à partir des années 1960, les relations entre l'entreprise et les différentes composantes du corps social deviennent plus conflictuelles. On observe une remise en cause violente des activités et des comportements de la grande entreprise envers son personnel, envers ses riverains, envers l'environnement et, plus généralement, envers la société. De plus en plus, l'entreprise est ainsi perçue comme un lieu de pouvoir illégitime. Ainsi, Donna Wood (reprenant Eberstadt, 1977) souligne que les premiers auteurs écrivant dans le champ *Business and Society* s'inquiétaient du fait qu'« aujourd'hui, l'entreprise a rarement bénéficié d'autant de pouvoir et de si peu de responsabilités » (Wood, 1991a). Ainsi se multiplie, à partir des années 1960, l'émergence de mouvements contestataires, qui vont donner lieu à une importante vague de régulation au cours des années 1960 et dans la première moitié des années 1970 [16] :

• En publiant *Unsafe at Any Speed* en 1965, Ralph Nader met violemment en cause les pratiques des constructeurs automobiles (en particulier General Motors) et leur acharnement à éviter l'introduction de normes de sécurité dans leurs produits (ceintures de sécurité, etc.). La parution en 1967 du *Nouvel État industriel* de Galbraith et la notion de filière inversée témoigne aussi de la stigmatisation d'un pouvoir excessif de la grande entreprise vis-à-vis de son environnement et de ses clients (Galbraith, 1969). Au cours des années 1970 sera créée une agence publique de protection des consommateurs, la Consumer Product Commission (CSPC).

---

16. Ces critiques et ces mouvements ne sont pas spécifiques aux États-Unis mais ils suscitent là-bas un débat à la mesure de la place qu'occupe, à la différence de la France par exemple, l'entreprise dans la société américaine.

• Au-delà de la montée des mouvements consuméristes, les années 1960 sont marquées par l'émergence de préoccupations relatives à l'égalité des droits et aux discriminations. Ces débats s'inscrivent dans un contexte où la pauvreté urbaine et la ghettoïsation des villes constituent un des problèmes politiques les plus importants aux États-Unis au cours de cette période (Vogel, 1986). En réponse aux critiques de mouvements activistes pour la reconnaissance des minorités et leur intégration dans l'entreprise, de nombreuses entreprises américaines (dont Eastman Kodak, après une résolution d'actionnaires) sont amenées à embaucher un contingent de salariés de couleur. D'un point de vue institutionnel, la période est marquée par la création d'Amnesty International en 1961 et la mise en place d'une commission américaine sur l'égalité des opportunités d'emplois (US Equal Employment Opportunity Commission) en 1964.

• La question de la sécurité au travail fait aussi l'objet de réglementation, avec la création dans les années 1970 de l'Occupational Safety and Health Administration.

• Enfin, on observe une attention nouvelle aux enjeux environnementaux. La publication de l'ouvrage *Silent Spring* par Rachel Carson (1962), qui met en cause les dégâts irrémédiables causés par l'usage des pesticides, fait voler en éclat l'idée selon laquelle l'environnement a une capacité d'absorption infinie (Carson, 1962). De nouvelles ONG sont créées, comme le WWF en 1961 ou Greenpeace en 1975. Ces préoccupations environnementales se traduiront sur le plan institutionnel par l'adoption du Clean Air Act en Californie en 1963, du Wilderness Act en 1964 et la mise en place d'une convention sur le commerce international des espèces en danger en 1963, ainsi que la création de l'Agence pour la protection de l'environnement (EPA) au début des années 1970.

Les premières formulations de la RSE

L'entreprise devient ainsi l'objet de violentes controverses et la cible de démarches activistes, dont les pressions peuvent résulter dans de nouvelles réglementations encadrant l'action des entreprises. Dans ce contexte, de nombreux auteurs formulent la responsabilité sociale de l'entreprise sur le registre de la contrainte morale ou réglementaire (voir encadré) : elle est souvent définie comme un ensemble d'obligations incombant aux entreprises, qui s'additionnent à leurs obligations strictement financières et légales.

Quelques définitions de la responsabilité sociale des entreprises (RSE) au cours des années 1960 et 1970

Au cours des années 1960 et 1970, on peut distinguer deux grandes approches de la responsabilité sociale de l'entreprise (RSE).

1. La RSE désigne la sphère extra-économique de l'entreprise et les principes moraux qui sous-tendent l'action managériale. Cette approche est essentiellement qualitative et renvoie à des démarches volontaires :

– pour Davis, la RSE renvoie « aux décisions et aux actions prises pour des raisons au moins partiellement autres que les intérêts économiques ou techniques de l'entreprise » (Davis 1960) ;

– selon Eels and Walton, la RSE renvoie aux « problèmes qui apparaissent lorsque l'entreprise projette son ombre sur la scène sociale, et les principes éthiques qui devraient gouverner les relations entre l'entreprise et la société » (Eels and Walton, 1961) ;

– « La responsabilité sociétale renvoie aux objectifs ou aux raisons qui donnent une âme aux affaires plutôt qu'à la recherche de la performance économique. » (Backman, 1975)

2. La RSE renvoie à un ensemble d'obligations des entreprises envers la société. Cette approche nous semble la plus répandue. Elle peut renvoyer à des démarches volontaires, mais l'ensemble des obligations des entreprises envers la société peut se matérialiser de manière plus contraignante, à travers les lois.

– « L'idée de la responsabilité sociétale suppose que l'entreprise n'a pas seulement des obligations légales ou économiques, mais qu'elle possède également des responsabilités envers la société. » (McGuire, 1963)

– « L'idée fondamentale de la *Corporate Social Responsibility* est que les entreprises ont une obligation d'œuvrer pour accroître le bien-être de la société. » (Frederick, 1978)

– « La notion de *Corporate Social Responsibility* défend que l'entreprise a des obligations envers d'autres groupes que ses actionnaires, et au-delà de celles prescrites par la loi ou définies par les accords syndicaux. » (Jones 1980)

– Un peu plus tard, Bauer et Ackerman critiqueront la littérature centrée sur la RSE en considérant qu'elle « présuppose une obligation et concentre l'attention sur les moteurs de l'action plutôt que le résultat. » (Ackerman et Bauer, 1976)

Dans cette première phase, les travaux sont construits sur un certain nombre de postulats communs :

– la reconnaissance de l'existence d'interdépendances entre l'entreprise et la société ;

– une interrogation relative à l'accroissement du pouvoir de l'entreprise (voir notamment Davis 1960, 1973), posant la question des nouvelles responsabilités accompagnant ces nouveaux pouvoirs ;

– l'idée selon laquelle l'existence de l'entreprise est soumise à la volonté de la société. Il existerait ainsi un « contrat social » entre l'entreprise et la société. Davis exprime bien cette idée lorsqu'il avance que « la société accorde de la légitimité et du pouvoir aux entreprises. À long terme, ceux qui n'utilisent pas ce pouvoir d'une manière jugée responsable par la société auront tendance à le perdre » (Davis, 1973). Ce contrat est de nature plus ou moins explicite. Il peut être incarné par les règles de droit auxquelles sont soumises les entreprises ou plus souvent de manière plus implicite, renvoyant aux « attentes de la société envers l'entreprise sur le plan économique, légal, éthique et discrétionnaire » (Carroll, 1979). On trouve chez l'ensemble des auteurs l'idée que la société, à travers l'action étatique et la loi, peut prendre des mesures correctives pour encadrer l'action des entreprises et que, pour garantir leur acceptabilité, les entreprises doivent donc parvenir à cerner les termes de ce contrat et agir en conséquence ;

– l'affirmation que l'entreprise et ses managers peuvent être considérés comme des agents moraux (Wartick et Cochran, 1985), ce qui donne une dimension éthique au débat, aussi bien au niveau individuel qu'à celui de l'entreprise.

Au-delà de ces postulats de départ, l'ensemble des chercheurs partagent une posture largement normative et ne mobilisent pas les pratiques d'entreprise. Le débat se situe à un niveau politique et, dans leur contribution aux débats *Business and Society*, les auteurs adoptent le point de vue de la société plutôt que celui de l'entreprise.

Ces points communs ne doivent cependant pas occulter le flou et le manque de cohérence des réponses à propos de ce que recouvre précisément le champ de la RSE :

• **Quels sont le périmètre et la nature de la responsabilité sociale de l'entreprise ?** À quel niveau doit-on analyser cette responsabilité : celui de l'entreprise, du secteur ou de l'individu ? Peut-on dresser une liste atemporelle des responsabilités sociales de l'entreprise ou doit-on préférer un principe plus large de la RSE (voir Carroll), permettant une approche contingente et évolutive ? La RSE doit-elle inclure les responsabilités économiques de l'entreprise ou renvoie-t-elle à une sphère extra-économique ? Quel est le périmètre du contrat entre l'entreprise et la société ? Celui-ci est-il relatif aux responsabilités de l'entreprise dans le cours de ses activités économiques ou aux activités philanthropiques (mécénat) de l'entreprise ? La RSE renvoie-t-elle à des obligations légales ou à des initiatives volontaires (Vogel, 1986) ?

• **Quels sont les vecteurs de transformation des pratiques d'entreprises ?** Les initiatives des entreprises, la re-fondation morale des décisions managériales, l'action des groupes de pression, ou la législation ?

• **Le mode de relation entre l'État et les entreprises doit-il être fondé sur le régime de la coopération ou bien sur celui de la contrainte ?** Faut-il privilégier l'action réglementaire pour contraindre les entreprises à évoluer ou bien encourager les approches volontaires des entreprises ?

Ces difficultés à définir la nature et le périmètre de la responsabilité sociale de l'entreprise s'expliquent en partie par une **deuxième limite de ces approches : la faiblesse de leurs fondements théoriques**. Pour reprendre l'analyse de Frederick (1986), les premières approches de la RSE baignent dans un « brouillard normatif » : « Guidés par l'idée qu'il y avait besoin d'ajuster l'interface entre entreprise et société (d'où l'accent mis sur la responsabilité et le besoin de rendre des comptes), leurs travaux adoptaient un ton normatif mais étaient très peu précis quant aux conflits de valeurs qui apparaissaient. » Ces démarches viennent donc interroger les fondements moraux de l'action managériale, mais elles restent « hésitantes » et « réticentes » à entrer dans une investigation normative systématique. Elles manquent, pour être satisfaisantes, d'un cadre théorique solide et d'une capacité à assumer ces enjeux normatifs.

L'absence d'analyse systématique des pratiques d'entreprises conduit, le plus souvent, à des travaux désincarnés, donnant lieu à une éclosion de « débats philosophiques stériles » (Frederick, 1986). Cette étape de prise de conscience s'est révélée « extrêmement chronophage et controversée » (Wood, 1991a) entre les partisans et les opposants de la RSE. Si les tenants de la RSE ne contestent pas la mission de création de valeur de l'entreprise, accepter le principe d'une responsabilité sociale de l'entreprise revient à reconnaître l'existence d'autres acteurs et d'une mission au-delà de la sphère économique, dont l'entreprise doit tenir compte dans le cours de son activité. De plus, ces approches remettent en question l'idée utilitariste selon laquelle l'agrégation des comportements égoïstes conduit à la maximisation du bien-être collectif. C'est suffisant pour que Milton Friedman décrive la notion de *Corporate Social Responsibility* comme « profondément subversive », considérant qu'« il existe peu de courants aussi dangereux pour les fondements mêmes de notre société libre que l'acceptation, pour les dirigeants d'entreprise, d'une responsabilité autre que celle de maximiser le rendement de l'argent de leurs actionnaires » (Friedman, 1962).

En suivant Margolis et Walsh (2003), on peut synthétiser les critiques de Friedman et d'autres auteurs (voir notamment Levitt, 1958 ; Sundaram et Inkpen, 2004) autour de deux objections centrales :

– la notion de RSE conduit des acteurs autres que les actionnaires à s'approprier de manière illégitime des ressources de l'entreprise ;

– il ne faut pas confondre le rôle de l'entreprise et celui de l'État : l'entreprise est inefficace dans la résolution de problèmes sociaux, et il est dangereux, pour la mission de l'entreprise mais aussi vis-à-vis des citoyens et des libertés individuelles, qu'elle s'immisce dans des questions sociales.

1.3. Du milieu des années 1970 au milieu des années 1980 : une théorie entre avancées et fragmentations, l'émergence de nouvelles pratiques d'entreprises

Cette phase va tout d'abord être marquée, au cours des années 1970, par une opérationnalisation progressive des enjeux de la RSE au sein des entreprises. On assiste ainsi à la création, au sein des directions générales des grandes entreprises, de nouveaux dispositifs de gestion et de services dédiés au management des questions publiques *(Issues Management)*. Ces nouvelles pratiques marquent une orientation plus managériale qui vient requalifier la notion de RSE, en passant d'un paradigme de la « responsabilité » à celui de la « réponse ». Toutefois, ces approches vont progressivement perdre en vigueur au cours des années 1980 dans un contexte économique et politique moins favorable à ces thématiques.

Ensuite, pointant les limites de ces approches managériales (notamment l'absence de prise en compte des dimensions morales de l'action des entreprises dans le domaine social), un autre groupe d'auteurs va s'intéresser, dans cette période, aux fondements théoriques et normatifs de la RSE. Leurs contributions vont notamment permettre de mieux répondre aux questions relatives au périmètre et à la nature de la responsabilité sociale de l'entreprise.

À travers ces différentes avancées théoriques, le champ disciplinaire *Business and Society* se structure et s'institutionnalise dans les *business schools*. Mais, dans le même temps, ce champ connaît aussi un problème d'unité du fait de la fragmentation d'approches qui se présentent comme concurrentes les unes des autres.

Du paradigme de la responsabilité sociale à celui de la réponse aux demandes sociales : une orientation opérationnelle

Le mouvement d'opérationnalisation qui va avoir lieu au cours des années 1970 est un des résultats tangibles des mouvements de contestation de l'entreprise des années 1960. Progressivement se développe une panoplie de nouvelles pratiques qui doivent permettre aux entreprises de gérer un environnement hétérogène et turbulent.

De nouveaux auteurs (menés par Ackerman et Bauer, de l'université de Stanford) apparaissent dans le champ, proposant un changement de paradigme, focalisé sur les démarches organisationnelles, avec une orientation plus managériale et moins normative que les recherches antérieures. Ainsi, Bauer et Ackerman critiqueront la littérature centrée sur la RSE en considérant qu'elle « présuppose une obligation et concentre l'attention sur les moteurs de l'action plutôt que sur le résultat. Répondre aux demandes sociales représente beaucoup plus que décider du cours d'une action. Répondre implique la tache gestionnaire de faire ce que l'on a décidé de faire, et cette tache est loin d'être triviale » (trad.) (Ackerman et Bauer, 1976).

Le champ *Business and Society* passe ainsi d'un paradigme de la *Corporate Social Responsibility* (CSR) à celui de *Corporate Social Responsiveness*, ou pour reprendre William Frederick, de CSR1 à CSR2 (Frederick, 1978). Le terme « *Responsiveness* » est souvent entendu par les auteurs de manière littérale, comme « capacité à répondre à des demandes sociales évolutives ». En fait, la combinaison des notions de **réceptivité** et de **réactivité** nous semble plus fidèle à l'esprit de ces travaux: pour les auteurs, l'essentiel ne consiste pas à construire une rhétorique mais à comprendre quels sont les leviers d'action et les freins qui structurent la définition des politiques et leur mise en œuvre, et comment analyser les « processus visant à convertir la rhétorique de la responsabilité sociale en actions concrètes » (Ackerman, 1973). Les questions de ce programme de recherche sont pragmatiques: « L'entreprise est-elle en mesure de répondre aux demandes sociales? Le fera-t-elle? Le fait-elle? Comment s'y prend-elle? Dans quelle mesure? Et avec quels effets? Il s'agit de chercher, dans l'organisation, les mécanismes, les procédures, les aménagements, les traits comportementaux qui, pris ensemble, rendent l'organisation plus ou moins capable de répondre aux pressions sociales. » (Frederick, 1978)

En 1973, Ackerman témoigne des difficultés internes que les entreprises rencontrent lorsque, après la phase de décision, elles tentent de **déployer des programmes d'action** visant à répondre à une demande sociale ou à mettre en œuvre des actions dans le domaine de l'environnement (Ackerman, 1973). Il soulève ici un grand nombre d'enjeux qui restent actuels: difficultés d'« institutionnalisation » de ces démarches dans une structure décentralisée, mobilisation des unités opérationnelles et de l'encadrement intermédiaire, nécessité de repenser les pratiques d'évaluation des différents acteurs, etc.

Dès le début des années 1970, les demandes accrues de transparence des activités sociales de l'entreprise donnent lieu au développement de pratiques d'**audits sociaux** (Bauer and Fenn, 1973). Conçus initialement pour répondre et faire face à des pressions externes, les auteurs soulignent le flou qui entoure ces pratiques quant à leurs objectifs, leurs méthodes et les modalités de leur mise en œuvre. Dans ce cadre, ils proposent de donner à ces démarches une vocation de pilotage interne dans un premier temps, structurant les programmes d'action et favorisant l'apprentissage dans cette phase émergente. Ce champ va se prolonger durant toute la décennie, autour des **démarches de *reporting* social**, avec un travail sur les méthodologies de *reporting* et en mettant en évidence l'impact de ces démarches sur les actions et processus de décision (Dierkes and Berthoin Antal, 1986). Enfin, c'est en 1972 qu'apparaissent les premières études visant à étudier la **relation entre performance financière et performance sociétale** de l'entreprise (pour une présentation détaillée de ces études, voir Margolis et Walsh, 2003).

D'autres auteurs tentent d'explorer **les relations entre les attitudes et valeurs des dirigeants et la capacité de réaction de l'entreprise** vis-à-vis des demandes évolutives de la société (Sturdivant et Ginter, 1977; Sturdivant, 1979). Suivant lui aussi une approche assez qualitative de la notion de CSR en s'intéressant aux modes de réaction de l'entreprise vis-à-vis de son environnement, Sethi propose une typologie des entreprises en fonction de leurs modes de réponse aux controverses, distinguant trois situations possibles : le respect minimal des obligations sociales, la prise en compte des responsabilités sociales (entendues comme non légales), et la *Social Responsiveness* qui renvoie à une situation où l'entreprise développe des capacités d'anticipation, de réaction et d'ouverture de ses processus (Sethi, 1975, 1979).

Pour les entreprises, un des enjeux majeurs de cette période concerne le développement de méthodes permettant de gérer un environnement devenu hétérogène et instable, et de faire face de manière plus systématique aux demandes des groupes de pression. Ainsi, à côté des pratiques d'audits sociaux, qui se développent à partir des années 1970, se créent des équipes *Issues Management*, dédiées à la gestion des questions publiques. Ces équipes apparaissent dans des entreprises ayant été confrontées à des controverses importantes (General Electric et la question des droits des femmes au travail, ou SC. Johnson à la suite des pressions sur le retrait de substances inflammables de leurs aérosols). Leurs nouvelles méthodes visent à minimiser les surprises émanant de l'environnement de l'entreprise (en portant une attention aux signaux faibles), à développer une ligne de conduite adaptée à chaque enjeu, et à diffuser efficacement une « réponse » aux groupes concernés (la notion de réponse renvoyant au développement d'une politique et à sa mise en place). On peut les décrire comme un « ensemble de processus par lequel l'entreprise identifie, évalue, et répond aux questions sociales ou politiques qui peuvent avoir une influence significative » (Wartick et Rude, 1986). Progressivement, à mesure que se développent de nouvelles lois contraignant l'action des entreprises, les démarches d'*Issues Management* prennent une orientation politique, et prennent en charge la définition d'une stratégie politique de la firme, dans une perspective où les entreprises tentent de participer à l'élaboration de leur environnement institutionnel (Buchholz, 1982 ; Vogel, 1986).

Toutefois, ces démarches d'instrumentation rencontrent plusieurs limites :

– d'abord, au-delà de l'instrumentation, on peut reprocher une instrumentalisation de ces démarches par les entreprises : « cette concentration sur l'efficacité de la réponse sociale a poussé la pensée CSR2 dans des directions qui n'avaient peut-être jamais été désirées par ses fondateurs. Quand les grandes entreprises déploient entièrement cet aveuglant attirail de nouveaux gadgets sociaux, elles sont effectivement efficaces dans le détournement, la neutralisation ou la mise en échec des forces sociales qui permettraient de changer les entreprises dans des directions jugées désirables par la société » (Frederick, 1986) ;

– ensuite, en excluant *de facto* les questions morales de l'analyse, ces approches ne résolvent pas les faiblesses normatives des premières théories de la RSE. Ainsi, une entreprise peut être qualifiée de *responsive* (en gérant efficacement son environnement institutionnel et social) tout en agissant de manière irresponsable. Dès lors, la notion de *responsiveness* ne peut remplacer celle de *responsibility*, ces deux concepts renvoyant à des questions de nature différentes (Carroll, 1979) ;

– enfin, on assiste à partir des années 1980 à un déplacement des enjeux pour les entreprises : l'environnement institutionnel des entreprises se stabilise après l'élection de Ronald Reagan qui ouvre une vague de conservatisme et marque une transformation des relations entre État et entreprises[17]. On note ainsi un affaiblissement du pouvoir et un démantèlement partiel des agences fédérales créées au cours des années 1960 et 1970 (Frederick, 1983). Par ailleurs, les chocs pétroliers de 1974, 1979 et la récession du début des années 1980, l'internationalisation de la concurrence et l'émergence du Japon constituent autant d'enjeux qui éloignent le milieu des affaires des préoccupations sociales. Après une phase d'essor, on observe une perte de vitesse des pratiques d'*Issues Management*[18] (Vogel, 1986) mais aussi de *reporting* social (Dierkes and Berthoin Antal, 1986) à partir du milieu des années 1980. Ce revirement est manifeste dans les déclarations officielles des associations de représentation des entreprises comme le *Committee for Economic Development* (CED). La déclaration du CED de 1979, visant à limiter et contraindre les capacités de régulation gouvernementales dans l'économie de marché, est ainsi largement antinomique avec celle de 1971, encourageant le volontarisme en matière social et de nouveaux types de partenariats entre public et privé (Frederick, 1981)[19].

Cette vague d'opérationnalisation aura tout de même un impact considérable pour le champ de recherche. Témoin de cette influence, la requalification par certains (Wartick and Cochran, 1985 ; Vogel, 1986 ; Wartick and Rude, 1986 ; Wood, 1991b) du champ « Entreprise et Société » en « Questions sociales dans l'entreprise » *(Social Issues in Management)*, témoignant d'une évolution de perspective, plus proche de l'entreprise. Par ailleurs, la focalisation des *Social Issues* sur la prise en compte de l'environnement et des questions politiques va constituer un vecteur de diffusion pour les chercheurs au sein des *Business Schools* américaines.

---

17. « Il y a vingt ans [dans les années 1960], il était possible d'avancer de manière convaincante qu'arriver à gérer les attentes évolutives du public en matière de performance sociétale des entreprises était l'enjeu le plus pressant auquel le management nord-américain était confronté. Il y a dix ans, on pouvait penser la même chose de l'importance de la régulation gouvernementale. Aucun de ces deux points ne reste vrai. Les environnements sociaux et politiques sont désormais plus stables que n'importe quand au cours des deux dernières décennies. [...] Grâce, en partie, à la dérégulation économique et l'accroissement de la compétition étrangère, c'est désormais l'environnement économique des entreprises qui constitue la zone d'incertitude majeure pour les managers de la plupart des entreprises. » (trad.)
« À l'opposé des années 1970, où les départements de *corporate public affairs* avaient pour premier objectif de défendre les firmes des défis des groupes d'intérêts non économiques, les relations gouvernementales sont progressivement devenues un moyen par lequel les firmes renforcent leur position concurrentielle, aussi bien au niveau national qu'international. » (Vogel D., « The Study of Social Issues in Management : A Critical Appraisal », *California Management Review*, XXVIII - 2, hiver 1986) (trad.)

18. « L'indice le plus évident de cette évolution est la récente diminution [au milieu des années 1980] des ressources des entreprises allouées aux questions publiques *[public affairs]*. De nombreuses entreprises ont procédé à des réductions majeures, simultanément dans la taille de leurs bureaux à Washington, et dans les services des directions générales en charge de l'environnement externe. » *Ibid.*

19. Le CED (Comittee for Economic Development) est une des associations de représentation des grandes entreprises, qui comptait 200 cadres dirigeants de multinationales américaines en 1980. Financée par les entreprises, le but de l'organisation est de représenter la position des entreprises sur des sujets de politique publique ayant souvent une dimension économique. Le texte de 1971, baptisé « *Social Responsibilities of Business Corporations* », appelait les entreprises à un volontarisme en matière sociale dans dix domaines (croissance et efficacité, éducation, emploi et formation, droits civils et égalité des chances, renouvellement et développement urbain, efforts anti-pollution, conservation, culture, aide médicale et actions gouvernementales) afin de répondre aux évolutions des attentes de la société vis-à-vis de l'entreprise. Il invitait à de nouvelles formes de partenariat public/privé et appelait de nouvelles formes d'encadrement public des initiatives privées.

Les avancées sur les fondements normatifs de la RSE

En publiant, en 1975, l'ouvrage *Private Management and Public Policy*, Lee Preston et James Post vont proposer plusieurs avancées sur le plan normatif. Dans leur critique de la notion de « responsabilité sociale », ils mettent en cause l'absence de frontière de la notion et l'impossibilité d'évaluer la performance de ces approches. Aussi proposent-ils d'y substituer un **principe de responsabilité publique**, stipulant que « les entreprises sont responsables des conséquences associées à leurs implications primaires [renvoyant aux impacts directs générés par leur activité] et secondaires [renvoyant aux enjeux sociaux associés à leur activité] dans la société » (Preston et Post, 1975). Ce principe de responsabilité publique renvoie à une conception assez large des « principes largement partagés et généralement acceptés orientant et contrôlant les actions qui ont un impact important pour la société ».

Jones (1980), considérant qu'un tel principe ne permet pas de lever les contradictions auxquelles les entreprises sont confrontées dans leurs décisions (par exemple, doit-on donner la priorité à l'emploi ou à la protection de l'environnement dans une décision ?) propose, plutôt que de rechercher un consensus autour de valeurs fondant un comportement socialement responsable ou bien de juger la RSE sur les résultats des entreprises, d'analyser la RSE en tant que processus (voir aussi Epstein, 1987) où les différentes revendications sociales sont prises en compte au cours des processus d'arbitrage et de décision (Jones, 1980). Il s'agit de faire peser un impératif de moyen plutôt que de fin sur les entreprises.

1.4. Depuis le milieu des années 1980 : nouveaux concepts et tentatives de synthèse théorique

D'un point de vue théorique, le début de cette dernière période est marqué par le souci, de la part des auteurs, de développer une vision synthétique des dynamiques de recherche et d'affirmer le domaine *Business and Society* comme un champ ou une discipline légitime et autonome (Cheit, 1991). Le champ se posant la question de son identité vis-à-vis des autres disciplines du management (Post, 1991), d'importants travaux, au cours de cette période, constituent des tentatives de réorientations et de réunification d'approches qui semblaient de plus en plus éloignées.

Ainsi, les textes et les ouvrages les plus importants sur la notion de performance sociétale de l'entreprise *(Corporate Social Performance, CSP)* constituent des efforts explicites de synthèse conceptuelle et de réconciliation d'approches jusqu'alors considérées comme disjointes au sein du champ de recherche. Nous interrogerons, à partir de là, les travaux visant à étudier le lien entre performance sociétale et performance financière de l'entreprise. La notion de *stakeholder* va devenir un autre candidat au statut de concept fédérateur. Du fait de sa dimension managériale mais aussi de sa portée conceptuelle et théorique, le concept de *stakeholder* va représenter la deuxième avancée théorique importante de la période. Au cours de cette dernière période, on observe une importante dissociation entre les dynamiques théoriques et les pratiques d'entreprise. Ainsi, les concepts de *stakeholder* et de *Corporate Social Performance*, qui vont venir renforcer la dimension théorique du champ, vont se développer dans un contexte institutionnel peu favorable aux pratiques d'entreprise.

Les notions de *Corporate Social Performance (CSP)* et de *stakeholder*

La performance sociétale de l'entreprise (Corporate Social Performance)

En consultant les articles les plus significatifs sur la notion de *Corporate Social Performance* (Carroll, 1979 ; Wartick et Cochran, 1985 ; Carroll, 1991 ; Wood, 1991a ; Swanson, 1995 ; Carroll, 1999 ; Swanson, 1999), il est étonnant de constater que ces travaux ne sont pas consacrés à interroger la notion de « performance », à sa transposition au champ de la responsabilité sociale ou à la définition de nouveaux critères de performance intégrant des dimensions sociales et environnementales. La contribution de ces auteurs est d'une autre nature et se comprend plutôt comme un effort de fédération et de mise en cohérence d'approches hétérogènes. Ainsi, Carroll définit la performance sociale de l'entreprise comme renvoyant à un ensemble de trois dimensions : les principes de responsabilité sociale adoptés par l'entreprise (il renvoie ainsi aux premiers débats sur la responsabilité sociale de l'entreprise), les modes de réponses et processus de déploiement (on retrouve ici la deuxième vague de recherches autour de la notion de *Responsiveness*), et l'ensemble des « enjeux sociaux » *(Social Issues)* auxquels l'entreprise est confrontée (Carroll, 1979). La logique des autres travaux est relativement proche, présentant la performance sociale de l'entreprise comme un ensemble de principes, de processus et de résultats (Wood, 1991a ; Swanson, 1995), dans une volonté similaire de synthèse et d'intégration théorique.

D'un point de vue managérial, ces travaux permettent de désigner ce que pourrait ou devrait être une démarche de déploiement exhaustive. Finalement, le terme *Corporate Social Performance* renvoie à l'ensemble du champ de la responsabilité sociale de l'entreprise et témoigne de l'absence de consensus autour de cette notion. Si ces différentes tentatives ne permettent pas de lever l'ensemble des ambiguïtés conceptuelles du champ de la RSE (Clarkson, 1995), ces efforts ont au moins deux mérites. Premièrement, ils conduisent à réintégrer les enjeux économiques au cœur de la responsabilité sociale des entreprises, ce qui donne à la notion de CSP une dimension plus stratégique. Deuxièmement, dans le sillon des travaux de Preston et Post, ces développements amènent à mieux associer la RSE aux activités des entreprises.

Logique et limites des études sur la relation entre performance sociale et performance financière de l'entreprise

En même temps que de nouvelles pratiques « socialement responsables » émergent dans les entreprises, commencent à apparaître des recherches visant à établir un lien statistique entre performance sociale et performance financière de l'entreprise. De nombreuses études quantitatives ont été menées dans ce but, sans parvenir à établir un lien évident. Par ailleurs, on observe une forte hétérogénéité des méthodes d'évaluation des performances sociales et environnementales des entreprises[20]. Comment expliquer ces difficultés récurrentes ? Certains auteurs, comme Ullman (1985), pointent l'absence de cadre théorique que ne sauraient compenser le recueil des données et la maîtrise des méthodes statistiques. D'autres auteurs mettent en évidence l'absence d'accord sur la définition de la RSE (Griffin et Mahon, 1997), ainsi que l'absence de méthodologie partagée

20. Ce constat d'hétérogénéité est conforté par l'analyse des référentiels utilisés par les acteurs de la notation environnementale et sociale (voir première partie, chapitre 2).

dans le recueil et le traitement des données, ce qui rend évidemment leur comparabilité problématique (Cochran et Wood, 1985; Gond, 2001; Margolis et Walsh, 2003) [21].

Par ailleurs, on pourrait s'attendre à ce que les travaux portant sur la notion de CSP et sa relation avec la performance financière soient articulés à des chantiers théoriques visant, en sciences sociales et plus particulièrement en économie, à construire de nouveaux indicateurs de richesse (pour un aperçu de certains de ces travaux, voir Méda, 2001). Or il n'en est rien: ces démarches visent plutôt à montrer qu'il n'y a aucune contradiction entre les démarches de responsabilité sociale et la performance financière [22]. Comme l'indiquent Margolis et Walsh, « en analysant les impacts financiers de la performance sociale de l'entreprise, la recherche organisationnelle tend à valider la vision contractuelle de la firme en économie et à accepter ses hypothèses » (Margolis et Walsh, 2003). Ainsi, de nombreux travaux tendent à naturaliser (de manière inconsciente?) la notion de performance financière, ne prenant pas en compte le fait que la notion de performance peut être analysée comme un construit social, dont la mesure et les critères évoluent en incluant progressivement de nouvelles externalités (Callon, 1999).

Enfin, la focalisation de ces études sur le lien entre performance sociétale et performance financière participe à une rhétorique où la RSE contribue à la rentabilité financière de l'entreprise. Cela pousse à définir la notion de responsabilité sociale de l'entreprise comme renvoyant à des pratiques quantifiables, évaluables, et susceptibles *a priori* de créer de la valeur pour l'actionnaire. Cette définition nous semble en décalage avec la majorité des pratiques d'entreprises mentionnées dans la littérature ou avec celles que nous avons pu observer. Si l'on prend le cas, au cours des années 1970 et 1980, de la polémique ayant mis en cause les multinationales américaines dans leur soutien implicite de l'apartheid en Afrique du Sud, et ayant mené au retrait des capitaux américains investis dans le pays, on voit que cette définition ne rend pas compte des conflits de valeurs auxquels les entreprises sont confrontées dans de tels arbitrages. Dans ce cas, la décision de retirer des capitaux du pays satisfait une demande sociale mais entre en conflit avec une logique de valorisation actionnariale (Meznar *et al.*, 1994). Selon Margolis et Walsh, ces contradictions sont inévitables, la responsabilité sociale de l'entreprise obligeant les managers à établir des compromis, atteindre un « équilibre praticable » entre les valeurs conflictuelles des différentes parties prenantes de l'entreprise (Margolis et Walsh, 2003).

---

21. Il existe aujourd'hui des tentatives pour construire un cadre commun de communication extra-financière, notamment à travers l'initiative de la Global Reporting Initiative (GRI, voir *infra*), visant entre autres à unifier les indicateurs de *reporting* et les méthodes de mesure, mais aussi à résoudre un problème de disponibilité des données. Cependant, ce travail est loin d'être achevé et mis en place au sein des entreprises, et laisse entière la question de l'accès à des informations quantitatives pour fonder les mesures de la performance sociale

22. Ces travaux visent, pour la plupart, à tester l'hypothèse d'une contribution des démarches RSE à la rentabilité de l'entreprise. Or l'analyse des indices boursiers d'entreprises responsables (par exemple le *Dow Jones Sustainability Index*) peut amener à renverser l'analyse. Ceux-ci sont construits en sélectionnant des entreprises qui surperforment par rapport au marché. Dès lors, il est possible de mettre en évidence une corrélation entre performance sociale et financière. Néanmoins, on peut se demander dans quel sens joue la relation entre performance financière et performance sociale. S'il y a corrélation entre les deux variables, est-ce parce que l'éthique est profitable et que la responsabilité sociale contribue à la rentabilité financière ou au contraire parce que la responsabilité sociale est un luxe réservé aux riches, les pratiques de RSE étant conditionnées à l'existence d'un « slack organisationnel » (Cyert et March, 1963), lui-même dépendant d'une bonne performance financière?

Plus fondamentalement, il ressort de notre propre analyse qu'au sein des entreprises les pratiques relevant du développement durable ne résultent pas d'un calcul économique *ex-ante*. Les entreprises ne s'engagent donc pas dans ces démarches en fonction d'une analyse coûts-avantages, notamment parce qu'il est généralement impossible d'effectuer d'une évaluation précise *a priori* du bénéfice financier de telles démarches (voir deuxième et troisième parties). Ces engagements sont ainsi mieux expliqués par les sollicitations adressées à l'entreprise par ses parties prenantes, l'histoire de l'entreprise, sa culture et les orientations de ses dirigeants (sur l'influence des valeurs dans les processus de décisions, voir notamment Brunsson, 1982; Telcock, 2000).

Finalement, il nous semble qu'un des aspects essentiels de ces démarches est qu'elles constituent un vecteur de légitimation d'acteurs émergents (les analystes environnementaux et sociaux et les fonds dits « éthiques ») et de nouvelles pratiques d'entreprise (afin d'assurer à ces pratiques une acceptabilité auprès des actionnaires traditionnels)[23].

La notion de **stakeholder**

Le concept de *stakeholder* (fréquemment traduit par partie prenante ou partie intéressée) va constituer une deuxième occasion de synthèse théorique majeure de cette dernière période. L'idée centrale qui sous-tend les approches *stakeholders* est que l'entreprise doit tenir compte des attentes de différentes parties prenantes et non exclusivement de celles des actionnaires et de les équilibrer. Aux États-Unis, cette idée n'est pas nouvelle, on en trouve des traces chez les praticiens bien avant les années 1950: ainsi, Preston mentionne le fait que General Electric avait identifié et explicité, dès les années 1930, quatre parties prenantes centrales pour l'entreprise: les actionnaires, les employés, les consommateurs et la société civile. Il rapporte l'existence de démarches similaires chez Johnson et Johnson en 1947 et Sears en 1950 (Preston, 1990). De même, Abrams définit, en 1951, la profession de manager comme consistant à « conduire les affaires de l'entreprise de manière à maintenir un équilibre équitable et praticable entre les revendications des différents groupes directement intéressés » (Abrams, 1951). Enfin, Holmes (1976) met en évidence l'existence précoce d'une « perspective managériale de la responsabilité de l'entreprise », trouvant ses sources dans les années 1930 et décrite par Sutton (1956), reposant sur l'idée fondamentale que « les managers des grandes entreprises sont responsables de l'équilibrage des revendications et des droits de nombreux groupes hétérogènes – au sein desquels les employés, les fournisseurs et les communautés locales – plutôt que de l'accroissement de la richesse des actionnaires ».

Compte tenu de ces éléments, en quoi la notion de *stakeholder* est-elle originale? Quel(s) type(s) d'avancée(s) fournit-elle? Quels travaux se sont développés à partir de cette notion? Quels sont les fondements théoriques de ces travaux et dans quelle mesure sont-ils communs? Peut-on parler de « théorie » des parties prenantes?

---

23. Dans cette perspective, Dejean, Gond et Leca décrivent comment le développement d'outils de mesure de la performance sociétale par l'agence de notation sociale française ARESE a pu être un vecteur de légitimation de l'industrie de la notation environnementale et sociale (DÉJEAN F., GOND J.-P. et LECA B., « Measuring the Unmeasured: An Institutional Entrepreneur Strategy in an Emerging Industry », *Human Relations*, 57(6), 2004, p. 741-764).

Dans les faits, c'est un corpus hétérogène de recherches qui s'est développé autour de la notion de *stakeholder*: par exemple, on observe une grande diversité de définitions du terme (Mitchell *et al.*, 1997) ou de ce qui constitue un enjeu *(stake)* suffisamment important pour donner naissance à un *stakeholder* légitime vis-à-vis de l'entreprise. Cela rend la traduction de la notion malaisée. De même, il n'y a pas, aujourd'hui, de consensus entre les principaux représentants de ce champ de recherche en ce qui concerne l'utilité, les fondements et la forme que pourrait avoir une théorie « unifiée » des parties prenantes. Ces débats venant interroger l'identité même de ce nouveau courant de recherche, il est difficile d'effectuer une présentation qui soit à la fois cohérente et synthétique de l'ensemble de ces approches.

Nous allons cependant tenter de fournir une vue d'ensemble de ce courant. Pour cela, nous reviendrons, dans un premier temps, sur **l'apparition de la notion de *stakeholder* dans la littérature gestionnaire des années 1970**. Puis nous tenterons, en nous appuyant sur les principaux efforts de conceptualisation du domaine, de **caractériser les approches *stakeholder* de manière plus systématique**, en mettant en évidence un certain nombre de fondements communs aux différents travaux. Enfin nous mettrons en évidence les **limites de ces approches**, en évoquant les difficultés de construction d'une théorie globale des parties prenantes et l'absence de prise en compte des dynamiques de savoir dans l'analyse.

La genèse de la notion de stakeholder *dans le sillon des approches managériales des années 1970*

Se développant dans le sillon des approches managériales de la période précédente *(Corporate Social Responsiveness)*, le terme de *stakeholder* apparaît de manière significative dans la littérature à partir de la fin des années 1970 et du début des années 1980 (Charan and Freeman, 1979; Sturdivant, 1979; *Management Review*, 1980). Ces travaux font écho à un « projet *stakeholder* », mis en place en 1977 à la Wharton School, au sein du Centre de recherche appliquée *(Applied Research Center)*. « L'objectif de ce projet était de réunir de nombreux courants de pensée[24] et de développer une théorie du management qui permette aux cadres dirigeants de formuler et de mettre en place des stratégies d'entreprises dans des environnements turbulents. » (Freeman et Reed, 1983) L'originalité de ces approches est d'inclure au cœur de l'analyse les « groupes adverses » et « toutes les forces externes et les pressions, qu'elles soient amicales ou non ». Dans ce cadre, l'environnement est perçu comme potentiellement menaçant pour l'entreprise et la notion de *stakeholder* est définie de manière défensive. À ce titre, Sturdivant emprunte à Emshoff et Freeman une définition du *stakeholder* comme « n'importe quel groupe dont le comportement collectif peut affecter de manière directe le futur de l'organisation, mais qui n'est pas sous le contrôle direct de l'organisation » (Emshoff et Freeman, 1978)[25]. L'entreprise devenant un

24. Selon Freeman (1984) les démarches de *stakeholder management* trouvent notamment leurs racines dans les travaux de Igor Ansoff et de Robert Stewart au département planification de Lockheed et dans l'ouvrage *Corporate Strategy* de Ansoff (1965).

25. Freeman (1984) accorde la paternité de la notion de *stakeholder* à une note interne du Stanford Research Institute (SRI – organisme de recherche et de conseil) en 1963. Les *stakeholders* renvoient à « ces groupes sans le soutien desquels l'organisation cesserait d'exister ». On retrouve ainsi cette perspective défensive: la définition des *stakeholders* est initialement construite sur les notions de pouvoir et de dépendance de l'entreprise vis-à-vis des *stakeholders* (ces derniers ayant le pouvoir de remettre en cause l'existence de l'organisation), plutôt que sur une évaluation des impacts générés par l'activité de l'organisation et du périmètre de la « responsabilité » de l'entreprise vis-à-vis des *stakeholders*.

objet de *lobbying* (Vogel, 1978), les problématisations initiales de la notion de *stakeholder* sont largement marquées par les possibilités d'influence de ces acteurs et les relations de dépendance de l'entreprise vis-à-vis de ces derniers.

En ligne avec les travaux orientés vers la réponse des entreprises aux stimuli de leur environnement *(Corporate Social Responsiveness)* des années 1970, ces démarches délaissent la recherche de principes normatifs de responsabilité de l'entreprise et adoptent une démarche pragmatique, en justifiant les pratiques de *stakeholder management* sur la base de leur efficacité.

En tant qu'approches managériales, ces démarches vont s'appuyer sur un certain nombre d'orientations servant de cadre à la formulation d'une stratégie de gestion proactive et systématique des *stakeholders* (Freeman et Reed, 1983; Freeman, 1984):

– une segmentation des *stakeholders* selon une logique marketing. Les variables de cette segmentation sont les logiques d'action, les ressources et les objectifs des *stakeholders* (Sturdivant, 1979; *Management Review*, 1980), ou l'importance, le potentiel de coopération et la menace concurrentielle de chaque *stakeholder* (Freeman et Reed, 1983);

– la mise en place de processus de négociation et l'application des outils développés dans le domaine de la négociation et des sciences politiques (analyse des coalitions, gestion des conflits, etc.) au champ des *stakeholders*. On voit ainsi apparaître un certain nombre de formations continues dédiées à la « gestion des *stakeholders* », qui se présentent comme un apprentissage à la négociation avec ces nouveaux acteurs (*Management Review*, 1980);

– la mise en place d'une « philosophie de décision », orientée vers la prise d'initiative plutôt que la réaction aux événements à mesure qu'ils se présentent;

– l'allocation de ressources organisationnelles en fonction du niveau de turbulence de l'environnement et du degré d'importance des revendications de chaque *stakeholder*.

Les premiers développements conceptuels

L'ouvrage *Stakeholder Management, A Strategic Approach* de Edward Freeman va marquer une première étape de construction conceptuelle en ancrant la gestion des parties prenantes à un niveau stratégique (Freeman, 1984). L'environnement institutionnel et les conditions de réalisation des affaires s'étant transformés, il devient nécessaire, selon lui, de modifier notre théorie de l'entreprise: « de la même manière que la séparation des fonctions de propriétaire/manager/employé a nécessité de repenser les concepts de contrôle et de propriété privée comme l'ont analysé Berle et Means (1932), l'émergence de nombreux groupes de *stakeholders* et de nouveaux enjeux stratégiques nécessite de repenser notre représentation de la firme ».

Freeman va proposer le concept de *stakeholder* comme mode de représentation de l'organisation et de relecture de sa stratégie (l'entreprise est au centre d'une roue, reliée à ses *stakeholders* par des rayons). Les *stakeholders* sont définis comme « tout groupe ou individu qui peut influencer ou être affecté par l'atteinte des objectifs de l'organisation ». Si, dans ses développements, l'ouvrage accorde une large place aux *stakeholders* dont dépend la survie de l'entreprise, cette définition stipule que l'organisation doit prêter attention à l'ensemble des revendications des différents *stakeholders* légitimes (Freeman, 1984).

Le livre de Freeman va fournir le socle de développement à une multitude de travaux se rattachant au concept de *stakeholder*. Cependant, l'approche de l'ouvrage est avant tout managériale et pratique, et ne propose pas un corpus théorique autonome ou abouti. Ainsi, « le travail de Freeman, même s'il reconnaît formellement l'importance de composantes de l'entreprise autres que les actionnaires, laisse flou le statut du concept de *stakeholder* en tant que théorie » (Jones, 1995). Dès lors, il existe une grande hétérogénéité des travaux qui vont se développer sur la notion de *stakeholder*: « Quiconque analyse d'un œil critique cette littérature large et évolutive observera que les concepts de *stakeholder*, de modèle *stakeholder*, de *stakeholder management* et de *stakeholder theory* sont expliqués et utilisés par des auteurs variés de manière très différente, et sont soutenus (ou critiqués) sur la base de justifications et d'arguments divers et souvent contradictoires. » (Donaldson et Preston, 1995)

Toutefois, la lecture des principaux ouvrages et articles montre qu'il existe plusieurs fondements communs à l'ensemble des approches *stakeholder*. Nous proposons de caractériser celles-ci autour des trois points suivants :

- la notion de *stakeholder* repose sur une représentation relationnelle de la firme ;
- les concepts de pouvoir et de légitimité sont au cœur de ces approches ;
- les approches *stakeholder* se distinguent par leur prise en compte des aspects normatifs dans l'analyse.

La portée théorique du concept de stakeholder

La notion de *stakeholder* comme représentation relationnelle de la firme

La première caractéristique commune des approches *stakeholder* est qu'elles reposent sur une **représentation relationnelle de la firme**. Dans une perspective de système ouvert, l'entreprise entre en relation (explicite ou implicite, volontaire ou pas), dans le cours de ses activités, avec différents *stakeholders* dont la participation est nécessaire au bon fonctionnement de l'entreprise. Dans un certain nombre de travaux, l'existence d'une relation implique une forme de « contrat » entre les *stakeholders* et l'entreprise (Freeman et Evan, 1990). Ce contrat peut, lui aussi, être explicite ou implicite, volontaire ou pas : la notion de contrat est ici proche de celle proposée par la théorie de l'agence (Jensen et Meckling, 1972) ou les théories contractuelles de la firme (Williamson, 1995)[26].

La nature des « contrats » qui relient les managers aux autres *stakeholders* est donc extrêmement variable d'un *stakeholder* à l'autre, et peut renvoyer à « une relation de propriété, des droits, ou des intérêts dans une entreprise et ses activités passées, présentes ou à venir. Ces droits ou intérêts revendiqués résultent de transactions ou d'actions entreprises par la firme, et peuvent être à caractère légal ou d'ordre moral, individuel ou collectif » (Clarkson, 1995). Cette définition de Clarkson pose un certain nombre de questions difficiles : comment arbitrer entre ces revendications multiples ? Comment déterminer leur légitimité ? Sur

26. « Nous distinguons le contrat des échanges uniques (non récurrents), et proposons qu'il représente des situations de transactions multiples qui requièrent des mécanismes de gouvernance », Freeman R.E. et Evan W.M., « Corporate Governance : A Stakeholder Interpretation », *Journal of Behavioral Economics*, 19(4), 1990. S'ils acceptent cette perspective relationnelle, Donaldson et Preston (1995) doutent de la possibilité de décrire la totalité des relations entre l'entreprise et ses *stakeholders* à travers la perspective contractuelle : « Par exemple, de nombreuses relations entre les "communautés" et l'entreprise sont si vagues qu'elles ne peuvent être appréhendées dans le cadre de la conception la plus large de "contrat". » Ils proposent d'identifier les *stakeholders* « à travers les nuisances et les bénéfices réels et potentiels dont ils sont l'objet ou anticipent d'être l'objet, résultant des actions ou inactions de la firme ». Ils proposent ainsi, sans utiliser le terme, d'identifier les *stakeholders* légitimes à travers les externalités générées par l'organisation.

quelle base doit-on considérer qu'un *stakeholder* n'a pas seulement un intérêt mais aussi un droit, voire un droit de propriété sur l'entreprise ?

En soi, la théorie des *stakeholders* n'a pas pour ambition de répondre à ces questions : c'est aux managers de le faire, de manière contingente. Dans ces perspectives relationnelles ou contractuelles, la fonction principale du management est de tenir compte de ces demandes contradictoires et de les équilibrer, permettant à l'entreprise de se maintenir en tant que système.

Dès lors, la théorie des *stakeholders* met le **management au centre de l'analyse**. Par la même occasion, ces approches se délestent d'une des difficultés majeures des autres approches de la responsabilité sociale des entreprises : la définition et la hiérarchisation précise des responsabilités de l'entreprise. La *stakeholder theory* apporte certes des orientations normatives aux managers (voir *infra*), mais elles sont relativement limitées et c'est *in fine* sur les dirigeants que repose la responsabilité d'équilibrer et de hiérarchiser des demandes des différentes parties prenantes (Hill et Jones, 1992 ; Donaldson et Preston, 1995 ; Phillips *et al.*, 2003).

Cette perspective relationnelle et ses prolongements autour d'une vision contractuelle de la firme vont permettre aux approches *stakeholder* de prendre part à deux débats théoriques. Le premier est relatif à la **gouvernance d'entreprise**. Les approches *stakeholder* contribuent doublement aux débats sur la gouvernance en venant simultanément interroger les missions des dirigeants et les structures de gouvernance appropriées (ou les dispositifs permettant d'aligner les intérêts des dirigeants sur ceux de leurs mandataires) :

- concernant la question de la mission des dirigeants, l'ensemble des approches *stakeholder* défend une « orientation managériale vers les *stakeholders* », sans forcément suggérer de modification explicite des structures de gouvernance. (voir *Crossroads*, *in Organization Science*, 2004 ; Freeman *et al.*, 2004 ; Sundaram et Inkpen, 2004) ;
- concernant les **structures de gouvernance**, certains travaux, repartant de la perspective contractuelle de la firme, visent à mieux analyser les termes de ces contrats et la nature des droits des différents *stakeholders* sur l'entreprise. Ainsi, Evan et Freeman (1990) défendent l'idée selon laquelle l'octroi des droits de votes aux actionnaires n'est pas justifiable avec les concepts de Williamson. D'autres auteurs avancent qu'il n'existe pas de fondements moraux qui justifient l'existence d'une relation fiduciaire entre les managers et les actionnaires (Boatright, 1994). S'il existe une relation fiduciaire, ce n'est pas entre les actionnaires et les managers, mais entre les managers et l'entreprise elle-même (Phillips, Freeman *et al.*, 2003).

Une deuxième avancée théorique est proposée par Hill et Jones, qui vont proposer une **relecture de la théorie de l'agence à travers le concept de *stakeholder*** (Hill et Jones, 1992). Repartant eux aussi d'une approche contractuelle de la firme (entre les managers et les différents *stakeholders*), ils vont modifier des hypothèses du modèle standard afin de le rendre plus réaliste, et proposent une version *stakeholder* de la théorie de l'agence, fournissant un cadre d'explication et d'analyse des grandes évolutions institutionnelles (apparition du salariat, constitution des syndicats, nouvelles réglementations, etc.).

Pouvoir et légitimité : deux concepts au centre de l'analyse

Un deuxième point commun à l'ensemble des travaux relatifs aux parties prenantes est qu'ils font intervenir les concepts de pouvoir et de légitimité comme variables centrales de l'analyse.

Pouvoir et contrôle externe de l'organisation

Concernant la notion de pouvoir, on peut mettre en évidence une influence directe des cadres théoriques proposés par la théorie de la dépendance en ressources (Pfeffer et Salancik, 1978) sur des travaux importants des approches *stakeholder*. Selon la théorie de la dépendance en ressources (qui est une théorie du contrôle externe des organisations), « puisque les entreprises ne sont ni totalement déterminées ni totalement indépendantes, elles doivent compter sur l'environnement pour leur fournir un support. Pour continuer à fournir ce dont l'organisation a besoin, les groupes externes ou organisations peuvent exiger, en retour, un certain nombre d'actions de la part de l'organisation. C'est l'existence d'une dépendance de l'organisation à son environnement qui rend la contrainte et le contrôle externe à la fois possibles et presque inévitables. Les organisations ne pourraient survivre si elles ne répondaient pas aux demandes de leur environnement. » Néanmoins, ces demandes entrent souvent en conflit les unes avec les autres et les organisations ne peuvent répondre à toutes les sollicitations de leur environnement externe. « L'enjeu intéressant est alors de comprendre dans quelle mesure les organisations peuvent et ont intérêt à répondre aux demandes variées de leur environnement, et les conditions permettant à une unité sociale donnée d'obtenir le respect de ses exigences. »

Dans cette perspective, l'existence de ressources stratégiques et leur répartition inégale entre les « groupes d'intérêts et coalitions » génèrent des asymétries de pouvoir et des situations de dépendance dans les relations d'échange. Cette vision de l'organisation et de ses relations avec l'environnement caractérise très bien les premières définitions de la notion de *stakeholder* [27] et une partie des approches ultérieures (notamment les approches contractuelles, voir en particulier Hill et Jones, 1992). Par exemple, selon Clarkson (1995), les *stakeholders* dits « primaires » sont ceux dont la participation est nécessaire à la survie de l'entreprise : « Il y a un fort degré d'interdépendance entre l'entreprise et ses *stakeholders* primaires. Si un groupe de *stakeholders* primaires, tels que les consommateurs ou les fournisseurs, vient à être insatisfait et à se retirer intégralement ou partiellement du système de l'entreprise, celle-ci en sera sérieusement affectée, voire inapte à continuer à exister » (Clarkson, 1995). De même, si l'on tronque la définition de Freeman pour retenir « tout groupe ou individu qui peut influencer [...] l'atteinte des objectifs de l'organisation », on peut dire que « la principale admonition de la théorie est de porter une attention aux intérêts et au bien-être de ceux qui peuvent contribuer ou faire obstacle à l'atteinte des objectifs de l'organisation. De ce point de vue, la théorie des parties prenantes est similaire, dans une large mesure, à d'autres modèles de management stratégique comme la théorie de la dépendance en ressources » (Phillips, Freeman *et al.*, 2003).

L'utilisation de cette perspective de dépendance en ressources ouvre un certain nombre de débouchés théoriques : ainsi, Freeman montre comment ce cadre théorique permet de mieux analyser les stratégies d'influence que les *stakeholders* (en fonction de leur relation de pouvoir avec l'organisation) sont susceptibles d'utiliser dans des situations de conflits, afin d'infléchir les décisions de l'entreprise (Freeman, 1999). Cela amène à dépasser l'analyse des relations indi-

27. Voir la définition proposée par le SRI : « ces groupes sans le soutien desquels l'organisation cesserait d'exister » (1963), mais aussi la définition « étroite » de la notion de *stakeholder* par Freeman et Reed (1983) « n'importe quel groupe ou individu identifiable vis-à-vis duquel l'organisation est dépendante pour sa survie ».

viduelles entre l'entreprise et chacun des *stakeholders* pour mener une analyse plus complète, tenant compte des relations et stratégies d'alliances possibles entre *stakeholders* et de la structure du réseau liant les parties prenantes à l'entreprise (Rowley, 1997).

La notion de légitimité

Si les problématisations en terme de pouvoir constituent une dimension importante des relations entre les entreprises et leurs *stakeholders*, elles permettent avant tout d'analyser des situations conflictuelles et ne suffisent pas à cerner l'ensemble des dimensions et des objectifs des démarches d'entreprises. La notion de légitimité permet de compléter ces approches de deux manières.

Premièrement, certains auteurs relisent les initiatives des entreprises comme des tentatives de gestion de la légitimité organisationnelle. Suchman (1995) définit la légitimité, non pas à l'aune des critères objectifs (la science, le droit) du système rationnel-légal (Laufer, 1993), mais comme un processus social. La légitimité est, dans cette perspective, « l'impression partagée que les actions de l'organisation sont désirables, convenables ou appropriées par rapport au système socialement construit de normes, de valeurs ou de croyances sociales ». D'un point de vue théorique, les auteurs se fondent ici sur les approches institutionnelles des sociologues américains des années 1980, qui montrent comment les organisations appartenant à un même champ organisationnel sont amenées à se conformer à certaines règles, structures et pratiques communes, requises par l'environnement institutionnel. Ces pratiques communes ne sont pas adoptées pour des raisons d'efficacité strictes mais plutôt de légitimité. Elles jouent un rôle de *conformation symbolique* (Meyer and Rowan, 1983), visant à attester de l'adoption d'un ensemble de croyances et valeurs par l'entreprise. Ces processus de mimétisme ou de conformation, qui donnent naissance à une *forme d'isomorphisme organisationnel* (DiMaggio et Powell, 1983), peuvent aussi s'expliquer par la création d'« acteurs homogénéisants » (comme les entreprises de conseil en organisation), par les dynamiques de professionnalisation ou l'intervention régulatrice de l'État. Dans ce cadre, on peut voir dans les discours et démarches des entreprises en matière de RSE ou de développement durable une volonté de paraître conformes et de répondre à une demande sociale, en sachant que ce conformisme est symbolique et relativement déconnecté de l'activité réelle de l'entreprise.

Montrant cependant que l'entreprise ne se soumet pas mécaniquement aux pressions institutionnelles, qu'elle ne réagit pas de manière uniforme, et que la conformation ne renvoie qu'à un type de réaction possible, Christine Oliver propose de croiser les approches de la dépendance en ressources et les théories institutionnelles pour comprendre comment les entreprises adoptent des stratégies de réponses variées[28] aux sollicitations de leur environnement. Ces stratégies vont de la conformation passive à la manipulation pro-active (Oliver, 1991).

La question de la légitimité intervient également à un deuxième niveau : l'entreprise doit s'efforcer d'évaluer la légitimité des demandes de ses différents *stakeholders*. Si l'on analyse les propositions, largement acceptées, de Donaldson et Preston (1995), selon lesquelles les *stakeholders* sont des « personnes ou des groupes avec des intérêts légitimes » sur l'entreprise, et stipulant que l'entreprise doit prendre en compte (sans les hiérarchiser *a priori*)

28. Le consentement, le compromis, l'évitement, la défiance et la manipulation.

l'ensemble des demandes des *stakeholders* légitimes, on voit qu'une des responsabilités morales au centre du management consiste à évaluer la légitimité des demandes des différents *stakeholders*[29]. Cette approche fait ainsi entrer les considérations éthiques et morales dans l'analyse.

La dimension normative des approches *stakeholders*

De nombreux auteurs du champ s'accordent sur l'idée que les approches *stakeholder* se distinguent par leur dimension normative. On peut dire qu'il existe un consensus autour de la proposition de Donaldson et Preston qui proposent la définition suivante du cœur normatif de la théorie des *stakeholders* (1995) :

« [La] base fondamentale [de la théorie des *stakeholders*] est normative, et implique l'acceptation des idées suivantes :

a) Les *stakeholders* sont des personnes ou groupes ayant un intérêt légitime dans les aspects procéduraux et substantifs de l'activité de l'entreprise. Les *stakeholders* sont identifiés en fonction de leur intérêt dans l'entreprise, que l'entreprise ait ou non un quelconque intérêt fonctionnel pour ces acteurs.

b) Les intérêts de tous les *stakeholders* ont une valeur intrinsèque. Cela signifie que chaque groupe de *stakeholders* mérite considération en lui-même et non simplement du fait de sa capacité à poursuivre les intérêts d'un autre groupe, comme les actionnaires. » (Donaldson et Preston, 1995)

Il est important de noter que la *stakeholder theory* n'est pas une doctrine morale de portée générale (Phillips, Freeman *et al.*, 2003), permettant d'embrasser l'ensemble des questions d'ordre éthique qui se posent aux managers. Son cœur normatif est au contraire assez restreint, se limitant à une injonction de prise en compte de l'ensemble des *stakeholders* de l'entreprise. Ainsi, il ne donne pas d'indication sur les critères de hiérarchisation des *stakeholders*.

Si les auteurs s'accordent sur l'importance de cette dimension normative, il existe des désaccords sur la place de cette dimension au sein de la théorie. Ainsi, Donaldson et Preston proposent une typologie de la théorie des parties prenantes en trois branches : les approches descriptives, instrumentales et normatives (voir encadré). Pour les auteurs, il est nécessaire de bien distinguer ces différents types d'approches, dans la mesure où « le mélange d'objectifs et de bases théoriques, même s'il est compréhensible, a mené à un mode de pensée moins rigoureux que ce que nécessite le concept de *stakeholder* » (Donaldson et Preston, 1995).

La typologie proposée par Donaldson et Preston (1995)

Dans leur article *The Stakeholder Theory of the Corporation : Concepts, Evidence and Implications*, Donaldson et Preston proposent de distinguer les branches descriptives, instrumentales et normatives de la théorie des *stakeholders*.

• Les approches descriptives (ou analytiques) visent à comprendre dans quelle mesure les managers répondent à différents *stakeholders* et agissent en fonction de leur intérêt. On peut ranger dans cette catégorie les travaux visant à comprendre comment les différents attributs des *stakeholders* peuvent influencer leur prise en compte par les dirigeants (voir notamment Mitchell, Agle *et al.*, 1997, 1999) qui retiennent comme variables

29. Dans les faits, les entreprises ne hiérarchisent pas les *stakeholders* uniquement à partir du seul critère de leur légitimité. Ainsi, Mitchell, Agle et Wood (1997) montrent que trois facteurs interviennent dans la prise en compte des *stakeholders* par l'entreprise : la légitimité, le pouvoir et l'urgence. Les auteurs montrent que l'attention des dirigeants est d'autant plus grande que les *stakeholders* cumulent des attributs.

l'urgence de la demande, le pouvoir et la légitimité des *stakeholders*), où les travaux montrant comment la configuration du réseau de *stakeholders* et l'importance relative de chaque groupe évoluent en fonction du cycle de vie de l'organisation (Jawahar et Mclaughlin, 2001), les travaux de Frooman (1999) sur les stratégies d'influence des *stakeholders*, l'analyse du réseau entreprise/*stakeholders* et son influence sur les stratégies de réponse (Rowley, 1997), les travaux d'Oliver (1991) sur les stratégies de réaction de l'entreprise vis-à-vis des pressions institutionnelles, etc.

• La branche instrumentale étudie les conséquences organisationnelles (souvent en terme de performance financière, de croissance ou de stabilité) résultant de la mise en place de pratiques de gestion des *stakeholders* dans l'entreprise (Clarkson, 1995).

• Enfin, les approches normatives visent à « identifier les principes moraux et philosophiques orientant l'activité et la direction des entreprises » (c'est-à-dire la prise en compte des demandes et de l'intérêt intrinsèque de l'ensemble des *stakeholders* légitimes) et à proposer une justification du cœur normatif de la théorie. Pour Donaldson et Preston, la théorie moderne des droits de propriété peut servir de justification des principes moraux de la *stakeholder theory*. Pour une revue des justifications normatives de la *stakeholder theory* (*cf.* Phillips, Freeman *et al.*, 2003).

Alors que Donaldson et Preston proposent que la branche normative soit à la fois distincte et en surplomb des autres approches, Freeman considère que cette logique tend à alimenter la « thèse de la séparation », c'est à dire l'idée selon laquelle on pourrait dissocier les dimensions managériales et morales de toute action gestionnaire, que l'on peut considérer de manière autonome les sphères économiques et éthiques de la vie des affaires. Il souligne au contraire que toute théorie du management comporte une dimension morale, même si celle-ci reste bien souvent implicite (Freeman, 1994). Dans ce cadre, « la *stakeholder theory* se distingue [des approches traditionnelles en stratégie] en ce qu'elle aborde explicitement les questions morales et les valeurs comme un aspect central des organisations » (Phillips, Freeman *et al.*, 2003). Abandonnant la thèse de la séparation, les approches *stakeholder* deviennent alors un « genre narratif » (Freeman, 1999), une manière de réintégrer dans l'analyse les dimensions morales et managériales de l'action gestionnaire. Dans ce cadre, il n'y a plus une mais plusieurs « théories » *stakeholders* possibles, avec des cœurs normatifs divergents. Ainsi, on pourrait considérer les approches actionnariales de la firme comme une approche *stakeholder*, à condition de réintégrer de manière explicite leurs fondements moraux et de discuter des conséquences de ces fondements moraux. Selon Freeman, une telle réintégration des aspects normatifs et descriptifs donnerait une dimension plus pragmatique et opérable aux démarches éthiques, jusqu'alors centrées sur la recherche d'un socle éthique autonome et déconnectées des pratiques réelles des entreprises.

Limites des approches stakeholders

Les difficultés de cohérence interne et de développement d'une approche unifiée

Il semble, à l'issue de cette présentation, qu'une des difficultés majeures de ce courant de recherche réside dans la difficulté à mettre en cohérence différentes démarches. En reprenant la typologie de Donaldson et Preston (1995), il semble que les différents travaux reposent sur des modes de justification différents.

Type d'approche	Type de questionnement	Mode de justification
Descriptive (ou analytique)	Comment, d'un point de vue opérationnel, les entreprises gèrent-elles leurs *stakeholders* ?	Validité empirique : offre une représentation correcte des pratiques d'entreprise
Instrumentale	Quelles sont les conséquences opérationnelles et financières de telle ou telle forme de *stakeholder management* ?	Efficacité : la gestion des *stakeholders* permet d'atteindre des objectifs organisationnels
Normative	Comment fonder les pratiques de *stakeholder management* ?	Justice ou éthique : la prise en compte des intérêts intrinsèques de l'ensemble des *stakeholders* légitimes est un devoir moral.

Cette hétérogénéité pose deux types de problèmes.

- Certains auteurs oscillent abusivement entre ces différents modes de justification. Ainsi, Phillips, Freeman et Wicks, qui adoptent une posture normative, tendent à valider leur théorie des *stakeholders* sur une base instrumentale : « si le management des *stakeholders* est une méthode supérieure de gestion pour la plupart des organisations (comme le suggèrent même des critiques comme Jensen et Sternberg), toute intervention légale est inefficace et superflue » (Phillips, Freeman *et al.*, 2003). Une telle affirmation est évidemment contestable dans la mesure où le type de management des *stakeholders* proposé par Sternberg et Jensen est instrumental (gérer les *stakeholders* pour accroître la valeur actionnariale) alors que celui proposé par Phillips, Freeman et Wicks est normatif (prendre en compte l'ensemble des intérêts intrinsèques des *stakeholders* légitimes).

- Les efforts d'unification (Jones et Wicks, 1999) ne sont pas acceptés par l'ensemble des auteurs et sont marqués par des contradictions internes (Donaldson, 1999 ; Gioia, 1999 ; Trevino et Weaver, 1999). Par exemple, les résultats de Agle, Mitchell et Wood montrent que la prise en compte des *stakeholders* par l'entreprise dépend des variables de pouvoir, de légitimité et d'urgence. Les parties prenantes ont d'autant plus de chance de recueillir une attention de la part des grandes entreprises qu'elles cumulent ces trois attributs. Cela signifie qu'un *stakeholder* légitime mais sans pouvoir et dont la demande n'est pas urgente aura peu de chance d'être pris en compte. Ainsi les approches descriptives mettent-elles en évidence des contradictions entre les pratiques réelles et le cœur normatif de la théorie (Trevino et Weaver, 1999).

Du fait de ces contradictions internes, est-il encore possible de parler de « théorie » des parties prenantes ? On peut préférer à cette volonté unificatrice une vision où le management des *stakeholders* est un objet d'étude commun, mobilisant plusieurs approches (théorie de la dépendance aux ressources, théories institutionnelles, théorie des réseaux, etc.). Dans cette perspective, il faut plutôt regarder la notion de *stakeholder* comme une « tradition de recherche, incorporant des théories multiples et variées qui se concentrent sur le même domaine de phénomènes observé ou postulé, ou à des ensembles reliés de questions ou de problèmes » (Trevino et Weaver, 1999).

Par ailleurs, il est possible de mieux articuler l'ensemble de ces démarches sans nécessairement les fusionner :

– une meilleure compréhension des pratiques des entreprises peut servir de base à des démarches normatives, visant à définir ce qui est acceptable d'un point de vue politique ;

– les approches « instrumentales », visant à évaluer les conséquences (souvent financières) des pratiques de management des *stakeholders*, pourraient être enrichies en passant d'une perspective interne à l'entreprise (où l'on évalue quel est l'intérêt pour l'entreprise) à une perspective externe ou sociétale (Margolis et Walsh, 2003), cherchant à évaluer de manière systématique l'impact de ces pratiques sur leurs destinataires : quelle est l'efficacité, du point de vue de l'action publique, des stratégies de RSE ou de développement durable ? Quelles nouvelles formes de partenariats public/privé se mettent en place ? Quel type de régulation est susceptible de favoriser l'innovation et l'efficacité dans ces nouveaux domaines d'intervention des entreprises ? Une telle réorientation des approches instrumentales serait utile au pilotage politique et public des initiatives des entreprises.

Les années 1990 : la reconnaissance progressive du champ **Business and Society**

Au début des années 1990, plusieurs auteurs s'accordent à dire que le champ *Business and Society* se trouve dans une situation de transition paradoxale. Des années 1960 à 1975, le champ s'est construit comme un conglomérat de problématiques délaissées par les disciplines traditionnelles du champ du management, ayant trait à l'intégration de l'entreprise dans son environnement politico-institutionnel, aux problèmes environnementaux et à l'éthique d'entreprise (Cheit, 1991). Cet ensemble de recherches s'est développé sur des classes de phénomènes, sur des « sujets d'actualité plutôt qu'à partir de fondements théoriques » (Paul, 1991). Puis le champ a évolué d'une étude du rôle social de l'entreprise vers le management des impacts externes de l'organisation (Cheit, 1991). Ces approches n'ont pas forcément réussi à développer ou à faire reconnaître un ensemble de concepts propres, susceptibles de fournir une base conceptuelle distincte permettant au champ *Business and Society* de s'affirmer en tant que discipline autonome (Cheit, 1991 ; Wood et Cochran, 1992).

La situation évolue cependant au cours des années 1990, au fur et à mesure que les travaux essayent d'ancrer le champ *Business et Society* dans des problématiques plus stratégiques : management international, stratégie de l'entreprise, politique publique, éthique, relation entre la performance sociétale et financière. Cette évolution favorise une légitimation progressive des concepts et des problématiques dans les disciplines de gestion. En particulier, les études qui font le lien entre la performance sociétale et la performance financière de l'entreprise, en définissant la RSE de manière instrumentale, sont compatibles avec une approche financière de l'entreprise (Margolis et Walsh, 2003). La reconnaissance de l'importance de ces problématiques conduit également les *business schools* à les intégrer dans les programmes d'enseignement. Ainsi, on observe une déclinaison de ces problématiques et de ces concepts (*stakeholders*, RSE) dans les différentes disciplines traditionnelles (marketing, finance, ressources humaines, stratégie, etc.) tandis qu'apparaissent des cours d'éthique des entreprises *(business ethics)*.

Notons, pour terminer, un point important pour la suite : même dans la période récente, les auteurs du champ *Business and Society* font très rarement référence à la notion de développement durable. Contrairement à l'économie, où tout un courant de recherche dans le domaine de l'économie internationale et de l'économie publique s'est constitué autour du développement durable, s'intéressant notamment aux questions de la gouvernance mondiale (analyse économique des accords internationaux et de leurs impacts) ou aux conditions et aux critères d'une croissance soutenable (Godard, 1994 ; Faucheux et Noël, 1995 ; Faucheux, 2003), ce concept est assez largement absent de la littérature gestionnaire. Il faut y voir la confirmation que le développement durable est considéré par les chercheurs en gestion comme un concept politique et non comme un concept gestionnaire. Nous verrons dans le chapitre 3 que la connexion – au moins au niveau du discours – entre les concepts issus de ce champ *Business and Society* (RSE, *stakeholder*) d'une part, et celui de développement durable d'autre part, va s'opérer grâce à l'intervention de consultants et d'institutions internationales qui vont chercher à rapprocher ces deux traditions.

1.5. Conclusion : l'absence de prise en compte des dynamiques de savoir et d'innovation

Les différentes approches que nous venons de présenter comprennent, de notre point de vue, un certain nombre d'angles morts. En tant qu'approches relationnelles de la firme, elles visent avant tout à caractériser les responsabilités et les types de relations de l'entreprise vis-à-vis de ses *stakeholders*, ainsi que leur prise en compte dans les processus de décision. Ces analyses s'opèrent le plus souvent dans un cadre statique, à périmètre constant (dans le cadre du « *business as usual* », pour reprendre la terminologie des consultants). La plupart de ces approches s'inscrivent ainsi dans un paradigme du contrôle externe et de la contrainte (ou des devoirs de l'entreprise vis-à-vis de son environnement). Centrées sur la dimension relationnelle, elles ignorent une autre variable essentielle de l'action collective : les dynamiques de savoir et d'innovation[30]. Or, l'examen des pratiques d'entreprise en matière de responsabilité sociale et de développement durable (voir partie suivante) montre que la dimension des savoirs est essentielle pour analyser les pratiques émergentes des entreprises dans ce domaine. En effet, nous verrons, dans la partie suivante, comment les actions labellisées « développement durable » viennent, dans les entreprises les plus innovantes, requalifier leurs périmètres d'activité. Elles accompagnent des activités de conception ou de reconception des pratiques, des dispositifs institutionnels (construction de marchés, nouvelles formes de réglementations), de nouvelles formes de partenariats entre entreprises et ONG, un travail de reconstruction de la valeur des produits et des services pour les clients. Dans cette perspective dynamique, d'un point de vue institutionnel comme du point de vue des entreprises, la notion de développement durable n'est pas donnée. Elle est au contraire à concevoir. Nous montrerons alors que l'on peut analyser les stratégies de développement durable comme un double processus de conception, où les dynamiques d'apprentissage alimentent (et sont structurées par) les dynamiques de normalisation.

---

30. À ce sujet, voir HATCHUEL A. et WEIL B., *L'expert et le système. Gestion des savoirs et métamorphose des acteurs dans l'entreprise industrielle*, Paris, Economica, 1992 ; HATCHUEL A., « Quel horizon pour les sciences de gestion ? Vers une théorie de l'action collective », *in* DAVID A., HATCHUEL A. et LAUFER R., *Les Nouvelles Fondations des sciences de gestion. Éléments d'épistémologie de la recherche en management*, 2000, Paris, Vuibert.

2. Transcodage et invention d'un nouveau langage managérial

Les développements théoriques que nous venons de présenter n'ont pas été concomitants avec ceux des pratiques sociales et environnementales des entreprises. On peut même soutenir que les deux mouvements se sont développés en relative déconnexion. Non pas que les pratiques sociales et environnementales des entreprises s'interrompent au cours des années 1990 : on continue à gérer les compétences, le temps et les conditions de travail ; l'amélioration environnementale des procédés se poursuit et les démarches ISO14000 commencent à se déployer à partir de 1996. Mais durant cette période, où priment les discours sur la « valeur actionnariale », ces préoccupations, moins visibles, passent au second plan dans l'agenda stratégique des dirigeants et dans les rapports d'activité des entreprises.

Cette problématisation entre les trois dimensions du développement durable (économie, environnement, social) s'opère au moins au niveau des discours, à partir de 1999. C'est à partir de ce moment-là que les concepts théoriques de RSE, de *stakeholder*, de performance sociale et environnementale font une percée massive dans le discours des entreprises et des dirigeants. Pour reprendre une formule de Geneviève Férone (Férone *et al.*, 2002), on passe, en quelques années, « du silence au bruit », c'est-à-dire à une saturation du discours des entreprises par ces nouveaux concepts.

Comment expliquer cet engouement subit pour des notions qui, comme nous l'avons montré, sont anciennes ? Comment expliquer leur usage réglé dans un régime discursif que l'on retrouve sous des formes très semblables, aussi bien dans les entreprises que chez les consultants et les institutions publiques ?

Comme nous l'avons indiqué, nous préférons à une analyse en termes des pressions externes (réglementations, pressions sociales) un cadre mettant en évidence la « main visible » de consultants dans le transcodage et l'invention d'un langage managérial.

2.1. La « main visible » des prescripteurs

Peu d'auteurs ont mis en évidence le rôle crucial des consultants britanniques dans l'émergence d'un régime discursif sur le développement durable dans l'entreprise. Ces consultants ont notamment opéré la connexion entre les concepts théoriques développés aux États-Unis (RSE, *stakeholder*, *responsiveness*, performance sociale et environnementale) et la notion de développement durable, tout en inventant de nouvelles notions (*Triple Bottom Line*, 3P) et de nouveaux outils permettant à la fois de vulgariser, de légitimer et d'opérationnaliser cette approche dans les entreprises.

SustainAbility ou l'invention du conseil critique

Dans ce processus de transcodage, il faut mettre en évidence le rôle particulier du cabinet *SustainAbility* et de son fondateur John Elkington. Ce dernier avait acquis une grande notoriété dans les années 1980 pour son action militante auprès des entreprises en faveur de l'environnement. Il s'est fait connaître par deux ouvrages[31] – *The Ecology of Tomorrow's World, The Green Consumer Guide* – dont le second a été vendu à plus d'un million d'exemplaires. Dans cet ouvrage, il dévoile sa méthode : il ne s'agit ni de se cantonner dans une posture critique des

31. Elkington J., *The Ecology of Tomorrow's World*, Associate Business Press, Londres, 1980 ; Elkington J. et Hailes J., *The Green Consumer Guide*, Victor Golancz, Londres, 1988.

entreprises, comme beaucoup d'ONG ni de tomber dans une attitude complaisante vis-à-vis d'elles ; mais de construire un « conseil critique » fondé sur un diagnostic sans concessions des pratiques des entreprises, à partir duquel des voies de progrès peuvent être identifiées.

Elkington fonde *SustAinability* en 1987, soit peu de temps après la parution du rapport Brundtland dont le but est de transposer l'idée de développement durable aux entreprises. Le diagnostic de départ est que les entreprises sont désormais soumises à des critiques croissantes de la part de leurs *stakeholders* qui ont des conséquences non seulement sur leur image, mais également sur leurs activités, voire sur leurs profits. Or elles ne savent pas comment gérer les relations avec des acteurs (ONG, associations de consommateurs, riverains, etc.) qu'elles connaissent mal. *SustainAbility* veut ainsi développer un conseil stratégique sur mesure qui se fonde sur une analyse des relations de l'entreprise vis-à-vis de ses *stakeholders*. À travers cette analyse, il s'agit d'identifier les *stakeholders*, de cerner leurs attentes et leurs exigences, de repérer les risques pour l'entreprise et d'en déduire un certain nombre de préconisations pour rétablir leur confiance. Pour mener à bien ce projet, SustAinability va développer des relations aussi bien avec le monde des ONG qu'avec celui des entreprises ou avec les institutions nationales et internationales. Le cabinet se positionne comme un passeur *(gatekeeper)* entre des espaces d'action qui, jusque-là, s'ignoraient. En 1996, *SustAinability* mène pour le compte de BP une étude sur les partenariats entre les entreprises et les ONG[32]. Confrontée à une violente campagne médiatique orchestrée par Greenpeace à l'occasion de l'épisode de la destruction de la plate-forme pétrolière Brent Spar en mer du Nord en 1995[33], Shell fait appel à *SustAinability* pour l'aider à renouer le fil avec ses *stakeholders* et sortir de la crise de légitimité dans laquelle l'entreprise est engluée. Aujourd'hui, la notoriété grandissante de *SustAinability* attire un nombre croissant de nouveaux clients. Au-delà des grandes entreprises, le cabinet travaille aussi pour des institutions internationales (le PNUE), le gouvernement britannique ou des ONG (Greenpeace).

Par ailleurs, John Elkington entretient des relations avec la communauté académique nord-américaine dont il connaît parfaitement les développements théoriques. Il y contribue lui-même avec la parution de plusieurs articles dans des revues de management et par des ouvrages largement diffusés [34]. Ce positionnement original va offrir une grande notoriété à *SustainAbility* et à son fondateur.

Mais le rôle de *SustainAbility* ne se limite pas au conseil aux entreprises. Le cabinet est l'inventeur et le diffuseur de nouveaux concepts. John Elkington revendique ainsi l'invention des notions de *Triple Bottom Line (TBL)*, une représentation du développement durable fondée sur l'interdépendance entre trois piliers (économique, social et environnemental) et celle de 3P *(People, Planet, Profit)*, dont la déclinaison a été popularisée par Shell dans son rapport de développement durable en 1995 élaboré en collaboration avec *SustainAbility*. S'expli-

32. ELKINGTON J. et FENNELL S., « Partners for Sustainability », *GMI*, hiver, 1998, p. 48-60.

33. L'origine de la controverse est liée à la décision de Shell de couler, en mer, une plate-forme pétrolière en fin de vie. Contestant les effets écologiques de cette décision, Greenpeace mena une campagne de boycott contre Shell qui eut des impacts en Europe notamment. Face à la pression médiatique, Shell choisit finalement de démonter la plate-forme et de la recycler sur le continent bien que le bilan environnemental de cette opération fût contestable.

34. Voir notamment ELKINGTON J., « Towards the Sustainable Corporation : Win-Win-Win Business Strategies for Sustainable Development », *California Management Review*, 1994 ; ELKINGTON J., *Cannibal with Forks : the Tripple Bottom Line 21st Century Business*, Oxford University Press, 1997.

quant sur la genèse de ces notions, Elkington rappelle : « En 1994, nous étions à la recherche d'un nouveau langage pour exprimer l'expansion de l'agenda environnemental que nous observions à ce moment-là et sur lequel *SustainAbility* s'était focalisé jusque-là. Mais nous pensions que les dimensions sociales et économiques de cet agenda – identifiées dans le rapport Brundtland en 1987 – devaient être abordées d'une manière intégrée avec l'environnement pour accomplir de réels progrès. Parce que SustainAbility travaille, par choix, avec les entreprises, nous pensions que ce langage devait trouver une résonance dans le cerveau des managers. »[35]

La notion de *Triple Bottom Line (TBL)* fait aujourd'hui largement partie du langage managérial sur le développement durable. Citant une étude d'*Environics International*, Elkington indique la percée rapide de la notion citée par plus de 75 % des rapports de développement durable produits par les entreprises en 2001 contre aucune citation deux ans plus tôt (Elkington, *op. cit.*, p. 3).

Cette notion est également très utilisée dans les documents de la GRI *(Global Reporting Initiative)*, le référentiel en matière de *reporting* extra-financier le plus largement diffusé dans les grandes entreprises (voir chapitre 3). Il n'est évidemment pas surprenant de noter que SustAinability a été associé dès le début aux travaux de la GRI et qu'il est en charge du rapport d'évaluation bi-annuel du dispositif *(Global Reporters Survey)*. La GRI constitue ainsi une caisse de résonance pour les idées et les concepts développés par le cabinet conseil[36]. Si SustainAbility a eu le rôle le plus visible, d'autres consultants et acteurs institutionnels britanniques ont joué également un rôle important et convergent.

AccountAbility et le référentiel AA1000

Deuxième acteur qui a joué un rôle important dans le transcodage des concepts théoriques présentés plus haut : l'International Institute of Social and Ethical AccountAbility – plus connu sous le nom d'AccountAbility – et son fondateur Simon Zadek. De façon parallèle à SustAinability, AccountAbility, basé au Royaume-Uni, est associé aux principales initiatives internationales ou britanniques sur le développement durable : la GRI, mais également la démarche SIGMA, une initiative multi-acteurs visant à élaborer une norme de management britannique pour le développement durable (voir chapitre suivant). Tout comme John Elkington, Simon Zadek est un consultant d'un type particulier : titulaire d'un PhD, il entretient des liens étroits à la fois avec la communauté scientifique – il est professeur associé à l'université Harvard –, avec les entreprises – il conseille également de nombreuses entreprises en pointe sur le développement durable comme *The Body Shop* depuis 1994 ou *Novo Nordisk* depuis 1997 – et avec des communautés professionnelles – il est membre de la commission sociale et environnementale de l'association des experts-comptables britanniques (l'ACCA). À travers ce triple ancrage et la publication de plusieurs ouvrages et articles destinés au grand public[37], il a joué un rôle de passeur entre ces différentes communautés.

35. Elkington J., *Enter the Triple Bottom Line*, Chapitre 1, 2003. Article disponible sur le site SustainAbility.org

36. En France, un cabinet conseil comme Utopies, fondé par Élisabeth Laville en 1999, se réfère explicitement au modèle de SustAinability. Son conseil stratégique porte sur le management des *stakeholders* (identification des *stakeholders*, construction d'une communication et de partenariats appropriés, communication sur le développement durable, etc.). Utopies conseille des entreprises comme Lafarge ou Monoprix (voir monographies). À cet égard, on pourra se référer au livre d'Élisabeth Laville : *L'Entreprise verte (op. cit.)*.

Comment qualifier l'approche d'AccountAbility? Quelles sont les notions théoriques que cet institut a contribué à populariser? Pour avoir une idée plus précise, il faut se reporter au référentiel AA1000, développé par AccountAbility, qui est le premier guide global proposant aux entreprises une norme de processus en matière de développement durable. La notion d'*accountability*, centrale dans la démarche, n'est pas synonyme de *reporting*. On pourrait la traduire par la « capacité à rendre compte ». Dans cette perspective, l'objectif du référentiel ne prescrit pas la manière dont l'organisation doit rendre compte – en établissant une liste d'indicateurs par exemple – mais propose un cadre intégrateur pour la gestion et l'intégration des *stakeholders* aux démarches de l'entreprise, s'appuyant sur des principes et des normes que doivent respecter les entreprises pour y parvenir.

La mise en place du référentiel s'accompagne d'outils et de formations pour les managers conduites par l'institut AccountAbility. À travers ces outils et ces formations, il s'agit de leur apprendre à gérer les engagements vis-à-vis des stakeholders, à intégrer les principes du « rendre compte » dans les activités quotidiennes et les systèmes de management.

Comme l'indique le site Internet d'AccountAbility [38] le référentiel vise « à aider les utilisateurs à formaliser un processus systématique d'engagement vis-à-vis des *stakeholders* qui doit déboucher sur des indicateurs, des cibles et des systèmes de *reporting* requis pour assurer un déploiement efficace dans l'organisation. Le principe qui sous-tend la démarche AA1000 est l'inclusion *(inclusivity)*. Les grands chapitres de la démarche portent sur la planification, la comptabilité, l'audit et le *reporting*. Ce référentiel ne prescrit pas ce dont [l'utilisateur] doit rendre compte mais porte sur le "comment". En ce sens, il est conçu de manière complémentaire par rapport au référentiel du GRI. » (trad.)

Le référentiel s'inspire des démarches d'assurance qualité. La dernière version est d'ailleurs présentée comme une norme d'assurance qualité fondée sur des « principes directeurs », qui donnent un cadre intégrateur aux entreprises et à leurs certificateurs.

Ce référentiel utilisé par de nombreuses organisations et entreprises (British Airways) a été modifié en 2002 avec la série AA1000S qui précise les trois fondements de la démarche : l'engagement vis-à-vis des *stakeholders* ; la réponse organisationnelle *(organisational responsiveness)*, c'est-à-dire la « façon dont une organisation mène des actions sur la base de ses engagements vis-à-vis des *stakeholders* » ; les capacités d'apprentissage organisationnel et d'innovation dont fait preuve l'organisation par rapport à ces engagements. Dans cette nouvelle version, le référentiel s'enrichit de modules spécialisés, de fiches pour les praticiens et de divers documents de support permettant aux utilisateurs de construire, pas à pas, leur système de mesure et de *reporting*.

En reprenant la grille des techniques managériales proposée par Hatchuel et Weil, on peut résumer la démarche AA1000 en trois points :

– sa philosophie gestionnaire est comparable à celle des systèmes de management (normes ISO 9000 et 14000). Si les cibles diffèrent (ici : rendre des

37. En particulier : « The Civil Corporation. The New Economy of Corporate Citizenship », ZADEK S., *Earthscan*, 2001 ; « Building Corporate Accountability », ZADEK S., EVANS R. et BRUZAN P. (éd.), *Earthcan*, Londres, 1997 ; « The Path to Corporate Responsibility », ZADEK S., *Harvard Business Review*, décembre 2004.
38. www.acountability.org.uk

comptes à ses différents *stakeholders* sur les dimensions sociales, éthiques et environnementales), les moyens pour y parvenir relèvent d'une approche commune : s'engager dans un processus de progrès continu s'appuyant sur la formalisation de systèmes de management ;

– son substrat technique fondé sur des normes de processus est là encore très similaire à l'approche des systèmes de management : des principes sont édictés, systématiquement examinés et ensuite déployés dans des règles et des fiches décrivant des processus managériaux ;

– la vision simplifiée des relations se fonde sur une représentation de l'entreprise située au centre d'un réseau de *stakeholders* vis-à-vis de qui il faut rendre des comptes *(responsiveness)*. Ce point distingue ce référentiel privé d'autres normes de management centrées autour des parties prenantes traditionnelles de l'entreprise (clients, pouvoirs publics, etc.). La démarche hybride les concepts du courant *Business and Society* dont le courant recycle les concepts – *stakeholder, responsiveness, accountability* –, l'approche morale de l'éthique des affaires *(business ethics)* dont *Business and Society* reprend à son compte les valeurs, et les principes de la comptabilité (vérifiabilité, « auditabilité », sincérité, etc.). Le référentiel AA1000 est le produit de ces diverses influences, contribuant à instituer un champ nouveau du conseil du *reporting* sociétal.

Le CERES et la GRI (Global Reporting Initiative)

Dans une perspective très voisine, soulignons également le rôle joué par d'autres médiateurs comme le CERES, une ONG américaine regroupant une coalition hétérogène d'entreprises, d'associations, d'ONG et de consultants, visant à promouvoir le *reporting* sociétal. Organisant régulièrement des colloques annuels sur ce thème, le CERES et son président fondateur Robert Massie ont été en première ligne dans la création, en 1997, de la GRI. Proches des associations d'experts-comptables américains, ces acteurs ont, par leurs réseaux multiples, joué un rôle clé dans la constitution du dispositif de la GRI, orientant la philosophie et la structure de gouvernance du dispositif vers une approche multi-*stakeholder* (voir chapitre 3).

Conclusion

Ces quelques exemples mettent en évidence l'importance des consultants anglo-saxons dans la construction et la diffusion – *via* des outils – d'un langage managérial du développement durable au carrefour de diverses influences. Ils mettent surtout en évidence les liens que ces acteurs ont tissés entre eux, avec des entreprises, des ONG et le gouvernement britannique, ainsi que la complémentarité de leurs initiatives. Loin d'être en concurrence, ces acteurs forment un réseau fluide entretenant des relations de coopération étroites en vue de favoriser la diffusion de leurs idées et leur légitimité. La participation de *SustAinability*, d'AccountAbility ou du CERES à des initiatives institutionnelles pour constituer des référentiels internationaux en matière de *reporting* extra financier en est la manifestation la plus tangible.

Chapitre
3

L'institutionnalisation du développement durable

Un des traits saillants de l'émergence du développement durable est qu'il donne lieu à l'élaboration de tout un ensemble de nouvelles règles et de dispositifs articulant plusieurs institutions émergentes.

Il serait présomptueux de prétendre faire une analyse généalogique exhaustive de toutes les initiatives visant à structurer cet espace d'action collective, tant elles sont nombreuses. Contentons-nous ici de rappeler que ces initiatives se déploient à différentes échelles : à l'échelon national, avec les initiatives en terme de normalisation mentionnées plus haut, mais aussi, par exemple, la loi des nouvelles régulations économiques (NRE) du 15 mai 2001 (voir le chapitre 1) ; à l'échelon européen avec le « livre vert » de la commission sur la responsabilité sociale des entreprises de février 2001 ; au niveau international avec la signature du *Global Compact* et la construction de la GRI.

Dans ce chapitre, nous allons étudier deux exemples.

– Le premier concerne la compétition entre deux normes nationales de management du développement durable – Sigma au Royaume-Uni et le SD21000 en France – pour influencer l'agenda de l'ISO.

– Le second concerne l'initiative lancée depuis 1997, sous l'égide de l'ONU, en vue de constituer un référentiel international en matière de *reporting* extra-financier : la *Global Reporting Initiative (GRI).*

Ces deux exemples nous semblent intéressants de quatre points de vue :

– ils sont originaux sur le plan des formes de gouvernance et des types de partenariat associés ;

– ils sont emblématiques d'une philosophie libérale visant à internaliser de nouvelles règles à travers la constitution de dispositifs adoptés sur une base volontaire par les entreprises ;

– ils ont des effets potentiellement structurants – surtout pour la GRI – sur l'action des entreprises.

Les évolutions successives de ces dispositifs sont révélatrices des formes de relation et des crises des savoirs auxquelles ont été et sont confrontés les acteurs de ce nouvel espace d'action collective.

1. Jeux d'acteurs et compétition pour la constitution d'une norme de management du développement durable : SIGMA *vs* SD21000 [1]

SIGMA est une initiative lancée en 1999 par le British Standard Institute (le BSI) – l'équivalent de l'Afnor – en partenariat avec des entreprises britanniques, une ONG – Forum for the Future – et AccountAbility pour constituer un référentiel de management sur le développement durable. L'objectif de ce référentiel est plus large que celui du AA1000. Il vise à constituer une norme de management couvrant tous les aspects possibles de la gestion du développement durable et une « boîte à outils » pour accompagner les entreprises dans leur démarche de développement durable. Comme l'analyse Thibault Daudigeos, l'activité du BSI est différente de celle de l'AFNOR en France. L'AFNOR (Association française de normalisation) est une association loi 1901 reconnue d'utilité publique sous la tutelle de l'État. L'AFNOR reste un institut de normalisation traditionnel : son activité se concentre sur la production de normes techniques – elle en produit près de 2 000 par an – ; son activité de conseil est encore limitée et elle dépend à plus de 20 % par des financements publics.

Par contraste, l'activité du BSI, qui a un statut juridique comparable – une organisation à but non lucratif homologuée par le gouvernement britannique –, se distingue de son homologue française : parallèlement aux normes techniques, son activité porte de plus en plus sur l'élaboration de normes de management alimentant une activité de conseil international qui, au fil des ans, est devenue la vache à lait de l'institut – représentant plus du tiers de ses recettes de l'institut, six fois supérieures à celles de l'AFNOR.

À propos des normes de management, D. Segrestin [2] met en évidence que les « référentiels dédiés en réalité à la régulation des marchés et des pratiques concurrentielles, [ont] la caractéristique inédite [...] d'opérer par le biais de la qualification des producteurs et non plus celle des produits. [...] Il s'agit d'une codification d'un ensemble de techniques de conduite de l'organisation industrielle. [...] De la norme de produit à celle d'organisation, on passe d'un énoncé spécifiant et particularisant à un énoncé générique, d'ordre méthodologique relatif à la gestion des entreprises ».

Le principe fondateur de ces normes de management repose sur leur caractère générique. Selon l'ISO, « générique signifie que la même norme peut s'appliquer à n'importe quelle organisation, petite ou grande, quel que soit son produit, même si ce produit est en fait un service, dans tous les secteurs d'activité, que cette organisation soit une entreprise ou une administration » [3]. L'ensemble des préconisations forme un « système de management » qui, selon l'ISO, fait référence à « la structure d'une organisation nécessaire à la gestion de ces processus ou activités, qui transforment des ressources en un produit ou service qui

1. Ce paragraphe s'appuie sur le mémoire de DEA réalisé par Thibault Daudigeos qui a effectué une analyse comparative approfondie de deux référentiels de management du développement durable en concurrence : SD21000 et SIGMA. DAUDIGEOS, T., « Des instituts de normalisation en quête de légitimité et de profit : étude comparée du travail des instituts anglais et français de normalisation sur le cas du développement durable », mémoire de DEA, Sciences Po, 2004.

2. SEGRESTIN D., « L'entreprise à l'épreuve des normes de marché », *Revue française de sociologie*, n° 38, 1997, p. 553-585

3. *ISO9000 and ISO14000 in brief*, http://www.iso.ch/iso/en/iso9000-14000/index.html

remplit les objectifs de l'organisation, tels que satisfaire les exigences de qualité du client, respecter la réglementation ou remplir des objectifs environnementaux »[4]. En même temps que le lancement de SIGMA, le BSI a créé en 1999 un département développement durable *(sustainability).*

Outre les perspectives de conseil offertes par la construction d'un référentiel et d'outils à l'attention des entreprises, l'autre enjeu clé pour le BSI semble être d'être en mesure d'influencer l'agenda de l'ISO (International Standard Organization), en démontrant l'intérêt et la faisabilité d'une norme de management sur le développement durable. L'intérêt, pour le BSI et ses partenaires, de l'adoption d'une norme ISO inspirée de SIGMA réside d'une part dans les possibilités de conseil démultipliées qu'offrirait une norme internationalement reconnue, et d'autre part, dans le fait que les entreprises britanniques pionnières, ayant déjà expérimenté la norme, bénéficieraient d'un avantage concurrentiel par rapport à leurs concurrents. Le passage par l'ISO, organisation multipartenariale et bureaucratique, mais bénéficiant d'une légitimité certaine dans le monde de l'entreprise, est, dans cette perspective de conquête des marchés, essentielle. À cet égard, l'émission d'une nouvelle résolution de l'ISO (35-2004), annonçant sa volonté de développer une norme sur la question de la gestion du développement durable par les entreprises, accrédite cette thèse de l'influence.

Comme le montre Daudigeos *(op. cit.)*, le BSI n'en est pas à son coup d'essai en matière de normes de management. Il fait même figure de pionnier vis-à-vis des normes ISO. En 1979, le BSI publie la BS 5750, une norme de gestion de la qualité reposant sur un système existant dans l'armée anglaise. Cette même année est créé au niveau de l'ISO le comité technique TC176, qui produit huit ans plus tard la fameuse ISO 9000. En 1992, le BSI publie également la première norme d'administration environnementale BS7750. Elle sert alors de référence pour l'élaboration de la norme internationale ISO14000 publiée en 1996.

Sur le contenu, le guide SIGMA s'inscrit dans la filiation des normes de management précédentes (la philosophie du progrès continu, incarnée dans les principes du *Plan Do check Act* que l'on retrouve dans les quatre points du guide) tout en développant la logique, chère à AccountAbility et *SustainAbility,* du *reporting* et de la transparence (voir le tableau page suivante).

Trois ans après le BSI, l'AFNOR, prenant conscience de son retard et de l'intérêt de proposer une approche française, initie en 2002 une démarche en vue de l'élaboration d'une norme de management sur le développement durable (le SD 21000). Associant de nombreux partenaires (entreprises, administrations, ONG, etc.), la norme SD 21000 diffère toutefois de l'approche britannique par le fait qu'elle s'adresse d'abord aux PME et qu'il s'agit d'un fascicule, à caractère normatif. Comme le note Daudigeos, la norme, qui contient de nombreuses définitions générales sur le développement durable, la gouvernance ou des descriptifs sur la dématérialisation de l'économie et la revue de direction, reste vague sur le système de management proprement dit. En dehors d'une description générale, dans le cinquième chapitre du fascicule, d'une démarche en quatre phases (responsabilité de la direction, plan d'action initial, mise en œuvre et suivi du plan d'action, fonctions et domaines spécifiques), proche dans l'esprit du guide SIGMA, les outils et les procédures associés ne sont pas définis.

Pour combler cette lacune, une phase actuelle d'expérimentation est actuellement conduite dans treize régions françaises avec des PME pour expérimenter

4. *Ibid.*

L'organisation du guide SIGMA

N°	Phase	Contenu
1	Direction et vision	• Engagement de la direction • Réalisation d'une étude économique pour mesurer les avantages d'une démarche développement durable • Définition d'une vision générale de l'activité de l'entreprise, ses missions, ses principes • Communication et formation • Favoriser le changement culturel
2	Planification	• Revue des performances initiales • Analyse du respect de la réglementation • Analyse des actions actuelles et de leurs impacts • Planification stratégique (long terme) • Planification tactique (court terme)
3	Mise en œuvre	• Accompagnement du changement • Mises en place de programmes de gestion • Vérifications internes et externes
4	Contrôle, revue et rapport	• Mesure, audit • Revue stratégique et tactique • Remontée et consolidation des informations *(reporting)* • « Assurance du *reporting* »

Source : DAUDIGEOS T., *op. cit.*

et développer les outils qui font actuellement défaut. En sens opposé, la démarche britannique, au départ très pragmatique et orientée vers la production d'outils opérationnels et l'offre de conseil à l'attention des entreprises, semble évoluer vers la recherche de principes plus généraux pour transformer Sigma en document normatif.

2. L'exemple de la *Global Reporting Initiative (GRI)* [5]

2.1. Qu'est-ce que la GRI aujourd'hui ?

La Global Reporting Initiative se présente comme une initiative privée et *multi-stakeholder* qui vise à établir un référentiel internationalement reconnu en matière de *reporting* extra-financier pour les entreprises. Depuis son origine, l'objectif de la GRI est de construire un référentiel de *reporting* développement durable aussi crédible que le *reporting* financier, c'est-à-dire fondé sur les principes de comparabilité, de rigueur et de vérifiabilité. Cette initiative a été officiellement lancée en 1997 par le CERES, le Tellus Institute (une association de conseil à but non lucratif orientée vers le *reporting* extra-financier) et le Programme des Nations unies pour l'environnement (PNUE).

5. Pour d'autres développements sur la construction de la démarche GRI, et notamment une discussion avec les grilles de lecture néo-institutionnelles sur la construction d'institutions, on pourra se reporter à ACQUIER A., AGGERI F. et ABRASSART C., « How Markets are Embedded in Management : Strategies and Framing Processes in the Field of Corporate Social Responsibility (CSR) », présenté au colloque EGOS, Lubljana, Subtheme 33, Organizing Markets, 2004 ; ACQUIER A. et AGGERI F., « Emerging Institutions Embedded in Knowledge Dynamics : an Analysis of Market Framing Process in the Field of Corporate Social Responsability », working paper, CGS-École des Mines de Paris.

La méthode employée par la GRI est aussi significative que son contenu. Cette initiative répond à tous les critères de « bonne gouvernance » préconisés dans les relations internationales : elle associe différents partenaires représentés dans un comité de pilotage (PNUE, entreprises, consultants, ONG, syndicats, etc.) ; elle est fondée sur la recherche du consensus, sur une logique d'expérimentation avec les entreprises et sur un souci de transparence, affichant régulièrement l'avancement de ses travaux.

Quel est le contenu de ce référentiel ? Il est prescriptif pour les entreprises : il définit à la fois le « quoi » et le « comment » du *reporting*. En premier lieu, il propose un ensemble d'indicateurs sociaux, environnementaux et sociétaux sur lesquels les entreprises devraient rapporter. En second lieu, il prescrit la mise en œuvre de principes de *reporting* permettant de garantir l'« auditabilité » des systèmes de *reporting* (ex. : complétude des informations, neutralité, précision, pertinence, inclusion, etc.). Progressivement, la GRI est devenue le standard de référence en matière de *reporting* extra-financier adopté, selon la GRI, par plus de 600 entreprises à travers le monde en 2003. Ces entreprises n'utilisent pas forcément l'intégralité des indicateurs préconisés mais précisent, dans ce cas, les indicateurs sur lesquels elles rapportent.

Il est possible de distinguer trois étapes historiques de développement de la GRI qui sont récapitulées dans le tableau 1 (page 91) : une première étape où la GRI s'est constituée en réaction à la multiplication d'initiatives mal coordonnées en matière de *reporting* extra-financier. Une deuxième étape où la GRI a élargi son audience et intégré de nouveaux *stakeholders* dans sa démarche. La troisième étape où la GRI cherche à pérenniser et institutionnaliser son action, comme l'atteste son changement de statut où elle devient une institution permanente et indépendante. Mais avant d'aborder ces trois étapes remettons en perspective la GRI par rapport à des initiatives antérieures.

2.2. L'analyse historique de la GRI

Le foisonnement des initiatives au début des années 1990

Pour comprendre les raisons de la création de la GRI, il faut revenir quelques années en arrière. Il est à noter que le *reporting* social et environnemental n'est pas une création de la GRI. Comme le note Frédérique Déjean et Jean-Pascal Gond (2004, *op. cit.*), l'idée de la constitution d'un *reporting* social pour gérer la responsabilité sociétale de l'entreprise n'est pas nouvelle. Des débats eurent lieu dans les années 1970 et aboutirent à la loi du 12 juillet 1977 qui instaurait la pratique du bilan social (voir Igalens et Nioche, 1977). Si le bilan de cette loi est, *a posteriori*, décevant, les débats qui eurent lieu à cette époque restent d'actualité.

Suivant une logique similaire, plusieurs pays européens et les États-Unis rendent obligatoires des formes de *reporting* environnemental au cours des années 1980 et au début des années 1990. L'initiative la plus connue est l'inventaire des matières toxiques (*Toxic Release Inventory, TRI*), qui fut établi en 1986 dans le cadre de l'*Emergency Planning and Community Right-to-Know Act (EPCRA)*, puis renforcé dans le cadre du *Pollution Prevention Act* de 1990. Le TRI est une base de données publique établie par l'EPA qui contient des informations sur les rejets de substances chimiques et d'autres déchets rapportés annuellement par les usines et les entreprises de branches industrielles polluantes. Des initiatives similaires sont engagées à cette époque par le gouvernement néerlandais en 1993 dans le cadre de l'*Environmental Management Act* ou par le gouvernement danois avec le règlement

Green Accounts de 1996 qui oblige les entreprises de certains secteurs industriels à produire un *reporting* environnemental quantitatif et qualitatif.

Parallèlement à ces initiatives publiques, on assiste à partir de 1992 à un foisonnement d'initiatives privées visant à susciter de nouveaux comportements plus responsables de la part des entreprises et à proposer des recommandations en matière de *reporting* social, sociétal ou environnemental. Ces initiatives, qui prennent des formes multiples – codes de conduite (ex.: *Caux roundtable*), normes de management (ISO 14001, 1996), référentiels de gestion des *stakeholders* (ex.: AA1000), référentiels de performance sociale et sociétale (la norme SA 8000) –, apparaissent après le sommet de la Terre de Rio en 1992 qui constitue le point de départ d'une vague de réflexions sur les responsabilités des entreprises à l'égard du développement durable. De façon significative, des grands cabinets conseil, comme Deloitte Touche Tohmatsu ou KPMG commencent à s'intéresser de près à la question du *reporting* environnemental en conduisant des études internationales sur le sujet. Si les ONG et les consultants sont actifs sur ce thème, les entreprises cherchent également à s'organiser avec la création du WBCSD (World Business Council on Sustainable Development) en 1995, un réseau de grandes entreprises, constituant un *think tank* et un groupe d'influence auprès des gouvernements et des institutions internationales (voir encadré).

Le WBCSD

Créé en 1995, le WBCSD est aujourd'hui une coalition de 165 multinationales qui constitue le principal avocat de la cause du développement durable pour les entreprises. La composition du WBCSD diffère de celle de la GRI: les sociétés de conseil et d'audit y sont beaucoup moins représentées (des acteurs occupant une place centrale au sein de la GRI – AccountAbility, SAM, etc. – sont absents du WBCSD). Les analystes financiers, fonds d'investissements et syndicats en sont absents.

La démarche du WBCSD se déploie en fonction des débats politiques et économiques du développement durable. Ainsi, les travaux du WBSCD sont largement structurés par les programmes et conclusions des sommets internationaux (Sommet mondial du développement durable de Johannesburg en 2002). L'ambition est de traduire ces enjeux pour les entreprises concernées, et d'aider les entreprises à construire leurs argumentaires en faveur du développement durable.

Dans cette perspective, les objectifs affichés par le WBCSD sont les suivants:

- être le porte-voix de référence des entreprises sur les enjeux liés au développement durable ;
- participer au développement de règles et politiques *(policy)* afin de créer un cadre permettant aux entreprises de contribuer efficacement au développement durable ;
- être un pôle d'apprentissage et d'échange, d'identification des meilleures pratiques de gestion associées au développement durable.

Sources: – site Internet: www.wbcsd.ch.
–*Sustainable Development Reporting, Striking the Balance,* WBCSD publications and reports, janvier 2003.
– *WBCSD Annual Review*, 2003.

Le concept initial de la GRI

Les réflexions initiales à l'origine de la création de la GRI sont présentées de façon explicite dans un article rédigé par Allen White (l'un des fondateurs et futur directeur de la GRI) et Diana Zinkl à la conférence annuelle du CERES le 1er octobre 1997 [6]. L'article est produit au moment où la GRI vient d'être créée. Il constitue, à cet égard, un témoignage intéressant sur l'état d'esprit et les motivations de ses concepteurs.

L'article rappelle d'emblée la philosophie gestionnaire dans laquelle s'inscrit la démarche de la GRI : « L'information permet aux marchés d'allouer efficacement les ressources pour produire des biens et des services. Les managers ont besoin d'information pour prendre des décisions appropriées. Les actionnaires ont besoin d'information pour prendre des décisions d'investissement adéquates. Les consommateurs ont besoin d'information pour faire le tri et comparer les différents produits et services qui s'offrent à eux. Sans informations fiables, utilisables et produites en temps voulu, les marchés ne peuvent fonctionner de façon efficace. »

L'article enfonce le clou de cette logique néo-marchande un peu plus loin : « De grandes variations dans les approches réglementaires vont persister entre les différents pays du Nord et du Sud. Par ailleurs, dans les pays de l'Ouest, avec une base réglementaire aujourd'hui bien établie, la prochaine vague de progrès environnemental doit reposer davantage sur la pression des investisseurs et celle du public plutôt que sur une expansion (à un coût marginal élevé) de la machine réglementaire déjà en place. »

La référence au *reporting* financier est également explicite : « L'évolution du *reporting* financier est instructive : l'information divulguée au public doit être vérifiable, compréhensible, standardisée et produite en temps voulu. Elle doit apporter aux utilisateurs une mesure de la performance qui puisse être interprétée rapidement, qui ait de la valeur pour la décision et puisse être incorporée dans un système garant d'une intégrité. À l'instar de l'information financière qui est devenue "l'étalon" des marchés financiers, l'information environnementale doit atteindre un statut semblable si ces critères sont remplis. » (*op. cit.*, p. 2)

À la question de pourquoi faut-il constituer un référentiel de *reporting*, l'article répond qu'il s'agit d'un besoin ressenti par de nombreux analystes : « Nous voyons aujourd'hui des centaines de rapports environnementaux produits qui sont déconnectés de la stratégie des entreprises. [...] Le paysage de l'information environnementale souffre de données incohérentes, invérifiées, incomplètes, non datées et assurément non standardisées. » (*op. cit.*, p. 2) Citant une étude internationale sur le *reporting* environnemental conduite en 1997 par KPMG et une étude du Tellus Institute, les auteurs soulignent que parmi les rapports environnementaux produits par les entreprises 20 % seulement contiennent des engagements chiffrés et des échéances et 15 % ont fait l'objet d'une vérification externe.

Au nom de qui parlent ces auteurs ? Qui sont les acteurs qui souhaitent promouvoir ce référentiel de *reporting* environnemental selon une orientation comptable et financière ?

Un groupe d'experts sous l'égide des Nations unies joue, à cet égard, un rôle clé : le United Nations Intergovernmental Working Group of Experts on International Standards of Accounting and Reporting (UN-ISAR). Ce groupe, constitué d'experts-comptables, en partenariat avec l'ACCA *(Association of Chartered Certified Accountants)* – l'association britannique des experts-comptables –, travaille depuis 1989 dans le domaine de la comptabilité environnemen-

6. White A. et Zinkl D., « Green Metrics : A Status Report on Standardized Corporate Environmental Reporting », CERES Annual Conference, Working Paper, 1997.

tale. En 1995, l'UN-ISAR estime qu'il devient nécessaire de créer un référentiel international en matière de *reporting* environnemental afin d'éviter « le développement de référentiels multiples et incompatibles entre eux à travers le monde » (*op. cit.*, p. 16). Cette vision est soutenue par une coalition d'acteurs qui partagent la même vision et qui sont associés à ces réflexions initiales. C'est notamment le cas du CERES, une ONG américaine constituée d'investisseurs dans le domaine sociétal et d'organisations de défense de l'environnement, et de son président (Robert Massie), qui sont en première ligne dans la création de la GRI. Le CERES milite pour le développement d'un *reporting* environnemental et a produit à cet effet un questionnaire destiné à guider les entreprises dans cette voie. Les premiers retours des entreprises sur la mise en œuvre du questionnaire mettent en évidence le besoin d'un référentiel global. Comme l'indique Bob Massie, « des personnes avec des intérêts et des motivations différents voulaient tous la même chose pour différentes raisons » (Waddell, 2002). La première étape de la collaboration entre Massie et Allen White consiste à élaborer une enquête sur les pratiques et les référentiels existant en matière de *reporting* environnemental les principaux résultats sont présentés dans l'article de 1997. Autres acteurs impliqués dans la conception initiale du dispositif de la GRI : l'ACBE (l'Advisory Committee on Business and the Environment), une institution gouvernementale britannique sous la tutelle du ministère d'État pour l'Environnement qui publie en février 1997 des recommandations pour un *reporting* environnemental destiné aux investisseurs financiers. Enfin, *SustainAbility* dont nous avons déjà parlé.

Au terme de cette phase de réflexion initiale, le dispositif de la GRI est présenté comme la réponse institutionnelle permettant de combler ce besoin de standardisation des informations environnementales : « Pour ces organisations déjà impliquées dans le mouvement vers un *reporting* standardisé, la GRI est une opportunité pour économiser des ressources rares tout en permettant de faire converger dans un même référentiel des initiatives disparates et constituer, pour finir, un étalon universel » (*op. cit.*, p. 23).

Dans cette perspective, le dispositif doit être légitime et garantir une certaine neutralité. Dès l'origine, la GRI se présente comme un dispositif impliquant différents *stakeholders*, soucieux de transparence et de bonne gouvernance. À cet effet, un comité de pilotage *(steering committee)* est constitué de plusieurs partenaires. Le dispositif doit aussi progresser pas à pas à travers un processus d'expérimentation conduit dans les vingt-quatre entreprises qui participent initialement à la démarche.

Le caractère indéterminé du processus engagé se manifeste dans l'article où, à la question : « Jusqu'où faut-il aller dans le processus de normalisation ? », les auteurs répondent : « À ce stade, nous ne savons dans quel sens la GRI va évoluer : des règles de *reporting* analogues à celles du Federal Accounting Standards Board (FASB) ; un processus sous l'égide de l'ISO ; un processus d'adoption spécifique à chaque pays régi par des réglementations ; une adoption par une agence des Nations unies comme un référentiel global ; une combinaison de ces différents arrangements institutionnels » (*op. cit.*, p. 23).

Ces extraits de cet article fondateur traduisent clairement le concept initial de la GRI : la philosophie gestionnaire du dispositif est fortement inspirée de la comptabilité et de la finance ; l'objet initial du référentiel porte sur le *reporting* environnemental ; plusieurs scénarios institutionnels sont alors envisagés pour asseoir la légitimité du dispositif.

1998-2002 : élargissement du concept et du cercle des parties prenantes

Les efforts initiaux pour légitimer la GRI ont des effets immédiats qui permettent au dispositif d'apparaître comme l'initiative de référence en matière de *reporting* environnemental. Assez rapidement, l'agenda de la GRI évolue vers une ouverture à de nouveaux enjeux et de nouveaux acteurs.

La décision d'étendre le champ de la GRI au-delà de l'environnement aux trois dimensions de la *Triple Bottom Line* (incluant les aspects économiques et sociaux) est prise au début de 1998. On peut voir dans cette référence à la TBL l'influence de SustAinability et d'AccountAbility, qui militent alors pour que le *reporting* soit étendu à toutes les dimensions du développement durable (Elkington, 1994 ; Zadek, 1994). Cette réorientation ne se fait pas, cependant, sans débats internes, notamment au sein du conseil d'administration du CERES qui contrôle, à ce moment-là, la structure et le financement de la GRI. Ce choix est matérialisé par l'intégration de nouveaux partenaires (les syndicats) et de nouvelles questions sociales et sociétales.

Cette deuxième étape se caractérise par un processus d'apprentissage accéléré fondé sur la production de versions provisoires *(drafts)* du référentiel qui sont régulièrement amendées en fonction des expérimentations conduites dans les vingt-quatre entreprises associées au dispositif. Celles-ci s'opèrent en relation étroite avec les membres du comité de pilotage. Ces versions provisoires font « largement référence au rapport et aux recommandations du CERES » (Waddell, 2002).

La première version officielle du référentiel sort en 2000 à l'issue d'un processus de test et de révision de deux ans. Cette date marque un tournant : si la sortie officielle de la première version offre une exposition inédite à la GRI, le dispositif change aussi d'échelle. Il incorpore de nouveaux partenaires (grands cabinets conseils, ONG, syndicats, nouvelles entreprises) qui influent sur le pilotage du dispositif ; il marque l'entrée dans une phase plus « industrielle » caractérisée par une expérimentation et des processus de révision plus intensifs.

La deuxième version du référentiel sortie en 2002 porte les traces de ces changements. En premier lieu, l'architecture du référentiel évolue d'une conception selon un *« one best way »* vers la reconnaissance de spécificités sectorielles. Ainsi, la nouvelle version du référentiel de la GRI introduit une distinction entre des indicateurs génériques *(core indicators)* et des indicateurs additionnels qui ne sont valables que pour certaines entreprises. Des suppléments sectoriels *(sector supplements)*, élaborés par des groupes de travail sectoriels, sont ainsi produits pour compléter le référentiel général. Cette complexification vise d'abord à mieux coller aux spécificités sectorielles. Mais elle est également l'aveu que les référentiels sont indissociables des activités et des pratiques des entreprises.

La deuxième remarque porte sur les indicateurs. Entre 2000 et 2002, 75 % des indicateurs sociaux de la GRI ont évolué ou ont été profondément remaniés. On observe également une évolution dans la nature de ces indicateurs. Orientée au départ vers des indicateurs quantitatifs, la nouvelle version introduit des indicateurs plus qualitatifs portant sur la qualification des politiques et des actions mises en place par les entreprises et sur l'existence de systèmes de management et de procédures d'assurance qualité.

Malgré son succès grandissant, on ne peut pas dire pour autant que le référentiel de la GRI occupe à lui seul l'espace de la normalisation en matière de développement durable. En 1999, Sigma, que nous avons évoqué précédemment, se présente d'ailleurs comme un projet « visant à réagir face au foisonnement des référentiels, en particulier celui de la GRI » (Daudigeos, *op. cit.*).

À un autre niveau – celui des principes fondamentaux de la RSE –, est lancé en juillet 2000, sous le patronage de Kofi Annan, secrétaire général de l'ONU, le *Global Compact*. Il s'agit d'un pacte pour le développement durable, fondé sur neuf principes. Les entreprises signataires du *Global Compact* s'engagent à respecter ces principes. Les chiffres les plus récents (2003) mentionnent plus de 1 400 entreprises signataires à travers le monde (voir encadré).

Le *Global Compact* (ou « pacte mondial »)

Créé en juillet 2000 et faisant suite à un discours de Kofi Annan (alors secrétaire général de l'ONU) à Davos en janvier 1999, le *Global Compact* constitue une initiative portée par l'ONU. Le « pacte mondial » est présenté comme un moyen de concrétisation de la politique de l'ONU dans les entreprises.

La principale réalisation du « pacte mondial » est la rédaction d'une charte de neuf principes, s'appuyant sur des textes fondamentaux (Déclaration universelle des droits de l'homme, OIT, déclaration de Rio sur l'environnement) et portant sur les droits de l'homme, les normes de travail et l'environnement. Doté de moyens limités, le *Global Compact* a l'ambition de dégager des principes d'action reflétant la position de l'ONU. De ce point de vue, la démarche reste assez ouverte, qualitative et non exclusive.

En soutenant les neuf principes fondamentaux du « pacte mondial », les entreprises affirment s'efforcer d'intégrer ces principes dans leur stratégie et dans leurs modes opératoires. Aujourd'hui, plus de 1 400 entreprises ont adhéré aux principes du *Global Compact*. L'ONU met en place un forum annuel d'échange de bonnes pratiques, permettant aux différents partenaires d'échanger sur les problèmes de mise en œuvre des principes.

Ces initiatives ne s'opposent pas à celle de la GRI. On peut même les considérer comme complémentaires, participant d'une division du travail : au *Global Compact* les principes généraux ; à la GRI le référentiel de *reporting* ; à d'autres dispositifs (SIGMA, AA1000, SA8000, éventuelle norme ISO) des normes de processus et de management.

Depuis 2002 : vers une institutionnalisation de la GRI ?

Depuis 2002, la GRI semble être entrée dans une phase d'institutionnalisation. Après avoir dissous le précédent comité de pilotage pour former un conseil d'administration, la GRI est devenue une institution permanente et indépendante le 4 avril 2002. Basée à Amsterdam, elle a adopté une nouvelle structure de gouvernance. Une nouvelle version du référentiel pourrait sortir en 2005 et 2006 qui ne devrait pas varier profondément de la précédente si ce n'est par un renforcement des suppléments sectoriels.

Il serait cependant hâtif de conclure que la GRI est devenue une institution à part entière. L'enquête récente menée par le PNUE et SustAinability auprès des utilisateurs de la GRI *(Trust Us, the Global Reporters Survey, op. cit.)* met en évidence les évolutions à conduire : les indicateurs, notamment sociaux, sont souvent trop descriptifs et qualitatifs, imprécis et pas suffisamment articulés à la stratégie. Ensuite, des débats internes au sein de la GRI ne sont toujours pas tranchés comme la question de savoir s'il est nécessaire de rendre la certification du *reporting* obligatoire et la forme que celle-ci doit revêtir. Enfin, si la GRI revendique 600 entreprises utilisatrices de ce référentiel, ce chiffre reste très faible par rapport à l'ensemble des multinationales susceptibles de l'appliquer.

Tableau 1.
Les dates clés de l'histoire de la GRI

1995	Discussions entre le CERES et plusieurs entreprises sur la réception du modèle de *reporting* environnemental mis en place par le CERES. L'un des enseignements de ce dialogue est qu'il existe un besoin collectif pour une trame mondiale et convergente en ce qui concerne le *reporting* environnemental.
1995-1997	Collaboration entre le Tellus Institute (Allen White) et le CERES (Bob Massie) sur la question du *reporting* environnemental.
Début-mi 1997	Massie recense les organisations américaines ayant mis en place des initiatives dans le champ du *reporting* environnemental.
1997	La *Global Reporting Initiative (GRI)*, visant à normaliser le champ du *reporting* environnemental, est officiellement créée par le CERES.
Début 1998	Bob Massie entre en contact avec la division Technologie, Industrie et Économie du Programme des Nations unies pour l'environnement (UNEP), basée à Paris, dans un objectif de partenariat avec l'UNEP et de participation de l'UNEP au financement de la GRI.
	Décision d'étendre le périmètre de la GRI aux « trois piliers » du développement durable et d'intégrer les dimensions économiques et sociales à la démarche.
Fin 1998	Première version provisoire des principes directeurs de la GRI, distribuée aux *stakeholders* pour modifications.
Mars 1999	Premier colloque international dédié à la GRI. Présentation d'une version provisoire des principes directeurs de la GRI, soutenus par l'Imperial College de Londres.
	Début de la phase de test de cette version provisoire par un groupe test de 24 multinationales.
Septembre 1999	Première réunion du groupe de travail de la GRI sur la certification des données du *reporting* développement durable. Ces réunions dureront jusqu'en 2001. Le groupe de travail aboutit à la conclusion que la GRI n'impose pas de certification externe, mais que les entreprises doivent inclure dans leur rapport une déclaration sur l'assurance ou les processus internes de contrôle de qualité de l'information utilisés dans le cadre de la réalisation du rapport.
Début 2000	Deuxième conférence internationale de la GRI à l'université George Washington. Durant la conférence, plusieurs ONG présentes expriment des doutes quant aux objectifs et aux processus à l'œuvre au sein de la GRI.
2000	Diffusion de la première version officielle des « principes directeurs » de la GRI (spécifiant des indicateurs et une méthodologie du *reporting*).
2000-2002	Phase de mise en œuvre des principes directeurs et processus de mise à jour.
2001	La GRI s'ouvre internationalement, notamment en Amérique du Sud (réunions en Argentine, au Brésil).
Février 2002	Dissolution du comité de direction de la GRI

4 avril 2002	Inauguration de la GRI comme institution indépendante et permanente, à l'occasion d'un événement commémoratif au quartier général des Nations unies à New York.
Septembre 2002	Diffusion de la seconde version des principes directeurs de la GRI au Sommet mondial sur le développement durable de Johannesburg en 2002. La GRI définit de nouveaux principes de gouvernance et s'établit à Amsterdam.
2002-2004	Focalisation de la GRI sur les suppléments sectoriels, les protocoles techniques, l'adaptation des indicateurs existants, et développement de logiciels de *reporting*. Nouvelle version des principes directeurs de la GRI prévue pour 2006.

Le dilemme flexibilité/exhaustivité

Cela dit, il est indéniable que la diffusion de la GRI a été rapide compte tenu de la jeunesse du dispositif. Plus étonnant encore: l'initiative a suscité peu de critiques jusqu'à présent de la part des entreprises. Comment expliquer ce consensus apparent alors que l'on pourrait penser que s'il est une question pouvant prêter à controverse, c'est bien celle du *reporting*, non seulement en raison des coûts potentiellement élevés qu'il engendre (collecte et consolidation des données), mais aussi par les effets de conformation et les restrictions qu'il est susceptible d'apporter à la liberté des entreprises ?

Cette absence de conflits est à mettre en relation avec le caractère volontaire et peu contraignant du référentiel. Non seulement les entreprises peuvent choisir ou non de l'adopter mais elles peuvent, de surcroît, sélectionner les indicateurs sur lesquels elles souhaitent rapporter. Dans ces conditions, on peut considérer que la conception volontaire, expérimentale et flexible du dispositif, de même que son caractère non contraignant, sont des conditions de son acceptabilité et de sa légitimité auprès des entreprises.

Si la GRI évolue, comme certains le souhaitent, vers une approche plus contraignante – un dispositif obligatoire, certifié par des auditeurs indépendants et encadré par des dispositions réglementaires –, ne risque-t-elle pas de susciter une levée de boucliers de la part des entreprises face à une dérive jugée bureaucratique? À cet égard, la sous-représentation des pouvoirs publics dans la GRI peut être analysée comme une contrepartie de l'engagement massif des entreprises.

Au stade actuel, le dispositif semble donc à la croisée des chemins : ou bien il s'affirme comme un dispositif volontaire et son développement ne peut s'appuyer que dans l'espoir d'une internalisation progressive de ces règles dans le jeu marchand (à travers les exigences des assurances et des investisseurs); ou bien il cherche à s'inscrire dans des dispositifs normatifs au risque d'un conflit entre ses participants.

Tableau 2.
Synthèse et analyse de l'histoire de la GRI

Période	Acteurs centraux et évolutions de la GRI	Principaux enjeux pour la GRI	Champ institutionnel de la normalisation dans le domaine du développement durable
1995-début 1998 **Construire la légitimité et la confiance**	Bob Massie (CERES), Allen White (Tellus Institute), la division technologie de l'UNEP, UN-ISAR, ACCA	Apparaître comme un acteur de coordination légitime et acceptable	Pas de champ institutionnel. Normes et pratiques hétérogènes. Initiatives de normalisation non coordonnées Absence de cadre général
1998-2002 **Gérer le changement, intégrer de nouveaux acteurs dans le processus**	1998-2000 : rôle central du CERES et des autres membres du comité de direction/pilotage de la GRI : – forte inspiration du cadre de *reporting* mis en place par le CERES – implication importante des membres du comité de pilotage de la GRI 2000-2002 : entrée de nouveaux acteurs dans le processus (ONGs, syndicats, firmes d'audit, nouvelles entreprises) Importance croissante du Stakeholder Committee Instabilité importante des indicateurs de la GRI, évolution des indicateurs vers un référentiel de type « système de management »	Maintenir la structure de la GRI dans une phase d'explosion : intégrer de nouveaux acteurs dans le processus, tout en contenant les débordements générés par ces nouvelles intégrations.	Les acteurs commencent à penser la normalisation comme un processus multi-niveau, et tentent d'articuler les différentes tentatives Apparition de nouvelles initiatives de normalisation (le Global Compact et le projet SIGMA en 1999) Certains membres du comité de pilotage de la GRI prennent part simultanément à plusieurs initiatives de normalisation dans le champ du développement durable (par ex., Simon Zadek, d'AccountAbility).

2002-... **De la *Global Reporting Initiative* à la *Global Reporting Institution*?**	Les membres du Stakeholder Committee, qui composent les groupes de travail et définissent les suppléments sectoriels	Stabiliser les indicateurs sociaux Soutenir la dynamique de production et d'amélioration des systèmes de *reporting* existants Promouvoir la diffusion et l'implémentation des lignes directrices de la GRI au sein des entreprises	Partiellement stabilisé La GRI est désormais une institution permanente et indépendante Stabilisation relative d'une architecture globale des normes (principes directeurs/grilles de *reporting*/systèmes de management) La stabilisation des indicateurs est plus difficile dans le domaine du social

2.3. Les leçons de la Global Reporting Initiative

Même si le processus de normalisation du *reporting* extra-financier n'est pas achevé, l'analyse historique de la Global Reporting Initiative (GRI) fournit des enseignements intéressants sur la manière dont se construisent de nouvelles institutions dans le champ du développement durable. Ainsi, sa structure de gouvernance dite « *multi-stakeholders* » est affichée comme un dispositif innovant, plus consensuel et démocratique que les dispositifs connus et éprouvés de construction de règles. Qu'en est-il vraiment ? Les *stakeholders* sont-ils également représentés dans ce processus ? Comment expliquer les évolutions des référentiels produits au sein de la GRI ? Quelles sont les difficultés à normaliser le champ du *reporting* extra-financier ? Quelle est la part du conflit et de l'apprentissage dans ces transformations ?

On peut apporter des premières réponses à ces questions en tirant trois enseignements de la présentation historique qui précède.

Prescripteurs et parties prenantes : deux figures d'acteurs du processus

Le caractère *multi-stakeholder* de la GRI ne doit pas faire penser que tous les acteurs ont eu le même poids dans le processus. Il faut distinguer entre deux figures d'acteurs : les prescripteurs et les parties prenantes. Un petit nombre d'acteurs (Bob Massie du CERES, Allen White du Tellus Institute, John Elkington de SustainAbility, Jacqueline Aloisi de Larderel de l'UNEP) ont contribué, par leur action, à structurer l'orientation initiale de la GRI. Mais ces acteurs ont également joué un rôle de passeur important pour assurer la promotion et la diffusion du dispositif de la GRI. Par les identités et les compétences, ils forment les maillons d'un réseau qui réunit des chercheurs, des acteurs de la vie des affaires (entreprises, consultants, auditeurs, agences de *rating*), des ONG et des régulateurs. La fluidité de ce réseau est importante dans la mesure où des acteurs peuvent transiter entre différentes organisations de ce réseau. Comme nous l'avons noté, certains acteurs – Simon Zadeck (AccountAbility) ou John Elkington (SustainAbility) –, interviennent dans la construction de plusieurs dispositifs (GRI, SIGMA, AA1000), contribuant à la forte cohérence des contenus et à leur articulation d'ensemble.

Processus d'apprentissage croisés

La diffusion, en 2000, des premières lignes directrices de la GRI a contribué à accroître l'attention vis-à-vis des pratiques de *reporting* environnemental et social des entreprises. Les entreprises qui ont adopté les recommandations de la GRI ont été conduites à mieux formaliser et à quantifier leurs pratiques sociales et environnementales. Réciproquement, les difficultés rencontrées dans la mise en œuvre de ces recommandations ont permis de faire évoluer les critères dans les versions suivantes des principes directeurs *(guidelines)* de la GRI. Ces apprentissages croisés ont été systématisés dans les évolutions récentes du dispositif de la GRI, à travers un recueil et un retour d'expérience permanent sur les pratiques, les « bonnes » comme les moins réussies.

Le poids des technologies managériales

Power (1996) montre que pour se déployer, toute démarche de *reporting* requiert la construction préalable d'un « environnement auditable », réceptif aux technologies de l'audit. Or un objet ou une activité n'est pas « auditable » par nature. En sélectionnant des activités sur lesquelles des acteurs tentent de déployer les technologies d'audit, Power s'interroge sur les processus permettant de construire l'« auditabilité ». Dans le cas de l'environnement, il montre comment l'absence de standards de performance établis et acceptés a rendu délicate la transposition d'une démarche d'audit traditionnelle. Dans ce cadre, la mise en place de systèmes de management et de démarches de progrès continu (à travers les normes EMAS ou ISO 14001) constitue une première étape nécessaire au développement d'une « auditabilité » dans le domaine de l'environnement. En l'absence de standards de performance connus, de tels systèmes ne prescrivent pas de niveaux de performance précis (chaque entreprise étant libre de fixer ses propres indicateurs de progrès continu) mais facilitent l'identification ultérieure de ces standards en mettant en place des systèmes de mesure systématique de l'activité.

Les difficultés identifiées par Power dans la standardisation du *reporting* environnemental se posent avec une acuité encore accrue dans le domaine social où la construction d'un référentiel universel de mesure de la performance est particulièrement problématique. Loin de former un champ unifié, constitué de règles et de pratiques homogènes, ce domaine se caractérise en effet par l'hétérogénéité des cadres réglementaires et législatifs, par l'importance des variables culturelles et historiques dans la gestion des ressources humaines et dans les rapports sociaux (voir deuxième partie, chapitre 3). C'est à cette aune qu'il faut considérer les difficultés rencontrées par la GRI pour construire un jeu d'indicateurs sociaux. L'histoire de la GRI montre en effet une forte instabilité de ces indicateurs sociaux entre les deux versions des principes directeurs (2000 et 2002) et un changement de nature de ces indicateurs. Conçus initialement selon une logique de conformité à un référentiel externe (sur le modèle de la comptabilité), leur conception évolue vers une logique d'assurance qualité et de progrès continu. Ainsi, les indicateurs quantifiés et prescriptifs tendent à être remplacés par des indicateurs qualitatifs visant à recenser les systèmes de management mis en place par les entreprises. Une telle évolution vers des normes managériales s'explique, nous semble-t-il, par la nécessité, avant de pouvoir mesurer une performance sociale, de construire, dans une première étape, une forme d'« auditabilité » dans le domaine du social.

Conclusion : Comment desserrer les contraintes contradictoires auxquelles sont soumis les managers ?

Le processus que nous venons de décrire aboutit à la construction simultanée de règles et d'institutions qui encadrent les actions des entreprises. Certes, dans cette phase exploratoire, ces règles sont encore négociables et les entreprises peuvent éventuellement avoir une capacité d'influence à leur égard. Mais il ne faut pas oublier les autres contraintes, souvent beaucoup plus impératives, auxquelles sont soumis les managers. Une réponse institutionnelle à la crise financière récente qu'ont connue les entreprises est venue des instances de régulation à travers le renforcement des règles du « gouvernement d'entreprise » (loi Sarbanes-Oxley, 2002, rapport Viénot), dont l'objectif, au-delà d'une rhétorique de la transparence, consiste, en fait, à surveiller de façon beaucoup plus étroite l'action des managers (voir Perez, 2003).

Ce faisant, les managers sont pris entre deux feux : d'une part, ils doivent faire face aux critiques et aux contestations des *stakeholders* ; d'autre part, leur liberté d'action est fortement encadrée par les procédures de gouvernement d'entreprise. D'un côté, on leur demande de manifester et de matérialiser un comportement d'entreprise responsable, y compris en prenant le risque de s'engager sur des domaines qu'ils maîtrisent mal (l'environnement, le social, etc.) ; de l'autre, les managers doivent rendre compte de façon fidèle et précise de leurs actions et s'attacher à maîtriser toutes les actions qui peuvent engendrer des risques financiers pour les actionnaires. Comment gérer ces injonctions contradictoires ? Comment donner des gages de bonne volonté aux uns et aux autres ? Comment restaurer la confiance des *stakeholders* sans s'aliéner les foudres des actionnaires ?

Posée en ces termes, la marge de manœuvre des managers semble étroite. Il faut néanmoins considérer qu'ils peuvent, par leur action et leurs démarches, desserrer ces contraintes et ouvrir l'espace d'action : c'est tout l'enjeu d'une conception innovante du développement durable qui dépasse la réponse *(responsiveness)* à des contraintes imposées de l'extérieur.

Dépasser le paradigme de la « réponse » : les enjeux d'une conception innovante du développement durable

Une conception *a minima* du développement durable peut être illustrée par une analogie avec le patinage artistique. Pour beaucoup d'entreprises, le développement durable se limite à la communication conçue comme l'enchaînement d'un certain nombre de figures imposées : discours introductif du président présentant les valeurs de l'entreprise ; chapitre sur la gouvernance (règles et nomination administrateurs indépendants) ; bilan, le plus chiffré possible, des actions des entreprises en matière de politique des ressources humaines (formation, carrières, dialogue), de sécurité, d'environnement (efforts pour réduire les émissions de polluants, certification ISO) ou de respect des droits de l'homme. Il est difficile, sur le chapitre communication externe, d'échapper à ces figures imposées.

Comment expliquer cette homogénéisation du contenu des rapports ? Quels en sont les mécanismes ? À l'issue de notre analyse, elle nous semble être mue par trois forces : le mimétisme qui pousse les entreprises à s'inspirer des pratiques de leurs meilleurs concurrents ; les *benchmarks* effectués par les cabinets conseil qui pointent du doigt les insuffisances de certains rapports et préconisent l'adoption des « meilleures pratiques »[7]; la pression des agences de notation sociales et environnementales et des investisseurs institutionnels qui demandent à ce que les rapports soient comparables et conformes aux référentiels préconisés en matière de *reporting* par la GRI.

Cette logique de conformation s'étend à tous les grands groupes transnationaux qui sont soumis à des incitations réglementaires convergentes et aux exigences des *stakeholders*. La plupart d'entre eux se contentent encore, semble-t-il, de ces figures imposées sans chercher à aller plus loin. Dans ce cas, un responsable du développement durable, assisté d'une petite équipe, est souvent chargé de la consolidation des données en interne, de l'élaboration du rapport et de la communication externe. Selon cette approche, le développement durable n'introduit pas de changement profond dans la stratégie et les pratiques de l'entreprise: c'est une fonction orientée vers la communication externe, qui consiste à rendre compte des actions menées par les directions fonctionnelles des ressources humaines et de l'environnement sans remettre en cause ou élargir ces pratiques. Cette communication externe n'a pas pour objectif pour l'entreprise de se différencier de ses concurrents (démarche proactive) mais elle vise avant tout à éviter d'être stigmatisée comme une entreprise non responsable (démarche réactive). Cette approche réactive n'est toutefois pas sans risques: tout accident, incident, conflit ou controverse avec les *stakeholders* peut mettre en évidence un déficit de mise en œuvre et de sensibilisation chez les salariés et exposer l'entreprise à des controverses. Par ailleurs, cette conception restrictive du développement durable a toutes les chances de susciter la suspicion et le rejet des collaborateurs de l'entreprise non seulement vis-à-vis du développement durable mais également vis-à-vis des managers accusés de cynisme.

Pionniers et figures libres

Ces figures imposées constituent le minimum de ce qui est attendu d'une grande entreprise en matière de responsabilité sociale. Toutes les entreprises s'y conforment mais elles ne leur permettent pas de se différencier entre elles. Comme nous allons le voir, se limiter à cette dimension n'est pas une stratégie prudente. C'est, au contraire, une stratégie risquée qui ne peut qu'exposer l'entreprise à la critique d'opportunisme, de double jeu, et entretenir le découragement des salariés.

Certaines entreprises cherchent à dépasser cette approche opportuniste pour considérer le développement selon une logique d'exploration. Pour ces pionniers, le développement durable s'incarne alors dans des figures libres qui vont au-delà de la réglementation, qui se démarquent des pratiques de leurs concurrents et qui ne sont pas réductibles à une analyse coûts-avantages. Selon cette conception, le développement durable est indissociable de la stratégie et de la construction de la valeur.

Qui sont ces pionniers? Pourquoi et comment s'engagent-ils? Quelles sont les caractéristiques de ces figures libres? Comment créer de la valeur pour les actionnaires et les autres *stakeholders*?

---

7. Voir l'étude de KPMG sur le bilan de la loi NRE 2002 et le rapport de l'Orse au titre évocateur: « Comment élaborer un rapport de développement durable? » (Orse, 2002).

Pour explorer ces questions, on ne peut se contenter d'analyses générales des entreprises. Il s'agit d'étudier en détail la façon dont elles conçoivent leurs démarches de développement durable, notamment dont elles les articulent à leur stratégie. C'est l'objet de la deuxième partie qui analyse en détail quatre entreprises pionnières : Accor, Arcelor, Lafarge et Monoprix.

Deuxième partie

La problématisation du développement durable dans l'entreprise : radioscopie de quatre entreprises pionnières

Introduction

Comment les entreprises concrétisent-elles cette notion de développement durable par rapport à leur stratégie et à leurs pratiques managériales ? Quelles ingénieries, quelles instrumentations de gestion et quelles démarches managériales déploient-elles ? Quels partenariats nouent-elles et quelles relations déploient-elles à l'extérieur ? Dans quel but et avec quels effets ? Quels apprentissages ces démarches de développement durable sont-elles susceptibles de susciter ? Comment concilient-elles les exigences de conformation à des référentiels externes et une logioque d'exploration d'enjeux spécifiques à l'entreprise ?

Pour explorer ces différentes questions, plutôt que d'étudier superficiellement un grand nombre d'entreprises, nous avons pris le parti d'analyser en profondeur, dans une perspective monographique, quatre groupes de l'industrie et des services qui nous semblaient pionniers dans leurs secteurs respectifs : Lafarge et Arcelor dans l'industrie ; Monoprix et Accor dans les services. Nous avons pris ces entreprises au mot en leur demandant de nous laisser mener des investigations approfondies dans leurs entreprises, ce qu'elles ont accepté, nous fournissant également nombre de documents internes sensibles qui témoignent de leur ouverture à un regard extérieur.

Méthodologie

Dans chacune de ces entreprises, nous avons cherché à caractériser et à mettre en perspective historique le processus d'élaboration d'une démarche de développement durable, en particulier son articulation avec la stratégie de l'entreprise. De façon cohérente avec le regard théorique que nous avons défini en introduction, nous avons cherché à analyser les apprentissages collectifs qui accompagnaient la mise en œuvre de cette démarche et les moyens déployés pour stimuler ces apprentissages. Dans cette perspective, nous avons cherché à caractériser, en interne, les instruments de gestion et les projets mis en place par les responsables du développement durable ; en externe, nous avons essayé d'identifier les principaux partenariats construits pour ancrer l'entreprise dans de nouveaux espaces d'action collective.

En complément des interviews avec les membres concernés de la direction, nous avons mené des investigations sur quelques expériences significatives de leur démarche de développement durable. Ce choix méthodologique laisse évidemment dans l'ombre de nombreux aspects de l'action des entreprises. Mais notre but ne vise pas l'exhaustivité – objectif illusoire – mais davantage d'éclairer les types de problématisation, les processus d'apprentissages collectifs, les décalages de représentation qui peuvent s'établir entre le sommet stratégique de l'entreprise et les niveaux opérationnels sur des expérimentations nouvelles en lien avec le développement durable. En outre, comme nous allons le montrer, ce choix est cohérent avec la logique d'expérimentation et d'exploration qui se met en place progressivement, et de façon différenciée, dans les entreprises.

Les études de cas qui sont présentées dans ce livre ont été établies à partir d'enquêtes de terrain que nous avons conduites à partir d'entretiens internes et externes et de la collecte de différents documents publics ou internes à l'entreprise. Les sources que nous avons mobilisées pour mener ces enquêtes sont indiquées à la fin de chaque étude de cas et sont classées selon leur nature :

- sources orales (entretiens datés que nous avons menés) ;
- sources écrites que nous avons classées en documents internes (notes internes), documents publics (rapports publics) et autres sources (sites Web, rapports) ;
- bibliographie lorsque nous mobilisons des sources publiques (articles, livres).

Présentation de la deuxième partie

Plutôt qu'une présentation par entreprise, qui nous semblait peu attractive pour le lecteur, nous avons préféré découper cette deuxième partie en trois chapitres.

Le premier chapitre présente dans chaque entreprise les enjeux stratégiques du développement durable et caractérise, selon une perspective historique, la démarche suivie par chaque entreprise en matière de développement durable.

Le deuxième chapitre (« Le management de l'environnement à l'aune du développement durable ») traite de la dimension environnementale du développement durable. Après un exposé introductif présentant les spécificités de l'histoire et des méthodes du management environnemental dans les entreprises, nous présentons cinq études de cas qui articulent ces pratiques environnementales avec les enjeux du développement durable.

Le troisième chapitre (« La gestion des ressources humaines à l'aune du développement durable ») enfin traite de la dimension sociale du développement durable. Après un exposé présentant les traits saillants de la gestion des ressources humaines, de son histoire dans l'entreprise, nous présentons trois études de cas qui articulent de façon originale ces pratiques sociales avec les enjeux du développement durable.

Chapitre
1

La concrétisation du développement durable dans les entreprises pionnières

L'histoire des entreprises est scandée par l'émergence de différentes figures d'acteurs en lien avec des processus de rationalisation (Hatchuel et Weil, 1992). La figure du manager, formé aux méthodes de gestion, distincte de celle du chef d'entreprise, est corrélative à la naissance de la grande entreprise moderne (Chandler, 1988). La naissance des bureaux des méthodes, par exemple, est indissociablement liée à la rationalisation taylorienne, de même que le développement des bureaux d'étude est concomitante de l'essor des activités de conception (Hatchuel, Lemasson et Weil, 2001 ; Boudès *et al.*, 1996). L'émergence de managers et d'une fonction des ressources humaines est, quant à elle, étroitement liée aux premières régulations sociales mises en place au XIXe siècle (Fombonne, 2001). Ces éléments historiques sont bien connus. Ils permettent de distinguer entre deux types de figures d'acteurs : celles qui, constituées autour de problématiques « techniques », ont développé des expertises, des outils, se sont organisées au sein de communautés professionnelles et de directions fonctionnelles spécifiques (ex. : ressources humaines, environnement, comptabilité, méthodes, etc.) ; celles qui, au contraire, se sont construites autour de questions transversales pour lesquelles il est difficile de spécifier des expertises, des communautés professionnelles et une inscription organisationnelle précise. L'archétype de ce second type de figure est le manager dont on vante « l'art » plutôt que l'expertise, les réseaux plutôt que l'appartenance à une communauté professionnelle particulière.

Dans quelle catégorie entre la nouvelle figure d'acteur du développement durable ? De par sa dimension transversale et de de par l'importance particulière de la communication externe, on peut observer la proximité, dans les grandes entreprises, des responsables de développement durable avec la direction générale, avec qui ils travaillent en lien étroit. Le corollaire de cette observation est que le développement durable est une question difficilement assignable à un seul responsable. S'il peut être chargé d'animer une démarche transversale, celle-ci se discute et se valide souvent au sein d'un comité de direction associant les principaux responsables fonctionnels. Mais est-ce à dire que le développement durable se confond avec l'exercice de la stratégie ? Sur quelles expertises identifiables, sur quels outils ces acteurs fondent-ils leur démarche ? Dans quels espaces d'action collective inscrivent-ils leur action ? Quelles coopérations cherchent-ils à susciter en interne et en externe ?

L'émergence et les formes institutionnelles que peuvent prendre ces nouvelles figures d'acteurs sont inséparables des processus de rationalisation engagés par les entreprises. Aussi, pour apporter des premiers éléments de réponse à ces questions, est-il nécessaire de partir de la façon dont les entreprises problématisent le développement durable par rapport à leurs activités, leur histoire spécifique et leurs orientations stratégiques, et les démarches qu'elles mettent en place pour y parvenir. C'est ce que nous allons présenter dans ce premier chapitre dans les quatre entreprises que nous avons étudiées : Lafarge, Arcelor, Accor et Monoprix.

1. Le développement durable, support d'une stratégie de développement international : l'exemple de Lafarge

Lafarge, leader mondial des matériaux de construction, est aujourd'hui considéré en France comme une entreprise pionnière en matière de développement durable : elle est l'une des seules entreprises françaises classées dans les trois principaux indices boursiers « responsables » (DJSI world SAM, Footsie for good world, Ethibel), son premier rapport de développement durable a été primé en France en 2002, elle développe des partenariats avec des ONG (WWF, Care), son président affiche son engagement personnel sur la question. Plus généralement, l'industrie cimentière a accompli depuis plus de trente ans des efforts importants, notamment en matière de réduction des nuisances environnementales et de dialogue avec les riverains et les communautés locales.

Cette évolution est d'autant plus significative que, si l'entreprise a développé de longue date une politique sociale volontariste (voir plus loin), son image en matière d'environnement – comme celle du secteur cimentier en général – a longtemps été associée aux nuisances d'une industrie lourde. En effet, le secteur cimentier a été considéré pendant des décennies comme l'un des plus polluants, générant notamment d'importantes émissions de poussière qui ont très tôt mobilisé les riverains (voir Boullet, 1999) et l'administration et qui conduisit à la première intervention du ministère de l'Environnement avec la circulaire du 25 août 1971.

Comment cette image a-t-elle pu changer en l'espace de trente ans ? Comment expliquer l'engagement précoce de Lafarge en matière de développement durable ? Sur quelle réflexion stratégique se fonde la démarche de Lafarge en matière de développement durable ?

Nous mettrons l'accent dans cette partie introductive sur trois éléments qui permettent d'éclairer l'engagement de Lafarge en matière de développement durable : la nature des marchés et de l'activité cimentière[1] ; l'internationalisation du groupe ; l'histoire de l'entreprise et l'implication personnelle de ses dirigeants.

Nous montrerons, en particulier, que les critiques des communautés locales ainsi que les contraintes réglementaires fortes auxquelles sont soumises les cimenteries ont conduit le groupe à mettre en œuvre des démarches managériales et des partenariats originaux pour entretenir, à tous niveaux, des relations compréhensives et durables avec ses *stakeholders* sur les différents marchés locaux sur lesquels elle opère. Mais cette politique de développement durable

1. Nous restreindrons ici notre analyse à l'activité cimentière qui n'est que l'un des métiers (certes le plus important : 48 % du chiffre d'affaires) du groupe Lafarge. Ce choix est avant tout dicté par le fait que l'activité cimentière est la plus exposée aux problématiques du développement durable au sein du groupe.

prolonge et renouvelle également une politique sociale volontariste menée, de longue date, par les dirigeants de l'entreprise. Elle vise deux objectifs : renforcer la cohésion au sein d'un groupe ayant dû incorporer de nombreux salariés issus de cultures et de sociétés différentes au cours des dernières années d'une part ; renforcer une image de leader responsable du secteur cimentier afin d'attirer de nouveaux capitaux pour financer son développement international et faciliter l'obtention de permis d'exploitation *(license to operate)* pour l'extension de ses activités cimentières, d'autre part.

1.1. Le ciment : une activité inscrite dans la durée et cherchant à devenir durable

Dans un univers économique instable et turbulent, la production de ciment fait figure d'exception : il s'agit d'une activité qui s'inscrit dans la durée, dont les évolutions de marché sont relativement prévisibles et où le rythme d'innovation est faible. C'est un produit à faible valeur ajoutée, dont la production requiert d'importants investissements (activité à forte intensité capitalistique), difficilement redéployables d'un site à l'autre. Le marché du ciment est oligopolistique, dominé par quelques grands groupes internationaux. Les marchés sont locaux : les coûts de transport de ce matériau pondéreux dépassent rapidement le différentiel de coût de production qui peut exister entre sites ou pays ou encore celui qui pourrait résulter d'éventuelles économies d'échelle. Ainsi, à l'exception des zones portuaires, les exportations sont faibles et la concurrence, sur un territoire, se limite aux quelques sites voisins qui se partagent des marchés de maturité (BTP), relativement stables[2] (voir Dumez et Jeunemaître, 2000).

La localisation des sites industriels est fonction, outre la proximité de marchés, de la proximité de gisements de matières premières (carrières) afin de réduire les coûts de transport. Enfin, au moins dans les pays développés, les possibilités d'ouverture et d'extension de nouvelles cimenteries et carrières sont fortement limitées par un ensemble de procédures et de normes réglementaires très contraignantes (notamment en matière d'environnement), de même que par les contestations des riverains (syndrome NIMBY[3]).

Il découle de ces points que la durée – et l'espérance – de vie d'une cimenterie sont sans commune mesure avec celles des unités de production d'autres secteurs industriels : elles sont de plusieurs dizaines d'années (plus de cent ans pour les plus anciennes)[4]. Les raisons qui peuvent conduire à la fermeture de cimenteries sont en général bien connues et anticipées : modernisation d'équipements anciens qu'il n'est pas possible de rentabiliser sur un marché déclinant, à quoi s'ajoute parfois l'épuisement des gisements locaux de matière première.

Un enjeu clé : les relations avec les « communautés locales » et l'administration

2. Ce diagnostic vaut moins pour les marchés émergents (Asie notamment) en forte croissance et qui représentent désormais 40 % du chiffre d'affaires de l'entreprise.
3. NIMBY qui signifie *Not In My Backyard*, littéralement « pas dans mon jardin » ; acronyme utilisé par les sociologues pour désigner la mobilisation collective contre les projets qui pourraient affecter le bien-être des riverains.
4. Les carrières ont, en général, une durée de vie plus longue que les gravières. Dans tous les cas, le nombre d'années de gisement constitue un paramètre de gestion essentiel sur lequel sont jugés les managers locaux.

Depuis leurs débuts, les cimenteries ont dû faire face à des contestations importantes des riverains vis-à-vis des émissions de poussière et vis-à-vis des carrières (effets sur le paysage). Ces conflits de voisinage ont conduit les pouvoirs publics à légiférer très tôt dans tous les pays développés pour réglementer cette activité sur le plan environnemental. Depuis une vingtaine d'années, la valorisation des déchets dans les cimenteries en Europe n'a fait qu'accroître la pression réglementaire et la méfiance des populations (voir l'étude de cas sur la cimenterie de Frangey).

L'instrument central autour duquel se cristallisent les échanges entre l'industriel et les *stakeholders* est l'autorisation administrative d'exploitation (*license to operate* en anglais). Que ce soit pour l'ouverture d'une cimenterie ou d'une carrière, leur extension, un changement de procédé, la valorisation de déchets, etc., toute modification significative de l'installation est soumise à une autorisation administrative et, dans la plupart des pays développés, à une enquête publique préalable. Un conflit avec les riverains ou avec l'administration est alors susceptible d'engendrer des difficultés administratives considérables, voire de bloquer les nouveaux projets d'implantation, sans compter les risques financiers et en termes d'image qui y sont associés.

On comprend mieux pourquoi l'établissement de bonnes relations avec les communautés locales et avec l'administration constitue, depuis longtemps, un enjeu central pour les cimentiers, ce qui les a conduits à devancer la réglementation dans différents domaines (réhabilitation de carrières en Europe dès les années 1960, réduction des émissions de poussière, reclassement des salariés en France, etc.) et à constituer des lieux d'échange permanents avec les communautés locales dans le cadre de commissions de concertations locales (CLC) qui visent à construire des relations de confiance avec ses principaux *stakeholders*. La direction générale essaye de tirer parti de la promotion de ces expériences locales pour convaincre les gouvernements, les communautés locales et les salariés lors de l'acquisition de nouvelles cimenteries ou lors du rachat d'entreprises concurrentes.

À noter que ces initiatives ne sont pas propres à Lafarge. Ainsi, dès 1995, Ciments Calcia, filiale du groupe Italcementi, met en place des commissions de concertation et de suivi de l'environnement (CCSE), associant représentants des riverains et de l'administration, sur l'ensemble de ses sites de production en France. Cette entreprise s'est même engagée, depuis plusieurs années, dans une politique volontariste de réhabilitation de ses carrières (voir Jouet etVampouille, 2003).

Par rapport à Ciments Calcia, la démarche de Lafarge en matière de concertation locale va plus loin sur deux points : elle cherche à l'étendre progressivement à l'échelle mondiale, dans tous les sites du groupe ; elle propose une instrumentation du dialogue avec les *stakeholders* dans le cadre du programme de performance Advance qui définit des recommandations et des critères de performance en la matière (voir deuxième partie, chapitre 2).

Une activité controversée : la valorisation des déchets

Cette activité récente est avant tout une opportunité économique pour les cimentiers. En effet, compte tenu de la saturation des décharges et des incinérateurs, la filière cimentière présente des avantages indéniables : les températures élevées dans les fours (1450°C) permettent de détruire toutes les substances toxiques ou de les piéger dans la chaux. Ainsi, les cimentiers ont progressivement développé une activité de valorisation des déchets, notamment toxiques (solvants, huiles usagées, pneus, boues d'épuration, farines animales, etc.), pour lesquels ils sont rémunérés. Bien que les exigences administratives et réglementaires se soient sensiblement renforcées (arrêtés de 1996 et 2000 sur la co-incinération des déchets), cela reste une opération rentable : les coûts d'adaptation (unités de stockage, filtres, contrôle qualité, coûts administratifs) sont compensés par les économies réalisées sur l'achat de combustibles fossiles et par les recettes provenant des producteurs de déchets.

Sur le plan environnemental, cette activité a des effets ambivalents : d'un côté, elle permet de réduire la consommation de combustibles fossiles et, toutes choses égales par ailleurs, de diminuer, sur le plan macro-économique, les émissions de CO_2 ; d'un autre côté, le transport et l'incinération des déchets suscitent souvent la méfiance, voire des controverses, avec les riverains et les ONG. C'est sur ce point, en effet, que se concentrent aujourd'hui les principales critiques vis-à-vis des cimenteries et c'est une des raisons pour lesquelles Lafarge a renforcé les procédures de consultation locale avec la population et l'administration (voir l'étude de cas sur Frangey).

Du local au global : la question du CO_2

Aux questions d'insertion des cimenteries dans les communautés locales est venue s'ajouter la question des émissions de CO_2 qui, depuis la négociation du protocole de Kyoto en 1997, figure sur l'agenda politique des gouvernements et de la Commission européenne. Or l'industrie cimentière est l'un des principaux émetteurs industriels de CO_2. À lui seul, le groupe Lafarge produit près de 80 millions de tonnes de CO_2 par an, soit autant qu'un pays comme la Suède. La direction générale a dû prendre à bras le corps ce dossier qui combine des aspects politiques, techniques et industriels. Parallèlement au développement de procédés moins énergétivores (voie sèche, substitution des combustibles fossiles par des déchets, utilisation de laitiers de hauts fourneaux, etc.), les dirigeants de Lafarge ont été très actifs dans la discussion des objectifs de réduction de CO_2 acceptables en Europe ainsi que dans le choix des instruments adéquats (signature d'accords volontaires, partenariat avec WWF [voir plus loin], rejet des taxes incitatives au profit des permis négociables et accords volontaires).

En résumé, pour entretenir une croissance durable, l'industrie cimentière et Lafarge en particulier ont dû faire la preuve, au fil du temps, de leur capacité à réduire les nuisances générées par leur activité et à cohabiter en bonne entente avec les riverains. Ce qui les a conduits à développer des expériences locales et des compétences qu'ils cherchent désormais à valoriser au niveau de l'image du groupe.

1.2. Une internationalisation ancienne qui s'accélère

Le deuxième élément à considérer est l'internationalisation dans laquelle s'est lancé le groupe depuis plus de trente ans. L'acquisition de Coppée en 1980 fait de Lafarge un groupe de taille mondiale. Cette stratégie de croissance externe s'est récemment accélérée avec les acquisitions de Redland en 1997, puis de Blue Circle en 2001, et le développement dans les pays en voie de développement (Chine, Asie, Europe de l'Est, etc.), *via* le rachat d'entreprises publiques ou la construction de nouvelles cimenteries. Le groupe, désormais leader mondial sur le ciment, implanté dans 75 pays, emploie 77 000 salariés pour un chiffre d'affaires de 15 milliards d'euros environ, dont à peine plus de 10 % en France.

Au-delà des marchés et de la production, l'internationalisation de Lafarge implique également la finance, l'organisation, les ressources humaines et la politique. Sur le plan financier, il est important de souligner qu'il n'y a pas de noyau dur dans le capital du groupe, que les investisseurs internationaux contrôlent désormais 60 % du capital, et que le titre est désormais coté à Paris et New York. Organisé par branches correspondant à différents métiers (ciment, plâtre, béton), par régions et par pays, le groupe est largement décentralisé avec un siège social et des services centraux réduits pour un groupe de cette taille. Notons également que parmi les cadres dirigeants du groupe, un nombre croissant n'est pas de nationalité française. Enfin, la taille du groupe et son impact dans l'économie locale de certaines régions ou encore son impact significatif sur le plan environnemental en font un acteur politique de poids interpellé par les pouvoirs publics aussi bien que par les ONG dans les débats sur le développement local, la mondialisation et ses effets.

Ces constats ont plusieurs conséquences concrètes en matière de stratégie :

– *construire une identité de groupe* : le groupe se trouve confronté à une diversité de contextes nationaux (réglementaires, culturels, etc.) qu'il faut prendre en compte mais aussi dépasser pour construire une identité de groupe. Le premier mécanisme d'intégration mobilisé par le groupe porte sur l'édiction de principes renvoyant à des valeurs sociales revendiquées par l'entreprise depuis le XIXe. Ces valeurs ont été formalisées en 1975 par Olivier Lecerf, PDG du groupe Lafarge à l'époque, sous la forme de principes d'action[5] auxquels le président actuel, Bertrand Collomb, fait souvent référence, établissant ainsi une filiation entre ces principes et les engagements de Lafarge en matière de développement durable. Mais l'élaboration d'une politique du développement durable a aussi été l'occasion d'élargir ces principes à de nouvelles dimensions (environnement, responsabilité vis-à-vis des *stakeholders*) en les intégrant dans un cadre modernisé, porteur de sens vis-à-vis de salariés originaires des cinq continents ;

– *un besoin de mécanismes d'intégration* : la variété des activités et des pays concernés, combinée à la forte décentralisation du groupe, requiert également des mécanismes d'intégration de nature plus organisationnelle. De fait, le siège et les directions fonctionnelles semblent être parfois confrontés aux difficultés de mobiliser certaines filiales sur des dimensions autres qu'économiques et techniques. La standardisation des démarches et des référentiels en matière sociale, de sécurité, d'environnement ou de relations avec les communautés locales constitue, à leurs yeux, un moyen d'accroître l'efficacité et de rassurer les *stakeholders* sur la cohérence de la politique de l'entreprise dans ces domaines ;

– *attirer de nouveaux capitaux* : pour financer sa croissance externe, le groupe doit drainer durablement des capitaux. La performance financière à court terme du groupe n'est pas un argument suffisant dans la mesure où d'autres secteurs présentent des rentabilités supérieures. En revanche, la stabilité dans le temps de l'activité du groupe, la continuité de la stratégie, la capacité à minimiser les risques économiques, environnementaux et sociaux par des mesures appropriées sont de nature à attirer des investissements (fonds de pension, fonds

5. Parmi ces principes qui visent à « mettre l'homme au cœur de l'entreprise » et « faire de la diversité une richesse de l'entreprise », citons : « le travail créatif, l'esprit d'équipe, l'initiative, la liberté et la logique de responsabilité ».

éthiques) en recherche de placements sûrs pour compléter leur portefeuille. Dans cette optique, la construction d'une image mondiale fondée sur une stratégie claire privilégiant la continuité et la minimisation des risques est essentielle pour le groupe.

De ces trois points de vue (l'intégration et la cohésion des salariés, la standardisation des pratiques et le financement de la croissance), le développement durable présente trois avantages pour l'entreprise : c'est un « concept global », associé à des valeurs positives et suffisamment malléable pour qu'il soit possible de bâtir, autour de lui, une stratégie et une image qui fassent sens pour ces différents *stakeholders* internes et externes.

1.3. L'histoire sociale de l'entreprise

L'engagement du groupe en matière de développement durable ne tient pas uniquement à des éléments objectifs liés à son activité, à ses marchés ou à sa structure financière. Comme chez Accor ou Usinor, cet engagement – même si on ne peut le réduire qu'à cette dimension – est convergent avec une politique sociale volontariste, fortement ancrée dans l'histoire de l'entreprise. Ainsi, dès le milieu du XIXe siècle, Lafarge se caractérise par une politique paternaliste fondée sur le militantisme catholique des dirigeants. L'usine du Teil en Ardèche symbolise, vers 1850, cette politique où l'entreprise est propriétaire de l'hôpital, de l'église, de l'école et où le curé est employé de Lafarge comme les instituteurs et les médecins (Collomb, 2002 ; Léon Dubois, 1988). L'entreprise est alors l'une des premières à proposer une assurance maladie à ses salariés. Cela vaut à l'entreprise deux médailles d'or aux Expositions universelles de 1859 et 1879 pour son action sociale. Bien que le paternalisme ait, sous cette forme, progressivement disparu, l'entreprise n'en a pas moins continué à afficher et promouvoir un certain nombre de valeurs et de pratiques en matière sociale. Marcel Demonque, président de l'entreprise dans l'après-guerre, se fait remarquer par ses déclarations sur la responsabilité de l'entreprise envers la société (Collomb, 2003). Son successeur, Olivier Lecerf, énonce en 1975 les principes d'action du groupe qui affirment que l'intérêt économique et l'intérêt social sont indissociables.

La stabilité des dirigeants et du personnel

Cette politique sociale est assurément facilitée par l'essor de l'entreprise (croissance continue de la production de ciment et du chiffre d'affaires) et par la stabilité du personnel, de l'encadrement et des dirigeants[6]. Comme nous le disait un cadre interviewé, « une fois entré chez Lafarge, on y fait généralement carrière ». Ce point nous semble important car la mise en œuvre d'une démarche de développement durable, qui suppose une certaine continuité de l'action et des objectifs, n'implique-t-elle pas une certaine stabilité du personnel et des dirigeants ?

Continuité ne signifie pas pour autant immobilisme. Comme nous l'avons indiqué dans l'introduction, le développement durable dans les entreprises renvoie plutôt à une approche anglo-saxonne de la responsabilité sociale des entreprises, attentive aux exigences de différents *stakeholders*. L'ouverture internationale du groupe Lafarge vaut non seulement pour son implantation géographique, pour la composition de son capital et pour ses salariés, mais aussi pour son équipe de direction. Rappelons qu'Olivier Lecerf (président de 1974 à 1989) a d'abord passé quinze ans dans la filiale canadienne, que Bertrand Collomb a étudié aux États-

6. Seulement cinq présidents se sont succédé à la tête de l'entreprise depuis 1945.

Unis puis a dirigé pendant quatre ans (1985-1989) la filiale américaine (Lafarge Corp.), que le premier responsable du développement durable chez Lafarge (Chris Boyd) n'est pas français, et que l'équipe de direction, bien qu'en majorité française, comprend plusieurs étrangers. Ces trajectoires individuelles ont certainement aussi joué dans l'engagement personnel des dirigeants du groupe.

1.4. La concrétisation du développement durable chez Lafarge

Comment Lafarge articule-t-il le développement durable à des enjeux stratégiques (marchés, produits, positionnement) ? Quels sont les thèmes spécifiques qui sont mis en avant pour donner un sens concret à cette notion ? Comment le développement durable est-il décliné sur le plan opérationnel dans des objectifs et des instruments de gestion ?

Pour répondre à ces questions, nous mobiliserons trois niveaux d'analyse :

– une analyse du rapport de développement durable ;

– l'organisation et la mise en œuvre d'une démarche de développement durable au niveau de la direction générale ;

– une analyse de quelques actions significatives[7], pour la direction de Lafarge, de leur démarche de développement durable.

Le rapport de développement durable : principaux traits saillants

La conception d'un rapport de développement durable est un exercice récent chez Lafarge. Le premier rapport date de 2001 et le second, celui de 2002, a été publié en 2003. Les deux l'ont été en collaboration avec le cabinet Utopies, spécialisé dans le conseil stratégique et la communication en matière de développement durable. Ces deux rapports mettent en exergue les principales orientations stratégiques du groupe. En matière de données chiffrées, le rapport 2002 est beaucoup plus précis que le précédent. Ainsi, il fournit des chiffres précis concernant les émissions de CO_2, auditées par le cabinet Ecofist. Le groupe s'est engagé à compléter progressivement le *reporting* social et environnemental et à préciser les objectifs dans différents domaines dans les années à venir.

Le rapport Lafarge 2002 présente, dans cette perspective, trois traits saillants :

a) Une stratégie de pionnier. À travers ce rapport, le groupe s'affiche clairement comme un pionnier en matière de développement durable. Pour preuve, l'usage systématique de *benchmarks* des agences de notations sociales et environnementales visant à positionner le groupe par rapport aux concurrents de son secteur et des autres entreprises en général. Pour justifier cette stratégie, notamment auprès des actionnaires et des financiers, il est expliqué qu'une démarche de développement durable loin d'être contradictoire avec une stratégie de profit doit contribuer, à terme, au contraire au renforcement des performances économiques. D'où le soin apporté à expliquer pourquoi chacun des thèmes et des actions qui y sont associées contribue non seulement à l'amélioration de l'environnement ou du bien-être des populations, mais aussi à la minimisation des risques, aux possibilités de conquérir de nouveaux marchés ou d'obtenir une *license to operate* (permis d'exploitation), aux possibilités de négocier des

7. Nous avons sélectionné, après discussion avec les principaux directeurs impliqués dans la construction d'une démarche de développement durable, trois expériences jugées emblématiques : la mise en place de commissions locales de concertation dans les cimenteries ; la construction d'une politique sida en Afrique ; la fermeture/restructuration d'une cimenterie couplée avec la construction d'une nouvelle cimenterie au Maroc.

normes environnementales plus favorables par une attitude proactive ou encore aux possibilités de réduire les coûts de conformation aux réglementations et les coûts de production (par l'utilisation de combustibles de substitution), etc.

***b) Un rapport orienté vers les* stakeholders**: le rapport de développement durable de Lafarge est conçu avec comme objectif de s'adresser à tous les *stakeholders* que le groupe identifie comme pertinents ou potentiellement influents[8] (actionnaires, financiers, ONG, communautés locales, associations, administrations, pouvoirs publics, salariés, clients, fournisseurs, etc.). Pour cela, le rapport met en scène un dialogue où certains d'entre eux (ONG, représentants de communautés locales, associations, cabinets conseil) sont invités à réagir à tel ou tel point du rapport, sur lequel Lafarge apporte des réponses et prend des engagements. On peut également noter la volonté d'éviter, dans le texte, de hiérarchiser l'importance de l'un ou l'autre de ces *stakeholders*. La mise en scène du dialogue avec les *stakeholders* porte la marque du cabinet Utopies, associé à la conception et la rédaction du rapport[9]. Cette mise en scène fonctionne d'autant plus efficacement qu'elle s'appuie sur des engagements et des pratiques concrètes. Ainsi l'entreprise pratique-t-elle depuis longtemps, sur le plan opérationnel, le dialogue avec l'administration et les riverains. De même, elle est rompue à la négociation avec les autorités administratives et politiques sur différents sujets (pour l'acquisition d'usines et d'entreprises ou la négociation des directives et accords négociés dans le domaine de l'environnement par exemple). Elle est également l'un des membres fondateurs du WBCSD[10], dont Bertrand Collomb est devenu président en 2004, et fait partie des pionniers en France en matière de partenariat avec des ONG (WWF, Habitat for humanity, Care, etc.).

c) Sélection de thèmes pertinents et promotion des meilleures pratiques: pour Lafarge, le développement durable se décline en une série de thèmes spécifiques articulés à des enjeux stratégiques: réduction du CO_2, réhabilitation des carrières, gestion des déchets et émissions de polluants sur le plan environnemental; dialogue avec les *stakeholders*; gestion des compétences et des restructurations sur le plan social; sida en Afrique sur le plan de la santé; lutte contre la

8. À noter que la liste étendue de ces *stakeholders* dépasse le cercle des « parties prenantes » traditionnelles de l'entreprise (l'État, les syndicats, les actionnaires).
9. Utopies est un petit cabinet conseil (13 permanents en 2003), spécialisé en développement durable, fondé par Elisabeth Laville en 1993, à une époque où ce marché était à construire. Ce marché s'étant beaucoup développé depuis deux ans, Utopies doit faire face à la concurrence des grands cabinets (Price Waterhouse, KPMG, Ernst and Young, etc.) et des agences de communication (Publicis, etc.). Son activité est toutefois en forte croissance, s'appuyant sur une méthode originale, inspirée de celle d'un pionnier en la matière: le cabinet anglais SustainAbility (voir Elkington, 1997). La méthode d'Utopies, selon ses consultants, consiste, dans un premier temps, à identifier les *stakeholders* pertinents sur différents thèmes et à les faire réagir sur la stratégie et l'activité de l'entreprise. Dans ces interviews, les consultants identifient, dans un deuxième temps, de nouveaux enjeux et des voies de progrès pour l'entreprise. Celle-ci peut accepter ou non les propositions du cabinet qui aide ensuite l'entreprise à mettre en forme ce dialogue (qui implique un jeu de questions-réponses), voire à la mettre en contact avec ces *stakeholders*. On le voit, l'activité d'Utopies dépasse celle d'une agence de communication et peut, le cas échéant, aller jusqu'à un véritable conseil en stratégie. Ainsi, c'est Utopies qui a suggéré à Lafarge de nouer des contacts avec Care à propos du sida en Afrique (voir l'étude de cas sur le sida). Selon Utopies, Lafarge est l'une des entreprises clientes qui s'est le mieux prêtée à cette démarche parce qu'elle est aussi l'une de celles où le dialogue avec les *stakeholders* est le plus ancré dans les pratiques réelles de l'entreprise.
10. WBCSD pour World Business Council for Sustainable Development, association de grandes entreprises mondiales engagées dans le développement durable, créée en 1995.

corruption et transparence en matière de gouvernance. Il est important de noter que ces thèmes n'ont pas le même degré de nouveauté : certains (carrières, déchets, émissions de polluants, dialogue avec les riverains, gestion des compétences et des restructurations) sont anciens mais sont ici remis en perspective par rapport à la problématique du développement durable. C'est aussi l'occasion pour la direction de mobiliser les branches et les sites industriels à travers des programmes de groupe – ainsi l'engagement du groupe que 80 % des carrières soient dotés d'un plan de réhabilitation d'ici à 2005 ou encore que tous les sites soient audités sur le plan environnemental d'ici à quatre ans. D'autres thèmes (le CO_2, les partenariats public/privé, le sida, la gouvernance) sont plus nouveaux, notamment dans l'articulation du local et du global et par leurs effets à long terme. Chacun de ces thèmes est ensuite illustré par des exemples qui visent à donner un caractère concret aux propositions et aux démarches mises en place.

L'organisation et la mise en œuvre d'une démarche de développement durable chez Lafarge : la combinaison de démarches d'exploration et de progrès continu

La réflexion stratégique en matière de développement durable se concentre chez Lafarge sur un petit nombre de personnes. Un comité dédié a été créé en 2002 qui réunit les responsables de branche et les directeurs fonctionnels au niveau du groupe. Il est en charge de définir les orientations stratégiques et politiques du groupe en la matière. La charge de coordination (interne et externe) et d'animation de la démarche repose essentiellement sur trois personnes : le directeur des affaires publiques et environnement, le directeur environnement et le directeur des politiques sociales. Elles sont également en première ligne, à côté du président, des directeurs de la communication et des directeurs financiers, pour la communication institutionnelle et pour le dialogue, au niveau global, avec les *stakeholders* (élaboration du rapport de développement durable, communication avec les journalistes, les investisseurs institutionnels et les agences de *rating*, les pouvoirs publics, les responsables d'ONG, etc.). L'implication des principaux directeurs de branche et des directeurs fonctionnels dans cette démarche et les contacts fréquents qu'ils entretiennent entre eux sont des éléments importants pour parler d'une seule voix et renforcer la crédibilité du discours en interne.

Compte tenu du fort niveau de décentralisation et de la taille du groupe, la mobilisation des collaborateurs, sur ces thèmes, n'a rien d'évident. Pour y parvenir, la direction générale mobilise deux types de démarches : des outils et des systèmes de management qui ont fait leur preuve dans d'autres domaines (qualité, environnement) ; des démarches plus originales (partenariats d'exploration, gestion des *stakeholders*) qui requièrent, sur des objets de gouvernement nouveaux (sida, concertation locale, dialogue avec les *stakeholders*) pour les entreprises, la construction de nouvelles ingénieries.

Concernant le premier type, la direction générale combine trois démarches déjà éprouvées :

– *un fonctionnement en réseau* : les directeurs fonctionnels associés à la démarche s'appuient sur un réseau de correspondants dans les branches et les usines. Ces correspondants n'ont pas de liens hiérarchiques entre eux. Ils constituent des relais entre la direction générale et les opérationnels pour déployer des démarches et des référentiels définis collectivement, pour identifier les bonnes pratiques sur le terrain et pour organiser un *reporting* ;

– *une activation des réseaux par les projets*: outre l'utilisation de forums Internet et de réunions régulières avec les opérationnels, l'animation de ces réseaux s'appuie principalement sur des démarches projets. Ainsi, pour le CO_2, la réhabilitation des carrières ou le sida, les directions concernées annoncent des objectifs, un calendrier et nomment un responsable de projet en charge d'animer une réflexion collective dont le but est de produire un référentiel qui sera ensuite étendu à l'entreprise. Ainsi un référentiel pour la réhabilitation des carrières (méthodologie, étapes, critères, indicateurs, etc.) a-t-il été conçu selon cette démarche en 2002. Compte tenu des effectifs limités sur les sites de production et des expertises pointues qu'il requiert, sa mise en œuvre a été confiée à des consultants. En revanche, l'entreprise tient à garder la main sur la phase de conception et d'élaboration jugée stratégique. Pour les autres référentiels, la mise en œuvre et le suivi sont assurés en interne;

– *une logique du progrès continu s'appuyant sur des systèmes de management*: pour ses promoteurs, la logique du projet atteint rapidement ses limites si elle n'est pas relayée par des systèmes de management et de *reporting* durablement ancrés dans les unités opérationnelles. Ainsi, le groupe a-t-il remis à plat sa politique environnementale en 2002 et il s'est engagé dans une harmonisation du système de *reporting*. La mise en place de ces systèmes s'inscrit dans une logique de progrès continu où, davantage que la performance instantanée, ce sont l'existence d'un système de management et les marges de progression qui y sont associés, qui importent. Ces systèmes, largement diffusés dans les entreprises, notamment via les cabinets conseil, sont fortement valorisés par les cabinets d'audit et les agences de notation qui les considèrent comme des systèmes assurantiels de nature à minimiser la survenue de risques et à garantir un progrès continu des performances.

Les partenariats avec les ONG: quelle logique et quels objectifs?

Vis-à-vis des *stakeholders* externes, la démarche de développement durable mise en œuvre par Lafarge est plus originale. Elle vise à mieux maîtriser un environnement institutionnel et politique complexe et évolutif. Pour cela, le groupe participe à différentes instances et à des groupes de travail (Global Compact, WBCSD, etc.), suit de près l'élaboration des politiques publiques en matière d'environnement (incinération des déchets, CO_2), mais aussi développe des partenariats avec des ONG (WWF, Care, Habitat for Humanity, etc.). Cette démarche a été initiée en 2000 avec le WWF en matière d'environnement (réhabilitation des carrières, biodiversité et ressources naturelles, CO_2) et un autre partenariat pourrait être finalisé avec Care pour la lutte contre le sida en Afrique en 2003 (voir étude de cas, chapitre 3).

Dans le cadre de la théorie économique aussi bien que vis-à-vis du sens commun, ces partenariats sont une énigme: quels intérêts une entreprise et une ONG ont-elles *a priori* à coopérer ensemble? Les relations entre ces deux types de partenaires peuvent-elles d'une autre nature que la méfiance? Pourquoi les entreprises laisseraient-elles entrer le loup dans la bergerie? Pourquoi les ONG, qui jugent souvent les entreprises comme étant de mauvaise foi, prendraient-elles le risque d'être instrumentalisées par celles-ci? Pour comprendre les raisons des partenariats développés par Lafarge avec WWF et Care, il faut revenir sur l'identité des partenaires et sur leurs stratégies.

WWF comme Care sont des ONG particulières: internationales, dotées de budgets et d'effectifs considérables (4000 salariés pour WWF, 15 000 pour Care), implantées dans le monde entier, et intervenant sur une variété de sujets (la biodiversité, le changement climatique, la protection des espèces rares, entre autres, pour WWF ; le développement dans les pays du Sud, la lutte contre le sida, entre autres, pour Care). Elles se qualifient elles-mêmes d'ONG de mission, par opposition à la figure plus classique et connue en France de l'ONG d'opposition ou de lutte (Greenpeace, Attac, etc.). WWF comme Care sont de véritables institutions, au sens où elles sont désormais considérées comme des interlocuteurs légitimes par les organismes internationaux, par de nombreux gouvernements et par certaines entreprises, et où elles sont associées à toutes les négociations internationales dans leurs domaines d'action respectifs. Elles ont un fonctionnement en réseau assez proche de celui de Lafarge. Dans cette perspective, elles considèrent les relations avec les entreprises non pas comme un pacte avec l'ennemi, mais comme un moyen permettant à la fois de peser sur le comportement de celles-ci et de mieux comprendre les logiques d'entreprise et leurs contraintes. Cette approche coopérative s'inscrit, plus largement, dans une tendance actuelle, encouragée par les pouvoirs publics (voir le « livre vert » de la Commission européenne sur la responsabilité sociale des entreprises), visant à favoriser les partenariats tripartites (société civile, entreprises et pouvoirs publics). Ce positionnement est l'objet de débats internes et leur vaut des critiques de la part d'autres ONG qui leur reprochent d'apporter une caution morale aux entreprises sans contrepartie réelle.

De son côté, Lafarge veut se positionner comme un leader en matière de développement durable et a fait des relations avec les *stakeholders* un axe prioritaire de sa stratégie. Par ailleurs, Lafarge met en avant son souci de transparence et considère que ces ONG peuvent apporter des expertises sur différents aspects (biodiversité et réhabilitation des carrières pour WWF, ingénierie du développement et connaissance des ONG et des communautés locales pour Care pour lutter contre le sida).

Avec WWF, le partenariat s'enrichit progressivement de nouveaux objectifs et projets fixés en commun et s'organise autour de réunions régulières à différents niveaux : au niveau *corporate* pour fixer les orientations et les engagements réciproques ; à des niveaux plus opérationnels pour la mise en œuvre et le suivi des projets concrets (émissions de CO_2, réhabilitation des carrières). Ce partenariat n'implique pas nécessairement une communauté de vue sur tous les points. Si les partenaires sont globalement satisfaits de son déroulement et de l'ambition des objectifs (les objectifs de réduction de CO_2 définis dans le cadre de ce partenariat sont supérieurs aux objectifs de l'accord volontaire signé en France), ils ne se privent pas d'afficher leurs désaccords : WWF et Lafarge divergent notamment sur les manières de mesurer les émissions de CO_2 [11], sur l'ouverture de nouvelles carrières [12] ou encore sur l'opportunité de développer la valorisation des déchets en cimenterie. Cette liberté de parole est un point intéressant de ce partenariat dans la mesure où elle autorise un débat construit et argumenté sans tomber pour autant dans la controverse.

11. Sur le CO_2, la question porte sur la prise en compte des émissions liées à la valorisation des déchets. Pour Lafarge, il ne faut pas les prendre en compte car il s'agit d'un combustible de substitution qui permet d'économiser du combustible fossile et qui aurait été brûlé de toute manière.

12. WWF s'oppose avec d'autres ONG à l'ouverture d'une carrière géante sur l'île de Harris en Écosse (voir rapport 2002, p. 55).

L'instrumentation du dialogue local avec les stakeholders

Autre démarche originale mise en place par le groupe : l'instrumentation du dialogue avec les *stakeholders*. Ce dialogue n'est pas l'apanage du siège. Comme nous l'avons indiqué, c'est également un enjeu clé au niveau des cimenteries dans la mesure où leurs activités (notamment la valorisation des déchets) et les nuisances qu'elles engendrent sont susceptibles de prêter à controverses avec les riverains et l'administration. Ces controverses tiennent souvent moins à des facteurs objectifs (les nuisances environnementales ont souvent fortement diminué au cours de ces dernières années) qu'à des transformations sociologiques de la population autour des usines (nouveaux riverains dont la tolérance vis-à-vis de l'usine est beaucoup plus faible : voir le cas de Frangey). Le dialogue avec les riverains est antérieur à l'émergence de la structuration d'une démarche de développement durable chez Lafarge mais la branche ciment cherche désormais à transformer les pratiques locales en créant des incitations, en structurant et professionnalisant leur contenu et en cherchant à les étendre à l'ensemble des unités du groupe.

Dans la branche ciment, un programme de performance – le programme Advance – est décliné aux différents niveaux de l'organisation. Ce programme est divisé en cinq domaines, dont le développement durable. Celui-ci se décline en quatre « facteurs de succès » : économie des ressources naturelles (gestion des déchets), réduction des émissions de CO_2, relations avec les parties intéressées et sécurité. Chaque unité opérationnelle au niveau mondial doit suivre un processus précis : auto-évaluation, définition des priorités et plan d'action. Ce programme vise à intégrer le développement durable dans la gestion quotidienne des managers (voir le cas de l'usine de Frangey).

Pour aller plus loin dans la préparation et l'accompagnement des sites au dialogue avec les *stakeholders*, la direction des relations extérieures de la branche ciment a également développé un outil intranet nommé Daisy (marguerite). Cet outil, qui se présente sous la forme d'une marguerite – chaque pétale représentant un type de *stakeholder* possible – permet de répertorier les différents *stakeholders*, de stocker leurs noms, fonctions et adresses, de gérer les contacts et les comptes rendus et de garder une mémoire des relations de l'usine avec son environnement. Il s'agit donc d'un outil de *knowledge management*, qui doit être mis à jour régulièrement pour être efficace, et qui est conçu pour être utilisé en mode partagé, c'est-à-dire pour être accessible aux collaborateurs de l'usine qui doivent être tous impliqués dans ce type de démarche.

Un point dur : la mise aux normes des sites industriels anciens

Les performances sociales et environnementales au sein du groupe Lafarge présentent encore, semble-t-il, un fort niveau d'hétérogénéité. En particulier, les sites industriels récemment acquis dans les pays en voie de développement ou en Europe de l'Est ne sont pas encore aux meilleures normes du groupe. Le groupe ne s'en cache pas. Mais le rattrapage de ces sites ne dépend pas uniquement de la mise en place de systèmes de management mais également des efforts d'investissement, notamment sur le plan environnemental, pour adopter les meilleures technologies disponibles (voies sèches, filtres à manche, etc.). Or les capacités d'investissement du groupe sont fortement contraintes par un niveau d'endettement élevé, ce qui limite la vitesse de progression des sites les moins performants.

1.5. Le choix des études de cas

Les cas que nous avons étudiés cherchent à saisir la diversité des problématiques auxquelles est confronté Lafarge.

Le premier cas, présenté dans le chapitre 2, concerne la mise en place d'un dialogue local avec les *stakeholders* dans une usine du groupe à Frangey en Bourgogne. Ce cas permet d'illustrer la politique volontariste du groupe en la matière et d'illustrer les enjeux et le type d'instrumentation qui sont mis en place localement pour gérer dans la durée les relations avec des *stakeholders* aux intérêts multiples et parfois divergents.

Le deuxième cas, présenté dans le chapitre 3, concerne l'élaboration et la mise en œuvre par l'entreprise d'une démarche en matière de lutte contre le sida sur ses sites de production en Afrique de l'Ouest. Ce cas est notamment intéressant du point de vue des partenariats mis en œuvre par Lafarge avec des ONG, les pouvoirs publics locaux et les organismes internationaux pour traiter d'une question qui dépasse les compétences et les enjeux de l'entreprise.

Le troisième cas, présenté dans le chapitre 3, se situe au Maroc où Lafarge a conduit deux projets en parallèle : un projet de fermeture d'une cimenterie avec reconversion du personnel et réhabilitation de l'ancienne carrière ; un projet de création d'une nouvelle cimenterie répondant aux meilleures normes environnementales. Ce cas est intéressant dans la mesure où il combine toutes les dimensions du développement durable (économique, environnement et social). En outre, il constitue un cas exemplaire sur le plan social dans la mesure où c'est la première fois qu'un projet de reconversion des salariés est mené jusqu'à son terme au Maroc.

Sources

Sources orales

- Entretiens avec Gaëlle Monteiller, directrice des affaires extérieures et de l'environnement, Lafarge, 11 décembre 2002 et 11 janvier 2004.
- Entretien avec Alain Guilhen, directeur des affaires sociales, 18 février 2003.
- Entretien avec Michel Picard, directeur de l'environnement, 29 janvier 2003.
- Entretien avec Caroline Georges, direction de la communication, 28 janvier 2003.
- Entretien avec James Palmer, directeur des relations avec les investisseurs, 7 janvier 2003.
- Entretiens avec Patrick Paris, directeur du développement et des relations extérieures de la branche ciment, 16 juillet 2003, 21 novembre 2003 et 17 mars 2004.
- Entretien avec Thierry Thouvenot et Marie Delongcamp, WWF France, 18 février 2003.
- Entretien avec François Jung-Rozensfab, Care France, 22 avril 2003.
- Entretien avec Stanislas Dupré, consultant Utopies, 16 juillet 2003.

Sources écrites

Documents publics

- Rapports de développement durable 2001 et 2002.
- Rapport environnement Lafarge 2002.

Documents internes

- *Planète Lafarge* (lettre interne), n° 4, 2002.
- *Partnership for the Future* (partenariat avec WWF), 2000.

Sources Web

- www.lafarge.com
- www.ciments-calcia.fr
- www.wwf.org
- www.utopies.com

Bibliographie

Comité 21 (2002), *Entretien avec Bertrand Collomb, président du groupe Lafarge.*

BOULLET D. (1999), « Les entreprises et l'environnement », thèse d'histoire des entreprises, EHESS.

COLASSE B. et PAVÉ F. (2003), « Entretien avec Bertrand Collomb, président du groupe Lafarge », *Gérer et comprendre*, mars, p. 4-13.

DUBOIS L. (1988), *Lafarge-Coppée : 150 ans d'industrie. Une mémoire pour demain*, Paris, Belfond.

DUMEZ H. et JEUNEMAÎTRE A. (2000), *Understanding and Regulating the Globalisation of a Market: The Cement Case*, Londres, McMillan Press.

JOUET G. et VAMPOUILLE M. (2003) « Ciments Calcia à la découverte de ses territoires », *Journal de l'école de Paris*, avril, p. 27-38.

2. Le développement durable chez Arcelor : un axe majeur du gouvernement managérial pour fédérer le groupe

Le groupe Arcelor est le premier producteur mondial d'acier avec une production de 44 millions de tonnes en 2002[13] et 5 % du marché mondial, loin devant le Japonais Nippon Steel. Le groupe créé en 2002 emploie 106 000 personnes et réalise un chiffre d'affaires de 27 milliards d'euros. Arcelor est une entité regroupant des sociétés espagnole (Aceralia), française (Usinor) et luxembourgeoise (Arbed) ayant toutes une histoire centenaire et s'inscrivant dans l'histoire des réorganisations du secteur sidérurgique de leur pays.

La sidérurgie est l'une des industries auxquelles les États sont particulièrement attentifs. Outre les enjeux d'emploi, cette activité accompagne le développement des infrastructures d'un pays et, avec l'industrie de l'armement, elle a longtemps symbolisé l'indépendance nationale. L'interventionnisme étatique, même en net recul, n'a pas complètement disparu, comme l'attestent les mesures protectionnistes prises en 2002, par les États-Unis, à l'encontre des producteurs d'acier étrangers, notamment européens. Les enjeux sociaux, liés notamment à la gestion des effets des restructurations, font partie de l'agenda stratégique des dirigeants depuis plus de vingt-cinq ans. Enfin, plus récemment, les enjeux environnementaux occupent une place croissante, notamment à travers la question des émissions de CO_2 dont la sidérurgie est l'un des principaux émetteurs industriels. Un grand groupe de la sidérurgie comme Arcelor doit donc faire face à des enjeux d'ordre économique, politique, environnemental et social, et la direction du groupe a pris acte de cette situation. La structure « développement durable » a été mise en place dès la création du groupe Arcelor et réunit des acteurs ayant

13. Quand la source des chiffres n'est pas précisée, ils proviennent du rapport d'activité 2002 du groupe Arcelor.

une forte expérience de la communication institutionnelle et une très bonne connaissance du milieu du conseil[14]. Toutefois, sur la période étudiée ici, c'est en interne qu'a été déployée en premier lieu la politique de développement durable du groupe.

Nous allons voir, en effet, que chez Arcelor le développement durable apparaît comme un thème fédérateur pour structurer une action commune aux différentes entités composant le groupe. Les spécificités de la politique de développement durable d'Arcelor doivent être recherchées dans deux domaines où le rapport entre la sidérurgie et la société est délicat : l'emploi et la relation avec les « parties prenantes » *(stakeholders)* dans le domaine de l'environnement.

2.1. Stratégie et enjeux de la création d'un groupe multinational

Pour caractériser les enjeux stratégiques auxquels est confronté le groupe Arcelor, revenons sur le moment de sa création. Les discussions avec la Commission européenne en 2001 et 2002 ont principalement porté sur la définition du marché pertinent pour la sidérurgie. Si ce marché est national, alors la fusion est juridiquement contestable puisqu'elle a pour effet de construire un monopole dans la sidérurgie en Europe. Si ce marché est européen, alors la fusion est fondée. Parmi les quatre activités du groupe (voir tableau ci-dessous), la Commission juge la fusion fondée pour trois d'entre elles (aciers longs, aciers inoxydables, distribution). En revanche, dans le secteur des aciers plats, elle considère qu'Arcelor se trouve dans une position dominante et lui enjoint des cessions.

Activités industrielles et marchés du groupe Arcelor

	Aciers plats carbone	Aciers longs carbone	Aciers inoxydables	Distribution Transformation *Trading*
Chiffre d'affaires (en millions €)	13 222	4 256	4 248	9 444
Effectif	49 194	17 765	15 063	18 956
Marché	Automobile, emballage électroménager, transformation	Poutrelles, ronds à béton, aciers marchands, fils de machine, rails, profilés spéciaux et demi-produits	Bobines laminées à chaud et à froid, laminés de précision et produits longs en inox et alliages, tôles fortes et petits tubes soudés	Transformation, parachèvement et distribution d'acier

14. M. Patrick du Bois, le directeur du développement durable, a une grande expérience du consulting et de l'organisation dans des contextes de restructuration. Il a notamment travaillé chez McKinsey et dans la presse en Belgique. Le directeur du développement durable a recruté M. Jacky Prudhomme, un jeune économiste venant de l'Arese où il travaillait depuis la création de l'agence en juillet 1997. Celui-ci connaît les techniques de notation des agences, leurs limites et les moyens d'établir avec elles une bonne communication. De plus, il a une bonne connaissance du secteur de la sidérurgie puisqu'il était en charge de son suivi au sein d'Arese.

La Commission européenne ne considère pas la sidérurgie uniquement sous l'angle de la concurrence. En effet, les instances européennes se sont engagées sur le dossier de la sidérurgie depuis la création de la CECA en 1957. Récemment, le « livre vert » sur la responsabilité sociale des entreprises, paru en juillet 2001, en a fait un secteur exemplaire sur la question du développement durable. La question de l'emploi est centrale et a fait l'objet d'une gestion partagée entre le gouvernement politique et le gouvernement managérial. En France, depuis le début des années 1960, les restructurations de la sidérurgie ont fait l'objet de mesures spécifiques avec la création des préretraites, la mise en place par Usinor d'une structure d'aide au reclassement des salariés licenciés mise au service des pouvoirs publics : la Société pour le développement de l'industrie et de l'emploi (Sodie). Usinor a aussi négocié des accords pour mettre en œuvre les restructurations et accompagner l'évolution des qualifications (A. Cap, 2000). En Belgique, les pouvoirs publics ont accompagné la restructuration de Cockerill.

Cependant, la reconnaissance juridique d'un marché européen ne suffit pas à abolir les frontières, notamment sociales et culturelles entre les différentes sociétés du groupe. Rappelons en effet que ces sociétés (Usinor, Acéralia, Arbed) ont longtemps été considérées comme des symboles de l'indépendance nationale, ainsi que l'atteste le soutien massif apporté par les pouvoirs publics à ces trois sociétés au moment de la crise qu'a traversée la sidérurgie européenne dans les années 1970-1980. Rappelons également que ces trois sociétés ont longtemps été rivales et qu'elles étaient engagées avant la fusion dans une compétition acharnée. Pour ménager les sensibilités nationales, un souci de l'équilibre a prévalu lors des discussions portant sur la répartition du capital du nouveau groupe[15]. Dans l'accord du 21 novembre 2002, aucune des trois sociétés ne détient de position dominante dans la répartition du capital. Cet accord témoigne de la volonté de chacun des acteurs nationaux de participer aux choix stratégiques du groupe.

Au moment où sont menés les premiers entretiens, au mois de décembre 2002, l'action de la direction du développement durable doit prendre en compte ce contexte particulier de la création du nouveau groupe. Elle considère que son action doit d'abord se tourner vers l'encadrement qui constitue un relais indispensable, mais qu'il faut auparavant convaincre du bien-fondé de la démarche. L'encadrement est ainsi associé à la définition des axes stratégiques de la future politique de développement durable. À cet effet, la direction du développement durable organise des conventions réunissant les cadres de l'entreprise pour faciliter les échanges d'expérience. La direction des ressources humaines et celle du *risk management* mettent en place des dispositifs similaires pour faire dialoguer des managers de cultures différentes et définir des objectifs partagés par tous. Les réunions de travail organisées permettent d'observer des différences entre les cultures germanique et latine, de constater la persistance de rivalités entre Wallons et Flamands ou encore de constater une crainte de la part des Espagnols d'être désavantagés dans l'intégration. Preuve de l'importance de cette question, l'intégration de l'encadrement des différents pays est définie comme un axe prioritaire de la politique des ressources humaines du groupe. De façon significative, l'entretien sur la partie ressources humaines a largement porté sur le management des cadres. Plus généralement, l'intégration est une préoccupation partagée par les directions transversales. Le rapport d'activité 2002 met en avant les

15. Sur ces points voir FUSILIER B., VANDEWATTYNE J. et LOMBA C. (dir.), *Kaléidoscopie d'une modernisation industrielle. Usinor, Cockerill Sambre, Arcelor*, UCL Presses universitaires de Louvain, Louvain, 2003.

efforts engagés par le groupe pour faire partager une culture commune aux jeunes cadres[16].

2.2. Le développement durable : un axe structurant du gouvernement managérial

Tous ces éléments indiquent que le développement durable n'est pas seulement un thème dicté par les *stakeholders* externes (les pouvoirs publics ou les marchés financiers), il est d'abord chez Arcelor un thème fédérateur pour le gouvernement interne de l'entreprise, le gouvernement managérial. Dès sa création, Arcelor a mis en place une direction du développement durable directement rattachée à la direction générale du groupe. Elle est l'une des fonctions transversales qui est installée au siège du groupe (RH, environnement, sécurité). Le développement durable est érigé comme l'un des objectifs principaux du groupe mais se pose la question de la diffusion de cette stratégie dans la nouvelle entité regroupant trois sociétés de grande taille et caractérisées par des cultures différentes.

Huit axes stratégiques ont été proposés par la direction du développement durable en concertation avec la direction générale, les représentants des fonctions transversales et les directions des principaux sites du groupe.

Les axes de la stratégie de développement durable d'Arcelor

Axe 1 : Ambition de croître de manière rentable
Axe 2 : Engagement en faveur de l'environnement et de la préservation de ressources rares :
1) conformité à la réglementation
2) certification ISO 14001 de toutes les usines d'ici 2004
3) baisse des émissions de gaz à effet de serre
4) réduction des nuisances (déchets, émissions, etc.)
5) efficacité énergétique
6) recyclage
Axe 3 : Gestion du risque et de la sécurité, y compris la sécurité de nos produits et la santé de nos collaborateurs
Axe 4 : Dialogue avec tous les partenaires
Axe 5 : Développement des compétences fédérées autour de valeurs communes de qualité et d'efficacité
Axe 6 : Innovation pour créer de la valeur et soutenir le développement durable
Axe 7 : Stricte observation des règles de la gouvernance d'entreprise
Axe 8 : Citoyenneté responsable

Source : Rapport annuel 2002, p. 95.

À partir de la lecture du rapport et d'entretiens que nous avons menés avec les responsables de la direction du développement durable, ce tableau provoque les commentaires suivants :

Axe 1 : Ambition de croître de manière rentable

Le contexte économique auquel fait face le groupe est celui d'une baisse tendancielle des prix de l'acier de 2 % par an. La fusion doit permettre, en principe, de générer des économies d'échelle permettant de compenser cette baisse,

16. Arcelor, *Rapport d'activité 2002*, p. 117.

mais il faut également améliorer la productivité pour aboutir à une croissance rentable et pour dégager des moyens pour de futures acquisitions externes.

Axe 2 : Engagement en faveur de l'environnement et de la préservation de ressources rares

L'enjeu est ici d'approfondir les actions menées dans le domaine de l'environnement par les différentes sociétés pour répondre aux fortes contraintes réglementaires auxquelles le secteur est soumis. On observe cependant une forte dispersion des pratiques managériales sur les différents sites que la direction du développement durable veut atténuer par l'identification et la diffusion des meilleures pratiques managériales. Les émissions de CO_2 (environ 1,5 tonne de CO_2 émise par tonne d'acier produite), dont la sidérurgie est l'un des plus gros émetteurs industriels, est aujourd'hui un point dur sur lequel l'attention se concentre (ce point est développé plus loin dans le paragraphe sur les enjeux environnementaux de la sidérurgie).

Axe 3 : Gestion du risque et de la sécurité, y compris la sécurité de nos produits et la santé de nos collaborateurs

Cet axe s'identifie au thème du *risk management* qui va au-delà du risque industriel : outre la sécurité du personnel des usines, la sécurité des produits et les risques financiers. La notion de risque est étendue à celle de risque de réputation pour l'entreprise. Dans le domaine de la gestion des ressources humaines les entités constitutives d'Arcelor ont développé un savoir-faire dans les domaines de la gestion des compétences ou encore de la négociation sociale. Aujourd'hui l'entreprise identifie un risque de perte de compétences. En effet, un grand nombre de départs en retraite aura lieu dans les prochaines années et Arcelor doit veiller à entretenir ses compétences clés. Cela passe par des mesures dans plusieurs domaines : formation, recrutement, mobilité interne du personnel, etc.

Axe 4 : Dialogue avec tous les partenaires

Cet axe s'est concrétisé au moment de l'annonce, fin 2002, d'un plan de restructuration pour le groupe. À cette occasion, le comité d'entreprise européen (CEE) a joué, selon nos interlocuteurs, un rôle important dans la structuration d'un dialogue avec les syndicats et les pouvoirs publics européens. Cet exemple a fait l'objet d'une étude de cas.

Axe 5 : Développement des compétences fédérées autour de valeurs communes de qualité et d'efficacité

Il s'agit de créer une culture de l'indicateur, non pour contrôler, mais pour donner des repères communs aux managers en vue de l'amélioration des performances et pour la mise en place d'une politique de rétribution en fonction de la performance. Ce dernier aspect constitue un changement important par rapport à la gestion des ressources humaines en vigueur dans les différentes entités.

Axe 6 : Innovation pour créer de la valeur et soutenir le développement durable

L'innovation vise notamment à améliorer la performance environnementale des produits : recyclabilité et allègement des aciers, amélioration de leurs qualités physiques et chimiques. Pour intensifier le rythme d'innovation et l'orienter davantage en fonction des besoins des marchés, une réorganisation des services de R et D est en cours.

Axe 7 : Stricte observation des règles de la gouvernance d'entreprise

Arcelor est entré dans le Cac 40 au mois d'octobre 2003. Soumis jusqu'à présent à la seule réglementation du Luxembourg, moins stricte que la réglementation française, le groupe a défini de nouvelles règles de gouvernance s'inspirant des rapports Viénot et Bouton. Ces règles imposent une grande transparence vis-à-vis des marchés financiers et du conseil d'administration ainsi qu'un surcroît de vigilance et le déploiement rapide d'un système de *reporting* dans l'ensemble du groupe.

Axe 8 : Citoyenneté responsable

Cela passe par des actions de communication en direction des riverains (organisation de journées portes ouvertes par exemple). Il est envisagé de faire des études de la perception de l'image du groupe auprès des ONG, du voisinage des sites. En 2004 la direction du développement durable a envisagé de donner une plus grande visibilité aux actions entreprises localement dans le domaine du mécénat.

L'analyse menée par la direction du développement durable montre l'importance de l'aspect environnemental et de la sécurité, et met en évidence le projet d'Arcelor de systématiser un dialogue avec les *stakeholders*.

Mais l'ambition d'Arcelor va plus loin : il s'agit de faire du développement durable un élément de différenciation vis-à-vis de ses concurrents. Cette ambition se fonde sur le fait que les entités européennes du groupe ont développé des savoir-faire et des démarches managériales dans le domaine social et environnemental qui se distinguent de ceux de leurs concurrents : les sidérurgistes américains sont en retard sur ces deux plans ; quant aux entreprises japonaises, il existe chez elles une forte culture de l'environnement mais leur savoir-faire dans le domaine social est moins important que celui des entreprises européennes.

2.3. Les enjeux environnementaux de la sidérurgie européenne

Dans le domaine de l'environnement, le secteur de la sidérurgie est l'un de ceux dont l'activité a attiré l'attention des pouvoirs publics compte tenu des pollutions générées (poussières, SO_2, NOx, CO_2, déchets, etc.). La plupart des émissions ont été fortement réduites grâce à des investissements importants en dépollution engagés depuis plus de vingt ans (voir l'étude de cas Fos-sur-Mer). La directive Seveso II sur les risques industriels s'applique dans la filière hauts fourneaux où les gaz de cokerie et de hauts fourneaux sont récupérés pour la production de chaleur (ex. : Fos-sur-Mer et Dunkerque en France). Cette large exposition de la sidérurgie européenne aux réglementations en matière d'environnement a suscité l'organisation de la profession. Au début des années 1970, par exemple, un laboratoire d'études et de contrôle de l'environnement avait été créé par Usinor pour développer des méthodologies de mesure et effectuer des mesures d'émission dans l'air. Dans les années 1980, en application d'une législation inspirée par un programme écologiste, Arbed a engagé un programme de réduction des émissions de dioxine.

Un point dur reste cependant les émissions de CO_2, dont la sidérurgie est l'un des principaux émetteurs. Ces émissions sont particulièrement élevées dans la filière hauts fourneaux qui est très énergétivore. Ce dossier est actuellement sur l'agenda politique européen dans le cadre de l'application du protocole de Kyoto à la sidérurgie avec la mise en place, sur une base nationale, de marchés de permis négociables pour les émissions de carbone. Arcelor estime que l'effet économique de la mise en place de ce système correspond à un renchérissement non négligeable du prix de vente d'une tonne d'acier. Par ailleurs, la référence aujourd'hui proposée par la Commission pour mesurer les progrès dans la diminution des émissions de CO_2 est l'année 1990. Depuis cette date les émissions ont baissé de 18 % mais les exigences demandées par la Commission seraient plus fortes. Or les progrès seraient aujourd'hui plus difficiles à réaliser selon les industriels. Les marges de progrès sont aussi limitées par le montant des investissements à consentir et par la durée d'amortissement des installations existantes (un haut fourneau a une durée de vie de l'ordre de 20 à 40 années). Par ailleurs, il n'existe pas encore sur le marché, selon les sidérurgistes, de technologie de substitution à la filière haut fourneau capable de produire des aciers d'une qualité équivalente. Des recherches sont menées en commun avec Corus, Thyssen et Nippon Steel dans le cadre du projet Ulcos *(ultra low carbone oxyde system)*, mais ces travaux ne sauraient donner lieu à des applications concrètes avant une dizaine d'années.

En matière de communication externe, Arcelor met progressivement en place, depuis le début de l'année 2003 une politique dans le domaine de l'environnement. Ainsi, des indicateurs environnement, montrant une amélioration des performances du groupe, ont été diffusés au mois de février 2003 (voir tableau ci-dessous).

Indicateurs environnementaux diffusés par la direction développement durable d'Arcelor au mois de février 2003 [17]

	Unité	2001	2002
Production d'acier liquide	Mt	44,3	44,6
Émissions dans l'air :			
Poussières canalisées	kg/t acier	0,34	0,27
SO_2	kg/t acier	1,27	1,19
NOx	kg/t acier	1,39	1,32
CO_2 (périmètre Europe)	t/t acier	1,52	1,51
Rejets d'eau	M^3/t acier	12,7	11,3
Émission dans l'eau			
DCO	kg/t acier	241	144
MES	kg/t acier	138	228
Déchets non valorisés	kg/t acier	66	56
Ferrailles de récupération	kg/t acier	**	390

17. Arcelor, *Rapport d'activité 2002*, p. 102.

2.4. *La sécurité au travail, un axe majeur de la politique sociale du groupe*

Parmi les thèmes identifiés comme fédérateurs entre les différentes entités et unités du groupe, le thème de la sécurité est central. C'est aussi un domaine où les législations nationales sont anciennes en Europe et où les entreprises sont engagées. La question de la sécurité est particulièrement importante chez Arcelor où surviennent des accidents mortels concernant les salariés du groupe et les sous-traitants.

Nombre d'accidents mortels survenus dans le groupe en 2002

	Nombre	Employés	Sous-traitants
Luxembourg	1		1
Allemagne	1		1
Brésil	2		2
Italie	2	2	
France	3	2	1
Espagne	6	4	2
Belgique	7	3	4
	22	**11**	**11**

Source : comité d'entreprise européen d'Arcelor, assemblée plénière statutaire des 4-5 décembre 2002.

La mise en œuvre de politiques de sécurité du travail n'est pas nouvelle, mais elle doit être renforcée et généralisée. Deux sites visités ont développé une politique de sécurité. Fos-sur-Mer a obtenu des résultats en la matière parmi les meilleurs d'Arcelor avec un taux de fréquence des accidents du travail inférieur à la moyenne du groupe. À Fos, le taux de fréquence est de 3,24 à comparer à l'objectif du groupe qui est aujourd'hui un taux de fréquence de 5 (le taux actuel est de 9).

Arbed a mis en place une démarche structurée depuis 1998 [18]. Celle-ci avait été développée sur le site de Belval à partir de 1997. Un comité de sécurité « esprit 2000 » comprenant des délégués syndicaux, des cadres, des médecins du travail a été créé (le droit belge n'institue pas de comité d'hygiène, de sécurité et des conditions de travail comme il en existe en France). Les directeurs des sites doivent rendre compte de leur performance sécurité : analyse des causes, suites, identification des zones à risque, etc. En 2000, la démarche sécurité a été étendue à l'ensemble du groupe Arbed (55 000 personnes à l'époque, au Luxembourg, en Belgique, aux Pays-Bas et en Espagne). Les sous-traitants sont concernés par cette démarche et des plans sécurité et santé sont mis en place sur les chantiers. Cette politique porte ses fruits puisque le taux de fréquence des accidents du travail, qui était de 47,5 en 1997, est tombé à 9,5 en 2002.

Cette politique porte aussi ses fruits au niveau du groupe, comme le montre l'évolution des indicateurs sécurité des entreprises composant Arcelor de 1999 à 2002.

18. Arcelor-Profil Arbed SA, politique de sécurité d'Arbed.

Arcelor regroupé	Taux de fréquence	Taux de gravité
1999	14,1	0,58
2000	12,5	0,53
2001	10,1	0,42
2002	8,9	0,41

Source : comité d'entreprise européen d'Arcelor, assemblée plénière statutaire des 4-5 décembre 2002.

La sécurité reste un axe central de la politique du groupe. Au mois de décembre 2003 une déclaration commune des membres du comité d'entreprise européen d'Arcelor a affirmé l'engagement conjoint de la direction de l'entreprise et des organisations syndicales à agir dans ce sens [19].

2.5. Mise en œuvre d'une politique de développement durable

La mise en place d'une politique d'achat commune est identifiée, dans le cadre du programme Apollo [20], comme un levier important de réduction des coûts. La mise en œuvre d'une telle politique passe d'abord par un regroupement des services d'achat des différentes entités du groupe et par la rationalisation de leurs pratiques d'achat. Ces freins organisationnels sont loin d'être négligeables et justifient la mise en place d'une démarche progressive.

Les achats constituent un enjeu important pour la direction du développement durable dans la mesure où il s'agit du levier principal permettant d'impliquer les fournisseurs et les sous-traitants dans la démarche. À cet effet, la direction du développement durable et la direction achats groupe (Arcelor Purchasing) conduisent conjointement un projet visant à incorporer les dimensions sociale et environnementale dans l'évaluation des fournisseurs sur la base des axes définis par le Global Compact de l'Organisation des Nations unies auquel Arcelor a adhéré en 2003. Dès le mois de mai 2003, les thèmes du Global Compact ont été repris dans une grille de six questions devant être appliquée aux principaux fournisseurs.

Grille de questionnement des fournisseurs
Premier projet, mai 2003

1) Souscrivez-vous à la Déclaration universelle des droits de l'homme ?
2) Vérifiez-vous la politique sociale de vos sous-traitants et fournisseurs ?
3) Autorisez-vous le droit à l'exercice syndical et à la négociation collective au sein de votre entreprise et/ou au sein de chaque entité de votre groupe ?
4) Quel est l'âge minimum requis pour travailler dans votre entreprise/groupe ?
5) Y a-t-il des critères sociaux, moraux, éthiques, religieux ou autres qui écartent certaines personnes de votre entreprise/groupe ?
6) Avez-vous mis en place un système de management environnemental au sein de votre entreprise ?

Source : Arcelor, note interne Scorecard de sélection des fournisseurs et sous-traitants d'Arcelor en intégrant les critères de développement durable, J. PRUDHOMME, 5 mai 2003.

19. Ce thème revient à plusieurs reprises dans la communication interne. Voir notamment *Dialogue, Arcelor's Social Bulletin*, n° 2, hiver 2002 et n° 3, printemps-été 2003.
20. Apollo est un programme de réduction des coûts issu d'une analyse stratégique conduite avec des consultants externes, destiné à identifier les leviers permettant d'atteindre cet objectif.

Dans le domaine de l'environnement il ne suffit pas de définir des indicateurs généraux. Encore faut-il les adapter aux exigences réglementaires locales. Une grille d'évaluation des cent grands fournisseurs est en cours d'élaboration avec l'objectif de la finaliser en 2003 (Arcelor évalue à 1 000 le nombre de fournisseurs clés). Les acheteurs d'Arcelor Purchasing ont programmé d'évaluer de façon approfondie dix des plus importants fournisseurs début 2004.

Dans le domaine des droits de l'homme l'audit social n'est pas la seule voie explorée. Arcelor n'écarte pas de mener une coopération avec une ONG, dans un rôle d'alerte qui viendrait compléter les audits mis en place par ailleurs. Cette démarche peut être rapprochée de la coopération établie par Lafarge avec Care concernant le sida. Dans les deux cas, ces « partenariats d'exploration » (Segrestin, 2003) visent à constituer de nouveaux domaines d'action qui débordent des champs d'action traditionnels de chacun des partenaires. Pour les deux partenaires, la coopération vise à susciter des apprentissages croisés, à savoir une meilleure connaissance de l'entreprise pour l'ONG et une meilleure connaissance des communautés locales, des enjeux sociaux et environnementaux locaux pour l'entreprise.

La mise en œuvre de la politique de développement durable n'est pas identique dans tous les pays et, pour Arcelor, il faut tenir compte des contextes locaux. Ainsi, au Brésil, les attentes par rapport à l'entreprise sont importantes de la part des communautés locales et des autorités publiques. Au sein du groupe, les sites brésiliens sont d'ailleurs considérés comme exemplaires aussi bien sur le plan environnemental et sociétal que sur le plan du dialogue avec les *stakeholders*. Le rapport annuel 2002 met en avant le cas de Belgo Mineira qui agit en faveur des enfants dans le domaine de l'alphabétisation (p. 130). Les cas choisis dans le cadre de cette recherche se situent en Europe, qui constitue le marché principal, occupe 88 % des effectifs du groupe et dont sont issues les sociétés qui constituent le groupe Arcelor.

2.6. Le choix des études de cas

Le premier cas étudié, présenté dans le chapitre 2, concerne le domaine de l'environnement, ou plus précisément, les évolutions, sur le plan local, des enjeux et des pratiques en matière de management de l'environnement sur les sites industriels. Nous verrons, à travers l'exemple de Fos-sur-Mer, comment le management de l'environnement évolue d'une gestion essentiellement technique, fondée sur les principes de l'assurance qualité, vers des formes plus variées incluant la communication et les relations avec les *stakeholders* (riverains, communautés locales, collectivités, etc.).

Le deuxième cas, présenté dans le chapitre 3, concerne l'annonce anticipée, en 2003, d'un plan de redéploiement à l'échelle du groupe. L'histoire de la sidérurgie européenne est marquée depuis trente ans par la succession des plans de restructuration et leurs cortèges de plans sociaux. Le plan récemment annoncé par Arcelor tranche avec des pratiques plus anciennes en matière de restructuration (généralement traitées dans l'urgence et au cas par cas) sur deux registres : celui de l'anticipation – les mesures annoncées seront mises en œuvre à partir de 2006 – et par sa dimension européenne, puisque le plan repose sur une analyse globale de la stratégie du groupe et prévoit des transferts de production entre les sites. Il s'inscrit dans la stratégie du groupe en matière de développement durable dans la mesure où il est explicitement précisé que ce plan s'inscrit dans une perspective de long terme, qu'il cherche à développer un dialogue social au niveau européen et qu'il vise à anticiper, pour mieux les traiter, les conséquences en termes de reclassement et de gestion des compétences. Dans ce cas, nous avons étudié, en particulier, la mise en œuvre d'une politique de concertation et dialogue social au niveau du comité d'entreprise européen (CEE), instance dont nous mettrons en évidence le rôle et les caractéristiques.

Conclusion

Pour Arcelor, un enjeu majeur est d'affirmer une identité et une cohésion au sein du groupe. Dans cette perspective, la direction du développement durable joue un rôle intégrateur. Son rôle consiste à faire émerger des domaines d'action fédérateurs, à définir des objectifs, à identifier et à diffuser les bonnes pratiques au sein du groupe. Son rôle n'est pas forcément de construire de toutes pièces de nouvelles cibles, mais d'abord de sélectionner, en fonction des enjeux spécifiques du développement durable pour Arcelor, puis d'articuler, de stimuler, d'étendre un ensemble de pratiques managériales préexistantes et développées dans des contextes différents. Cette problématique n'est pas propre à Arcelor, mais compte tenu de la forte culture industrielle et nationale des entreprises constituant ce groupe, cet aspect revêt un enjeu particulier. La direction du développement durable joue un rôle important dans le dossier stratégique. Elle est notamment associée à la mise en œuvre du plan de redéploiement récemment annoncé. Ces éléments confirment l'importance du développement durable et précisent la place occupée par cette thématique au sein du groupe. Toutefois, les axes stratégiques commencent tout juste à se stabiliser et la mise en œuvre opérationnelle doit encore s'affirmer en 2004.

Sources

Sources primaires

Sources orales

- Entretien avec M. Daniel Atlan, directeur adjoint des ressources humaines, Luxembourg, 3 décembre 2002
- Entretien avec M. Patrick du Bois et M. Jacky Prudhomme, Luxembourg, 2 décembre 2002
- Entretien téléphonique avec Jacky Prudhomme, 22 mai 2003
- Entretien avec Jacky Prudhomme, Paris, 24 septembre 2003
- Entretien avec M. J.-M. Engel et M. Charles Werner, chef de service environnement, Belval, 3 décembre 2002
- Entretien avec Mme Martine Hue, directeur des relations investisseurs, Luxembourg, 3 décembre 2002
- Entretien avec M. Yann de Lassat, directeur de l'environnement Arcelor, Luxembourg, 2 décembre 2002
- Entretien avec M. Jacques Ruppert, *Risk Management*, Luxembourg, 3 décembre 2002
- Entretien avec M. Patrick. Seyler, directeur de la communication, Luxembourg, 3 décembre 2002
- Entretien téléphonique avec Jacky Prudhomme, 8 décembre 2003

Sources écrites

Documents obligatoires publics

- Arcelor, *Information juridiques et financière*, 2002
- Arcelor, Luxembourg, fin de 1er semestre 2002
- *Arcelor en bref*, Luxembourg, novembre 2002
- *Accents, Arcelor results*, automne 2002
- Rapport annuel 2002 et 2003 du groupe Arcelor
- Usinor, *Rapport de gestion 2001*

Notes de communication externe

- Arcelor, *Projets d'orientation stratégique groupe*, Luxembourg, 24 janvier 2003
- Arcelor, *Politique environnementale*, Luxembourg, 18 février 2003
- Arcelor, *Politique santé sécurité*, Luxembourg, 18 février 2003
- Comité d'entreprise européen d'Arcelor, Déclaration commune en vue du développement de la sécurité au travail, communication reprise dans Arcelor, *Rapport d'activité 2002*, p. 107
- Arcelor, *Arcelor Purchasing; Quality Management and Sustainable Development*; 13 juin 2003, S. Delfanne
- Arcelor, *Arcelor Principles of Responsibility*, novembre 2003.

Notes et comptes rendus de réunions

- Arcelor-ProfilArbedSA, Politique de sécurité de l'Arbed
- Du Bois P. et Prud'homme J., *Le développement durable au groupe Arcelor. Orientations stratégiques*
- Arcelor, Note interne Scorecard de sélection des fournisseurs et sous-traitants d'Arcelor en intégrant les critères de développement durable, J. Prudhomme, 5 mai 2003

Sources secondaires

- Agence française de presse, *Arcelor, la concurrence impose des restructurations selon Nicole Fontaine*, 29 janvier 2003
- « La dernière bataille de l'acier », *Le vif/L'Express*, 31/1/2003

Bibliographie

FUSILIER B., VANDEWATTYNE J. et LOMBA C. (dir.), *Kaléidoscopie d'une modernisation industrielle. Usinor, Cockerill Sambre, Arcelor*, UCL Presses universitaires de Louvain, Louvain, 2003.

GODELIER E. (1996), « Du bricolage à l'organisation : la naissance des outils de gestion du personnel chez Usinor (1948-1981) », *Entreprises et histoire*, n° 13, p. 97-114.

GODELIER E. (1997), « De la stratégie des sites à la stratégie de groupe. Contingence et changement chez Usinor », *Gérer et comprendre, Annales des Mines*, n° 48, p. 79-93.

3. Gérer le développement et l'insertion locale d'un groupe à l'international : le cas Accor

Par rapport aux autres entreprises de l'échantillon, le groupe Accor se singularise par la diversité des parties intéressées *(stakeholders)* avec lesquelles il affiche un partenariat. L'environnement n'est pas le seul aspect de la politique de développement durable de l'entreprise, celle-ci est aussi développée dans les domaines des droits de l'homme, de l'aide au développement, de l'aide d'urgence, de l'action sociale et de la préservation du patrimoine (annexe 1).

Les implantations géographiques du groupe Accor expliquent le nombre de pays concernés par les partenariats mis en avant par le groupe dans le rapport annuel, mais c'est la spécificité du secteur du tourisme qui rend le mieux compte de la diversité de ces partenariats. L'activité hôtelière est, en effet, fortement encastrée dans la réalité économique politique et sociale des pays où elle s'exerce et l'investissement dans un nouveau projet comme la gestion d'un hôtel nécessite de maîtriser ces différentes variables.

La mise en œuvre de la politique d'Accor dans le domaine de l'environnement fera l'objet d'une étude de cas spécifique relative au *reporting* environnemental. Mais nous verrons en quoi la réussite de cette politique environnementale est étroitement liée à la gestion des ressources humaines. Après avoir présenté le groupe Accor et indiqué comment la question du développement durable est abordée dans le secteur du tourisme nous montrerons la place que la gestion des ressources humaines tient dans l'engagement d'Accor dans le domaine du développement durable.

3.1. Un groupe international et décentralisé

Le groupe Accor est la plus importante chaîne hôtelière intégrée française et occupe la quatrième place mondiale.

Les plus grands groupes hôteliers

Rang 2001	Rang 2002	Groupes	Pays	Hôtels 2001	Hôtels 2002	Chambres 2001	Chambres 2002
1	1	Cendant	États-Unis	6455	6624	541313	553771
2	2	Six Continent	G.-B.	3112	3234	497889	507091
4	3	Marriott International	États-Unis	2043	2333	383200	427489
3	4	Accor	France	3488	3654	389437	415774

Source: Base de données MKG Conseil, citée par http://www.tourisme.gouv.fr/

Le groupe Accor est présent dans 140 pays et emploie 157 000 collaborateurs. L'hôtellerie est l'activité principale du groupe mais les services aux entreprises et aux collectivités publiques représentent désormais 7 % du chiffre d'affaires[21]. Dans le secteur du tourisme, les très petites entreprises cohabitent avec les grands groupes internationaux. En France, l'Union des métiers et des industries de l'hôtellerie[22] regroupe un grand nombre de petites entreprises. En 2002, le groupe Accor a réalisé un chiffre d'affaires de 17139 millions d'euros. Accor gère 3 829 hôtels et 440 807[23] chambres, principalement en Europe et en Amérique du Nord.

21. Du point de vue de la politique de développement durable, ces activités jouent, pour le moment, un rôle secondaire. Dans la suite de cette monographie, nous nous focaliserons sur l'activité hôtelière.

22. L'Union des métiers et des industries de l'hôtellerie (UMIH) est un organisme patronal qui représente les secteurs de l'hôtellerie, de la restauration, des cafés et des discothèques. Elle est issue du regroupement de la Fédération nationale de l'industrie hôtelière (FNIH) et du Comité de liaison pour l'unité syndicale (CLUS) qui a eu lieu en 1999. L'UMIH est le syndicat le plus représentatif de la profession dans toute sa diversité et sur l'ensemble du territoire. *Source:* http://www.umih.fr/umihqui.php, 29 avril 2003.

23. Compte tenu des informations données par MKG Conseil sur les chaînes hôtelières concurrentes d'Accor, ce chiffre qui figure dans le rapport d'activité 2002 place Accor au 3e rang mondial sur le critère du nombre de chambres.

Répartition des chambres du groupe Accor par marque à fin décembre 2002 [24]

	Marques	Répartition des chambres
Haut de gamme	Sofitel	7 %
Milieu de gamme	Switch Hotel, Mercure, Novotel	38 %
Hôtellerie économique	Formule 1, Motel 6, Etap, Red Roof Inns, Ibis	55 %

Répartition des chambres du groupe Accor par région à fin décembre 2002 [25]

Amérique du Nord	Amérique centrale et Amérique du Sud	Europe	Afrique et Moyen-Orient	Asie Pacifique
31 %	5 %	51 %	5 %	8 %

L'hôtellerie est une activité dépendante des voyagistes et des transporteurs. Une chaîne hôtelière peut soit développer des alliances, soit intégrer des activités amont. Accor est aussi inséré dans la filière du tourisme en tant que voyagiste avec des marques de tour-operating telles que Go Voyage, Carlson Wagon-lit Travel, Frantour. Des accords sont passés avec d'autres groupes intervenant dans le secteur du tourisme. Accor a créé une carte commune (carte Corporate) avec American Express, le Crédit Lyonnais et Air France. Accor a signé avec Air France un accord visant à établir des liaisons entre les centrales de réservation et à établir un barème de conversion des points de fidélisation offerts par les deux entreprises.

Répartition du chiffre d'affaires 2002 du groupe Accor par activité

Activités	Part du CA
Hôtellerie	70 %
Services aux entreprises et aux collectivités publiques	7 %
Agences de voyage	7 %
Restauration	6 %
Service à bord des trains	4 %
Casinos	3 %
Autres	3 %

Il apparaît donc que certains partenariats mis en avant dans le compte rendu d'activité du groupe ont une raison d'être de nature stratégique. C'est le cas du partenariat d'aide au développement avec le groupe Air France. Mais cette explication reste partielle. En effet, la spécificité du secteur touristique ne réside pas seulement dans l'intégration de la filière. Elle réside aussi dans la nature très particulière du lien qu'il entretient avec les problématiques du gouvernement politique et en particulier de l'aménagement du territoire.

24 et 25. Quand la source d'un chiffre n'est pas précisée, ce chiffre provient du rapport d'activité 2002 du groupe Accor.

3.2. Des partenariats multiples et anciens

Dans le secteur du tourisme, les pouvoirs publics et les professionnels ont coopéré dès 1925 pour définir des normes en matière de service et d'assurance qualité (voir annexe 2). Au niveau international, la coopération avec les pouvoirs publics est menée dans le cadre de l'Organisation mondiale du tourisme (OMT) qui est un organisme intergouvernemental réunissant des entreprises privées comme Accor, des consultants, des États. L'OMT a participé au sommet de Johannesburg où elle a présenté les actions menées par la profession pour la mise en œuvre des engagements pris en 1992 à la conférence de Rio (dans le cadre des agendas 21) et a aussi institué la *Tour Operator Initiative for Sustainable Development*. En 1997, l'OMT a publié une liste d'indicateurs de développement durable propres au secteur du tourisme[26]. Au sein de la filière tourisme, la profession hôtelière s'est elle-même organisée avec la création en 1992 de l'*International Hotels Environnement Initiative* dont le groupe Accor est membre fondateur. Le secteur du tourisme dans son ensemble contribue ainsi à l'élaboration de normes de management dans une perspective de développement durable.

Mais la construction de partenariats conduits par les grandes entreprises du secteur doit être aussi mise en perspective avec les enjeux politiques, économiques et sociaux spécifiques à chaque pays auxquels elles sont confrontées. Un extrait du *Manuel sur l'évaluation des ressources touristiques* rédigé par l'OMT montre la variété des problématiques auxquelles est confronté et que doit prendre en compte un groupe hôtelier : « Données démographiques, conditions de vie dont niveau de vie, salaires, conditions de travail, qualification de la main-d'œuvre, existence de centres de formation professionnelle, encadrement syndical, etc.

Opinion et mentalité de la population par rapport au phénomène touristique, mais aussi structure sociale et participation des populations à la démocratie locale, régionale ou nationale ; congés payés et aménagement du temps de travail et du temps libre, étalement des vacances, habitudes sociales en matière de loisir, niveau d'éducation et de santé, etc.

Aspects politiques et juridiques : régime et stabilité politique, image de la région, lois et règlements en vigueur concernant directement ou non le développement touristique, structure administrative de la région ou du pays, existence d'un plan de développement national, régional, d'un plan directeur de tourisme, d'un plan de zoning ou d'urbanisme, mesures de police et de sécurité, etc. » (Organisation mondiale du tourisme, *Manuel sur l'évaluation des ressources touristiques*, Madrid, 1980, cité par Georges Cazes et Robert Lanquar, *L'Aménagement touristique et le développement durable*, PUF, Paris, 2001.)

Les domaines de partenariats identifiés à la lecture du rapport de développement durable d'Accor trouvent une cohérence à la lecture de cet ouvrage professionnel. Ils témoignent des priorités dégagées dans un projet donné parmi l'ensemble des questions pouvant se poser. Dans le domaine de l'action sociale, on relève ainsi en France un partenariat de Bourse Solidarité Vacances créée par le secrétariat au tourisme (1999), aux États-Unis, un soutien apporté à des associations promouvant l'interculturalité et le parrainage d'enfants en Indonésie, en Thaïlande, au Brésil ou en Uruguay.

26. OMT, *Guide pratique pour l'élaboration et l'emploi d'indicateurs du tourisme*, 1997.

Le secteur du tourisme représentait environ 4 % de l'emploi dans le monde en 1999 et la croissance du nombre d'emplois est particulièrement rapide. L'importance de l'emploi dans le secteur du tourisme justifie l'engagement des organisations syndicales et l'attention que porte à cette branche le Bureau international du travail (BIT). C'est un secteur qui peut aussi engendrer des nuisances économiques (certains pays constatent un regain d'inflation lié à un tourisme intensif), écologiques (pollutions) et socioculturelles en diffusant des modes de vie et de consommation en contradiction avec les cultures locales[27]. Ces entreprises sont parfois amenées à prendre en compte des données politiques dans leur stratégie de développement. Par exemple, le retrait d'Accor de la Birmanie fin 2002 a été repris dans la presse et a fait l'objet d'un suivi attentif de la part de l'Union internationale des travailleurs de l'alimentation, de l'agriculture, de l'hôtellerie-restauration, du tabac et des branches connexes (UITA)[28]. À travers ces différents enjeux, on peut considérer que les entreprises du secteur du tourisme sont au cœur de la question du développement durable.

Le grand nombre de partenariats auxquels Accor se trouve associé s'explique donc pour une part par les spécificités du secteur du tourisme qui est engagé de façon large et relativement ancienne dans une problématique aujourd'hui rattachée au développement durable. Cet historique fait du secteur du tourisme un secteur particulièrement intéressant à étudier pour une meilleure connaissance des liens entre l'entreprise et la société. Très tôt ce secteur d'activité s'est organisé pour traiter une grande variété de questions liées à son développement. Il a aussi dû répondre aux attentes des pouvoirs publics pour qui le développement touristique répond depuis déjà plusieurs décennies à une attente sociale et est un levier de développement économique local, régional et parfois même national.

Compte tenu de la variété des parties concernées par l'activité d'une entreprise hôtelière, il est utile d'examiner comment Accor intègre leur point de vue dans ses priorités et dans les pratiques managériales du groupe. Quels axes de management un groupe hôtelier se donne-t-il pour concilier d'une part les attentes pressantes et diverses des parties intéressées liées au développement durable et, d'autre part, pour éviter la dispersion des ressources financières et humaines ?

3.3. Le développement durable dans l'organisation du groupe

En 2002, le groupe Accor a créé un « comité du développement durable » et la fonction de responsable du développement durable chargée de mettre en œuvre les orientations du comité. La fonction de responsable du développement durable est rattachée au vice-président délégué du directoire, en charge des services des ressources humaines et du développement durable. Vis-à-vis de l'environnement de l'entreprise, son rôle est de répondre aux sollicitations des agences de notation (questionnaires, etc.) et de coordonner la rédaction du rapport annuel sur le développement durable. En interne, son rôle est de promouvoir les démarches associées aux orientations en matière de développe-

27. Voir VELLAS F. (2002), *Économie et politique du tourisme mondial*, Paris, Economica, p. 153.
28. L'UITA regroupe des organisations syndicales nationales de travailleurs de l'agriculture, de l'agroalimentaire et de l'hôtellerie-restauration.C'est pour ce dernier secteur que la Fédération des services adhère depuis 1983 à l'UITA. L'UITA représente aujourd'hui 6 millions de travailleurs dans le monde. Son organisation régionale pour l'Europe est depuis le mois de décembre 2000 l'EFFAT (European Federation of Food Agriculture and Tourism). Accor a créé un comité d'entreprise européen (CEE) dont l'UITA assure le secrétariat.

ment durable, de construire les indicateurs pertinents, de mettre en place un *reporting* environnemental et social et de favoriser la diffusion des bonnes pratiques au sein du groupe. Fin 2002, la fonction de responsable du développement durable est donc tout juste instituée dans l'entreprise et un an plus tard la fonction s'enrichit. En effet, depuis le mois de septembre 2003, la fonction de responsable de l'environnement est rattachée à la direction du développement durable (voir encadré) [29].

Accor : structures de l'entreprise et développement durable

1992	Après la conférence de Rio, Paul Dubrule engage l'entreprise vers le développement durable. Il nomme un chargé de mission environnement qui travaille sur le consumérisme, la qualité, les achats, les emballages, les déchets dans l'hôtellerie.
1994	Création de la fonction responsable environnement.
1997	Le président du directoire, M. Jean-Marc Espalioux, lance le projet Accor 2000 « Réussir ensemble » et crée une direction environnement.
1998	Charte environnement de l'hôtellerie présentant les 15 actions clés sur l'environnement. La charte est distribuée aux directeurs d'hôtel.
1999	Développement des actions en direction des énergies renouvelables.
Fin 2000	Une enquête est menée en interne auprès des opérationnels et en externe auprès d'ONG et des pouvoirs publics. Elle porte aussi sur la concurrence. Après un audit mené par le cabinet Ernst&Young il est décidé de renforcer la politique environnementale.
Mars 2002	Création du comité du développement durable sous la direction de M. John Du Monceau.
Octobre 2002	Création du poste de responsable du développement durable chargé de coordonner l'action des personnes clés des différents départements.
13 décembre 2002	La politique du développement durable est présentée au directoire. Pour 2003 les recommandations sont les suivantes : la consommation et le traitement de l'eau, la consommation d'énergie et le développement de l'énergie renouvelable.
Octobre 2003	Création d'une direction du développement durable intégrant le service environnement.

Sources : entretien du 28 octobre 2002 avec M. John Du Monceau, entretien du 10 janvier 2003 avec M. Alexandre Le Dantec et entretiens avec Mme Hélène Roques.

Comme chez Arcelor et Lafarge, le service du développement durable est doté d'une structure légère. Dans ces entreprises, suivant des logiques différentes, la fonction développement durable est actuellement conçue comme devant favoriser l'intégration des fonctions de l'entreprise à partir des axes de la politique définie par le comité du développement durable.

Chez Accor, comme chez Lafarge, la question du développement durable n'est pas seulement traitée en interne, elle est aussi un thème sur lequel l'entreprise intervient en coopération avec d'autres acteurs. Accor contribue à la formation des idées et des normes de la filière en participant à différentes instances

29. Une évolution similaire est observable chez Arcelor.

mais sa participation à l'élaboration de normes de développement durable dépasse le cadre de la profession. Accor est en effet membre cofondateur du CSR Europe[30] en 1995.

3.4. L'importance de la gestion des ressources humaines

Les ressources humaines sont un aspect essentiel de l'activité hôtelière comme en témoigne la politique marketing d'Accor, qui met en avant la qualité du service rendu au client. En même temps l'hôtellerie est une profession que les rythmes de travail et les niveaux de rémunérations rendent peu attirante comparativement à d'autres. Cependant, Accor est une entreprise attractive du secteur de l'hôtellerie. Une enquête menée en 2001 auprès des salariés du groupe montrait que 83 % d'entre eux se plaisent chez Accor. Toutefois, même chez Accor, le *turnover* est élevé, beaucoup de départs survenant dans les six premiers mois. On estime dans le groupe que 20 à 25 % de l'effectif sont constitués de salariés fidèles à l'entreprise, le *turnover* de cette population étant de l'ordre de 5 %[31]. De plus le *turnover* n'est pas le même suivant les enseignes, il est de 10 à 15 % pour Ibis, par exemple. Enfin, quand des actions de formation qualifiante sont mises en place, ce taux est généralement plus bas, et peut tomber à 4 %[32]. Les informations sur la satisfaction du personnel sont encore incomplètes. Accor ne dispose que depuis peu d'une enquête mondiale et celle-ci, signalée dans le rapport annuel 2001, n'a pas été renouvelée en 2002. La raison avancée est que les informations collectées doivent faire l'objet d'un traitement qui se révèle être long et que les actions à mener en conclusion de la première enquête ne sont pas encore toutes définies.

Le groupe ne compte que 15 000 cadres environ dans l'entreprise (sur 157 000 personnes, soit un taux d'encadrement de 10 %). La majorité des salariés sont agents de maîtrise et ont un faible niveau de formation initiale. Par ailleurs, la majorité des personnes garantes de la satisfaction du client (celles qui sont en *front office*) sont les moins qualifiées du groupe. La prise en compte de cette population est au centre de la politique de formation du groupe.

La politique de gestion des ressources humaines se donne pour objectif de fidéliser le personnel, notamment en offrant des perspectives de carrière (« escalier professionnel »). Deux axes sont principalement mis en avant par la direction des ressources humaines en 2003 : chaque collaborateur doit bénéficier d'une évaluation personnalisée annuelle et d'une formation par an.

Accor est un groupe très décentralisé dans lequel le recrutement du personnel est mené au niveau national, dans chacun des 140 pays. Accor cherche aujourd'hui à fédérer les démarches locales et à s'assurer de leur qualité, en termes de recrutement, puis d'intégration, d'évaluation et de formation. Dans ce contexte, la direction des ressources humaines joue un rôle de relais essentiel pour diffuser de nouvelles démarches auprès des salariés. Dans cette perspective, la formation professionnelle est le domaine d'action par lequel Accor entend contribuer à la formalisation de normes managériales cohérentes avec les principes du développement durable. La réflexion menée en interne sur ce thème trouve des prolongements dans les relations d'Accor avec d'autres entreprises

30. CSR Europe pour Corporate Social Responsibilty : association européenne de grandes entreprises qui vise à permettre l'échange de pratiques en matière de développement durable et à financer des études sur ce sujet.
31. Entretien avec M. Hervé Bertrand, directeur du Pôle compétences carrières, Evry, 28 novembre 2003.
32. Intervention de Mme Cathy Kopp, directeur général ressources humaines d'Accor lors du congrès Human Ressource 2003, Paris, octobre 2003.

partageant la même orientation. Au mois de septembre 2003, Accor a organisé à Évry une réunion du CSR Europe sur le thème de la formation professionnelle.

Parmi les entreprises étudiées, Accor est celle où la mise en œuvre de la politique de développement durable est le plus intimement liée aux orientations de la politique de gestion des ressources humaines. Le rapport d'activité du groupe met en avant les efforts faits pour attirer et fidéliser le personnel : carrière, mobilité, politique de participation, plan d'épargne entreprise, dialogue social[33]. Doit-on parler de développement durable ou de gestion avisée du personnel ?

Les dispositifs de gestion des ressources humaines orientés vers le développement durable

Deux raisons peuvent être avancées pour expliquer le lien fort entre développement durable et gestion des ressources humaines chez Accor : d'une part, comme cela a été développé plus haut, l'activité hôtelière est encastrée dans des problématiques politiques et sociales locales ; d'autre part, la gestion des ressources humaines est à la base de la création de valeur par le groupe. Les dépenses de formation illustrent très bien cet enjeu en mettant en évidence la part des ressources humaines dans l'activité : Accor consacre 2,4 % de la masse salariale à la formation, la masse salariale représentant elle-même 30 % du chiffre d'affaires de l'entreprise[34].

Accor fait de sa politique de développement durable un argument pour le recrutement de personnel. En effet, dans sa présentation aux écoles, où Accor indique les différents critères rendant le groupe attrayant pour un jeune figure la politique de développement durable du groupe[35]. Il est indiqué : « Accor mesure pleinement sa responsabilité dans ce domaine et se donne un double objectif : s'imprégner des préoccupations de la communauté internationale touchant l'avenir de la planète. Intégrer ces préoccupations dans la politique de long terme. Accor remplit ainsi les conditions d'un tourisme durable, tant dans les pays industrialisés que dans les pays émergents. » (Accor, Direction générale des ressources humaines, *Kit de présentation du groupe Accor aux écoles. Guide d'utilisation*, Paris, septembre 2003, cédérom de présentation p. 11.)

La formation au service du développement durable : le rôle des académies Accor

Le cas de la formation continue caractérise lui aussi le lien entre le développement durable et la gestion des ressources humaines. Les entretiens montrent que la formation est le levier d'action de la gestion des ressources humaines le plus opérationnel. Il est cité par tous nos interlocuteurs. En effet, la formation est au centre de l'un des principaux axes de la gestion des ressources humaines du groupe : 100 000 stagiaires ont été formés en 2002 dans le monde dont 19 000 ont reçu une formation en France en 2002 à l'académie Accor.

Le siège de l'académie est situé à Évry dans l'Essonne mais il existe des académies décentralisées au Brésil et à Dubaï. Elles n'ont pas toutes leurs propres locaux. À Dubaï, par exemple, l'académie sous-traite les actions de formation. En France, la formation recouvre trois domaines : formation technique et profes-

33. Accor, *Rapport annuel 2002*, p. 46-49.

34. Entretien avec M. Hervé Bertrand, directeur du Pôle compétences carrières, Évry, 28 novembre 2003.

35. Pour la direction du groupe, les jeunes attachent de l'importance à l'engagement social de leur entreprise. Accor agit dans ce sens dans différents pays : aide à l'enfance, aide d'urgence, projet de parrainage d'enfants par les employés.

sionnelle, centrée sur les savoir-faire et les métiers de l'hôtellerie; formation clients et formation au management des hommes et des équipes. Pour Accor, l'objectif actuel est de tendre vers l'harmonisation des programmes des différentes académies et d'organiser entre elles des échanges sur la pédagogie.

La formation diffère entre les pays et les programmes tiennent compte des besoins locaux. Au Maroc, par exemple, la formation est axée sur la lutte contre l'analphabétisme. De plus, la formation professionnelle est un domaine où Accor développe un savoir-faire qui lui permet, en certaines circonstances, de participer à la mise en œuvre de politiques publiques. En Australie, l'académie délivre un diplôme reconnu par le système de formation national[36]. Au Brésil, où elle a été créée en 1990, l'académie a un rôle d'intégration sociale des jeunes. Les académies sont des dispositifs qui peuvent efficacement contribuer à la diffusion des orientations en matière de développement durable.

Harmoniser les pratiques managériales: le rôle des guides et des chartes

Un autre dispositif de gestion faisant le lien entre la gestion des ressources humaines et le développement durable a été l'élaboration d'un guide du développement durable énumérant des principes d'action à l'attention des managers d'hôtels. Ce guide intitulé: *Les Repères du manager. Ensemble plus responsables* est le résultat d'une large concertation dans l'entreprise. C'est une action transversale, qui réunit tant les questions de RH que d'achats, sociétales, éthiques, juridiques, etc. Diffusé en novembre 2003, il a été écrit par la direction du développement durable à l'issue des travaux du comité de développement durable. Il actualise un document diffusé en 1990 *(Le Guide bleu de l'éthique)*. Le style de l'ancien document, écrit à la première personne, sous forme de commandements, était jugé dépassé par la direction. Par ailleurs, la liste des thèmes abordés était trop limitative (principes éthiques: corruption, délits d'initiés, etc.) par rapport aux enjeux du développement durable. Le nouveau document adopte un « nous » collectif, jugé plus neutre, et utilise un titre plus sobre mettant l'accent sur la responsabilité des managers dans l'atteinte des objectifs du développement durable.

À partir de la diffusion de ce guide, il s'agit d'inscrire dans les usages quotidiens des managers des principes d'action qui dépassent les seuls objectifs économiques. Pour cela, la liste des thèmes abordés est très large et reprend, sous forme de glossaire, les principaux engagements ou enjeux économiques, sociaux et environnementaux du groupe directement liés à l'activité des managers d'hôtels. Les enjeux de la gestion des ressources humaines y sont fortement présents à travers des thèmes comme la formation, la motivation, le recrutement, la rémunération, etc., mais le développement durable y est aussi traité sous plusieurs rubriques: commerce équitable, eau, énergie, sous-traitants, etc. Après la phase de diffusion à tous les managers d'hôtels, une phase de retour a été organisée pour recueillir leur point de vue sur le document.

Ce type de démarche, s'appuyant sur la production de guides ou de chartes, doit être mis en perspective avec l'organisation très décentralisée (4 000 hôtels) du groupe et la difficulté pour le siège de diffuser, d'atteindre des managers qui n'ont souvent qu'une relation lointaine et épisodique avec celui-ci. D'où l'importance d'outils visant à encadrer et harmoniser les pratiques. Pour Accor: « Les données financières ne sont plus aujourd'hui les seules que les entreprises doivent consolider. Il s'agit pour elles d'être transparentes dans leur impact envi-

36. Entretien avec Bruno de Montalivet, directeur systèmes supports et projets ressources humaines et organisation, Paris, 1er juillet 2003.

ronnemental, ainsi que sur leur capacité à développer les compétences des collaborateurs ou à respecter les personnes et les cultures. Faire la synthèse de telles données est un moyen de connaître nos performances en matière sociale, environnementale et sociétale. » (Accor, comité du développement durable, *Les Repères du manager. Ensemble plus responsables*, septembre 2003, p. 18.)

Des dispositifs similaires, définissant des principes d'action et des critères à mettre en œuvre, ont été élaborés, telle la charte « Achats durables » ou la « Charte environnement ». L'aspect environnemental de la politique de développement durable sera abordé à partir de la mise en place du *reporting*. Il permet de rendre visibles les pratiques des hôtels et de définir des plans d'action pour les améliorer le cas échéant.

3.5. Les enjeux managériaux d'un reporting environnemental mondial

Accor a la préoccupation de sensibiliser le personnel de l'entreprise aux questions environnementales et a développé des actions de communication dans ce sens. C'est ainsi que, dès 1998, a été diffusée dans l'entreprise une charte de l'environnement. Aujourd'hui, un enjeu particulièrement fort pour Accor est la mise en place d'un *reporting* environnemental mondial et sa prise en compte dans les pratiques de management opérationnel.

Alors que la structure ressources humaines dispose de son propre système d'information (HR data), la direction de l'environnement n'est pas encore dotée d'un système permettant d'effectuer une remontée et une diffusion rapide des données environnementales. Le *reporting* ressources humaines est effectué au niveau des régions alors que le *reporting* environnemental est réalisé au niveau des hôtels. Pour la direction de l'environnement, la mise en place d'un *reporting* environnemental devrait permettre de mener des actions locales. En effet, les données mises à la disposition des managers peuvent leur permettre de définir des priorités d'action en fonction d'un *benchmarking* interne. Trois orientations principales sont retenues par le siège : consommation d'eau, consommation d'énergie et gestion des déchets [37].

Le *reporting* a déjà fait l'objet d'un test auprès de plusieurs hôtels du groupe en 2002 et est aujourd'hui en cours de mise en place. L'étude de cas consacrée à ce sujet s'appuie sur une enquête auprès de directeurs d'hôtels et examine comment le *reporting* environnemental est pris en compte dans le management opérationnel.

Pour Accor, l'enjeu est aussi externe vis-à-vis des parties intéressées puisque les indicateurs retenus dans le rapport annuel 2002, en application de la loi NRE, portant sur la consommation d'eau et la consommation d'énergie, n'ont pas encore d'historique consolidé au niveau mondial, mais l'entreprise s'est implicitement engagée à le constituer.

Conclusion

Le groupe Accor construit progressivement une démarche dans le domaine du développement durable. Dans le cas de la formation professionnelle et du *reporting* environnemental, cette action s'appuie sur un savoir-faire développé depuis plusieurs années : l'académie a été créée en 1985 et la politique d'environ-

37. Accor, *Bien comprendre et maîtriser l'eau, l'énergie et les déchets dans un hôtel Accor*, dépliant distribué au personnel en 2002, repris dans Accor, *Rapport annuel, 2002*, p. 54-55.

nement est déjà développée depuis dix ans. En outre, la diffusion en interne de principes de management s'appuie sur une action initiée, elle aussi, il y a une dizaine d'années. Toutefois, pour un groupe décentralisé de cette taille, la difficulté est d'arriver à mobiliser des managers d'hôtels sur des enjeux et des questions qui n'ont pas d'effets visibles, à court terme, sur les performances économiques des hôtels. La sensibilité de ces managers au développement durable, variable d'un hôtel à l'autre, d'un pays à l'autre, peut ainsi constituer un obstacle à la mise en œuvre d'une politique de développement durable à grande échelle ; d'où l'importance de la communication interne et la diffusion de guides et de chartes visant à favoriser une harmonisation des pratiques.

Outre les actions accomplies en interne dans le domaine du développement durable, Accor se trouve en position d'influencer les pratiques managériales d'autres entreprises. Cela va de l'intervention dans les instances de discussion au développement de son pôle services, offrant des solutions d'épargne salariale pour les entreprises de moins de 100 salariés, jusqu'au développement d'outils de fidélisation du personnel et au développement de savoir-faire dans le domaine de la formation en ressources humaines tant en Australie (rachat de Davidson Trahaire en 2002) qu'en France (rachat d'Affiniteam en 2002). Ces différentes actions ne sont pas en elles-mêmes des actions nouvelles, mais la capacité d'une entreprise à diffuser des pratiques de management dans des pays et/ou des secteurs d'activité encore peu accessibles aux innovations nous paraît ressortir du développement durable.

Annexe 1 : Les domaines de la politique de développement durable du groupe Accor

Problème de société	Association/ONG	Pays	Type d'action menée par Accor
Aide au développement	Achat de produits labellisés commerce équitable Participation au groupe développement créé par Air France	Égypte, Sénégal, et Colombie, Mali, Tchad	Achat de café portant le label Commerce équitable par la marque Sofitel en 2003
Solidarité	Partenaire de Bourse Solidarité Vacances créée par le secrétariat au tourisme (1999) Soutien d'associations promouvant l'interculturalité Parrainage d'enfants	France États-Unis Indonésie, Thaïlande, Brésil, Uruguay	Détachement d'une collaboratrice pour organiser les départs Aide financière, participation de salariés de l'entreprise Soutien financier formation professionnelle
Aide d'urgence	La Croix Rouge Membre fondateur du Samu social Partenariat avec Care et diverses associations	France Australie, Bali, Nouvelle-Galles-du-Sud	Mise à disposition de chambres Mise à disposition de personnel qualifié
Droits de l'homme	End Child Prostitution Pornography and Trafficking of Children for Sexual Purposes	Thaïlande	Formation du personnel des hôtels du groupe
Droit du travail	UITA CFDT CGT	France	Protocole d'accord sur le recours aux entreprises extérieures de nettoyage
Environnement	Participation au Programme des Nations unies pour l'environnement (PNUE) Partenariat avec l'Ademe Membre fondateur d'International Hotels Environment Initiative Green Globe World Wildlife Fund	France	Accord cadre sur la gestion rationnelle de l'énergie, le recyclage des déchets et le développement de l'énergie solaire
Préservation du patrimoine	Programmes de l'Unesco	France Tunisie, Cambodge, Chine	

Source : Accor, *Rapport annuel 2002.*

Annexe 2 : L'Organisation mondiale du tourisme

1925	Congrès international des associations officielles de trafic touristique, La Haye (Pays-Bas)
1934	Création à La Haye de l'Union internationale des organismes officiels de propagande touristique (UIOOPT)
1947	Renaissance de l'UIOOPT sous le nom d'Union internationale des organismes officiels de tourisme (UIOOT)
1967	À l'initiative de l'UIOOT, proclamation de 1967 année internationale du tourisme par les Nations unies
1970	Approbation par les membres de l'UIOOT de la création d'une institution intergouvernementale appelée Organisation mondiale du tourisme
1975	Première session de l'assemblée générale de l'Organisation mondiale du tourisme à Madrid (Espagne) et mise en route officielle de l'OMT. L'OMT devient agent d'exécution du Programme des Nations unies pour le développement (PNUD)
1977	Signature d'un accord officiel de coopération avec l'Organisation des Nations unies
1979	Création de la Journée mondiale du tourisme qui sera célébrée tous les ans le 27 septembre
1980	Convocation par l'OMT de la Conférence mondiale sur le tourisme à Manille. Adoption à l'unanimité de la Déclaration de Manille sur le tourisme mondial
1985	Adoption de la Charte du tourisme et du Code du touriste à la sixième session de l'assemblée générale de l'OMT à Sofia (Bulgarie)
1989	Conférence interparlementaire sur le tourisme organisée conjointement avec l'Union interparlementaire. Adoption de la Déclaration de La Haye sur le tourisme
1991	Conférence internationale sur le tourisme des jeunes à New Delhi (Inde)
1996	Deuxième forum international « Parlements, pouvoirs locaux : acteurs des politiques touristiques » à Bali (Indonésie). Adoption de la Déclaration de Bali sur le tourisme
1997	Élection de Francesco Frangialli (France) au poste de secrétaire général
1999	Treizième session de l'assemblée générale de l'OMT à Santiago (Chili)

Source : http://www. worldtourism.org/francais/frameset/frame_aboutwto.htm

Sources

Sources primaires

Sources orales

- Entretien avec M. John Du Monceau, vice-président délégué du directoire, en charge des services des ressources humaines, responsable du développement durable et de la Compagnie des Wagons-Lits, et Mme Hélène Roque, responsable du développement durable, Paris, 28 octobre 2002
- Entretien avec Mme Hélène Roques, responsable du développement durable, Paris, 25 novembre 2002
- Entretien avec M. Alexandre Le Dantec, directeur de l'environnement, Évry, 10 janvier 2003
- Entretien avec Mme Patricia Cortijo, chef de projet environnement, Évry, 26 juin 2003
- Entretien avec M. Gérald Ferrier, directeur groupe de la politique sociale, Paris, 17 février 2003

- Entretien avec M. Bruno de Montalivet, directeur systèmes supports et projets ressources humaines et organisation, Paris, 1er juillet 2003.
- Entretien avec Mme Hélène Roques, responsable développement durable et Mme Patricia Cortijo, responsable environnement, Paris, septembre 2003
- Entretien avec Mme Nathalie Herlin, directrice des achats France, Évry, 19 septembre 2003
- Entretien avec Mme Cathy Kopp, directeur général ressources humaines, Paris, 13 octobre 2003
- Entretien avec M. Hervé Bertrand, directeur du Pôle compétences carrières, Évry, 28 novembre 2003

Sources imprimées

Documents obligatoires publics

- Accor, *Annual Report*, 2001
- Accor, *Financial Statements*, 2001
- Accor, *Lettre aux actionnaires, résultats semestriels 2002*, n° 19, octobre 2002
- Accor, *Rapport annuel*, 2002.
- Accor, *Document de référence*, 2002

Communication externe

- Accor direction de la communication, *Communication de recrutement. Guide pratique*, Paris, décembre 2002
- Accor direction générale des ressources humaines, *Kit de présentation du groupe Accor aux écoles. Guide d'utilisation*, Paris, septembre 2003
- Intervention de Mme Cathy Kopp, directeur général ressources humaines d'Accor lors du congrès Human Resource 2003, Paris, octobre 2003

Communication interne et comptes rendus de réunions

- IUF/UITA/IUL, Compte rendu de la réunion du comité d'entreprise européen Accor, Genève, 29-30 octobre 2002
- Accor comité du développement durable, *Les Repères du manager. Ensemble plus responsables*, septembre 2003

Accords collectifs

- Accord du 9 juin 1995 entre le groupe Accor et l'UITA sur le droit syndical
- Convention collective nationale des hôtels, cafés, restaurants, 3 décembre 1997

Sources Web

- OMT : http://www. worldtourism.org/francais/frameset/frame_aboutwto.htm
- UITA, *Accor se retire de Birmanie*, inséré sur le site Web de l'UITA le 1er novembre 2002
- UITA, *Birmanie : pourquoi maintenir le boycottage*, inséré sur le site Web de l'UITA le 18 mars 2003

Sources secondaires

- *Charte du tourisme équitable. Principes et engagement*, version texte de travail
- United Nations, Department of Social Affairs, Commission on sustainable development acting as the preparatory committee for the world sumit on the sustainable development. Actions in assisting developing countries to implement agenda 21 undertaken by the world tourism organization since 1992.

Background paper number 3 submited by the world tourism organization, second preparatoy session, 28 january 2002-8 february 2002
– Organisation mondiale du tourisme, *Code mondial d'éthique du tourisme*

Bibliographie

CAZES G. et LANQUAR R. (2001), *L'Aménagement touristique et le développement durable*, Paris, PUF.

HAZEBROUCQ J.-M. (1999), *Management des projets de tourisme et de loisir*, Paris, Gaëtan Morin Europe éditeur.

MAILLE S. (2002), « L'hôtellerie de chaîne en 2000. Un bouleversement de l'offre hôtelière », *Insee Première*, n° 820, janvier.

MAMOU-MANI (dir.), Observatoire de l'éthique (2002), *Le Guide éthique du consommateur*, Paris, Albin Michel.

Ministère du Tourisme, Direction du tourisme, Bureau de la stratégie (2001), *Les Mouvements de restructuration des entreprises touristiques françaises dans le contexte international*, juillet.

TREBOUL J.-B. (1998), *Les Stratégies des entreprises de tourisme*, Paris, PUF.

VELLAS F. (2002), *Économie et politique du tourisme mondial*, Paris, Economica.

WACKERMANN G. (1994), *Loisir et tourisme. Une internationalisation de l'espace*, Paris, Sedes.

4. Le développement durable par l'insertion dans la vie locale et l'innovation de produits : le cas de Monoprix

Monoprix est le leader français de l'offre de produits et de services en centre ville. Cette enseigne est aussi engagée sur le thème du développement durable qui constitue aujourd'hui l'un de ses principaux axes de développement stratégique. Offre de produits verts, biologiques ou équitables, participation au développement des villes à travers des initiatives comme les agendas 21 locaux, cette partie présente la façon dont cette entreprise de la distribution concrétise progressivement la notion de développement durable dans ses pratiques et sa stratégie.

4.1. Présentation du groupe Monoprix

En 1931, le Printemps ouvre le premier Prisunic à Paris. Le premier Monoprix ouvre un an plus tard à Rouen. À travers le concept de « magasin populaire », l'enseigne développe alors le libre-service alimentaire et l'offre de produits de qualité aux prix les plus justes dans le domaine de la mode, de l'alimentation et de la maison. Dans les années 1950 on compte 300 magasins Monoprix et 234 Prisunic en France. Le développement de marques propres constitue à ce moment une priorité pour l'enseigne. Dans les années 1960 et 1970, l'offre de produit accompagne les mouvements de mode dans la décoration, l'habillement et les objets quotidiens en privilégiant des nouveaux matériaux comme le plastique et les fibres synthétiques, et en donnant la parole à des stylistes et designers. L'idée est de démocratiser « le bon et le beau » en les rendant accessibles au plus grand nombre.

Monoprix rachète Prisunic en 1997 et forme ainsi le premier ensemble de grandes surfaces de centre ville : chaque jour, un million de personnes pousse la porte d'un Monoprix. Aujourd'hui, le groupe Monoprix est présent dans 85 % des villes de plus de 100 000 habitants et compte près de 300 magasins sous différentes enseignes. En 2002, le chiffre d'affaires de Monoprix, en progression, était de 3,7 milliards d'euros, et le groupe comportait 18 000 salariés [38].

L'engagement de Monoprix sur le développement durable ne relève pas d'une conversion soudaine. Il s'inscrit au contraire dans une dynamique longue au cours de laquelle des questions se sont progressivement structurées au fil des problèmes rencontrés et des politiques expérimentées. Ce cheminement peut être découpé en trois périodes qui constituent autant de périodes de crises et d'apprentissage.

Les années 1980 : l'engagement pour la revitalisation des centres villes

Dans un ouvrage sur le commerce et la ville (1998), le président de Monoprix, Philippe Houzé, fait le constat que les villes françaises ont été victimes, au cours des Trente Glorieuses, d'une urbanisation désordonnée ayant eu pour effet l'apparition d'un déséquilibre entre le centre des villes et leur périphérie. Un mouvement expliqué en particulier par la nécessité de construire rapidement un grand nombre de logements et le développement de l'automobile qui a rendu les centres villes rapidement peu praticables. Ces facteurs ont conduit à un essor du périurbain : multiplication des zones d'activités et des espaces commerciaux, développement de grandes banlieues, etc. Ce développement s'est fait au détriment des centres villes qui se sont progressivement dévitalisés. Ces évolutions ont touché de plein fouet Monoprix qui a dû faire face à la concurrence des grandes surfaces s'implantant à la périphérie et au déclin démographique des centres villes. Ne pouvant concurrencer les grandes surfaces en matière de prix, Monoprix a dû chercher un nouveau positionnement stratégique.

Le premier axe de ce nouveau positionnement a consisté à élaborer un discours sur le rôle du commerce dans le développement des centres villes. Ce discours était alors en synergie avec les nouvelles politiques de la ville visant à redynamiser leurs centres, notamment par la mise en place de quartiers piétons (à Montpellier ou à Strasbourg à la fin des années 1980). Dans les années 1980, face à la concurrence des grandes surfaces à la périphérie des villes, l'enseigne nationale développe le concept de *citymarché*, désignant un magasin de centre ville « moderne, à la pointe des tendances et proche des clients » : adaptation des horaires aux modes de vie des citadins, livraisons à domicile et autres services de proximité (avec aujourd'hui des bornes Internet, le prêt de poussettes, etc.), et offre innovante de produits pour des clients urbains bien informés. Quels sont les principes de ce concept ? Quels sont ses effets ? Ce concept de *citymarché*, qui s'est accompagné d'une politique de slogans (« Monoprix, on pense à vous tous les jours », « Monoprix, dans ville il y a vie », etc.), cible une clientèle de centre ville à la pointe des tendances, moderne, souhaitant une ville conviviale, intéressée par de nombreux services.

Monoprix insiste également sur son action volontariste de contribution à la qualité de la vie urbaine. Ce point a été concrétisé par un travail important sur

38. *Source :* www.monoprix.com

l'intégration paysagère et architecturale des magasins Monoprix. Ceux-ci sont parfois installés dans des bâtiments anciens, comportant des façades du XVIe siècle (ex. de Troyes) ou du XVIIe (ex. d'Aix), que le groupe a rénovés.

Ainsi, avant même de parler de développement durable, le groupe Monoprix a élaboré dans les années 1980, en réaction à une crise à laquelle il était confronté, une politique associant la stratégie de développement du groupe à un discours, construit autour de slogans, sur la revitalisation des centres villes, combinant des registres de discours privés et publics, des enjeux citoyens et des questions d'intérêt général.

Les années 1990 : de l'expérimentation à l'émergence d'une politique de développement durable

En 1990, le groupe Monoprix est la première enseigne française à lancer une gamme de produits respectueux de l'environnement (« Monoprix vert ») et une gamme de produits bio (« Monoprix bio »). Elles seront complétées, à partir de 1999, par une offre de produits du commerce équitable. « À l'époque on nous regardait en se demandant à quoi cela servait, quel était le rôle qu'un distributeur pouvait avoir dans cette approche », explique Philippe Houzé (2001).

Pour donner plus de cohérence à sa démarche, après cette décennie d'expérimentation et d'apprentissage, Monoprix a réalisé en 1999-2000 un bilan des actions réalisées et a défini une nouvelle perspective pour ses actions sur les questions sociales, sociétales et environnementales. C'est à ce moment qu'un nouveau discours centré sur le développement durable est apparu. Ce thème devient explicitement l'un des axes stratégiques de l'entreprise. Ce travail conduit à la publication en 2000 de la Charte Monoprix du développement durable. Cette charte se décline en cinq points, qui regroupent l'ensemble des actions du groupe sur le développement durable[39] :

– être leader dans l'offre de produits pour la qualité de vie : produits verts, bio, équitables ;

– renforcer et accroître la qualité de vie dans les magasins : services de proximité, convivialité, relais d'informations, sensibilisation du personnel, etc. ;

– maîtriser les impacts sur l'environnement de l'activité du groupe Monoprix : eau, énergie, déchets, transports ;

– initier des actions locales : liens sociaux et développement local, promotion auprès des clients des bonnes pratiques de développement durable, etc. ;

– informer et rendre compte des actions sur le développement durable : *reporting*, information des clients, actionnaires et partenaires des résultats.

La mise en œuvre de cette charte a ensuite conduit à un processus de déploiement dans l'entreprise (groupes de travail internes, système de *reporting* informatisé) et à la publication de deux rapports de développement durable pour les années 2001 et 2002.

39. Ces actions sont également classées dans une carte des responsabilités divisée en quatre catégories : économique (produits pour le développement durable, accueil magasin, démarche HQE, etc.), environnementale (impact de l'activité du groupe Monoprix : transports, déchets, etc.), sociale (interne et externe, dont relations de proximité), et transparence (*information* et *reporting*). Voir Monoprix (2003).

Formaliser une dynamique d'apprentissage pour devenir le pionnier du commerce durable (2001-2005)

Monoprix présente son action pour les années à venir comme une démarche de progrès autour d'un projet commun : parvenir au cahier des charges du *Citymarché idéal en 2005*. Ce concept se distingue du précédent (le *citymarché*) par son ambition et la variété des thématiques abordées. Le cahier des charges porte non seulement sur les services à la clientèle (heures d'ouverture, livraisons à domicile, etc.) et sur une offre de produits censée relever du développement durable (Monoprix vert, bio, commerce équitable, etc.), mais également sur l'architecture des magasins, la réduction des nuisances environnementales (bruit, sacs plastiques, emballages, éco-conception des produits, transports, énergie, etc.), les initiatives en faveur d'opérations de solidarité, l'insertion dans la vie locale, etc.

Le concept de *citymarché idéal* se présente ainsi comme un « mythe rationnel » (Hatchuel et Weil, 1992), associant les propriétés mobilisatrices du mythe (un magasin idéal qui n'existe pas) et celles plus concrètes et opératoires de la rationalité (on se propose de définir un cahier des charges).

Dans cette perspective, pour susciter cette nouvelle culture de consommation, Monoprix mène de nombreuses actions de communication et d'information auprès de ses clients : publication avec l'ADEME d'un guide des gestes verts, initiatives au cours de la semaine du développement durable en juin 2003 (voir encadré), renforcement à partir de 2003 de la visibilité du développement durable dans les magasins à l'aide de supports d'information (signalétique, etc.).

> Les actions de Monoprix pendant la semaine du développement durable de juin 2003
>
> Pour la semaine du développement durable du 2 au 8 juin 2003, Monoprix a pris une série d'initiatives pour sensibiliser ses clients au développement durable :
>
> – une opération de promotion du développement durable dans 35 magasins Monoprix relais : accueil des clients par des animateurs, mise en valeur et balisage de l'offre de produits pour le développement durable, distribution d'un guide d'achat de ces produits.
>
> – des actions de communication avec « DD le manchot », une sculpture verte d'un mètre vingt pour sensibiliser les clients aux valeurs du développement durable, et la publication d'une édition spéciale du journal *Le Parisien* (le 3 juin 2003), intitulée *Développement durable. Bien vivre dans la ville*, dont Monoprix a assuré la rédaction.
>
> Pour capitaliser cette expérience et préparer la semaine du développement durable de 2004 avec davantage de magasins relais et de nouvelles animations, une *task force* dédiée a été constituée en juillet 2003.

Cependant, suffit-il de bien informer les clients pour les amener à faire évoluer leur choix de consommation ? Cette stratégie proactive, qui vise à développer par l'offre de nouvelles valeurs chez les clients, comporte des écueils et soulève des contradictions dans sa mise en œuvre. Ainsi, P. Houzé (2003) souligne que « les clients ne franchissent pas principalement le seuil d'un magasin pour être informés sur des problématiques de société » et met en avant le défi de combiner hédonisme et responsabilité.

4.2. Une organisation dédiée au développement durable

À côté de la fonction développement durable, Monoprix a mis en place une structure de management parallèle, où certains collaborateurs de l'entreprise, en plus de leur fonction principale, assurent une responsabilité d'acteurs relais sur le développement durable. Ces acteurs relais se trouvent aussi bien au niveau du siège qu'au niveau des magasins (une trentaine de directeurs de magasins en font partie). Ensemble, ils constituent un réseau coordonné par la directrice des relations extérieures et du développement durable qui se réunit chaque trimestre. Ce système de management est organisé autour d'un comité de pilotage se réunissant deux fois par an et placé sous l'autorité du président et du directeur général.

Si les relations extérieures et le développement durable sont regroupés au sein de la même direction, c'est que le discours et les actions en matière de développement durable font partie intégrante de la stratégie commerciale du groupe Monoprix. Dans cette perspective, les discours, s'appuyant sur une production intense de concepts et de slogans (*citymarché*, consommacteur, etc.), sont d'abord destinés aux clients de l'enseigne. Il s'agit de créer une image forte de Monoprix et des magasins qui se concrétise dans de nouvelles gammes de produits (Monoprix Verts, Monoprix Bio, produits issus du commerce équitable, etc.), mais également dans l'architecture, les services, les animations et les pratiques environnementales des magasins. C'est la cohérence de cette démarche intégrée qui est visée dans la notion de *citymarché idéal*.

Les task forces : enjeux et effets du déploiement de démarches transversales et participatives

Pour aboutir à cette cible ambitieuse, le groupe cherche à impulser une dynamique d'action collective au sein de l'entreprise. Celle-ci s'appuie sur des relais et des groupes projets et sur des critères d'évaluation révisables qui visent à structurer le processus d'apprentissage. Mais il ne s'agit pas d'un processus uniquement descendant *(top-down)* dont la conception et le déploiement seraient imaginés par les services centraux. La direction cherche, au contraire, à susciter des expérimentations locales de la part des magasins pour enrichir progressivement le cahier des charges initial.

Dans cette perspective, le système de management s'est étoffé en juillet 2003 avec la mise en place de dix équipes projets transversales, associant des directeurs de magasins relais aux acteurs relais du siège sur des sujets à approfondir : les *task forces*. Ces dix projets transversaux, qui fonctionnent en parallèle, travaillent à la définition de concepts, d'outils et de recommandations sur les thèmes suivants : la préparation de la semaine du développement durable de 2004, le déploiement du développement durable en interne, l'amélioration de la visibilité du développement durable en magasin, le « verdissement » de la *supply chain*, la mise en place de dispositifs expérimentaux de réduction des consommations d'eau et d'énergie dans les magasins, le développement de services et d'information aux clients sur les « gestes d'intérieur en ville », la sensibilisation en interne sur les déchets et l'énergie, le suivi des indicateurs environnementaux, le développement d'une méthodologie pour les directeurs de magasin sur les agendas 21 locaux.

Chacune de ces *task forces* regroupe des acteurs relais siège et magasins, ce qui permet de créer de nouveaux espaces de coopération entre acteurs, là où prévalait auparavant une organisation verticale dans laquelle les référentiels, les produits et les services étaient conçus dans les services centraux puis mis en place dans les magasins. Cette nouvelle transversalité apparaît comme un facteur favorisant l'apprentissage des différents acteurs relais et permettant de diffuser des pratiques à partir d'une démarche d'expérimentation et d'innovation.

Nous illustrerons dans le chapitre 2 la démarche de Monoprix à travers deux cas : la construction d'une offre de produits « durables » et l'élaboration de partenariats locaux à travers les agendas 21.

Sources

Sources primaires

Sources orales

- Entretien avec Mme Stéphanie Levet, directrice des relations extérieures et du développement durable, 17 septembre 2003
- Entretien avec Mme Marie Garnier, directrice de la qualité et de l'offre des produits développement durable, 17 novembre 2003
- Entretien avec M. Franck Poncet, *category manager* marques propres, direction des achats, 16 décembre 2003

Documents publics obligatoires

- Monoprix (2000), *Pour un développement durable. Notre charte, nos démarches, nos engagements*
- Monoprix (2002), *Notre rapport d'activité 2001 pour un développement durable*
- Monoprix (2003), *Notre rapport d'activité 2002 pour un développement durable*

Notes internes

- Monoprix (2003), *Guide d'achat et de signalisation en magasin des produits du développement durable* (réalisé pour la semaine du développement durable, juin)
- Monoprix (2003), *Monécho* (journal interne du groupe Monoprix), numéro spécial, *Du 2 au 8 juin, semaine du développement durable*

Sources secondaires

« Développement durable. Bien vivre dans la ville », *Le Parisien*, édition spéciale réalisée avec Monoprix, 3 juin 2003

Bibliographie

HOUZÉ P. (1998), *La vie s'invente en ville. Quel commerce pour les villes ?*, Economica, Paris.

HOUZÉ P. (2001), Rencontre-débat du comité 21, 13 septembre 2001, site Internet : www.comite21.org

HOUZÉ P. (2003), « Monoprix et le développement durable, agissons pour demain, chaque jour », *in Industry and the Environment*, vol. 26, n° 1, *Shopping for a Better World: Sustainability and Retailing*, UNEP, Paris.

Chapitre

2

Le management de l'environnement à l'aune du développement durable

La concrétisation du développement durable dans les entreprises pionnières n'aurait sans doute pas été possible sans l'expérience acquise dans le champ du management de l'environnement. L'histoire récente des directions du développement durable montre en effet que l'impulsion est souvent venue des services chargés de l'environnement. Inversement, on peut faire l'hypothèse que le déploiement de politiques de développement durable dans ces entreprises devrait avoir des conséquences sur les pratiques et les doctrines de management de l'environnement.

Mais avant d'explorer les rapports entre ces deux termes, dressons un état du champ du management de l'environnement et de ses évolutions au cours des dernières années. Ce champ apparaît en effet comme un domaine de rationalisation récent pour l'entreprise. Ainsi, ce n'est qu'au cours des années 1990 que les systèmes de management de l'environnement et les fonctions environnement se généralisent et que se forment des stratégies environnementales. Cette vague de rationalisation suit *grosso modo* avec vingt ans de retard le mouvement d'institutionnalisation de l'environnement apparu dans les pays développés à partir du début des années 1970. Aussi n'est-il pas étonnant de constater qu'à la différence des politiques de l'environnement, qui ont fait l'objet de nombreux travaux de la part des chercheurs en sciences politiques et en sociologie [1], le management de l'environnement est encore un domaine de recherche nouveau pour les sciences de gestion [2].

---

1. Voir par exemple LASCOUMES P., *L'éco-pouvoir. Environnements et politiques*, Paris, La Découverte, 1994; LASCOUMES P. (éd.), *Instituer l'environnement. Vingt-cinq ans d'administration de l'environnement*, L'Harmattan, 1999.
2. Parmi les travaux en gestion sur le sujet, on pourra consulter PORTER M.E. et LINDE C.V.D., « Toward a New Conception of the Environment-Competitiveness Relationship », *Journal of Economic Perspectives*, n° 4, 1995, p. 97-118; FISHER K. et SCHOT J., *Environmental Strategies for Industry*, Washington, 1993 ; ROSEN C.M., « Environmental Strategy and Competitive Advantage: An Introduction », *California Management Review*, n° 3, 2001, p. 8-15; MARTINET A.-C. et REYNAUD E., « Shareholders, stakeholders et stratégie », R*evue française de gestion*, novembre-décembre 2001, p. 12-24; AGGERI F. et HATCHUEL A., *Les instruments de l'apprentissage. Construction et diffusion d'une expertise recyclage dans la conception automobile*, 1997 ; ARSLAN S., *Du mode d'existence des outils de gestion*; BOIRAL O., «Vers une gestion environnementale des entreprises », *Revue française de gestion*, janvier-février 2000; REVERDY T., « L'invention du management environnemental », *Gérer et comprendre*, 2001, p. 31-42; ABRASSART C. et AGGERI F., « La naissance de l'éco-conception: du cycle de vie du produit au management environnemental produit », *Responsabilité et environnement, Annales des Mines*, janvier 2002 ; MARTINET A.C. et REYNAUD E., *Stratégie d'entreprise et écologie*, Économica, 2004.

Que recouvre le champ du management de l'environnement ? Une vision, largement répandue, le réduit au système de management environnemental (SME), c'est-à-dire à la mise en place de démarches formalisées, de procédures certifiées et d'indicateurs sur les sites industriels dans le cadre d'une démarche de certification ISO 14001. Il s'agit certes de l'évolution la plus saillante, comme l'attestent l'accroissement spectaculaire depuis la fin des années 1990 du nombre de sociétés certifiées ISO 14001[3] ainsi que la généralisation d'ingénieries environnementales associées à cette démarche dans les usines (collecte sélective des déchets industriels, traitement des eaux usées, plans de prévention des risques industriels, diffusion de technologies propres, etc.), mais ce n'est pas la seule.

Le management de l'environnement ne se limite pas aux sites de production. Il tend non seulement à coloniser toutes les fonctions de l'entreprise à travers de nouvelles démarches (éco-conception et éco-innovation, *reporting* environnemental, marketing vert, communication environnementale), mais il déborde désormais largement du cadre de l'entreprise à travers le déploiement de nouvelles formes de coopération multi-acteurs dans lesquelles les entreprises sont activement impliquées (négociation des normes réglementaires et technique, planification territoriale sur l'eau, mise en place de filières de gestion des déchets, expériences d'écologie industrielle, passage du produit au service, négociation et organisation de marchés de permis d'émissions de gaz à effet de serre, etc.). Ces pratiques et ces expériences font partie, de notre point de vue, du management de l'environnement. Les entreprises le présentent rarement ainsi. Pour des raisons tactiques et de communication, ces expériences, fortement médiatisées, sont labellisées « développement durable », accréditant l'idée qu'elles seraient le produit récent de stratégies de développement durable. Or, non seulement leur mise en œuvre est généralement antérieure à la vague du développement durable mais elle s'opère souvent sous la houlette des services environnement. Pour éviter de revêtir d'habits neufs des pratiques anciennes, il est donc nécessaire de mettre en perspective ces pratiques par rapport à l'histoire des démarches des entreprises en matière d'environnement.

Mais comment rendre compte des transformations du management de l'environnement ? Les entreprises et les consultants tendent à présenter l'évolution des stratégies et des pratiques des entreprises en matière d'environnement comme le résultat d'une prise de conscience. Limitées dans un premier temps à une approche technique, orientée vers la conformité réglementaire, les entreprises auraient pris conscience de l'intérêt d'une approche stratégique, intégrée et de long terme symbolisée par l'adoption de nouvelles démarches et de nouvelles techniques managériales : analyse de cycle de vie, éco-conception, prévention, gestion intégrée de l'environnement, dématéralisation, etc. Désormais engagées dans le développement durable, les entreprises seraient en voie de résoudre la contradiction apparente entre le développement économique et la protection de l'environnement mise en évidence, trente ans plus tôt, dans le rapport Meadows et la conférence de Stockholm. Notre propos n'est pas de nier l'intérêt de ces approches qui, comme nous le verrons plus loin, ont des impacts avérés ou potentiels importants sur l'activité des entreprises, mais de remettre en cause la présentation historique qui est habituellement proposée. En parti-

3. Au 31 décembre 2002, on recensait 60 000 entreprises certifiées ISO 14001 dans le monde (2 500 en France) contre 550 000 certifiées ISO 9001. Voir *ISO 9000 and ISO 14000 in brief*, http://www.iso.ch/iso/en/iso9000-14000/index.html

culier, nous montrerons que ce qui est aujourd'hui qualifié de « management environnemental » est en réalité constitué par la sédimentation d'une variété de dispositifs issus de rationalisations intervenues à différentes époques. Les formes de problématisation et de rationalisation mises en œuvre par les entreprises sont à mettre en relation avec quatre facteurs que nous allons présenter.

1. Les rationalisations du management de l'environnement dans les entreprises

Il faut souligner, en premier lieu, l'influence de ce que nous proposons d'appeler les « régimes de gouvernement de l'environnement »[4], c'est-à-dire les doctrines publiques et les modes de gouvernement caractéristiques d'une époque donnée. Les régimes de gouvernement dans le domaine de l'environnement peuvent être qualifiés à partir de trois éléments : le type d'objet de gouvernement désigné par l'action publique, les modalités selon lesquelles les pollutions sont mises en visibilité, les moyens d'action préconisés pour traiter ces problèmes d'environnement. À partir de ces trois éléments, trois régimes de gouvernement peuvent être distingués : au régime des pollutions visibles et confinées, dominant dans les années 1960-1970, ont succédé, depuis le milieu des années 1980, deux autres régimes qui coexistent : le régime des pollutions diffuses et de la traçabilité et celui des pollutions globales et de la coopération exploratoire. Dans le régime des pollutions visibles et confinées, l'approche adoptée par les pouvoirs publics est de type *command and control*. Il s'appuie sur la mise en place d'instruments réglementaires et d'une planification territoriale pour traiter de pollutions visibles (marées noires, déchets toxiques, fumées d'usines, etc.). Le régime des pollutions diffuses et de la traçabilité diffère du premier par la nature des pollutions : leur visibilité n'est plus directe mais requiert la médiation d'experts et de scientifiques pour mettre en évidence des risques sanitaires et environnementaux liés à des doses infinitésimales (ex. : dioxine, migration des polluants chimiques dans le sol, etc.). Le régime des pollutions globales et de la coopération exploratoire est lié à la mise en évidence, à partir du milieu des années 1980, des problèmes globaux d'environnement (trou dans la couche d'ozone, effet de serre, pluies acides). Face à ces nouveaux problèmes d'environnement qui s'exercent à l'échelle planétaire et qui dépendent d'une variété de facteurs (modes de consommation, de production, conception des produits, etc.), la question n'est plus tant de définir une réglementation concernant un problème clairement identifié et de sanctionner ensuite les contrevenants, que d'amener des pollueurs à inventer collectivement de nouvelles solutions à un problème mal cerné pour lequel les voies d'exploration possibles sont multiples. Les formes de l'action publique évoluent vers des formes de gouvernance multi-acteurs et transnationales (ex. : protocole de Montréal et de Kyoto) et s'appuient sur une diversification des instruments et des tactiques (instruments économiques, labels environnementaux, approches volontaires, programmes d'éducation).

Ces régimes publics de gouvernement ont une influence directe sur les modes de relation de l'administration avec les entreprises : focalisées autour de la surveillance et de la mise en œuvre des normes réglementaires dans le premier

4. Pour une analyse plus détaillée de la formation de ces trois régimes de gouvernement dans le domaine de l'environnement, on pourra se référer à AGGERI F., « L'environnement et ses régimes de gouvernementalité », *in Organiser après Foucault*, HATCHUEL et PEZET (dir.), 2005, Presses universitaires de Laval.

régime, celles-ci évoluent dans les deux régimes suivants. Non pas que l'activité régalienne de contrôle et de surveillance des normes disparaisse, mais elle est complétée par d'autres formes de relation : coopérations scientifiques et techniques avec les agences spécialisées (ex. : ADEME), négociation des directives européennes, d'accords nationaux ou internationaux, expérimentation de nouveaux instruments économiques et managériaux, etc. Ces transformations mettent en relief la variété des formes d'objectivation des gouvernés : les entreprises sont tantôt des partenaires avec qui il faut coopérer ; tantôt des innovateurs qu'il faut encourager ; tantôt des pollueurs qu'il faut combattre ; tantôt des passagers clandestins qu'il faut remettre dans le droit chemin et tantôt des agents qu'il faut éduquer.

Il serait toutefois restrictif de faire de l'action publique le seul moteur des transformations de l'action des entreprises. Il ne faut pas non plus sous-estimer l'action des *stakeholders* (riverains, associations, scientifiques, etc.) à la fois comme facteur déclenchant de l'action publique et comme facteur de sensibilisation des industriels. Par exemple, la mobilisation des associations de pêcheurs contre les industriels a été un des éléments qui a conduit les pouvoirs publics français à prendre des mesures dans le domaine de l'eau[5]. De même, le déploiement d'une action publique sur la question de l'ozone, sous l'égide des Nations unies, est à mettre en relation avec l'émoi et la mobilisation publique suscitée dans les années 1980 par les controverses scientifiques sur l'existence d'un trou dans la couche d'ozone et ses effets supposés sur la santé[6]. Cette mobilisation, relayée par les médias, a suscité la réaction des grandes entreprises productrices des substances chimiques incriminées (les CFC).

Troisième facteur : le rôle des experts – consultants, éco-industrie – dans la formation de nouvelles doctrines publiques et managériales. Cherchant à développer un marché ou un métier à partir d'une instrumentation spécifique, ces prescripteurs ont accompagné la diffusion de nouvelles démarches et de processus de rationalisation. Ainsi, l'analyse de cycle de vie, qui a connu une diffusion massive à la fin des années 1990, a d'abord fait l'objet de premiers développements au sein d'une communauté d'experts à partir du début des années 1970[7]. C'est encore le cas de la certification ISO 14000 qui a été influencée par le référentiel anglais BS 7750 mis au point par le British Standard Institute (BSI), en partenariat avec des industriels et des consultants britanniques, et publié en 1992, soit quatre ans avant la sortie du référentiel de l'ISO (1996)[8].

En dernier lieu, il convient de considérer l'action des entreprises pionnières dont les expériences, médiatisées par des consultants, jouent un rôle d'aiguillon vis-à-vis des autres entreprises. Rappelons ainsi l'action de Du Pont de Nemours

5. Voir à ce sujet la thèse de doctorat en histoire contemporaine de Daniel BOULLET, « Entreprises et environnement en France de 1960 à 1990 : les chemins d'une prise de conscience », 1999.

6. Voir ROAN S., *Ozone Crisis*, 1989, Wyley and Sons.

7. Voir ABRASSART C. et AGGERI F., *op. cit.*

8. Comme le montre Thibault Daudigeos, le Royaume-Uni a été le promoteur des systèmes de management. En effet, « Le BSI publie en 1979 la BS 5750, une norme de gestion de la qualité reposant sur un système existant dans l'armée anglaise. Cette même année est créé au niveau de l'ISO le comité technique TC176, qui produit huit ans plus tard la fameuse ISO 9000. En 1992, le BSI publie également la première norme d'administration environnementale BS 7750. Elle sert alors de référence pour l'élaboration de la norme internationale ISO 14000 publiée en 1996 ». Voir DAUDIGEOS T., « Des instituts de normalisation en quête de légitimité et de profit : étude comparée du travail des instituts anglais et français de normalisation sur le cas du développement durable », mémoire de DEA, 2004, Sciences Po.

en faveur du développement de nouveaux substituts aux CFC qui a constitué un déclencheur pour la signature du protocole de Montréal et qui a stimulé l'action des concurrents[9]. Citons également l'action pionnière des entreprises d'Europe du Nord (Electrolux, Philips, Volvo, etc.) dans le développement de méthodes de démarches d'éco-conception et dans l'expérimentation d'éco-labels de produits[10].

À partir de ces quatre facteurs, nous proposons de distinguer trois strates successives du management de l'environnement avant l'époque du développement durable : la période « pré-environnementale » dans les années 1950-1960, la planification territoriale dans les années 1970-1980, le tournant de la qualité et l'éco-conception dans les années 1990. Dans un premier temps, nous présentons, selon cette périodisation, un premier tableau du management de l'environnement avant la vague du développement durable. Cette analyse historique nous permettra ensuite de mieux qualifier l'originalité des études de cas que nous présentons par la suite.

2. Le management de l'environnement avant le développement durable

2.1. Avant les années 1970

L'environnement ne constitue pas à proprement parler un objet de gestion pour les entreprises. Il faut dire que la catégorie même d'environnement est alors émergente, désignant une liste hétérogène de problèmes mal établis sur le plan scientifique[11]. Un épisode de l'histoire de la législation environnementale en France illustre ce constat[12].

En 1963, un premier projet de loi sur l'eau est présenté au Parlement. Or ce projet ne propose pas une gestion par bassin versant (une option qui sera par la suite retenue dans la loi votée en 1964 avec la création des agences de bassin), mais un projet de classement des cours d'eau en quatre classes : d'une classe I comprenant les cours d'eau potable, à une classe IV, pour les zones où la pollution est importante et dans lesquelles les industriels ne pourraient plus être assignés devant les tribunaux par les associations de pêcheurs. Cette approche, qui est soutenue à l'époque par de nombreuses entreprises, met en évidence que la gestion préventive de la pollution de l'eau n'est pas encore une préoccupation. Comme le souligne Boullet (1999, p. 97), la question de l'eau est moins considérée par les industriels et les pouvoirs publics comme un problème de protection des milieux que comme un risque de raréfaction d'une ressource indispensable pour le développement industriel du pays.

Très tôt cependant, quelques installations industrielles fortement polluantes sont conduites à mettre en place des dispositifs et des démarches qui pourraient rétrospectivement être qualifiés de « management de l'environnement ». Ces expériences sont essentiellement réactives face à des problèmes locaux aigus.

---

9. Voir GABEL L., « Environmental Management as a Competitive Strategy : the Case of CFC's », *Principles of Environmental Economics*. FOLMER H., GABEL L. et OPSCHOOR H. (éd.), 1995, Londres, Edward Elgar Publishing.
10. Voir ABRASSART C. et AGGERI F., *op. cit.*
11. Son unité et sa distinction par rapport à d'autres problèmes, comme la sécurité du travail, restent floues jusqu'au début des années 1970. Ainsi, jusqu'à l'accident de Feyzin en 1966, ce sont principalement les inspecteurs du travail qui accompagnent les préfets dans les procédures d'autorisation (sauf dans le département de la Seine où un corps spécial assure cette mission).
12. Nous nous appuyons dans cette partie sur la thèse de doctorat en histoire contemporaine de BOULLET D., « Entreprises et environnement en France de 1960 à 1990 », 1999, Paris, Paris X-Nanterre.

C'est par exemple le cas de la production d'aluminium dans la vallée de la Maurienne en Savoie[13]. Des usines y sont implantées pour bénéficier d'une énergie hydroélectrique abondante. Mais la pollution atmosphérique de ces usines est si élevée que les industriels doivent mettre en place dans les années 1950 un dispositif d'indemnisation systématique des agriculteurs, des éleveurs et des apiculteurs locaux pour réparer les préjudices qui leur sont causés. Pour approfondir les connaissances techniques sur ce sujet, Pechiney Ugine crée en 1959 une section « Captation » au sein de son laboratoire de recherche et fabrication. On voit, d'après cet exemple, les prémices d'une organisation destinée à la gestion de l'environnement : localement, les usines gèrent le dialogue avec les riverains et l'administration, et, de façon centralisée, le laboratoire de recherche s'attèle au développement de technologies correctives de type « bout de chaîne » *(end of pipe)*[14].

Cependant, au cours de ces deux décennies, les initiatives des industriels par rapport à l'environnement se situent plutôt au niveau des branches industrielles, à travers des démarches collectives qui visent à construire un plaidoyer commun vis-à-vis de projets réglementaires. La création en 1959, par les industriels, du Comité d'action technique contre la pollution atmosphérique (CAPTA, auquel succédera le CITEPA), après l'annonce par le gouvernement d'un projet de nouvelle loi sur l'air, illustre bien cette démarche.

2.2. Les années 1970-1980 : les prémices d'une gestion de l'environnement entre planification territoriale et transfert de technologies

La fin des années 1960 et le début des années 1970 constituent un tournant majeur pour les politiques publiques environnementales. C'est une période de médiatisation d'accidents industriels (Feyzin, 1966 ; *Torrey Canyon*, 1967 ; Sevezo, 1976) et de mise en évidence des rapports entre la dégradation de l'environnement et la croissance (rapport Meadows, 1972). Cette période correspond à la grande vague d'institutionnalisation marquée par la création de l'Agence pour la protection de l'environnement (EPA) aux États-Unis en 1969, du Programme des Nations unies pour l'environnement (PNUE) en 1970 et du ministère de l'Environnement en France en 1971[15]. Suivront de nombreuses initiatives réglementaires, avec par exemple la première loi sur l'air *(Clean Air Act)* aux États-Unis en 1970 ou la loi sur les installations classées pour la protection de l'environnement (ICPE) en 1976 en France.

Si la pression sur les industriels s'intensifie, l'action des industriels français semble, à première vue, demeurer essentiellement réactive par rapport à la réglementation. Certaines démarches, développées en interaction avec les pouvoirs publics, constituent cependant les prémices d'un management de l'environnement. C'est le cas des contrats de branche et de la constitution de catalogues de bonnes technologies dans la perspective de leur transfert dans les entreprises.

13. Voir BOULLET D. (1999), p. 52-53.

14. La notion *end of pipe* désigne une approche corrective qui consiste à ajouter en bout de chaîne d'un système de production (à la sortie d'une cheminée par exemple) ou d'un produit un dispositif technique (un filtre par exemple) pour atténuer les effets de la pollution.

15. Voir CHARVOLIN F., *L'Invention de l'environnement en France. Chronique anthropologique d'une institutionnalisation*, 2003, La Découverte.

À partir de 1972, des contrats de branche sont établis entre le ministère de l'Environnement et des secteurs industriels engendrant des problèmes de pollution aigus[16]. Sur la question de l'eau, des contrats sont signés avec les industries papetière, sucrière, de la féculerie, de la levurerie, de la distillerie d'alcool, du lavage de la laine. Ces contrats de branche sont ensuite ratifiés par les entreprises à titre individuel. Ils sont alors conçus comme des « programmes de rattrapage progressif » pour les usines les plus anciennes, à l'aide de subventions supplémentaires pour renforcer l'action des agences de bassin. Dans le domaine de la pollution atmosphérique, d'autres contrats du même type sont signés avec l'industrie cimentière et l'aluminium par exemple. Ces démarches, même si elles ne résultent pas entièrement d'initiatives privées, sont formalisées comme des « techniques managériales » (Hatchuel et Weil, 1992): elles se donnent un espace de progrès, s'appuient sur un substrat technique (des outils de planification, des techniques de mesure) et définissent une organisation collective – comités de pilotage des accords – pour les mettre en œuvre. Dans les grandes entreprises concernées, un embryon de gestion de l'environnement est mis en œuvre pour assurer le suivi technique et administratif de ces contrats.

Au-delà de la dimension coopérative, une logique prédomine: la planification spatiale. Cette logique apparaît de façon explicite dans les débats préparatoires de la loi sur l'eau de 1964, en particulier dans le modèle d'une régulation par bassin versant; modèle promu en particulier par la Datar, organisme fraîchement créé en 1963. Elle s'incarne dans le dispositif des agences de bassin qui sont notamment chargées, à partir d'une analyse prospective des ressources et des besoins en eau sur un bassin versant, de déterminer les redevances que doivent acquitter les utilisateurs (industriels, collectivités et agriculteurs). À la même époque, cette logique est également très présente dans les premières publications sur le management de l'environnement publiées par l'EPA en 1973-1974[17]. Ces publications se réfèrent en effet abondamment au concept de *carrying capacity* qui y est présenté comme un concept de planification. Ce concept, emprunté à la gestion forestière, est étendu ici à l'ensemble des interactions entre l'homme, ses activités économiques et son environnement sur un même territoire. Un concept qu'on pourrait aujourd'hui traduire par l'expression d'« aptitude à la soutenabilité » . Elle est également un élément clé de démarches plus récentes comme les plans départementaux d'élimination des déchets ou des dispositifs de gestion des crises, comme les plans particuliers d'intervention (PPI). Ces derniers, obligatoires pour les sites industriels à risque (chimie, pétrochimie, nucléaire, etc.), exigent de planifier la coordination de tous les acteurs potentiellement concernés par un accident: salariés de l'entreprise, services sous l'autorité du préfet, voisinage, etc.

Cette démarche de la planification territoriale, dont on dénonce souvent le caractère technocratique, connaît aujourd'hui un renouveau à travers le projet d'écologie industrielle, dont l'expérience de Kalundborg au Danemark constitue l'exemple paradigmatique[18]. Fondée sur une métaphore biologique, cette approche transpose le concept d'écosystème au monde industriel selon le prin-

16. Voir Boullet (1999), *op. cit.*, p. 208; Lascoumes (1994), *op. cit.*

17. Voir par exemple: EPA (US Environmental Protection Agency), *Managing the Environment*, Washington, États-Unis, EPA-600/5-73-010, novembre 1973; EPA, *Carrying Capacity in Regional Environmental Management*, EPA 600/5-74-021, février 1974.

18. Voir Erkman S., *Vers une écologie industrielle*, 1998, éditions Charles Léopold.

cipe que « les déchets des uns sont des ressources pour les autres » . Pour favoriser ce fonctionnement symbiotique, il s'agit en amont de sélectionner des activités industrielles complémentaires et d'organiser les relations au sein de cet écosystème industriel. Si le projet de l'écologie industrielle constitue un « mythe rationnel » séduisant (Hatchuel et Weil, 1992), notamment pour les zones industrielles qui concentrent des activités complémentaires (ex.: Dunkerque ou Fos-sur-Mer en France), il existe peu de réalisations concrètes.

Les années 1970, et surtout 1980, sont, par ailleurs, une période d'intense production réglementaire sur l'environnement. Cette activité réglementaire favorise le développement d'un nouveau secteur, celui des « éco-industries » qui regroupe les fabricants de technologies de type *end of pipe* permettant de limiter les pollutions dans l'eau et dans l'air. On peut remarquer que ce type d'investissement correctif a, pendant longtemps, été préféré à des démarches de réduction à la source. En effet, comme le souligne Reverdy (2004), les inspecteurs des DRIRE manquant de moyens préfèrent prescrire des investissements correctifs au moment de la procédure d'autorisation plutôt que d'encourager des démarches de réduction à la source, celles-ci étant moins visibles et plus difficiles à contrôler[19].

Selon cette logique, le management de l'environnement recouvre à la fois une dimension de veille technologique – pour identifier les meilleures technologies – et de choix d'investissement (définition d'un cahier des charges, comparaison financière de différentes solutions techniques, calcul de rentabilité) – pour sélectionner la variante technique plus adéquate. Il s'agit, pour les entreprises et les pouvoirs publics, d'identifier les technologies additives de « bout de chaîne » (stations d'épuration, filtres, etc.) qui peuvent être adaptées aux procédés existants sans en modifier la conception.

Dans les grandes entreprises, exposées aux controverses médiatiques, le management environnemental revêt parfois une dimension plus tactique avec la stratégie du pionnier[20] qui consiste pour un industriel à accélérer un apprentissage technique sur un problème de pollution pour être en mesure d'influencer la définition de la norme à venir. C'est ce type de stratégie qui est suivi par l'entreprise DuPont de Nemours dans les années qui précèdent la signature du protocole de Montréal sur les substances détruisant la couche d'ozone en 1987[21] ou certains constructeurs automobiles allemands avec la promotion du pot catalytique comme solution au problème des pluies acides en Europe[22].

Au cours de la décennie 1980, le management de l'environnement dans les entreprises reste donc très lié à la mise en conformité réglementaire, et ne représente pas, sauf exception, une démarche autonome de la part des entreprises. Ainsi, dans les cas où l'action des pouvoirs publics est faible, on peut constater une absence de gestion sur ce thème.

2.3. La décennie 1990 : des systèmes de management environnemental à l'éco-conception

Le début des années 1990 marque un second tournant dans l'histoire du management de l'environnement dans les entreprises. On observe en effet, au

19. REVERDY T. (2005), « Management environnemental et dynamique d'apprentissage », *Revue française de gestion* (à paraître).

20. Il est à noter que la négociation des normes est devenue un enjeu stratégique pour la plupart des grandes entreprises. Voir AGGERI F. (2000), « Les politiques d'environnement comme politiques de l'innovation », *Gérer et comprendre, Annales des Mines*, Paris, juin.

21. Voir GABEL L. (1995).

22. Voir ROQUEPLO P., *Pluies acides : menaces pour l'Europe*, Economica, 1988.

cours de cette période, une autonomisation relative de cette question par rapport à l'action des pouvoirs publics. C'est également à ce moment-là que se mettent en place de façon systématique dans les secteurs industriels des directions de l'environnement. Pendant ces années, le management de l'environnement se constitue autour de deux nouveaux champs de pratiques : les systèmes de management environnemental sur les sites industriels d'une part, la prise en compte de l'environnement dans la conception et le marketing des produits d'autre part.

Les systèmes de management environnemental

Inspirée par le référentiel britannique BS 7750, la norme ISO 14001 (1996) transpose à l'environnement les règles de management de la qualité[23]. L'adoption de cette norme par les entreprises est fondée sur une démarche volontaire donnant lieu à une certification par des auditeurs indépendants. Il est important de souligner que la certification ne porte pas sur la performance environnementale de l'entreprise – hormis un engagement de conformité à la réglementation – mais sur l'existence d'un système de management de l'environnement[24]. Plus précisément, la démarche de normalisation pour une entreprise consiste à formaliser quatre domaines d'intervention : l'engagement de la direction en matière d'environnement (objectifs, priorités), l'amélioration continue en suivant une progression « en spirale » ponctuée par les quatre étapes *« Plan, Do, Check, Act »*, la description de la conduite des procédés en situation normale (par exemple le tri des déchets à la source) et anormale (par exemple la canalisation et la récupération des eaux en cas d'incendie), la formation du personnel.

À la fin des années 1990, le référentiel ISO 14001 connaît une large diffusion avec la certification de milliers d'entreprises à travers le monde. Comment expliquer ce succès ? Du point de vue commercial, il devient rapidement un critère de sélection dans les relations entre clients et fournisseurs, notamment dans l'industrie électronique et automobile. La certification agit comme un label de qualité, comme un « dispositif de promesse » (Karpik, 1997) qui rassure le donneur d'ordre sur les aptitudes du fournisseur à maîtriser les dimensions environnementales de son activité. Du point de vue du management interne, il participe à la diffusion de règles de management dans les filiales des grands groupes, il constitue un objectif accessible pour les unités opérationnelles et il peut être exhibé, par les services centraux, comme une preuve tangible de leur engagement en faveur de l'environnement. Son adoption est d'autant moins difficile pour les entreprises qu'il s'inscrit dans la logique du management de la qualité. Enfin, dans une logique de contrôle externe, la formalisation de systèmes de management fait désormais partie des questionnaires des agences de notation sociale et environnementale et constitue un critère dont les compagnies d'assurance tiennent compte pour fixer leurs primes d'assurance.

Quels sont les effets de cette diffusion à grande échelle ? Le premier effet est organisationnel. La normalisation s'est accompagnée de la naissance d'une nouvelle figure d'acteur dans les grandes entreprises[25] : le responsable de l'envi-

23. Voir Reverdy T., « L'invention du management environnemental », *Gérer et comprendre*, n° 63, mars 2001 ; Boiral O., « Vers une gestion environnementale des entreprises », *Revue française de gestion*, janvier-février 2000.

24. De ce point de vue, la norme ISO 14001 se distingue du référentiel européen EMAS (*Environmental Management System*, 1993), plus contraignant, qui requiert la publication d'une déclaration environnementale et une amélioration continue des performances environnementales et pas seulement du système de management. C'est cette plus grande exigence qui explique, semble-t-il, la moindre diffusion de ce référentiel.

25. Dans les PME, le responsable de la qualité cumule souvent les deux fonctions.

ronnement. Chargé du recueil des données environnementales et du suivi des indicateurs, de la veille réglementaire, de la planification des actions et de leur mise en œuvre, de l'actualisation des procédures, ce nouvel acteur a contribué à la sensibilisation des directions générales et des salariés aux enjeux environnementaux. Mais son rôle ne se limite pas à la gestion interne. Il a notamment un rôle d'interface avec l'administration pour le suivi et la mise en œuvre des normes réglementaires (réglementations, circulaires et arrêtés préfectoraux s'appliquant aux sites industriels). À cet égard, certains travaux indiquent que l'émergence de ces nouveaux responsables a eu un effet inattendu : améliorer les relations entre les entreprises et l'administration dont les experts ont apprécié de pouvoir dialoguer avec des interlocuteurs identifiés et compétents (Reverdy, 2001). Qu'en est-il de l'impact de l'adoption de la norme sur la performance environnementale des entreprises ? S'il est difficile de le mesurer précisément, il faut en relativiser l'ampleur. L'adoption de la norme ISO 14000 a certes contribué à généraliser certaines pratiques (ex. : la collecte sélective des déchets, la collecte et le traitement des eaux usées), mais il faut également souligner que les progrès potentiels ne portent que sur des sites et des procédés déjà existants. Or la plupart des études convergent pour indiquer qu'au moins 80 % des impacts des produits et des procédés sont déterminés non pas au moment de leur fabrication mais au moment de leur conception.

La naissance de l'éco-conception

Parallèlement, à partir du milieu des années 1990, quelques grandes entreprises commencent à s'intéresser à l'intégration des dimensions environnementales dans la conception des produits. Des démarches d'éco-conception sont développées dans ce but. Elles visent en premier lieu à répondre aux exigences réglementaires sur les produits et leurs emballages (recyclabilité, interdiction ou limitation de substances dangereuses, etc.) qui se multiplient à partir du début des années 1990. Mais, pour certaines entreprises, l'éco-conception participe de stratégies d'innovation : il s'agit d'orienter les projets de R&D à l'aide d'outils de diagnostic (logiciels d'analyse de cycle de vie par exemple), d'accompagner l'adoption d'écolabels[26], le développement de démarches de « marketing vert » ou les programmes d'« achats verts »[27].

En quoi ces démarches autour du produit constituent-elles une nouveauté par rapport aux systèmes de management environnemental de type ISO 14001 ou EMAS ? Elles s'inscrivent dans un nouveau cadre pour rendre visibles les rapports entre la société et l'environnement : le cycle de vie du produit. Depuis plus de deux siècles notre regard s'est en effet accoutumé à considérer les problèmes environnementaux sous la forme d'interactions situées sur un territoire : riverains exposés aux odeurs incommodes, aux risques d'incendie et d'explosion des manufactures dès le XVIIIe siècle, problèmes de dégradation de la qualité de l'air dans les agglomérations urbaines, pollutions des rivières et des nappes phréatiques par les rejets industriels. Dans ce cadre, la gestion préven-

26. Dans cette dynamique de différenciation, les écolabels jouent un rôle essentiel dans l'émergence de marchés de produits « verts ». Ils sont des dispositifs de confiance (Karpik, 1997) permettant de rendre visible la qualité environnementale des produits qui n'est pas directement évaluable par le consommateur. On pourra, à ce sujet, consulter la synthèse de NADAÏ A. (1997), « Les conditions de développement d'un écolabel de produit », *Responsabilité et environnement, Annale des Mines*, juillet 1997.
27. Voir ABRASSART C. et AGGERI F., « La naissance de l'éco-conception. Du cycle de vie du produit au management environnemental produit », *Responsabilité et environnement, Annales des Mines*, janvier 2002.

tive de l'environnement a été pensée comme une question territoriale permettant de concilier le développement économique local et la protection de l'environnement.

Or, des méthodes de diagnostic environnemental formalisées au début des années 1990 par des ingénieurs et des designers adoptent un point de vue différent. Ces méthodes reposent en effet sur le cycle de vie physique du produit, qui représente la chaîne des activités allant de l'extraction des matières premières au traitement des produits en fin de vie, en passant par les étapes de production, de transport et de consommation [28]. Diagnostics, symptômes, actions correctives ou préventives peuvent aussi se penser et se déployer dans le cadre de cette nouvelle géographie de l'environnement qui connecte entre eux, autour de l'unité du produit, de multiples territoires.

Dans un premier temps, ces démarches sont plutôt exploratoires et expérimentales, et ne portent que sur quelques projets pilotes. Vers la fin des années 1990, elles deviennent plus systématiques, et des questions de management inédites commencent à se poser, notamment sous l'impulsion d'un mouvement de rationalisation des activités de conception [29]. Comment organiser la capitalisation des connaissances sur l'éco-conception ? L'expertise sur l'éco-conception doit-elle être centralisée ou décentralisée dans l'organisation ? Comment coordonner le travail des services de recherche, celui des projets de développement et celui des équipes de marketing quand il y a plusieurs dizaines de projets en parallèle ? Comment piloter la mise en œuvre d'une politique d'achats verts au sein d'un réseau de fournisseurs ? Ces questions conduisent à l'élaboration progressive de deux dispositifs de management connectés entre eux : les systèmes de management « produit » en interne et le management du cycle de vie en externe, qui sont aussi connus respectivement sous les noms de POEMS *(Product Oriented Environmental Management System)* [30] et de LCM *(Life Cycle Management)*.

La mise en place de ces systèmes de management de l'éco-conception est l'occasion pour les entreprises d'un apprentissage de la transversalité : l'environnement devient une dimension qui concerne progressivement tous les métiers de l'entreprise ainsi que de nouveaux partenaires avec qui l'entreprise n'a pas forcément l'habitude de coopérer (éco-industries, PME spécialisées dans le recyclage des produits en fin de vie, experts en analyse de cycle de vie, etc.). Ces systèmes de management requièrent une coordination fine entre tous ces acteurs, des outils permettant de rendre visibles leurs interactions, et l'intervention auprès d'eux de nouveaux experts [31].

Ces démarches de gestion « à la source » autour de l'éco-conception sont différentes des démarches d'adoption de technologies additives de type *end of pipe* (filtres pour cheminées, stations d'épuration, etc.) en vogue dans les années 1970-1980. Elles ne concernent d'ailleurs pas uniquement les produits mais également les procédés. Ainsi, à la fin des années 1990, une seconde vague de cata-

28. Il s'agit donc du cycle de vie *physique* du produit, et non du cycle de vie *commercial* du produit (décollage, croissance, maturité, déclin) qui est bien connu en marketing.

29. Voir HATCHUEL, LE MASSON et WEIL, « De la R&D à la RID. La construction des fonctions "innovation" dans les entreprises », 8th International Product Development Management Conference, Enschede, Pays-Bas, 2001.

30. Voir par exemple le POEMS de Philips, résultat de plusieurs années d'apprentissage.

31. Voir par exemple sur le cas du recyclage AGGERI F. et HATCHUEL A., « Les instruments de l'apprentissage. Construction et diffusion d'une expertise recyclage dans la conception automobile », *in* MOISDON J.-C., *Du mode d'existence des outils de gestion*, Seli Arslan, 1998, Paris.

logues de technologies pour l'environnement apparaît sous l'impulsion de la directive européenne IPPC de 1996. Des catalogues publics recensant les « meilleures technologies disponibles » et les procédés éco-conçus sont établis par un organisme de recherche de la Commission européenne[32]. En France, l'ADEME suit cette évolution par son engagement ces dernières années sur l'éco-conception, tout en continuant à piloter de nombreux programmes de recherche sur les technologies favorables à l'environnement.

À la fin des années 1990 cependant, la majorité des POEMS et des dispositifs de LCM en sont encore au stade de l'expérimentation, et l'éco-conception est souvent confinée à quelques experts qui essayent de déployer des outils clés en main. Par ailleurs les écolabels français comme européen ne rencontrent pas toujours le succès escompté. Comment expliquer cette situation ? Il semble que les freins à la diffusion de ces dispositifs ne soient pas techniques mais d'abord stratégiques. Leur diffusion passe en effet par l'implication et le soutien du management de l'entreprise et une intégration dans la stratégie commerciale de l'entreprise ; conditions rarement réunies.

Cette montée en puissance de l'éco-conception doit être mise en rapport avec l'évolution de l'action publique vers des formes plus incitatives. À cet égard, le développement des instruments économiques incitatifs (permis négociables, taxes incitatives), des instruments d'information du consommateur (écolabels) et la promotion des accords volontaires constituent autant d'éléments visant à orienter le comportement des entreprises et à créer les conditions d'émergence de marchés de produits « verts ». Illustrons cette évolution avec l'exemple du règlement éco-audit. En 1990 la DG XI de la Commission européenne travaille sur un projet de directive rendant obligatoires des audits et leur publication. Après de multiples débats et l'intervention de consultants, d'industriels et de différents comités de normalisation, ce projet est complètement transformé en dispositif volontaire, fondé sur des règles de management de la qualité très générales, avec une déclaration distincte de l'audit interne, et publié en 1993 sous le nom de Règlement éco-audit, un dispositif compatible avec le référentiel ISO 14001[33]. Autre exemple : depuis 1998, la Commission cherche à déployer une politique incitative visant à susciter l'émergence de marchés pour les produits « verts », plus connue sous le nom de Politique intégrée des produits (PIP)[34]. Déclinée en projets sectoriels, cette politique vise à ce que tous les produits mis sur le marché soient éco-conçus. Mais comment vérifier qu'une démarche d'éco-conception a bien eu lieu dans une entreprise ? Une première solution consiste à faire vérifier tous les dossiers de conception par un organisme de contrôle. Une autre approche, plus libérale, consiste à vérifier que l'entreprise a mis en place un système de management de type assurance qualité portant sur l'éco-conception des produits, c'est-à-dire un POEMS. C'est cette deuxième approche qui est aujourd'hui privilégiée. Elle transpose l'idée de système de management environnemental à la conception des produits.

---

32. Voir le site de la DG environnement : http://europa.eu.int/comm/environment/ippc/index_fr.htm.
33. Voir sur ce point REVERDY T., « L'invention du management environnemental », *Gérer et comprendre*, n° 63, mars 2001.
34. Voir le *Livre vert sur la PIP* publié par la Commission européenne, sur le site Internet de la DG environnement : http://europa.eu.int/comm/environment/ipp/home.htm.

3. Le management de l'environnement à l'heure du développement durable : déploiement dans l'entreprise, exploration et précaution

Cette mise en perspective historique du management de l'environnement permet de mettre en évidence que des pratiques aujourd'hui qualifiées de durables étaient déjà en germe avant que les entreprises ne se réfèrent à cette notion. Quelles sont les évolutions récentes du management de l'environnement à l'époque du développement durable ? Comment l'irruption de cette notion modifie-t-elle, entrave-t-elle ou favorise-t-elle ces évolutions ? Il ne s'agit pas ici de faire une recension exhaustive de ces évolutions mais d'illustrer quatre problématiques nouvelles à partir de cinq études de cas que nous présenterons ensuite.

3.1. Les enjeux managériaux d'une communication sur le développement durable : l'exemple d'Accor

Comme nous l'avons noté en introduction, l'une des évolutions récentes des pratiques des grandes entreprises concerne la professionnalisation et l'extension de la communication extra-financière, à travers une structuration des pratiques de *reporting*. Le *reporting* environnemental a certes commencé à se structurer avant la vague du développement durable[35], mais celui-ci, lacunaire et hétérogène, restait limité à quelques entreprises. Nous avons montré que la problématisation du développement durable s'est opérée autour de la question du *reporting* extra-financier, environnemental en particulier. Rappelons en effet que le référentiel international en matière de *reporting*, la GRI, est une émanation du Programme des Nations unies pour l'environnement (PNUE) et qu'il s'est d'abord constitué autour du *reporting* environnemental, considéré comme un enjeu essentiel pour les compagnies d'assurance et les banques qui s'inquiétaient alors d'une augmentation du coût des accidents et de l'absence corrélative d'instruments de mesure des risques environnementaux (White et Zinkl, *op. cit.*).

La mise en place d'un *reporting* doit répondre à deux objectifs contradictoires : d'un côté, il s'agit, pour les responsables en charge de cette activité, de se conformer à des exigences de contrôle externe, de construire un *reporting* consolidé au niveau du groupe comme un exercice de « figures imposées » répondant à des critères précis (« auditabilité », sincérité, exhaustivité, comparabilité) ; de l'autre, le *reporting* peut être envisagé comme un outil de connaissance et de management interne, qui doit être pertinent du point de vue de l'activité, afin d'établir l'état des lieux le plus précis possible, condition d'une action ultérieure. En théorie, les deux objectifs sont complémentaires. Un *reporting* consolidé répondant uniquement à des exigences externes a toutes les chances de se heurter à l'inertie, voire à l'opposition des opérationnels qui y verront une dérive bureaucratique et qui craindront de divulguer des informations sur lesquelles ils pourraient être jugés et sanctionnés. À l'inverse un *reporting* stratégique, orienté vers le management interne, aura peu de chance de faire partie de l'agenda des dirigeants s'il ne constitue pas une demande forte des parties prenantes de l'entreprise. Mais la conciliation de ces deux objectifs est, dans la pratique, un exercice délicat. En effet, les responsables du *reporting* consolidé tendent à sélectionner

35. Voir WHITE A. et ZINKL D., *Green Metrics : A Status Report on Standardized Corporate Environmental Reporting*, working paper, 1997.

des indicateurs génériques, facilitant la comparaison avec les concurrents, voire avec d'autres secteurs, mais pas nécessairement pertinents du point de vue de l'activité. À l'inverse, le *reporting* orienté vers le management interne conduit à sélectionner des indicateurs spécifiques, produisant une connaissance actionnable par les managers locaux. Par exemple, la consommation d'eau par unité produite n'aura pas le même sens dans une usine située dans une zone où les ressources en eau sont rares ou, au contraire, abondantes. Dans le premier cas, il faudra peut-être mettre en place des indicateurs plus précis permettant de mesurer les consommations par type de process et par plage horaire, là où un indicateur global pour l'usine suffira dans le second cas. Ces contradictions entre ces deux objectifs seront d'autant plus fortes que l'entreprise est de grande taille, qu'elle est décentralisée et que ses activités sont variées.

Comment concilier les deux objectifs ? Comment éviter la dérive vers un exercice de figures imposées déconnecté des pratiques et de la stratégie de l'entreprise ou, au contraire, vers un *reporting* pointu, pertinent sur le plan local, mais qui ne l'est plus au niveau du groupe ? On peut certes imaginer deux systèmes de *reporting*, mais il faut alors travailler de manière précise à leur couplage. En outre, les indicateurs doivent pouvoir être renseignés avec exactitude et rapidité, et ils doivent présenter une certaine stabilité afin de rendre possibles les comparaisons dans le temps.

Sur un sujet transversal comme l'environnement, la construction d'un indicateur peut nécessiter la mise en commun de plusieurs expertises. Par ailleurs, l'amélioration d'un indicateur ne dépend pas forcément d'un seul acteur mais d'une chaîne de responsabilité. Par exemple, la réduction des émissions de CO_2 en matière de logistique dépend à la fois du choix des fournisseurs, de l'organisation logistique, du choix du mode de transport (route, rail, fluvial). Or la mise en pratique de cette transversalité se heurte souvent à des découpages organisationnels et décisionnels bien établis qui favorisent l'expression de logiques locales.

La mise en œuvre d'un système de *reporting* doit également surmonter deux obstacles : l'engorgement des opérationnels et celui des managers. Les opérationnels sont souvent déjà submergés d'indicateurs et de procédures à renseigner, et sont *a priori* réticents à l'introduction de tout indicateur dont ils ne verraient pas l'utilité vis-à-vis de leur propre activité. Les managers sont soumis à un autre type d'engorgement. À supposer que leurs subordonnés remplissent correctement leurs obligations de *reporting*, sur quels problèmes doivent-ils « allouer leur attention » en priorité ?

C'est à ces différentes questions qu'a été confronté le groupe Accor dans la conception et la mise en œuvre d'un système de *reporting* environnemental dans ses hôtels. Cette étude de cas montre que la viabilité d'un système de *reporting* dépend notamment de trois conditions : le couplage de ce système avec un dispositif de capitalisation des connaissances, la mise en visibilité en interne des actions sur l'environnement, la coordination des services centralisés. Elle met en évidence à la fois des effets attendus – comme un contrôle accru des hôtels franchisés – et des effets inattendus comme la valorisation d'initiatives locales qui étaient méconnues au sein du groupe et qui bénéficient, par ce biais, d'une exposition inédite (traitement de l'eau dans les pays en voie de développement, expertises dans la conception environnementale des bâtiments, pratiques locales en matière d'achats durables, etc.). Le *reporting*, quand il fait partie intégrante d'une démarche managériale, peut alors être le support d'échanges sur les meilleures pratiques et d'élaboration d'une démarche collective.

3.2. Le management des sites industriels : d'une approche technique à une approche orientée vers les stakeholders. Les exemples de Lafarge et Arcelor

Comme nous l'avons indiqué, le management environnemental des sites industriels est marqué depuis l'origine par la prééminence d'une approche technique qui se justifie par la multiplicité des normes techniques et réglementaires à respecter. Dans les grands sites industriels, ces exigences ont conduit à la création de services environnement en charge du dialogue avec l'administration de l'environnement. À cette dimension technique, est venue s'ajouter, dans les années 1990, une dimension managériale avec le déploiement d'une démarche d'assurance qualité de type ISO 14000 dans laquelle est privilégiée la formalisation d'un système de management (objectifs, procédures, *reporting*). Une des évolutions récentes liées au développement durable est la sensibilité nouvelle à la question des relations avec les *stakeholders*. Il existait certes ici ou là des démarches de concertation locales avec les riverains, mais le fait nouveau tient à la fois à leur systématisation et leur formalisation dans des dispositifs de management. Ce développement récent est très lié à la création de directions du développement durable qui, dans certaines entreprises, ont fait du management des *stakeholders* un des axes prioritaires de leur action (voir la monographie Lafarge par exemple). Nous allons ici présenter deux exemples de démarches locales vis-à-vis des *stakeholders* : l'une sur le site d'Arcelor à Fos-sur-Mer ; l'autre, dans les sites industriels de la branche ciment de Lafarge.

Le cas étudié chez Arcelor porte sur l'évolution des enjeux et des pratiques en matière de management de l'environnement sur les sites industriels à travers l'exemple de Fos-sur Mer, un des plus grands sites industriels français. Sur ce site, les responsables de l'environnement sont confrontés depuis le début des années 1990 à un paradoxe : le nombre des plaintes émanant des riverains augmente alors que les rejets dans l'air et dans l'eau ont été réduits dans des proportions considérables et que des procédures d'assurance qualité et de prévention des risques avaient été mises en place. Parallèlement, l'usine doit faire face à la multiplication des *stakeholders* qui, depuis les collectivités, en passant par les associations locales et les nombreuses agences publiques et parapubliques dans le domaine de l'environnement, ont des exigences de plus en plus variées vis-à-vis de l'usine. Explorant ces différentes facettes, cette étude de cas met en évidence comment l'usine cherche à sortir d'un dialogue exclusif avec l'administration en déployant une série de relations et de démarches vis-à-vis de ces différents *stakeholders*.

Un autre cas concerne la mise en place d'une procédure de concertation avec les *stakeholders* locaux dans les usines du groupe Lafarge, notamment à travers l'exemple de l'usine de Frangey. Ce cas permet d'illustrer la politique volontariste du groupe en la matière et d'illustrer les enjeux et le type d'instrumentation qui sont mis en place localement pour gérer dans la durée les relations avec des *stakeholders* aux intérêts multiples et parfois divergents. Ce cas montre aussi que les directeurs de cimenterie doivent aujourd'hui enrichir leurs compétences essentiellement techniques par des compétences plus sociales et relationnelles.

3.3. Le développement durable par l'innovation de produit : l'exemple de Monoprix

L'une des évolutions que nous avons mentionnée précédemment en matière de management de l'environnement concerne l'émergence, au cours des années 1990, de la problématique de l'environnement produit et de l'éco-conception. En particulier, le développement de gammes de produits « verts » est une tendance qui est apparue à la fin des années 1990 en même temps que le développement des écolabels. Dans le domaine de la distribution, le groupe Monoprix fait figure de pionnier en étant la première enseigne française à lancer en 1990 une gamme de produits respectueux de l'environnement avec « Monoprix vert » puis, en 1994, une gamme de produits bio avec « Monoprix bio » . Elles seront complétées, à partir de 1998, par une offre de produits du commerce équitable. Comment s'est construite cette offre ? Ce cas montre que l'engagement de Monoprix s'est opéré initialement sans étude de marché. Il montre également que la tendance observée dans les secteurs plus industriels, avec l'instauration d'un dialogue avec les *stakeholders*, est également présente dans l'offre des entreprises de distribution : la démarche d'assurance qualité, qui consiste à garantir la qualité des produits par des certifications à l'aide de labels (écolabels, label AB, Max Havelaar, etc.), est aujourd'hui complétée par des démarches de promotion de nouveaux styles de vie plus durables par la diffusion de manuels présentant les « gestes verts » quotidiens de la famille durable, avec la volonté délibérée de transformer les modes de consommation. Dans cette perspective, nous analysons, dans un quatrième cas, la politique de Monoprix en matière de nouveaux produits orientés vers le développement durable. À cet égard, nous montrons que le développement de ces gammes était antérieur à l'engagement de Monoprix sur le développement durable mais que celui-ci a constitué un accélérateur pour l'extension et la promotion de ces gammes auprès des consommateurs.

3.4. Participer localement aux projets de ville durable : l'engagement de Monoprix dans les agendas 21 locaux

Le dernier cas illustre la porte sur l'engagement de Monoprix sur le thème de la ville durable. Comme dans le cas Lafarge et Arcelor, la concrétisation du développement durable passe par le développement de relations avec les acteurs locaux (associations, collectivités, etc.). Alors que dans les années 1990, les initiatives de ce type étaient décentralisées - elles étaient laissées à l'appréciation des directeurs de magasin – (ex. : participation aux opérations « restos du cœur » ou immeubles en fête), elles tendent à s'étendre et à être systématisées dans les magasins du groupe. Le cas présenté porte sur la démarche de capitalisation d'une expérience exemplaire au sein du groupe : la participation de Monoprix à l'Agenda 21 à Mulhouse. Il n'existait pas dans ce domaine d'expérience antérieure et depuis, le groupe fait de la participation des magasins aux projets d'agendas 21 l'un des thèmes de sa politique de développement durable.

4. Comment mobiliser les hôtels sur l'environnement ? Les enjeux de la mise en place d'un *rep orting* environnemental chez Accor

Sur le plan réglementaire, le secteur des services et de l'hôtellerie est soumis à une pression moindre que celle qui pèse sur le secteur industriel. En d'autres termes, les hôtels ne sont pas soumis à d'autres contraintes que les réglementations générales (tri des déchets, consommation d'eau et traitement des eaux usées, etc.) qui s'appliquent à tous les établissements qui ne relèvent pas de la loi sur les installations classées. En matière d'information environnementale, une évolution récente est venue, pour les grands groupes du secteur, de la pression conjuguée de la loi NRE en France (qui exige que les groupes cotés au CAC 40 produisent des informations extra-financières sur leur activité) et, sur le plan international, des demandes des organismes de notation extra financier.

La communication dans le domaine environnemental crée un certain nombre de contraintes à une entreprise. Dans le cas d'un groupe décentralisé comme Accor, le choix des indicateurs est une question essentielle. Le déploiement d'une politique cohérente en matière d'environnement exige, en effet, que les indicateurs n'évoluent pas d'une année sur l'autre afin de pouvoir mesurer l'amélioration des performances, comparer la performance des hôtels et identifier les points sur lesquels engager des plans d'action. Mais les indicateurs doivent aussi être acceptés et être jugés pertinents par les directeurs d'hôtels, qui sont chargés de les renseigner et de les faire progresser. Or, sur ce plan, un indicateur peut être en contradiction avec d'autres cibles de l'entreprise (par exemple entre la consommation d'énergie d'un hôtel et le confort attendu de la part des clients) et son amélioration peut ne pas dépendre de l'action du directeur d'hôtel mais des choix de conception initiaux ou de politiques d'achats négociées au niveau du groupe et sur lesquelles il n'a aucune prise. Impliquer les managers d'hôtels dans l'amélioration des performances environnementales de leur hôtel requiert de sélectionner des indicateurs qui soient cohérents avec les leviers dont ils disposent et sur lesquels ils peuvent agir.

Le rapport développement durable 2002 du groupe Accor comporte de nombreux indicateurs qui témoignent d'un certain degré de maturité dans le déploiement d'une marche environnementale. Les indicateurs fournis sont de deux types : des indicateurs globaux, à l'échelle du groupe, sur l'énergie globale consommée, sur la répartition par source (électricité, chauffage urbain, gaz) ou bien encore le nombre d'établissements du groupe fonctionnant à l'énergie solaire ; des indicateurs exprimés sous forme de ratios rapportant une donnée environnementale à une unité de service : consommation d'eau évaluée en litres par jour, par chambre louée et par type d'hôtel, consommation d'énergie en KWh par jour par chambre louée et par an et par chambre construite. Ce deuxième type d'indicateur permet la comparaison des performances environnementales des hôtels et constitue, à cet égard, un indicateur de gestion important pour le siège.

Depuis le mois de septembre 2003, la direction de l'environnement est rattachée à la direction du développement durable. Cette réorganisation témoigne du renforcement de la place de l'environnement au sein du groupe d'une part, et d'autre part du fait que l'environnement est considéré comme un des axes principaux de la politique d'Accor en matière de développement durable. Dans ce contexte, Accor ambitionne d'aller beaucoup plus loin dans le déploiement et la mise en œuvre d'une démarche de *reporting* à l'échelle du groupe.

Dans cette étude de cas, nous étudierons comment Accor cherche à mobiliser les hôtels en matière d'environnement à travers différentes actions articulées autour d'une démarche de *reporting*. Nous analyserons comment cette démarche se structure progressivement et se met en place dans les hôtels. Cette analyse est menée à partir de données recueillies au niveau de la direction générale, auprès de la direction du développement durable et de la direction des achats du groupe, et localement auprès de directeurs d'hôtels Sofitel et Ibis situés en France[36].

4.1. Un précédent : la charte environnement de l'hôtelier

La diffusion d'une charte environnement de l'hôtelier à 15 000 exemplaires auprès des directeurs d'hôtels constitue une première étape de sensibilisation à partir de laquelle Accor a pu mettre en place son système de *reporting*. La charte regroupe quinze actions en matière d'environnement, et présente pour chacune d'elles une fiche technique explicative dans un guide d'accompagnement. Cette charte, dont le contenu s'apparente au plan standard de l'analyse environnementale d'un hôtel, a notamment pour but de mieux aider les directeurs d'hôtels à sensibiliser leurs employés à l'environnement, à mieux connaître les performances de leur établissement en termes de consommation d'eau et d'énergie, et à améliorer leur gestion des déchets. La charte est affichée dans un lieu visible du personnel et des clients lorsque dix actions sont réalisées.

Les actions de la charte environnement de l'hôtelier (1998)

Gestion des déchets et recyclage

1. Nous organisons la collecte sélective des papiers de bureau, des journaux et magazines pour qu'ils soient recyclés.
2. Nous organisons la collecte sélective du carton pour qu'il soit recyclé.
3. Nous organisons la collecte sélective du verre pour qu'il soit recyclé.
4. Nous organisons la collecte sélective des cartouches d'encre des imprimantes et des photocopieurs pour qu'elles soient recyclées.
5. Nous organisons la collecte sélective des huiles de friture usagées pour qu'elles soient recyclées.
6. Nous utilisons en priorité du papier recyclé.

Contrôle technique

7. Nous réalisons un autocontrôle des consommations d'énergie.
8. Nous réalisons un autocontrôle des consommations d'eau.
9. Notre hôtel a été déclaré sans risque d'amiante.

Architecture et paysage

10. Nous respectons la charte esthétique Accor sur les enseignes et la pré-signalisation de notre hôtel.
11. Nous entretenons et mettons en valeur les espaces verts de notre hôtel.
12. Chaque année, nous plantons au moins un arbre aux abords de l'hôtel.

36. Il ne s'agira donc pas de tirer des conclusions générales sur la pratique des hôtels dans le domaine de l'environnement – la taille de l'échantillon et sa localisation ne le permettant pas (quatre hôtels en région parisienne) – mais de faire apparaître par le rapprochement de deux niveaux de management quelques implications managériales de la politique de développement durable du groupe Accor.

Sensibilisation et formation

13. L'ensemble du personnel a participé au moins une fois dans l'année à une réunion de sensibilisation sur notre politique de prise en compte de l'environnement.
14. Nous sommes partenaires d'une association ou d'une collectivité, dans le cadre d'une action en faveur de la protection de l'environnement.
15. Nous informons nos clients des actions menées en faveur de la prise en compte de l'environnement dans notre hôtel.

Source : Accor, *Guide environnement de l'hôtelier*, 1998.

Selon le rapport de développement durable d'Accor, fin 2002, 2 048 établissements, dont 267 hors Europe, avaient mis en pratique la charte dans le monde, avec en moyenne 11,93 actions enclenchées sur 15 en moyenne par hôtel contre 5,13 actions enclenchées par hôtel en 1998.

4.2. Des statistiques globales aux situations locales : des mises en œuvre contrastées

Il existe une diversité de situations concrètes et des spécificités locales qui n'apparaissent pas dans les statistiques communiquées dans le rapport de développement durable du groupe Accor.

La communication environnementale

La communication d'Accor en matière d'environnement est réalisée tant auprès du personnel que vis-à-vis des clients. L'information aux clients est réalisée par l'affichage de la charte dans le hall d'entrée des hôtels. La sensibilité des clients semble dépendre de facteurs locaux. Dans un cas, l'accueil fréquent de stagiaire venant réaliser un stage dans les locaux de l'AFNOR à proximité de l'hôtel amène une clientèle assez sensibilisée qui consulte parfois la charte affichée. Dans d'autres cas, il n'y a pas de demandes particulières sur l'environnement de la part des clients. Pour certains, le comportement du client est lié à la qualité du service qui lui est offert. Si cette qualité est élevée, il adoptera spontanément une attitude respectueuse de l'environnement. De ce point de vue, il n'est donc pas nécessaire de l'informer sur ce thème, ou de mettre en place des solutions dédiées (mousseurs, information sur les serviettes, etc.).

La présentation de la politique environnement Accor aux équipes a été réalisée par 63 % des 2 048 hôtels appliquant la charte. La sensibilisation du personnel à la gestion de l'environnement est réalisée par service. En pratique, cette sensibilisation consiste à proposer aux salariés des actions concrètes (éteindre les interrupteurs, fermer les robinets, etc.) en faveur de l'environnement. Ce constat implique que le développement durable doit être traduit dans des pratiques concrètes et spécifiques à chaque métier pour être effectivement déployé dans une organisation.

Des démarches d'amélioration continue

L'action des hôtels en matière d'environnement est tournée vers l'amélioration continue. À cet effet, des contrôles sont réalisés périodiquement et bien intégrés dans les procédures qualité (par ex. la vérification régulière du PH du ballon d'eau chaude). Un *reporting* sur la consommation d'eau et d'énergie est également effectué périodiquement. La collecte de ces informations doit permettre d'engager des actions d'amélioration.

Sur ce point une différence importante existe entre les différentes chaînes : les hôtels Sofitel disposent d'une équipe technique permanente, avec un responsable technique qui contrôle et optimise en permanence les consommations d'eau et d'énergie. Cet expert technique, véritable relais local pour la mise en œuvre d'une politique environnementale du groupe, n'existe pas dans les Ibis.

Outre la vérification du matériel, des performances importantes peuvent également être obtenues par l'application de règles de gestion quotidienne, comme le fait d'éteindre les lumières dans les pièces non occupées, ou par l'utilisation de techniques simple. Citons, à titre d'exemple, l'installation de mousseurs sur les robinets (économie d'eau de 20 %) ou encore l'installation d'interrupteurs minutes ou d'ampoules à basse consommation d'énergie dans les couloirs. Les initiatives individuelles, comme l'achat de petits équipements, jouent ici un rôle important[37]. Toutefois, ces initiatives ne sont possibles que pour des montants financiers modestes pouvant être enregistrés en charges dans le compte de résultat[38]. Par ailleurs, ces initiatives sont souvent motivées par d'autres objectifs. Par exemple, l'installation de lampes à basse consommation d'énergie a aussi été réalisée pour augmenter le confort thermique et visuel dans les couloirs.

La collecte sélective des déchets : une démarche multi-acteurs

La collecte sélective, qui a démarré en France en 1998, est largement pratiquée dans les pays européens où Accor est présent. C'est l'un des points sensibles sur lesquels la direction de l'environnement du groupe met l'accent. En 2002, la collecte sélective des déchets a été mise en œuvre par les hôtels en France à raison de 75 % pour les papiers et journaux, 79 % pour le carton, 82 % pour le verre, 88 % pour les cartouches d'encre et 84 % pour les huiles de friture. Cependant, dans le cas de la gestion des déchets et le recyclage, une différenciation locale existe selon que la municipalité organise ou non une collecte sélective des déchets. La faible fréquence de la collecte pose un problème de stockage des déchets triés. Ce problème des aires de stockage semble récurrent, y compris pour des hôtels qui ont été conçus et ouverts après la diffusion de cette charte (1998). Il a par ailleurs été souligné qu'une collecte sélective efficace nécessitait la conception d'équipements adaptés et performants pour les femmes de chambres (chariot « multi-poubelles »). Par ailleurs, la direction des achats commence à se pencher sur la question de la collecte des déchets d'emballage par les fournisseurs comme l'atteste la récupération des cartouches d'encre en fin de vie qui est prévue dans le contrat de référencement du fournisseur.

37. Un directeur d'hôtel donne l'exemple de l'achat d'un jeu de 50 ampoules à basse consommation d'énergie en promotion dans un magasin de bricolage. Cet achat spontané chez un fournisseur non référencé a engendré un budget supplémentaire de l'ordre de 200 euros par rapport à des ampoules classiques (en frais d'exploitation), mais permet une consommation d'énergie divisée par dix.

38. Pour chaque chaîne d'hôtels (Ibis, Sofitel, etc.), la procédure d'investissement est collective : les hôtels formulent des propositions, celles-ci sont centralisées et hiérarchisées par le siège qui alloue ensuite une enveloppe d'investissement à chaque hôtel. La priorité est donnée à la rénovation des hôtels les plus anciens (confort, sécurité, etc.). Un directeur d'hôtel qui voudrait réaliser des investissements environnementaux (exemple : source d'énergie solaire) peut donc seulement formuler des propositions à son siège. Par ailleurs, pour les petites dépenses environnementales (exemple : lampes à basse consommation d'énergie), l'inscription en charges n'est pas incitative pour un directeur d'hôtel : il n'existe pas de ligne spécifique permettant de rendre visibles ces dépenses dans le compte d'exploitation.

On constate donc que la pratique de la collecte sélective ne dépend pas que des hôtels, mais aussi de l'intervention d'autres acteurs : la direction des achats (pour les emballages, l'aptitude au recyclage des produits achetés, les programmes de reprise des produits en fin de vie, les équipements des salariés), la direction du développement (pour les aires de stockage des nouveaux hôtels)[39], les municipalités (pour l'organisation de la collecte).

Des partenariats différenciés

En fonction des enjeux locaux et de l'inclinaison personnelle de leur directeur, les hôtels développent des partenariats locaux pour la protection de l'environnement. Certains partenariats s'inscrivent dans une politique de groupe comme la participation de plusieurs hôtels à des actions de reboisement du Marais poitevin. D'autres résultent d'initiatives locales. Ainsi, le Sofitel de Roissy, situé non loin des pistes et exposé aux nuisances sonores des avions, fait partie d'une association d'usagers qui cherche à faire pression pour réguler le trafic aérien et donner des avis sur les projets d'aménagement urbains. Autre initiative : celle de l'hôtel Ibis de Nogent-sur-Marne qui a confié l'entretien de ses espaces verts à une entreprise employant des travailleurs handicapés (CAT).

4.3. La direction des achats : un acteur clé pour le déploiement du développement durable

Les capacités d'action des hôtels en matière d'environnement sont toutefois limitées. La performance environnementale des hôtels dépend en partie de la conception de l'hôtel et de la politique des achats mise en place par le groupe. Depuis 2003, la direction des achats[40] contribue à la mise en œuvre de la politique développement durable dans le cadre de la charte « achats durables ».

La charte « achats durables »

Le but de cette charte est d'introduire des critères de développement durable (sociaux et environnementaux) dans les référentiels utilisés pour le référencement des fournisseurs. Les fournisseurs et prestataires référencés devront tous s'engager à respecter cette charte. La partie « environnement » de cette charte concerne l'engagement des fournisseurs sur les points suivants :

1) définition d'une politique environnementale visant à se rapprocher des meilleures pratiques de la profession en matière d'environnement ;
2) respect de la réglementation (sur l'interdiction de certains produits et procédés) ;
3) connaissance et maîtrise des impacts environnementaux ;
4) engagement dans une démarche d'amélioration continue ;
5) recherche d'un approvisionnement en matières premières qui limite l'appauvrissement des ressources naturelles (biodiversité) et non renouvelables (pétrole, etc.) ;
6) développement pour Accor de nouveaux produits innovants en matière de respect de l'environnement, tant au stade de la conception qu'à celui de l'utilisation ;

39. Des contraintes supplémentaires sur les conditions de stockage des déchets peuvent être formulées, par exemple pour les hôtels classés IGH (Immeubles de grande hauteur) dont l'exploitation est soumise au respect de prescriptions formulées par les pouvoirs publics (prévention des risques, présence 24h/24 d'un PC sécurité, etc.).

40. La direction des achats est composée de 40 personnes, dont 20 acheteurs et 8 délégués régionaux. Les acheteurs assurent aussi l'audit fournisseurs. La direction des achats n'est pas chargée de la logistique qui est assurée par le fournisseur. Il existe une direction des achats dans tous les pays, constituée de 1 à 6 personnes.

7) politique de recyclage systématique des déchets, et de valorisation des produits fabriqués, en fin de vie.

Pour situer les fournisseurs par rapport à cette charte, la direction des achats, en collaboration avec la direction de l'environnement, a réalisé en mai 2003 une enquête par questionnaire en France sur 169 références en alimentaire et 369 en non-alimentaire.

Source : Entretien avec Mme N. Herlin, *Rapport développement durable d'Accor 2002.*

La direction des achats sélectionne, sur la base de référentiels et d'audits, des fournisseurs pour un grand nombre de produits et services achetés par les hôtels : achats alimentaires (taux d'emprise de 89 %), mobilier, informatique, moquettes, services de gardiennage et blanchisserie, énergie, eau, gaz, etc. Les fournisseurs sélectionnés sont alors référencés. Cette pratique permet de mutualiser le coût de la recherche d'information, de négociation et de contrôle de l'exécution des contrats, et d'expertise pour la définition des référentiels. Les hôtels sont fortement incités à faire appel à leurs services en s'appuyant sur le contrat (prix, qualité, délais de livraison, etc.) prédéfini par la direction des achats. Toutefois, une partie des achats se fait de façon décentralisée et hors référencement.

La difficulté pour les directeurs d'hôtels est alors d'acquérir les expertises nécessaires pour intégrer des critères environnementaux dans les cahiers des charges fournisseurs.

4.4. Projet de référentiel de reporting environnemental et formation des directeurs d'hôtel

Pour répondre de façon plus efficace à la multiplication des demandes d'information environnementale comme la loi NRE, la direction environnement du groupe Accor a décidé de mettre en place un nouveau dispositif de *reporting*. Le contenu et les modalités de ce *reporting* ne sont pas, à ce jour, encore totalement arrêtés. La préparation de ce dispositif comporte notamment le choix d'un outil de support qui est en discussion. Par ailleurs, il est nécessaire de déterminer un jeu d'indicateurs pertinents. Il faut trouver des indicateurs suffisamment généraux pour permettre de répondre simultanément aux multiples demandes externes, mais aussi suffisamment précis pour pouvoir être utilisés dans le pilotage d'une activité hôtelière, comme les ratios communiqués dans le dernier rapport de développement durable.

Le nouveau référentiel en projet

Le projet de référentiel prolonge la liste des actions définies dans la charte environnement de l'hôtelier de nouveaux indicateurs.

Ces indicateurs sont répartis dans de nouvelles catégories portant sur des pratiques de gestion ou sur des niveaux de performance technique liés au secteur de l'hôtellerie. Par exemple : système de management, consommation d'énergie, gestion de l'énergie, consommation d'eau, traitement des eaux usées, consommation de matières premières, consommation de liquides frigorigènes, gestion des déchets, intégration locale, relation au client, sanitaire.

Certains de ces indicateurs sont obtenus par décomposition analytique d'indicateurs existants. Par exemple, la catégorie « consommation d'eau » renvoie aux indicateurs : consommation totale d'eau douce/de mer/thermale ; autocontrôle de la consommation d'eau (action 8 de la charte); périodicité du contrôle; suivi par grand poste de consommation d'eau; équipement pour le recyclage des eaux de pluie, etc.

La catégorie « gestion de l'énergie » renvoie aux indicateurs: autocontrôle de la consommation en énergie (action 7 de la charte); périodicité de ce contrôle; suivi par poste de consommation énergétique; surface de panneaux solaire thermiques (en m^2), etc.

La catégorie « consommation d'énergie » renvoie aux indicateurs: consommation (en MWh) d'électricité, de gaz, de fioul, de gasoil, de bois, etc.

La catégorie « consommation de liquides frigorigènes » renvoie aux indicateurs: quantités (en kg) de R11, R12, R22, NH3, etc.

Ce référentiel de *reporting*, défini par la direction de l'environnement, vise à comparer la performance environnementale des hôtels (4 000 unités décentralisées qui sont régulièrement auditées). Le projet de certification ISO 14001 pour les Ibis à partir de 2004 apparaît dans cette perspective comme un moyen de renforcer le contrôle sur les franchisés. Une question est de savoir comment le *reporting*, qui est avant tout un outil de standardisation et de contrôle de la performance dans le groupe Accor, peut aussi susciter la motivation et favoriser une dynamique d'innovation et d'amélioration de la part des directeurs d'hôtels.

L'enjeu est également de proposer aux hôtels un dispositif intelligible et compatible avec leurs contraintes de fonctionnement. Ces hôtels sont en effet le point de convergence de tout ce qui est créé par les services centraux du groupe. Chaque année, de nombreuses initiatives voient le jour. Celles qui présentent un trop grand décalage avec les pratiques d'exploitation risquent d'avoir peu d'effets et de ne pas susciter l'adhésion des managers locaux à un dispositif jugé bureaucratique.

Combiner contrôle et capitalisation

Pour éviter ces dérives, la direction de l'environnement projette de combiner le dispositif de *reporting* externe à un dispositif de capitalisation des connaissances afin de dynamiser le déploiement interne de sa politique environnementale. La capitalisation se ferait en associant à chaque indicateur des connaissances permettant aux directeurs d'hôtels de réaliser des *benchmarks* en interne pour progresser sur les thèmes correspondants: fiches techniques explicatives, retours d'expériences menés par d'autres directeurs d'hôtels pour susciter une certaine émulation, proposition de solutions innovantes par les services centraux.

Dans cette perspective de capitalisation, la direction de l'environnement rédige et diffuse depuis septembre 2002 des fiches pratiques sur des enjeux environnementaux précis: les fluides frigorigènes, les halons, les bacs à graisse, etc. Comme le guide environnement de l'hôtelier qui avait été distribué à partir de 1998 en complément de la charte, ces fiches pratiques ont pour but d'informer les services techniques et les directeurs d'hôtels de ces enjeux et des actions à mettre en œuvre. Chaque fiche comporte un plan type: description de l'enjeu environnemental, présentation des réglementations applicables, lexique des termes techniques, et conseils pour agir: solutions techniques possibles, personnes et organismes à contacter, etc. Ces fiches techniques environnement sont particulièrement appréciées, tant par les responsables techniques de Sofitel que par les directeurs des Ibis. Elles semblent introduire plus de transversalité et de réciprocité dans l'organisation et soulignent l'importance de la capitalisation des connaissances.

Les réactions des directeurs d'hôtels au projet de référentiel

Les discussions menées avec les directeurs d'hôtels rencontrés montrent que le projet de référentiel comporte des indicateurs dont la pertinence doit être appréciée localement. La plus ou moins grande rareté d'une ressource comme l'eau, par exemple, est une question qui s'apprécie localement. Le projet comporte des indicateurs assez analytiques et techniques. C'est par exemple le cas des indicateurs regroupés dans la catégorie « consommation de liquides frigorigènes » . L'obligation de relever les quantités de R11, R12, etc. consommées doit, selon les directeurs rencontrés, être intégrée par la direction des achats dans le cahier des charges des fournisseurs. À cette dimension technique s'ajoute une dimension managériale: les directeurs d'hôtels Ibis, qui n'ont pas de responsable technique permanent, ne sont pas en mesure de contrôler l'intervention du technicien de maintenance de l'entreprise prestataire. Les fiches techniques environnement, qui contribuent à renforcer les capacités d'action des hôtels, semblent répondre en partie à ce besoin. Toutefois, la nécessité de préparer les managers au dialogue technique avec des prestataires de services pourrait passer par des formations spécifiques.

Conclusion

L'implication des directeurs d'hôtels est une condition centrale de réussite du projet de *reporting* environnemental. Cette implication dépend de trois conditions:

• Une première condition est l'existence d'un couplage entre l'obligation de renseigner un indicateur et la possibilité d'agir concrètement pour l'améliorer localement. Dans cette perspective, la capitalisation des expériences par les fiches pratiques environnement semble constituer une mesure appréciée, particulièrement pour les hôtels ne disposant pas de relais expert localement (responsable technique). Ces fiches, en traduisant la politique environnementale en actions pratiques pour un hôtel, permettent de concrétiser le développement durable.

• Une autre condition réside sans doute dans la mise en visibilité et la reconnaissance par les services centraux des efforts accomplis localement par les hôtels. Des incitations pourraient encourager ces initiatives locales: identification d'un poste « dépenses environnementales » dans le compte de résultat des hôtels, publicité des bonnes expériences, mise en place d'un concours et d'un prix des meilleures initiatives, etc. La conception d'une interface « conviviale » et intelligible avec les utilisateurs dans le système de *reporting* pourrait également faciliter les relations entre les hôtels et les services centraux.

• Enfin, une dernière condition, plus ambitieuse, est relative à la mise en œuvre de dispositifs de coopération transversaux en matière d'environnement associant les services centraux et les hôtels. Comme nous l'avons vu, plusieurs directions (achats, environnement, développement [construction de nouveaux hôtels], chaînes [Ibis, Novotel, Sofitel], etc.) contribuent à la performance environnementale des hôtels *via* les procédures d'investissement, la conception des hôtels, la sélection des fournisseurs ou encore l'assistance et le conseil technique aux hôtels. La coordination de ces différentes actions pourrait constituer un puissant levier d'amélioration.

Sources

Sources orales

- Entretiens avec Mme Patricia Cortijo, responsable environnement, Évry, 26 juin 2003, et Paris, 20 octobre 2003
- Entretien avec Mme Nathalie Herlin, directrice des achats France, Évry, 19 septembre 2003
- Entretien avec Mme Karine Estrade, directrice de l'hôtel Ibis de Saint-Denis, Saint-Denis, 14 novembre 2003
- Entretien avec M. Frédéric Dillon Corneck, directeur de l'hôtel Ibis de Nogent-sur-Marne, Nogent, 25 novembre 2003
- Entretien avec M. Jacques Alain Bernard, directeur général de l'hôtel Sofitel Paris La Défense Grande Arche, La Défense, 5 janvier 2004
- Entretien avec M. Claude Chevauché, directeur général de l'hôtel Sofitel Charles de Gaulle Airport, Roissy, 13 janvier 2004

Sources écrites

Documents internes

- *Guide environnement de l'hôtelier*, 1998.
- Direction de l'environnement, *Indicateurs pour l'activité hôtelière d'Accor*, juillet 2002
- Direction de l'environnement, *Fiches pratiques*, septembre 2002
- Direction de l'environnement, *Cahier des charges gestion des données environnementales*, mars 2003

Document externe

- Groupe Accor, *Rapport de développement durable 2002*

5. La concertation au concret : le cas de la cimenterie Lafarge de Frangey

Le cas de la cimenterie de Frangey, en Bourgogne, constitue un terrain intéressant pour comprendre les concrétisations locales de la notion de développement durable chez Lafarge. Dans cette perspective, nous accorderons une place importante aux pratiques de concertation locale mises en place par l'usine avec les riverains et l'administration. Plus précisément, nous rendrons compte de la manière dont la cimenterie a mis en œuvre des instances de concertation locale et nous verrons en quoi la structuration d'une démarche de développement durable chez Lafarge vient appuyer et encadrer ces pratiques. Ces démarches mettent en lumière le rôle central que joue, pour Lafarge et plus largement pour les cimentiers, le dialogue avec les « parties intéressées » *(stakeholders).*

Il est important de souligner que ces instances de concertation ont été mises en place à l'initiative de l'entreprise, qu'elles vont au-delà du respect des contraintes légales et qu'elles n'ont pas été mises en place à la suite d'une crise. Nous verrons que de tels dispositifs permettent à l'entreprise de gérer les relations qu'elle entretient avec ses *stakeholders*, mais qu'en retour, ces derniers acquièrent un droit de regard accru sur les activités de l'entreprise, et peuvent parfois susciter des actions de la part de la cimenterie.

5.1. L'activité de la cimenterie : la valorisation des déchets et ses conséquences

Dans un premier temps, il est utile de repartir du contexte d'activité de la cimenterie afin de comprendre en quoi celle-ci est exposée à des problématiques relevant du développement durable.

La cimenterie de Frangey constitue aujourd'hui la plus petite des cimenteries françaises du groupe Lafarge. Du fait de la très faible valeur ajoutée du ciment (le prix du transport excédant rapidement la valeur du produit), le marché sur lequel opère la cimenterie est local. Les procédés industriels sont très bien maîtrisés et l'activité quotidienne de gestion d'une cimenterie est assez contrainte, relevant de l'optimisation d'un outil industriel relativement peu complexe.

Depuis vingt ans, l'usine s'est tournée vers l'activité de valorisation des déchets (huiles, solvants, déchets spéciaux, farines animales, etc.) que permet le process cimentier (température de combustion élevée 1 450° C). Cette activité est en effet lucrative : les coûts d'adaptation des installations pour se conformer aux réglementations (zones de stockage, laboratoires d'analyse, contrôle, filtres à manche, etc.) sont plus que compensés par les recettes provenant des déchets (les fournisseurs paient pour se débarrasser de certains déchets) et par les économies de combustibles qui découlent de l'utilisation de combustibles de substitution à haut PCI [41] (huiles, pneus, certains solvants, etc.). Ainsi la valorisation des déchets devient-elle pour Frangey, comme pour d'autres cimenteries, une activité essentielle à côté de l'activité traditionnelle de production de ciment.

Mais le développement de cette activité a également d'autres contreparties : alors que les pollutions traditionnelles des cimenteries (les émissions de poussières et les rejets en eau) ont été fortement réduites, l'attention de l'administration et des riverains se porte désormais sur cette activité.

5.2. Des relations plus tendues avec l'administration

Si l'activité d'une cimenterie s'inscrit naturellement dans le long terme – la durée de vie des autorisations d'exploitation est de trente ans, les carrières comprennent parfois, comme à Frangey, plusieurs centaines d'années de gisement –, le développement de l'activité de valorisation des déchets nécessite pour chaque type de déchets non seulement de respecter des contraintes techniques (qualité de combustion, marche des fours, etc.), mais également de nouvelles autorisations et contraintes administratives (suivi et traçabilité des déchets, *reporting* régulier à la DRIRE, visite régulière des inspecteurs des installations classées, etc.) [42]. Ces relations suivies avec la DRIRE relevaient jusqu'à récemment d'une logique d'« accommodation » (Padioleau, 1982) : les inspecteurs et l'usine négociaient les délais de mise en conformité par rapport à des réglementations en évolution. Ces relations semblent s'être durcies depuis deux ans à la suite de consignes de l'administration centrale demandant aux inspecteurs d'être

41. PCI : pouvoir calorifique interne.

42. Les principaux textes applicables aux installations de co-incinération des déchets sont l'arrêté du 20 septembre 2002 relatif aux installations d'incinération et de co-incinération des déchets non dangereux (DEVP0210351A) et l'arrêté du 20 septembre 2002 relatif aux installations d'incinération et de co-incinération des déchets dangereux (DEVP0210352A). Ces derniers, qui sont la transposition de la directive 2000/76/CE relative à l'incinération des déchets, impliquent de revoir, pour les installations existantes, toutes les prescriptions techniques applicables d'ici au 28 décembre 2005. Une étude de mise en conformité est exigée des industriels depuis le 28 juin 2003.

plus intransigeants vis-à-vis des grandes entreprises dans l'application des normes réglementaires. Du côté de Lafarge, compte tenu de la continuité et de la fréquence des relations avec l'administration, le directeur d'usine est fortement incité à bâtir des relations de compréhension réciproque – voire, si possible, de confiance mutuelle – avec celle-ci.

5.3. Un enjeu important : la gestion des rumeurs

Pour la commune et les habitants, la cimenterie constitue la seule industrie importante d'une région très rurale. Elle est source de revenus pour la commune et d'emploi pour une partie de ses habitants. La communauté locale a ainsi toujours vécu près de la cimenterie qui occupe une part importante de la population active du village (« chacun a un des membres de sa famille ou un ami y travaillant » maire de Lezinnes) mais sans la connaître forcément de l'intérieur. Auparavant très polluante (notamment à cause de l'émission de poussières), la cimenterie est parfois l'objet d'inquiétudes concernant les impacts de son activité sur la santé et l'environnement, alimentant un certain nombre de rumeurs.

Ainsi, un agriculteur proche de la cimenterie ayant constaté que son champ de maïs avait jauni, suspecta la cimenterie d'en être la cause (le problème venait en fait d'un produit de traitement utilisé par l'agriculteur). Autre exemple : la circulation de camions transportant des solvants et dont certains habitants étaient persuadés qu'il s'agissait de déchets nucléaires. Par ailleurs, certains habitants des communes avoisinantes pensaient que l'usine était classée Seveso. Plus récemment, l'activité de valorisation des déchets a suscité des inquiétudes, notamment au démarrage de l'activité de destruction des farines animales[43] par la cimenterie. De ce point de vue, la capacité du directeur à désamorcer les rumeurs, aussi fantaisistes soient-elles, constitue un enjeu important pour la construction de relations de confiance avec les riverains.

Dans ce cadre, le directeur de l'usine a un rôle d'interface important, assez largement tourné vers l'extérieur : en plus de faire le lien avec sa direction au sein du groupe Lafarge et de gérer l'exploitation courante de l'usine, il accorde une grande partie de son temps à la gestion des questions réglementaires (notamment celles relatives à la valorisation des déchets) et à l'animation des relations avec la DRIRE, la commune et les riverains.

5.4. Des instances d'échange et de discussion avec les parties concernées (stakeholders)

C'est dans ce cadre que sont progressivement apparues des instances de concertation avec les communautés locales. Celles-ci avaient pour but de « jouer la transparence »[44] à la fois vis-à-vis des riverains et de l'administration.

Jusqu'alors laissée à la latitude des directeurs de sites, la concertation locale s'est progressivement structurée pour donner lieu, au sein de Lafarge, à la mise

43. Après la crise de la vache folle, les cimentiers ont été sollicités, en France, par les pouvoirs publics pour brûler les stocks de farines animales. Ils ont répondu aux appels d'offres organisés par l'État et brûlent aujourd'hui 50 % des farines françaises.

44. Une première réalisation concrète de la cimenterie en termes de concertation locale s'est manifestée lorsque la cimenterie a commencé à brûler des farines animales. « Il y avait nécessité d'expliquer, de montrer les farines animales aux personnes de la commune. Ils ont apprécié le fait qu'on en discute avec eux. Ça a été une bonne opération de communication, préalable aux commissions locales de concertation » (directeur de la cimenterie).

en place, à partir de 2000, de commissions locales de concertation (CLC) dans tous les cimenteries françaises [45]. Dans le cas de l'usine de Frangey, les CLC ont été mises en place un an auparavant, et trois réunions ont eu lieu (une présentation de l'usine pour la première réunion, la deuxième sur la valorisation des déchets et les tirs de mines dans la carrière de l'usine pour la troisième).

Vingt à vingt-cinq personnes participent à ces réunions. Chaque réunion dure deux heures, le thème de la réunion suivante étant débattu à la fin de la CLC en cours. Durant la CLC, le directeur répond aux questions formulées par des responsables locaux avant la réunion. À Frangey, ces CLC sont composées [46] :

- de quatre maires de communes voisines, un ou deux conseillers municipaux ;
- de l'ingénieur de la DRIRE en charge du dossier ;
- de personnalités locales : le directeur de l'école, le pharmacien, le responsable de la communauté de communes ;
- de deux ou trois salariés non cadres de l'usine ;
- d'un ou deux cadres de l'usine.

Si ces instances de concertation ont avant tout une vocation d'échange et de discussion – elles servent la plupart du temps à désamorcer les inquiétudes ou des fantasmes, à entretenir un climat de confiance entre la population et la cimenterie, et ne constituent pas des lieux de décision sur un problème donné –, elles peuvent déboucher parfois sur la mise en œuvre d'actions de la part de la cimenterie : par exemple, le directeur s'est engagé, lors d'une CLC, à la réalisation d'une étude d'impact sanitaire à la suite de questions des participants sur les risques de contamination des sols.

Ces instances sont différentes, dans leur esprit, des CLIS (commissions locales d'information et de surveillance), prévues dans le décret n° 93-1410 du 29 décembre 1993. Selon ce décret, le préfet a la possibilité, pour les installations d'incinération des déchets, de convoquer une CLIS en vue d'assurer l'information du public et de l'administration et de surveiller la conformation de l'industriel aux prescriptions techniques exigées. Celles-ci sont quadripartites (représentants de l'administration, des élus, des associations et de l'industriel) et animées par un représentant de l'État. Nos interlocuteurs chez Lafarge soulignent le fait que ces CLIS relèvent d'une logique de contrôle – l'industriel est dans la situation d'être jugé et n'a pas de capacité d'initiative – et ne favorisent pas la construction de relations de confiance avec la population. Dans le cas de Frangey, le préfet n'a pas demandé la création d'une CLIS.

À l'inverse, selon eux, les CLC relèvent d'une véritable logique de concertation : la représentation des acteurs locaux est plus large que dans une CLIS (représentants des salariés et personnalités locales) [47] et les thèmes de l'ordre du jour sont choisis par les participants d'une réunion pour la suivante.

45. Une démarche de concertation similaire a été mise en place par ciments Calcia sur ses sites français à partir de 1995 (Jouet et Vampouille, 2003).

46. La composition et l'animation des CLC sont consignées dans un référentiel interne de la branche ciment distribué aux directeurs de sites. Il leur est notamment recommandé d'associer à ces CLC des représentants de groupes d'opposants (ex. : associations de protection de l'environnement), lorsqu'on peut en identifier localement. Cela n'a pu être le cas à Frangey où aucune association de ce type n'a été recensée localement, ni aucune demande de participation n'a été formulée (information confirmée par le maire et le responsable de la DRIRE).

47. À noter que nos interlocuteurs reconnaissent au directeur de l'usine de Frangey le mérite d'avoir pris l'initiative de la constitution de cette CLC sans attendre la demande de l'administration et se déclarent satisfaits de son fonctionnement.

5.5. Les CLC et le développement durable

Ces pratiques de concertation locales sont antérieures à la structuration d'une réflexion sur le développement durable chez Lafarge. Néanmoins, on peut considérer que cette structuration a aujourd'hui un impact sur les modalités de cette concertation locale : auparavant laissée à l'initiative du directeur de la cimenterie, la concertation est désormais encouragée et encadrée par la direction générale. Ainsi, les CLC sont désormais déclinées dans l'ensemble des cimenteries françaises du groupe Lafarge et sont progressivement étendues à toutes les cimenteries du groupe. Leur fonctionnement fait également l'objet d'un suivi par la direction générale. Tous les ans, le directeur de l'usine et le responsable des « relations extérieures » au sein de Lafarge passent en revue l'état des relations entre la cimenterie et les *stakeholders*, de même que les performances en matière d'environnement, dans le cadre d'un « plan d'intégration local », décliné sur l'ensemble des cimenteries.

Pour accompagner les directeurs de sites dans leur gestion des *stakeholders*, la branche ciment du groupe Lafarge a mis en place en 2002 le programme de performance « Advance », qui comporte un volet « relations avec les *stakeholders* ». Ce programme de performance est fondé d'une part, sur un processus d'auto-évaluation[48] (un référentiel d'évaluation est fourni aux directeurs de sites) et d'autre part sur une boîte à outils (référentiels, recueil des meilleures pratiques, procédures, outil Daisy[49], etc.) qui, d'après ses promoteurs, permet aux managers locaux de s'engager dans un processus de progrès continu. Si ces pratiques sont d'ores et déjà en place en France, le programme vise à les étendre à l'ensemble des cimenteries de Lafarge au niveau mondial.

À travers ce cas, on voit que le dialogue avec les *stakeholders* est antérieur à l'émergence de la structuration d'une démarche de développement durable chez Lafarge. Cette démarche, qui se concrétise dans la branche ciment à travers le programme de performance Advance, contribue néanmoins aujourd'hui à transformer les pratiques locales en créant des incitations, en structurant et professionnalisant leur contenu et en cherchant à les étendre à l'ensemble des unités du groupe.

Conclusion

La mise en place de ces démarches de concertation locale témoignent d'une ouverture et d'une volonté de dialogue de l'entreprise vis-à-vis de ses *stakeholders* locaux. Ces démarches mettent en évidence l'élargissement des missions du directeur d'une cimenterie, de plus en plus tournées vers l'extérieur. Tout en laissant aux usines l'initiative et la conduite de la concertation locale, le siège cherche dorénavant à encourager et à accompagner ces initiatives par des outils et des incitations spécifiques.

48. Le terme d'auto-évaluation n'a pas été choisi au hasard par les concepteurs du programme. Il s'agit, en effet, d'inciter les managers locaux plutôt que de leur imposer une démarche contraignante qui aurait pu être contestée. Cette auto-évaluation est également complétée par des entretiens annuels avec le directeur du développement et des relations extérieures de la branche ciment ; ainsi, au final, la démarche s'apparente à une forme de *coaching*.

49. Cet outil de gestion des relations avec les *stakeholders* est présenté dans l'introduction générale de la monographie Lafarge.

Sources

Sources orales

- Entretien avec Jean-Christophe Salek, directeur de la cimenterie de Frangey, 3 juin 2003
- Entretien avec Joël Miette, DRIRE, chef de groupe subdivision Nièvre-Yonne, en charge du suivi de la cimenterie, 2 juin 2003
- Entretien avec Raymond Cartaud, maire de Lézinnes, commune sur laquelle est implantée la cimenterie, 3 juin 2003
- Entretien avec Patrick Paris, directeur du développement et des relations extérieures, branche Lafarge ciments, 16 juillet 2003

Sources écrites

Document interne

- *Performances et environnement* (rapport public de l'usine de Frangey), 2002

Textes réglementaires

- Arrêté du 20 septembre 2002 relatif à l'incinération et la co-incinération des déchets
- Arrêté du 10 octobre 1996 relatif aux installations d'incinération et de co-incinération de certains déchets industriels spéciaux
- Décret n° 93-1410 du 29 décembre 1993 fixant les modalités d'exercice du droit à l'information en matière de déchets

Bibliographie

Jouet G. et Vampouille M. D., « Ciments Calcia à la découverte de ses territoires », *Journal de l'école de Paris*, avril 2003, p. 27-38.

Padioleau J.-G., *L'État au concret*, 1982, PUF.

6. De l'environnement comme ingénierie à la gestion des *stakeholders*: le cas de l'usine Sollac de Fos-sur-Mer

Le cas de Sollac de Fos-sur-Mer est significatif d'une évolution actuelle dans l'action des entreprises en matière d'environnement: le passage d'une gestion essentiellement technique et orientée vers la recherche d'une conformité réglementaire à une politique élargie intégrant le point de vue d'un nombre croissant de *stakeholders*. Sur le site de Fos, cette évolution s'est nourrie d'un paradoxe: l'augmentation du nombre de plaintes des riverains, et plus généralement, la sensibilité accrue des populations, des salariés, voire de l'administration envers les pollutions de l'usine alors que les émissions avaient été réduites dans des proportions considérables. Ce paradoxe, qui met en avant que la sensibilité aux pollutions dépend finalement assez peu de leur niveau absolu, et donc d'analyses purement quantitatives ou rationnelles, a conduit l'usine, depuis quatre ans, à développer une approche plus qualitative et ouverte vers l'extérieur, visant notamment à gérer et à développer les relations avec ses très nombreux *stakeholders*. Ainsi, à côté de dimensions plus techniques – comme la réduction des pollutions à la source – ou managériales – comme la certification environnementale –, l'usine a fait de la gestion des relations avec les *stakeholders* un domaine d'action à part entière de sa politique environnementale.

Cette politique, développée en fonction du contexte local, intéresse la direction du développement durable du groupe Arcelor qui cherche à développer des relations durables et compréhensives avec les *stakeholders* [50]. Or ces relations ne peuvent pas être uniquement établies au niveau de la direction générale mais doivent être aussi relayées, au niveau opérationnel, sur les sites – d'où l'importance de l'identification, au niveau local, de « bonnes pratiques » qui puissent ensuite être mises en exergue auprès d'autres sites du groupe. Ainsi, l'usine de Sollac-Méditerranée à Fos-sur-Mer est une de celles mises en avant par le groupe [51] en raison de la reconnaissance qu'elle a obtenue dans le domaine de l'environnement, de sa gestion des *stakeholders* et de la gestion de crise[52]. Dans ce dernier domaine, l'usine a déployé une démarche de sensibilisation et de prévention auprès du personnel ainsi qu'un plan de crise considérés comme exemplaires par le groupe. L'intérêt du site de Fos réside également dans les solutions mises en œuvre par l'usine pour gérer une nuée de *stakeholders* ; l'usine étant notamment confrontée, du fait de sa situation géographique particulière, à un environnement institutionnel très fragmenté (multiplicité des organismes publics et para-publics en charge des différents dossiers environnementaux).

6.1. Présentation du site et de ses stakeholders

Avec une production annuelle de 4,6 millions de tonnes d'acier en 2002, s'étendant sur 1 600 hectares, le site de Fos-sur-mer de Sollac-Méditerranée est non seulement l'un des plus importants du groupe Arcelor, mais aussi l'un des plus grands sites industriels français. Il a été créé en 1974, « au bord de l'eau », pour pouvoir accueillir les minéraliers et bénéficier de coûts d'approvisionnement en minerai de fer et en charbon réduits. Les prévisions initiales tablaient sur une production de 7 millions de tonnes par an. La deuxième tranche, qui devait être réalisée à l'origine, n'a jamais vu le jour, compte tenu de la crise économique qui a frappé la sidérurgie à la fin des années 1970 et qui a entraîné sa restructuration. Après une période difficile au début des années 1980, le site a su adapter sa productivité aux conditions de la concurrence et fait partie désormais des sites les plus productifs du groupe. Au passage, les effectifs ont été réduits drastiquement, passant de 8 000 en 1974 à 3 500 en 2002 tandis que la production passait, dans le même temps, de 3,3 à 4,2 millions de tonnes. L'usine fabrique des produits plats et sa production s'adresse aux marchés de l'automobile et de la transformation du sud de l'Europe (Italie, Espagne, Turquie). Elle est organisée en trois secteurs principaux : fonte, aciérie et laminoir. L'usine a beaucoup développé la sous-traitance, notamment dans le domaine de la maintenance, des emballages ou de la logistique, 1 500 co-traitants travaillant ainsi sur le site.

---

50. Le groupe Arcelor identifie, dans son rapport annuel (p. 94), six catégories de *stakeholders* : les salariés, les actionnaires, les institutions financières, les clients et fournisseurs, le voisinage et les riverains, la population et les ONG. Il existe plusieurs formes de relations possibles avec les *stakeholders*, spontanées ou contraintes, durables ou ponctuelles.

51. Entretien avec M. Patrick du Bois et M. Jacky Prudhomme, Luxembourg, 2 décembre 2002.

52. Cette reconnaissance est non seulement interne mais s'est traduite, en 2000, par exemple, par l'obtention du prix Écogestion du ministère de l'Aménagement du territoire et de l'Environnement.

Des exigences réglementaires fortes, une sensibilité environnementale accrue par sa localisation géographique

Sur le plan environnemental, le site de Fos génère des pollutions très importantes, caractéristiques de la filière « hauts fourneaux » [53] (voir tableau ci-après): émissions de poussières canalisées dans la cokerie, dans l'atelier de préparation du minerai de fer ou émissions diffuses liées au stockage des minerais ; émissions de SO_2 (minerais soufrés), de CO_2 (liées à la combustion du carbone) ou de plomb générées aux différentes étapes de production ; production de déchets (laitiers de fonderie, boues de process, etc.) ; consommation d'eau. Les émissions, dans chacun de ces domaines, sont parmi les plus importantes en valeur absolue en France [54] (voire les plus importantes) avec celles de Dunkerque (pour le plomb ou le CO_2 par exemple). Seules les émissions de Nox, très sensibles dans la région de l'étang de Berre où les dépassements des seuils d'alerte à l'ozone sont très fréquents, bien qu'importantes (le site est le septième émetteur national), sont dépassées par celles des raffineurs voisins sur lesquelles l'attention se concentre.

Sur le plan réglementaire, les exigences applicables au site sont particulièrement nombreuses: treize installations sont soumises à autorisation et treize autres à déclaration, sans compter qu'il s'agit d'un site classé Seveso II pour son activité, à haut risque (explosion, toxicité), de récupération et de valorisation des gaz d'aciérie pour le chauffage [55]. Parmi les évolutions réglementaires les plus récentes, notons l'obligation, pour les installations classées pour la protection de l'environnement (ICPE) de fournir, selon l'arrêté ministériel du 17 juillet 2000, un bilan de fonctionnement décennal de leur activité en référence à l'étude d'impact de l'installation ; la décision européenne (EPER) du 17 juillet 2000 qui crée un registre européen des émissions de polluants et qui impose aux États membres de transmettre les informations – mais également de les mettre à la disposition du public par diffusion sur Internet – concernant les émissions pour 50 polluants en cas de dépassement de seuils fixés à l'avance [56, 57]. Ces deux obligations, qui concernent directement Fos, renforcent les obligations de la communication externe.

Face à ces nuisances et aux pressions réglementaires fortes auxquelles elle est confrontée, l'usine a engagé depuis plus de vingt ans des efforts importants pour réduire ces pollutions. Son service environnement estime que les investissements dans le domaine de l'environnement représentent au moins 10 % des investissements industriels et entrent pour au moins 5 % dans le prix de revient de l'acier. Malgré des progrès importants réalisés dans la plupart des domaines (voir tableau ci-dessous) – à l'exception du CO_2 dont les possibilités de réduction semblent limitées –, le site est toujours considéré par l'administration comme très sensible et fait l'objet d'une surveillance étroite.

---

53. Rappelons que la filière électrique, qui produit de l'acier par électrolyse à partir de ferrailles, génère des pollutions par tonne très inférieures à celles de la filière « haut fourneau » (5 à 6 fois moins de CO_2 produit par tonne d'acier par exemple), mais les deux filières ne sont pas entièrement substituables, notamment pour les aciers plats de qualité qui ne peuvent être obtenus à partir de la filière électrique.
54. Les émissions de SO_2 de Fos représentent 2 % des émissions françaises (*source :* rapport Honoré D.).
55. Entretien téléphonique avec M. Jacquinet, ingénieur de l'industrie et des mines, subdivisionnaire territorial local, en charge du site Sollac de Fos-sur-Mer à la DRIRE (Martigues), avec Franck Aggeri , 7 octobre 2003.
56. Décision n° 2000/479/CE prise conformément aux dispositions de l'article 15 de la directive 96/61/CE relative à la prévention et à la réduction intégrées de la pollution.
57. L'association Entreprises pour l'environnement à laquelle participait Usinor a décidé d'anticiper cette réglementation et de disposer dès 2001 d'un portail Internet grand public. Fos a été choisi, pour Usinor, comme site pilote (*source :* rapport Honoré D.).

Variété et hiérarchie des problèmes environnementaux du site de Fos-sur-Mer

	Émission	Ordre de grandeur	Principales mesures prises
Air	Les poussières canalisées (cheminées) et diffuses (stockage du minerai, etc.).	1,5 kg par tonne d'acier produite en 2000 (contre 4,5 kg/t en 1990).	Laquage d'état des gisements de minerais (non réglementaire). Repris depuis dans l'arrêté préfectoral (ont devancé la réglementation). Filtres à manche et électro-filtres.
	Les émissions gazeuses : Nox, SO_2 : pression réglementaire mais aussi de la région (ozone notamment).		Installation d'équipements de désulfuration et de dénitrification. Entre 1990 et 2000 : 27 millions d'euros d'investissements à la cokerie.
	Plomb	18 tonnes émises en 2002	
	CO_2	2 tonnes de CO_2 émises par tonne d'acier	Négociations internationales, européennes et françaises sur des permis négociables → coûts potentiels élevés pour Arcelor.
Eau	Consommation annuelle de l'ordre de 18 millions de m^3. Plusieurs points de rejet pour la purge des circuits d'eau des installations	Rejet annuel en mer de 9 millions de m^3.	Construction de stations d'épuration. Études d'impact annuelles sur les darses (canaux).
Déchets	Les émissions solides : DIB, DIS : laitiers, scories, oxydes de boues considérés comme des DIS	Volumes très importants Boues de process valorisées à 85 % en 2002 contre 0 % en 1984	Tri sélectif des DIB Les laitiers de hauts-fourneaux sont valorisés comme revêtements routiers ou dans les cimenteries. Le stockage des déchets et de l'eau dans des lagunes étanches mais persistance d'un risque.

Situé sur un site naturel à l'embouchure du Rhône, entre la plaine de la Crau et la Camargue, à proximité d'un parc naturel régional (celui de Camargue) et de zones urbaines peuplées, au milieu d'un complexe d'industries lourdes (chimie, pétrole, etc.), sa localisation géographique particulière contribue également à accroître la sensibilité de l'administration et des populations aux effets des pollutions sur des écosystèmes vulnérables.

Mais cette localisation géographique n'a pas que des inconvénients pour l'entreprise. Ainsi, la concentration d'un grand nombre d'industriels – souvent gros pollueurs (raffineries, chimie) – sur un périmètre restreint, de même que le fait que le site soit relativement éloigné des zones urbaines (les plus proches sont distantes de 4 km), contribuent à diluer l'attention des riverains et de l'administration par rapport au site de Fos. Celui-ci n'apparaît que comme l'un des producteurs de ces pollutions globales, de ces « externalités collectives », dont il est parfois difficile d'attribuer de façon précise l'origine.

Gérer une nuée de stakeholders

Le tableau ci-dessous fait ressortir la « nuée » des *stakeholders* vis-à-vis desquels les managers du site déploient ou entretiennent des relations, volontaires ou contraintes, ponctuelles ou régulières.

Relations entre le site de Fos et les *stakeholders* extérieurs

Stakeholders	**Objet de la relation avec l'usine de Fos**	**Modalités de la relation**
DRIRE	Suivi des réglementations concernant les installations classées pour la protection de l'environnement (ICPE)	Inspections régulières (trois par an en moyenne, plus visites régulières) Mise en demeure suivie d'un arrêté préfectoral en 2002 concernant les émissions de poussière de l'unité d'agglomération
Agence de l'eau	Gestion et redevances quant à la gestion de l'eau	
Comité de bassin Méditerranée Corse	Gestion collective des prélèvements en eau	Participation aux réunions du comité, information et concertation
Airfobep	Centre régional de mesure de la qualité de l'air Fonction d'alerte	Alerte en cas de pic de pollution
Centre d'information du public pour la prévention des risques industriels et la prévention des risques d'environnement (Cypres)	Actif dans la région compte tenu de la sensibilité et des risques encourus	
Secrétariat permanent pour les problèmes de pollution industrielle (SPPI)	Recension des plaintes et des actions des industriels Fonction de collecte et d'information	
Police maritime		Études d'impact
Port autonome de Marseille	Gestion du trafic maritime	
Environnement industrie	Association des industriels de l'étang de Berre	Lobbying, communication auprès des pouvoirs publics et des riverains
Riverains	Émissions visibles (poussières)	Plaintes Demandes d'informations
Associations écologistes		Échange d'informations Ex. : visite de l'association Robin des bois
Presse	Risques sanitaires	Article dans *La Provence* en 1999 sur les émissions de dioxine de l'usine et les risques associés

Tour de Vallat	Association, financée par la fondation Hoffman Laroche, spécialisée dans la conservation des espaces naturels	Partenariat avec Fos pour préserver le site naturel situé sur le terrain de l'usine
Communes	Impôts locaux, gestion des nuisances, etc.	Rôle de médiateur entre l'usine et les riverains, notamment en cas de plainte
Écoles, grand public	Visites, journées portes ouvertes	Plus de 10 000 visiteurs par an
Clients	Constructeurs automobiles, etc.	Certification, cahier des charges en matière d'environnement (teneurs limites en métaux lourds, recyclabilité du produit, etc.)
Sous-traitants	Logistique, maintenance, emballages, etc.	1999 : intégration de l'environnement dans les cahiers des charges, audits 2000 : « village entreprises » : plans de prévention des risques 2001 : mise en place de la collecte sélective chez les co-traitants

Source : tableau établi à partir des entretiens cités en annexe et de HONORÉ D. (2001), *Contribution au développement de la démarche de communication environnementale sur le site de Sollac-Fos*, thèse professionnelle, ISIGE.

On peut tout d'abord noter l'éclatement des interlocuteurs publics et parapublics avec lesquels l'usine est en relation. Cet éclatement reflète à la fois la variété des pollutions concernées mais aussi la localisation géographique particulière du site, à cheval entre des zones portuaires et maritimes. Ensuite, outre les clients, de plus en plus exigeants en matière de critères environnementaux, l'usine développe des relations avec les riverains, des associations et des ONG, et avec les co-traitants vis-à-vis desquels l'usine déploie depuis cinq ans une politique environnementale similaire à celle mise en œuvre sur le site lui-même.

Concernant la situation décrite par ce tableau, les *stakeholders* ne sont pas tous engagés avec la même intensité. Les riverains n'exercent pas de forte pression sur l'usine. Celle-ci est éloignée des zones d'habitation et entourée de raffineries qui accaparent au moins autant, voire davantage, leur attention. Le service environnement constate toutefois une augmentation du nombre de plaintes ces dernières années alors que les performances s'améliorent[58]. Celles-ci se concentrent sur les émissions les plus visibles comme les poussières. Ces émissions de poussières ne sont qu'épisodiques : elles ne se produisent que par vent du sud (en cas de mistral, elles partent en mer), soit environ trente jours par an en moyenne. Les plaintes proviendraient souvent d'anciens employés de l'usine, capables de reconnaître à leur couleur les émissions de poussières spécifiques de l'usine de Fos.

58. Le nombre de plaintes téléphoniques ou par courrier est passé de 0 en 1998 à 14 en 2001.

Un autre événement est venu interpeller l'usine : la parution le 15 avril 1999 – en pleine crise médiatique de la dioxine[59] – d'un article de *La Provence*[60] mettant en cause les émissions de dioxine de l'usine de Fos. Les difficultés du site pour rassembler et communiquer les éléments concernant ce dossier ont mis en évidence les lacunes d'un management environnemental, mal préparé à la communication externe.

Toutefois, l'importance de l'usine de Fos dans le bassin d'emploi expliquerait une certaine tolérance, de la part des élus locaux et de la population[61]. Ces derniers entretiennent avec l'usine des relations de coopération et de bonne entente et cherchent, en cas de plainte des riverains, à assurer un rôle de médiation.

Compte tenu de la réglementation s'appliquant au site, le contrôle administratif est lui plus exigeant. Parmi les interlocuteurs publics de l'usine, la DRIRE, en charge de l'application des réglementations sur les installations classées, est celle qui exerce les contrôles les plus fréquents. Les relations, autrefois plutôt accommodantes, notamment en matière de délais de mise en conformité et de plans d'action, semblent être moins conciliantes depuis deux ans. Une mise en demeure et un arrêté préfectoral ont été pris en 2002 à propos d'une non conformité réglementaire par rapport aux émissions de poussières dans l'unité d'agglomération de minerai. Un arrêté préfectoral complémentaire a également été pris quant à la mise en œuvre d'une étude d'impact sanitaire bien qu'une telle étude ne soit obligatoire que pour les nouvelles installations. Pour l'inspecteur de la DRIRE en charge du site, il ne s'agit guère que d'utiliser les moyens d'action à sa disposition.

La pression de la part des autorités administratives est motivée non seulement par les évolutions de la réglementation, mais aussi par les consignes ministérielles d'application plus stricte de la loi depuis la catastrophe d'AZF (en 2001) ; par ailleurs, cette politique plus stricte semble bien perçue par la population locale (en particulier les études d'impact sanitaires). L'administration se fait alors non seulement le représentant de la loi mais également le porte-parole de la population vis-à-vis des industriels.

Il faut néanmoins souligner le décalage entre les représentations de l'administration et celles des riverains. Alors que, comme nous l'avons souligné, les plaintes des riverains se focalisent d'abord sur les pollutions les plus visibles (les poussières), l'inspecteur de la DRIRE considère, à partir de critères scientifiques et techniques, que les enjeux cruciaux se situent ailleurs : émissions de plomb et risques industriels en particulier.

Depuis 1994, l'usine essaye également de valoriser les 800 hectares d'espaces naturels (marais humides) qui lui appartiennent et qui présentent des caractéristiques remarquables (résurgence d'eau chaude favorisant le développement d'une faune et d'une flore rares). Dans cette perspective, un partenariat a été instauré avec l'association Tour de Vallat financée par la fondation Hoffman Laroche, présente en Camargue, et spécialisée dans la conservation des écosystèmes. L'usine cherche aussi à maintenir des activités traditionnelles sur le site naturel, pêche et chasse, en concertation avec des associations locales. Ces

59. *Que choisir*, n° 350, « Dioxines : tous contaminés ? ».

60. *La Provence* du 15 avril 1999 : « Un rapport épingle les émissions de dioxine de l'usine de Fos ».

61. Sollac-Fos est le deuxième employeur du bassin d'emploi après Eurocopter et, selon une enquête d'image réalisée en 2000 par l'EFQM, 55 % des personnes interrogées reconnaissent l'importance de l'impact économique de Fos dans la région.

actions, visant à concrétiser l'attention portée par l'usine à son environnement naturel et à véhiculer une image responsable vis-à-vis des populations locales, ne vont pas cependant sans susciter des interrogations de la part de certains salariés qui les vivent comme étant décalées par rapport à leur métier de sidérurgiste et à leur environnement de travail immédiat (voir rapport de D. Honoré).

6.2. Du système de management environnemental au management des stakeholders

L'action de l'usine dans le domaine de l'environnement s'est structurée dans les années 1990 avec la création d'un service environnement fort de onze personnes et s'appuyant sur un réseau de trente correspondants environnement et risques industriels qui assurent la surveillance et la remontée des dysfonctionnements dans l'usine. Le dispositif est complété par un comité environnement dirigé par le directeur de l'usine, comprenant également le directeur technique et le directeur hygiène, sécurité et environnement, et par une commission spécifique du CHSCT (comité d'hygiène, de sécurité et de conditions de travail). Le système de management environnemental a été formalisé en 1997 et s'est concrétisé en mai 1998 par la certification ISO 14000 du site. En 2000, le site a obtenu le prix Éco-gestion qui récompense son système de management environnemental (formation, *reporting*, gestion des espaces naturels). En matière de risques industriels l'usine est, semble-t-il, allée assez loin dans la formalisation d'une politique de formation, de prévention et gestion de crise.

Ces démarches managériales ont été complétées par des plans d'action visant à réduire les émissions de poussières, de SO_2 ou de plomb aux différentes étapes du process (adoption de technologies propres : électro-filtres, filtres à manche, traitement dans la masse et laquage des stocks de minerais, etc.), de même que par la mise en place d'un tri sélectif des déchets, par le développement de filières de valorisation des laitiers ou des boues de process, ou encore dans le domaine de l'épuration de l'eau.

Ces différentes démarches, techniques ou managériales, aussi efficaces soient-elles d'un point de vue réglementaire, économique ou d'assurance qualité, ne répondent qu'imparfaitement aux différentes demandes des nombreux *stakeholders* que nous avons identifiés. Ainsi, à partir de 2000, plusieurs événements (recrudescence des plaintes, controverses sur les dioxines, création d'un registre européen des émissions de polluants) conduisent l'usine à formaliser sa politique de communication externe en direction des *stakeholders* et à réexaminer son système d'information environnementale. Celle-ci ne peut être, selon les responsables de l'usine, uniquement technique. Pour être crédible, elle doit être adaptée aux interlocuteurs, elle doit être fiable et comparable dans le temps et doit être suivie de plans d'action. De plus, l'information ne doit pas seulement être mise à disposition, mais elle doit aussi être intégrée dans une communication et une concertation régulières avec les principaux interlocuteurs de l'usine, les élus et les riverains en particulier. À l'attention des riverains, par exemple, une démarche de concertation est mise en place. Utilisant le relais des mairies, chaque plaignant fait l'objet d'une attention particulière : il est reçu personnellement ou bien on l'appelle au téléphone. Exceptionnellement, des capteurs ont pu être installés chez les riverains pour mesurer les niveaux de pollution observés.

La politique environnementale de l'usine à l'égard des sous-traitants et des salariés s'est également renforcée. Les 1 500 co-traitants présents sur place bénéficient, depuis 1999, de formations aux différentes démarches mises en place sur le site alors que des critères et des objectifs environnementaux sont intégrés à leurs cahiers des charges. Des audits sont désormais effectués et le tri sélectif des déchets a été mis en place en 2001. Les fournisseurs plus lointains (ex. : fournisseurs de minerais ou de charbon) étaient jusqu'à présent peu concernés par des exigences sociales ou environnementales. L'intégration de critères sociaux et environnementaux dans les politiques d'achat est désormais une priorité de la direction du développement durable du groupe Arcelor et une charte des achats est en cours de préparation au niveau du groupe[62].

6.3. La mobilisation des salariés vis-à-vis de l'environnement et de la gestion des risques

La mise en œuvre du système de management de l'environnement et des risques est de la responsabilité du service environnement de l'usine mais s'appuie fortement sur les chefs de département et les correspondants environnement dans les différents services. La participation des salariés, bien qu'indispensable à la mise en œuvre d'une telle démarche, est loin d'aller de soi dans une usine d'une telle taille, constituée d'entités largement autonomes. Si elle semble bien intégrée à la cokerie, secteur traditionnellement considéré comme le plus polluant, où les opérateurs étaient très sensibilisés à ces aspects, elle semble plus faible dans les autres secteurs où la culture est d'abord tournée vers la performance technique et économique[63]. L'intégration du service environnement au sein du département environnement-énergie ne favorise pas non plus, semble-t-il, la visibilité et l'efficacité de ses actions en interne.

Pour surmonter ces handicaps, le service environnement a cherché à utiliser les pressions extérieures pour sensibiliser les différents services de l'usine et renforcer sa propre légitimité. Il utilise comme autre levier les dispositifs du management participatif, développés dans le domaine social par Usinor, et particulièrement à Fos, depuis plus de vingt ans.

Le management participatif s'inscrit dans l'histoire de l'entreprise comme la réponse du gouvernement managérial aux crises économiques et sociales qui ont secoué la sidérurgie à partir de la fin des années 1970. Ce management participatif s'est concrétisé par l'adoption, à la fin des années 1970, de la direction par objectifs, puis au cours des années 1980, sous l'influence du modèle japonais, par l'adaptation de différentes démarches managériales : groupes de progrès (Eureka), TPM (appelée à Fos topo-maintenance), etc. En 1979, l'usine lance, sur le modèle des cercles de qualité, les groupes de travail Eureka qui réunissent, par petits groupes, les opérateurs dans le but d'améliorer la qualité. Ce n'est pas tant la nature du dispositif qui interpelle – beaucoup d'industriels ont expérimenté des formules en apparence similaires – que sa pérennité : non seulement ces groupes n'ont pas disparu – contrairement à ce qui se passe dans beaucoup d'entreprises – mais ils semblent s'être renforcés au fil du temps (4 219 sujets en 1991, 5 213 en 2001). La vigueur de l'implication du personnel à Fos-sur-Mer peut surprendre dans un contexte marqué par la diminution constante des effectifs depuis trente ans et par la stagnation des marchés de l'acier qui auraient dû affecter négativement la motivation et l'implication des salariés. Il faut mettre en pers-

62. Entretien avec Jacky Prudhomme du 24 septembre 2003.

63. Entretien et rapport de Delphine Honoré *(op. cit.)*.

pective cette implication avec la politique de carrière mise en place par Usinor, puis reprise par le groupe Arcelor. Cette politique, symbolisée par les accords A. cap 2000 et A. cap 2010, a permis de renouveler les effectifs et d'organiser des perspectives de carrière pour les salariés sur le long terme malgré une diminution constante des effectifs (voir la synthèse sur Arcelor). En vertu de ces accords, les départs en retraite ou préretraite sont partiellement compensés par des embauches de 400 à 500 jeunes à l'usine de Fos depuis sept ou huit ans[64].

C'est à travers le management participatif que s'opère le lien, sur le site, entre la politique environnementale et la politique des ressources humaines. C'est notamment en orientant la réflexion des groupes de progrès Eureka sur les sujets d'environnement que ce service compte renforcer son système de management environnemental.

Conclusion

La problématique du développement durable se concrétise, au niveau du site de Fos, autour de différents enjeux : enjeux de santé-sécurité, enjeux sociaux et de gestion des ressources humaines ou encore enjeux environnementaux. Sur ce dernier thème, deux évolutions importantes peuvent être soulignées qui dépassent l'exemple particulier de Fos. En premier lieu, ce cas illustre l'élargissement de la notion d'environnement industriel, jadis confinée à une conformité réglementaire et désormais élargie à la prise en compte des *stakeholders* dont l'identité et les exigences sont hétérogènes et évolutives. Dans l'exemple de Fos, l'identité de ces *stakeholders* et les rapports qu'ils entretiennent avec l'usine sont loin d'être figés : on observe l'entrée en jeu, ces dernières années, de nouveaux *stakeholders* (revendications croissantes des riverains, nouveaux acteurs publics, presse, co-traitants) au fur et à mesure que la nature des enjeux environnementaux se transforme elle-même (nouvelles exigences d'information : registre européen des métaux et les études d'impact sanitaires, controverses sur les dioxines, procédures de gestion des risques, nouvelles démarches de certification impulsées par la direction générale, etc.). Ces évolutions affectent, y compris, des relations qui semblaient stables comme celles de l'usine avec la DRIRE qui sont, à leur tour, soumises à des exigences de transparence.

Conséquence du premier point, ce cas illustre, en second lieu, les transformations du rôle et des savoirs du service environnement. Son rôle ne se limite plus à être un centre d'expertise consistant à adopter et à adapter des technologies de dépollution en réponse aux exigences réglementaires ou encore à mettre en place des démarches d'assurance qualité désormais bien éprouvées (ISO 14000). Il doit faire la preuve de sa capacité à mobiliser une variété d'acteurs (salariés, co-traitants, riverains, etc.) en utilisant, pour ce faire, de nouvelles démarches et expertises en matière de communication, d'implication et de concertation.

Sources

Sources orales

- Entretien avec M. Yves de Lassat, directeur de l'environnement Arcelor, Luxembourg, 2 décembre 2002
- Entretien avec J. Rippert, *Risk Management*, Luxembourg, 3 décembre 2002

64. Ces chiffres, ainsi que ceux figurant dans le tableau, sont des ordres de grandeurs indiqués par Michel de Vathaire lors de l'entretien du 17 juillet 2003.

- Entretien avec M. J.-M. Engel et M. Charles Werner, chef de service environnement, Belval, 3 décembre 2002
- Entretien téléphonique avec Jacky Prudhomme, 22 mai 2003
- Entretien avec M. Michel de Vathaire, directeur technique unité opérationnelle Sud, Fos, 17 juillet 2003
- Entretien avec M. Nicolas Baglin, ingénieur environnement site de Fos, 17 juillet 2003
- Entretien avec M. Beldan, technicien du service environnement du site de Fos, 17 juillet 2003
- Entretien avec Jacky Prudhomme, École des Mines, 24 septembre 2003
- Entretien téléphonique avec M. Jacquinet, ingénieur de l'industrie et des mines, subdivisionnaire territorial local, en charge du site Sollac de Fos-sur-Mer à la DRIRE (Martigues), 7 octobre 2003
- Entretien téléphonique avec Delphine Honoré, stagiaire à Fos-sur-Mer en 2000-2001, 17 octobre 2003

Sources écrites

- Arcelor, *Arcelor Principles of Responsability*, juillet 2003
- Arcelor, *Politique environnementale*, Guy Dollé, président directeur général Luxembourg, 18 février 2002
- Patrick du Bois et Jacky Prud'homme, « Développement durable. Penser globalement, agir localement », Sollac Méditerranée, groupe Arcelor, *Relais*, magazine bimestriel édité par le site de Fos-sur-Mer, n° 196, mai/juin 2003, p. 14-16
- Comité d'entreprise européen du groupe Arcelor, *Déclaration commune en vue du développement de la sécurité au travail*, Luxembourg, le 5 décembre 2002
- Sollac-Fos, *Aciers du Sud. L'environnement à Sollac-Fos*, photographies Jean-Paul Olive, texte Michel Maisonneuve, Salon-de-Provence, 2001
- Sollac Méditerranée, groupe Arcelor, site de Fos, *Politique environnementale*, avril 2003
- Usinor, *Cap 2010. Un accord majeur pour tenir le cap*, Paris, 18 octobre 1999

Source secondaire

- Honoré D. (2001), *Contribution au développement de la démarche de communication environnementale sur le site de Sollac-Fos*, thèse professionnelle, Institut supérieur d'ingénierie et de gestion de l'environnement, cycle 2000-2001

7. Concevoir une offre de produits pour le développement durable : l'exemple de Monoprix

Monoprix a été le premier distributeur français généraliste à diversifier son offre de produit traditionnelle par des produits conçus en fonction de critères environnementaux (Monoprix vert et bio), sociaux et sociétaux (commerce équitable) qui sont aujourd'hui associés au thème du développement durable. Nous allons analyser, dans cette étude de cas, les raisons, les moyens et les effets attendus de cette politique de produit.

7.1. Piloter l'émergence d'une nouvelle valeur pour le client : l'action volontariste de Monoprix

L'encadré ci-après présente l'historique de ces nouvelles gammes de produits qui sont intégrées par Monoprix dans sa démarche de développement durable. La diversité des thèmes abordés peut être soulignée. La première vague de produits issus de l'agriculture biologique (Monoprix bio) ou de produits verts (Monoprix vert) résultait d'une démarche de réduction des pollutions et des risques sanitaires et alimentaires à la source. Les produits issus du commerce équitable ou de la gamme Monoprix Bien Vivre, qui sont proposés une décennie plus tard, témoignent d'une concrétisation élargie du concept de développement durable: extension aux questions sociales et à l'équité intragénérationnelle avec le commerce équitable, à la santé et au bien-être individuel pour la gamme « Bien Vivre ».

L'offre de produits issus d'une démarche de développement durable (ou « produits pour la qualité de vie »)

Monoprix Bio

1990 Première enseigne généraliste en France à proposer des fruits et légumes biologiques.

1994 Lancement de la gamme Monoprix Bio (produits tous certifiés AB) avec 30 références en épicerie et produits frais.

2001 146 produits, 9 % des ventes du rayon épicerie chez Monoprix.

2002 157 produits composent la gamme Monoprix Bio.

Monoprix Vert

1990 Première enseigne généraliste en France à proposer une gamme distributeur de produits de qualité environnementale, Monoprix Vert.

1997 Création avec l'agence O2 France de six pictogrammes d'information sur la qualité environnementale des produits sur leur cycle de vie: « contenu en matière recyclé », « avantage du procédé de fabrication », « avantage de la composition », « optimisation de l'emballage », « geste vert », « emballage à trier ».

2000 32 produits dans la gamme Monoprix Vert. Prix Éco-produit 1999-2000 décerné par le ministère de l'Environnement.

2002 44 produits, dont 14 bénéficient de l'écolabel européen et 5 de l'écolabel NF environnement.

Produits issus du commerce équitable

1998 Première enseigne généraliste en France à proposer du café Max Havelaar (Malongo).

1998 Premier distributeur en France à créer un café biologique Max Havelaar à marque propre (Monoprix Bio).

2001 Lancement d'un thé Monoprix Bio labellisé Max Havelaar.

2002 Premier distributeur en France à proposer un produit frais, la banane labellisée Max Havelaar.
Lancement de la gamme Alter Eco composée de 13 produits labellisés Max Havelaar. 17 produits issus du commerce équitable sont proposés.

Produits issus des partenariats agricoles Monoprix

1999 Développement d'un cahier des charges et d'un suivi qualité avec les producteurs de fruits et légumes.

1999 Commercialisation de pêches, nectarines, pommes et poires respectant les principes de l'agriculture raisonnée sous la marque Monoprix Gourmet.

2000 Signature d'un partenariat avec l'association Bleu-Blanc-Cœur qui promeut l'utilisation de graine naturellement riche en oméga 3 (acides gras essentiels) dans l'alimentation des animaux d'élevage.
Signature de partenariats avec les éleveurs de races bovines Aubrac et Salers.

2001 Signature d'un partenariat avec les éleveurs de vaches limousines.

Lancement des produits issus de la filière Bleu-Blanc-Cœur (beurre, œufs, volailles, viandes de porc et charcuterie) sous la marque Monoprix Bien Vivre.

Monoprix Bien Vivre

2001 Lancement de la gamme avec 33 produits.

2002 La gamme comporte 82 produits.

Sources : rapports Monoprix (2000, 2003), P. Houzé (2003).

Le succès des produits associés à ces nouvelles valeurs sociales (le bio, l'environnement, la santé, etc.) est croissant. Chaque année, quinze à vingt références nouvelles sont introduites par Monoprix dans les gammes Monoprix Vert, Bio, commerce équitable et Bien Vivre. Les marques propres de Monoprix représentent 18 % du chiffre d'affaires de l'alimentaire. Sur certains produits considérés comme sensibles par la clientèle, la part de marché est importante : c'est le cas des lessives et des produits d'entretien Monoprix Vert, du café commerce équitable ou des fruits et légumes bio. La demande croît fortement, au point de ne pouvoir être satisfaite par une offre encore insuffisante. Pourtant, tel ne fut pas toujours le cas. Il y a encore vingt ans, ces produits « durables » étaient considérés comme un épiphénomène concernant une minorité de consommateurs militants. Ils suscitaient l'indifférence de la majorité des consommateurs. À cet égard, les crises sanitaires et alimentaires ont joué un rôle important dans l'évolution des comportements et des attentes des consommateurs. Monoprix a ainsi constaté une forte croissance de la demande de produits bio à la suite de la crise de la vache folle et des controverses sur les OGM.

Cependant ces évolutions des attentes et des comportements de consommation, suscitées par des crises, ne suffisent pas à rendre compte de la démarche de Monoprix. Celle-ci est volontariste. Elle ne consiste pas à attendre qu'une demande préexiste pour lancer des produits, mais à lancer des expérimentations qui, si elles se révèlent positives, seront ensuite progressivement étendues. Monoprix explicite cette approche dans son rapport 2002 : « En diversifiant notre offre de produits, nous cherchons à susciter une demande et ainsi à jouer un rôle de prescripteur auprès de nos clients. » La mise en œuvre de cette approche a suscité des débats internes au moment du lancement de la gamme Monoprix Bio et Monoprix Vert, le directeur financier s'interrogeant notamment sur la rentabilité de ces produits. Cette action pionnière s'est poursuivie en 1999 avec le café Max Havelaar, puis avec la gamme Alter Eco. L'enseigne ne s'est pas appuyée sur des études marketing ou des calculs économiques précis lors du lancement de ces gammes. Aujourd'hui que ces gammes ont acquis un niveau de notoriété conséquent, des *focus groups* sont organisés de temps en temps pour recueillir l'avis de consommateurs sur de nouveaux produits.

La stratégie de mise en visibilité des produits de Monoprix auprès des clients s'appuie sur cinq leviers : le packaging spécifique à chaque gamme de produits ; la part de rayon en linéaire qui doit être suffisante pour créer un effet de masse ; la communication en magasin par une signalisation adaptée ; une communication ciblée auprès d'une population experte ; une communication plus large auprès du grand public. Ces cinq leviers ont été mobilisés simultanément pour constituer les bases de ce que Monoprix qualifie de « marketing de l'offre ».

Les démarches de Monoprix suscitent parfois des réticences de la part des clients. Ainsi, à propos des sacs de caisse transparents, sans pigment blanc[65], certains clients se sont plaints du fait que l'on remplace des sacs blancs et solides d'apparence par des sacs transparents à travers lesquels on peut voir le contenu des courses effectuées. Plutôt que de revenir en arrière, l'enseigne a persévéré en s'appliquant à convaincre les clients des raisons écologiques pour lesquelles ce changement avait été conduit. Autre exemple : la dénomination de « produits pour la qualité de vie » pour désigner les produits conçus selon une démarche de développement durable peut être source de confusion chez les clients. En effet, la recherche de « bien-être individuel » n'est pas nécessairement associée aux principes du développement durable. Elle peut même être réalisée selon des principes qui lui sont complètement opposés (par exemple, consommation d'eau minérale en bouteille dont le transport et l'emballage provoquent des émissions de gaz à effet de serre, consommation abondante de produits de soin et de médicaments dont la conception va contre le « bien-être animal », etc.). Les attentes de certains clients concernant la qualité d'accueil dans les magasins peuvent également conduire à des services fortement consommateurs d'énergie (éclairage, climatisation, chauffage, etc.), en contradiction avec les « gestes verts » préconisés par ailleurs[66]. Ces exemples mettent en évidence les contradictions qui sont au cœur de la démarche de Monoprix en matière de développement durable.

7.2. Des labels aux fournisseurs : quelles conséquences sur les politiques d'achat de Monoprix ?

On peut distinguer deux stratégies sur la façon d'intégrer les critères du développement durable dans les produits. La première consiste à enrichir les cahiers des charges de tous les produits d'une gamme préexistante par de nouveaux critères sociaux ou environnementaux, mais sans en faire la publicité à l'aide de labels distinctifs. C'est la démarche suivie par Carrefour avec son label « filière qualité Carrefour »[67]. La politique de Carrefour se justifie d'une part par la taille et la notoriété de l'enseigne qui cherche à construire ses propres standards, d'autre part par une réticence vis-à-vis des labels jugés peu lisibles par les clients et pouvant jeter la suspicion sur les produits n'en bénéficiant pas. Cette politique semble évoluer depuis 2004 avec l'apparition d'une gamme Carrefour Bio.

L'autre stratégie, poursuivie par Monoprix, consiste à adosser ses marques propres à des labels officiels (écolabel européen ou NF environnement pour Monoprix Vert, label AB pour Monoprix Bio, label Max Havelaar pour les produits issus du commerce équitable) visant à crédibiliser ces gammes de produits aux yeux de la clientèle. Ces labels imposent des mesures de traçabilité, de conditions de production, d'approvisionnement ou d'emballage et des informations à fournir sur les emballages (émissions environnementales pour l'écolabel par exemple).

---

65. En 2000, la distribution d'environ 260 millions de sacs de caisse transparents (norme AFNOR) a permis de réduire de 65 tonnes l'utilisation d'oxyde de titane par rapport à l'usage de sacs blancs (Houzé, 2003).

66. Ce problème se retrouve également dans une entreprise comme Accor. On constate à travers cet exemple que les directeurs d'hôtels chez Accor, comme les directeurs de magasins chez Monoprix, ont parfois peu de marges de manœuvre à court terme, car ils doivent faire avec des produits et des établissements standardisés dont la conception a été réalisée dans les services centraux de l'entreprise. D'où l'importance des groupes de travail transversaux pour agir sur la conception des magasins, comme celui portant sur la construction des bâtiments selon le référentiel HQE (haute qualité environnementale).

67. Voir le rapport de développement durable de Carrefour 2002, *Pour un commerce responsable*.

L'utilisation de labels ne va toutefois pas sans inconvénients. L'arbitrage à effectuer pour Monoprix se situe entre la notoriété et la crédibilité qu'apporte le label à comparer aux contraintes (coût d'élaboration et de suivi du cahier des charges, exigences de traçabilité, etc.) qu'implique son adoption. De ce point de vue, si Monoprix juge le label AB comme reconnu et crédible, il n'en va pas de même pour les labels NF environnement et l'écolabel européen qui sont peu connus du grand public et dont le caractère procédurier est peu apprécié des fournisseurs et de l'enseigne. Par ailleurs, certains critères exigés par ces deux labels sont jugés parfois peu pertinents par Monoprix alors que l'enseigne va plus loin que les labels sur d'autres critères. Ces exigences engendrent des difficultés d'approvisionnement et un choix limité des fournisseurs. Ainsi, pour les produits d'entretien de la gamme Monoprix Vert, il n'existe que deux ou trois fournisseurs susceptibles de répondre au cahier des charges. Ces difficultés ont conduit Monoprix à s'engager dans une refonte de sa gamme Monoprix Vert en essayant, sans renoncer aux labels, d'aller plus loin sur certains aspects jugés plus lisibles par les clients (ex. : produits non issus de la pétrochimie, produit 100 % minéral ou végétal, réduction des emballages à la source). Une phase d'appel d'offres a été lancée, fin 2003, sur la base de ce nouveau cahier des charges.

Les relations de Monoprix avec ses fournisseurs

Une fois sélectionnés en fonction d'appels d'offres spécifiques aux différentes gammes de produits, les fournisseurs doivent s'engager, sur la base d'audits réguliers, dans des plans de progrès. Pour Monoprix, la démarche de labellisation et l'approche par plans de progrès ne s'opposent pas mais sont complémentaires. Quelles que soient les gammes de produits, tous les fournisseurs sont évalués deux fois par an. Cette évaluation se fonde sur des critères standards qui sont appliqués à toutes les gammes de produits (taux de rotation, prix, qualité gustative, etc.).

Les fournisseurs des gammes de produits « durables » sont-ils soumis aux mêmes exigences que les autres ? Selon Monoprix, l'enseigne ne transige pas sur la qualité gustative des produits qui est un critère non négociable. Elle est prête, en revanche, à faire des compromis, au moins au début, sur le taux de rotation et sur la rentabilité des références de ces gammes. Si les marges sur ces produits « durables » étaient, semble-t-il, inférieures au départ à celles des autres produits, elles tendent à s'égaliser grâce aux efforts et à l'expérience accumulée par les fournisseurs. La marge ne constitue pas pour ces produits le seul critère de choix dans la mesure où la cohérence et l'étendue des gammes de produits « durables » contribuent au renforcement de l'image de l'enseigne. Ainsi, la continuité des relations avec les fournisseurs est activement recherchée par Monoprix. Dans un contexte de concurrence limitée (peu de fournisseurs sont en mesure de répondre aux cahiers des charges de l'enseigne), l'entreprise cherche plutôt à accompagner un petit nombre de fournisseurs pour qu'ils améliorent leurs performances. La plupart de ces fournisseurs sont des PME françaises ou européennes. Certains travaillent avec Monoprix depuis dix ans et bénéficient de l'expertise apportée par l'enseigne. Cette politique se concrétise sur certains produits sur lesquels Monoprix a une exclusivité ou qui requièrent des investissements spécifiques par des contrats plus longs que les contrats d'achat classiques (4 ans contre 2 ans). Il existe certes des clauses de sortie (en cas de problèmes de qualité ou de ruptures d'approvisionnement répétées) mais celles-ci ne semblent être utilisées qu'en ultime recours.

Cette démarche de progrès continu a aussi été menée dans le secteur agricole, par la mise en place de partenariats fondés sur des cahiers des charges de l'agriculture raisonnée[68]. La démarche se veut pragmatique et à long terme: la capacité d'amélioration des exploitants est privilégiée par rapport au respect impératif des critères de performance. L'enjeu est de mobiliser, autour de cette démarche, un plus grand nombre d'exploitants que l'agriculture biologique, dont les exigences draconiennes en matière de pratiques culturales et d'élevage limitent fortement le développement.

La stratégie mise en place par Monoprix sur ses marques propres a donc des effets d'entraînement potentiels importants sur tous ses fournisseurs et contribue à faire émerger et à renforcer un tissu de PME susceptibles d'offrir une gamme de produits « durables ».

7.3. Le travail avec des « équipementiers du développement durable » : le cas du commerce équitable

Le commerce équitable, qui combine des aspects sociaux et environnementaux, est apparu comme une opportunité originale et innovante pour concrétiser le concept de développement durable dans le secteur de la distribution. Ainsi, des sociétés comme Monoprix ou Accor proposent à leurs clients ou expérimentent l'offre de produits du commerce équitable. Mais, contrairement aux autres gammes de produits que nous avons présentées, dans lesquelles Monoprix jouait un rôle d'organisateur des filières et de co-concepteur des produits, l'enseigne a choisi, dans le cas du commerce équitable, de déléguer jusqu'à présent la conception et l'organisation de la filière à des partenaires. On retrouve la même logique de délégation chez Accor. Dans les deux cas, des acteurs du commerce équitable ont joué le rôle de véritables « équipementiers du développement durable » pour ces grands groupes.

Le commerce équitable constitue également une démarche intéressante à d'autres égards. Tout d'abord, le concept, en lui-même, suscite la curiosité: n'est-ce pas un oxymore car comment le commerce pourrait-il engendrer l'équité? Ensuite, l'histoire de la démarche est intéressante parce que les associations et les ONG ont été à son origine, et parce que certaines d'entre elles ont choisi de s'engager dans des relations contractuelles avec la grande distribution. Enfin, les débats, les controverses et les stratégies qu'elle suscite, en retour, chez les multinationales de l'agro-alimentaire et les enseignes de grande distribution méritent qu'on y prête attention.

Les principes du commerce équitable

Café, thé, chocolat, bananes, jus d'orange, sucre, riz, miel, etc. De nombreux produits de consommation courante sont aujourd'hui concernés par le commerce équitable. En France, les ventes au détail de produits alimentaires du commerce équitable représentent un chiffre d'affaires de l'ordre de 19 millions d'euros en 2002 selon Alter Eco (rapport annuel 2002). La part du commerce équitable dans

68. Un référentiel de l'agriculture raisonnée a été récemment défini en France. À l'instar de l'agriculture biologique, il s'appuie sur différents critères qui visent à promouvoir une utilisation « raisonnée », c'est-à-dire proportionnée des apports en engrais et en pesticides en fonction des besoins réels des plantes. Ce référentiel se distingue de l'agriculture biologique, dont il cherche à contrecarrer l'influence croissante, par le fait que l'usage des produits chimiques, des engrais et des principes de l'agriculture productiviste n'est pas interdit. Il s'agit d'en optimiser la consommation en fonction d'outils et de méthodes spécifiques.

le commerce mondial est de 0,01 %, mais pour certains produits et dans certains pays (Pays-Bas, Suisse notamment) cette part est beaucoup plus importante. Ainsi, en Suisse, une banane sur trois est vendue avec le label équitable. Selon Leconte (2003), le commerce équitable concerne 500 groupements de producteurs dans le Sud, soit 800 000 travailleurs qui font vivre 5 millions de personnes. Monoprix a une part de marché de 9 % en France sur le commerce équitable, dont elle est le leader, contre 3 % en moyenne. Le café commerce équitable a une part de marché de 5 à 6 % chez Monoprix, ce qui est loin d'être négligeable.

Quelle est l'origine de cette démarche? Comme l'explique l'association Max Havelaar, l'organisation des échanges mondiaux (cours fluctuants, pression des intermédiaires, etc.) pénalise souvent les petits producteurs isolés qui cultivent ces produits, et leur permet à peine de survivre. En particulier, l'accès au marché et l'information sur les prix restent difficilement accessibles pour ces petits producteurs, ce qui les rend toujours plus dépendants d'intermédiaires sans scrupules. Quant aux ouvriers agricoles, ils touchent souvent un salaire dérisoire, travaillent sans sécurité et sont privés de la liberté d'affiliation à un syndicat. Partant de ce constat, les acteurs du commerce équitable cherchent à promouvoir des formes de production, de distribution et de commercialisation alternatives qui garantissent aux communautés locales des pays du Sud un revenu minimum leur permettant de gérer leur développement économique et social dans de bonnes conditions.

Quels sont les principes du commerce équitables? Pour l'association Max Havelaar cette démarche répond à plusieurs exigences[69] :

– Refuser l'esclavage, le travail forcé et l'exploitation des enfants.

– Travailler avec les producteurs marginalisés des pays du Sud.

– Garantir un prix d'achat minimum satisfaisant les besoins élémentaires (santé, protection sociale, formation, etc.).

– Entretenir des relations durables pour permettre une dynamique de développement[70].

– Favoriser des productions respectant l'environnement.

– Assurer une transparence de fonctionnement et une traçabilité exemplaire par des contrôles permanents.

Historique du commerce équitable

Leconte (2003) explique que le commerce équitable s'est historiquement développé et structuré dans le cadre de mouvements de pensée hétérogènes[71]. Le commerce équitable s'est d'abord développé à partir de 1949 dans le cadre d'associations humanistes et religieuses (protestantes en particulier) en Hollande, Suisse, Angleterre, Allemagne ou États-Unis.

À la fin des années 1960, ces initiatives sont relayées par le mouvement tiers-mondiste, qui dénonce le capitalisme comme une forme d'impérialisme condui-

69. Ces exigences sont réunies au sein de chartes comme celle de la Plate-forme française du commerce équitable (PFCE) ou de la Fédération internationale du commerce équitable (IFAT).

70. Si la protection de l'environnement est souvent un objectif affiché et promu par ces labels (utilisation de matériaux recyclables, recours à des techniques de production propres, préservation des écosystèmes locaux, etc.), la démonstration que les produits du commerce équitable ont une performance environnementale supérieure à celle des produits traditionnels (en termes de déchets d'emballage générés, d'émissions liées au transport, etc., mesurés sur l'ensemble de cycle de vie du produit) reste à faire.

71. Sur ce point le parallèle avec l'émergence de l'investissement socialement responsable (ISR) est intéressant.

sant à l'exploitation des pays du Sud. C'est dans cette mouvance militante et alternative que des associations comme Artisans du Monde voient le jour (le premier magasin de commerce équitable en France ouvre en 1975).

Plus récemment, avec l'émergence du concept de développement durable, des acteurs et entrepreneurs se sont également lancés dans cette aventure, avec l'objectif d'intégrer les produits du commerce équitable dans les circuits de distribution classique. C'est en particulier le cas de l'association Max Havelaar, qui a créé son label en 1988 en Hollande (cette association est présente depuis 1992 en France), ou de Tristan Leconte en France qui a fondé l'entreprise Alter Eco en 1998.

La coexistence parmi les acteurs du commerce équitable d'associations militantes et d'entrepreneurs cherchant à diversifier « de l'intérieur » les pratiques économiques conduit aujourd'hui à certaines tensions. Ainsi la décision récente de Max Havelaar Suisse de travailler avec McDonald's.

Par ailleurs, comme le souligne également Leconte (2003), l'action a d'abord porté sur la structuration des réseaux, la lutte contre la pauvreté et la mise en place des critères et des filières dans les pays du Sud. Elle s'étend aujourd'hui également au développement commercial en aval de la chaîne de la valeur, afin d'ouvrir les marchés des pays du Nord aux produits du commerce équitable. Ce développement commercial passe en particulier par le développement de labels garantissant au consommateur que le produit respecte les principes du commerce équitable définis dans les chartes professionnelles.

Par exemple, le label Max Havelaar[72], garantit :

– *un revenu décent pour les producteurs du Sud* et la garantie pour les consommateurs qu'un prix juste a bien été versé aux producteurs ;

– *une amélioration des conditions de travail des producteurs du Sud* dans le respect des droits de l'homme et de l'environnement : pas de travail forcé, pas de travail des enfants, pas de discrimination, liberté syndicale, préservation des écosystèmes, etc. ;

– *une amélioration des conditions de vie des producteurs du Sud* grâce à des primes dédiées aux investissements communautaires (accès à l'éducation, aux soins, etc.), à une autonomie renforcée des organisations de producteurs du Sud et une sécurité durable ;

– l'origine équitable des produits par des contrôles réguliers ;

– *une attention particulière à la qualité des produits* : seuls des produits de qualité, cultivés selon des méthodes artisanales, bénéficient du label Max Havelaar. Selon ses promoteurs, choisir les produits issus du commerce équitable n'est pas un acte de charité mais un acte de consommation responsable.

Pour s'assurer que ces garanties sont bien respectées, tous les maillons de la filière équitable – organisations de producteurs du Sud, importateurs, industriels – sont agréés et contrôlés par des auditeurs de cette organisation.

Le commerce équitable confronté à des démarches concurrentes

Outre le conflit historique qui oppose les associations militantes et les nouveaux entrepreneurs du commerce équitable, le développement du commerce équitable est aujourd'hui confronté à des démarches concurrentes :

72. Max Havelaar est un label de commerce équitable. Cette association gère un système de certification et participe à l'accompagnement des producteurs du Sud, mais ne distribue pas de produits. D'autres organismes de certification existent en Europe. Ces organismes sont réunis au sein du Fair Trade Labelling Organisations (FLO, adresse Internet : www.fairtrade.net).

– le « commerce éthique », dont l'objectif est moins de développer une nouvelle niche de marché que d'amener progressivement tous les fournisseurs de la grande distribution à respecter un certain nombre de critères et de standards (comme SA 8000 sur les conditions de travail), en s'appuyant, pour cela, sur des démarches d'assurance qualité;

– le projet français d'un « label de développement durable », soutenu par des grandes enseignes concurrentes, qui vise là aussi à faire évoluer les pratiques des fournisseurs en fonction d'un référentiel qui pourrait être peu exigeant;

– le développement de labels propres à certaines enseignes de distribution (cas de Carrefour) qui mobilisent des arguments et des critères proches de ceux du commerce équitable.

Par ailleurs, le commerce équitable est l'objet de tensions entre les PME du commerce équitable (comme Alter Éco) et les grands groupes agro-alimentaires qui sont méfiants à l'égard de toutes les démarches (le bio, le commerce équitable, les labels environnementaux) qui pourraient jeter la suspicion vis-à-vis de leurs marques, préférant adopter leurs propres démarches de progrès, comme le « *sustainable agriculture network* » [73].

Le déploiement du commerce équitable dans les entreprises de distribution et de service

Comment les acteurs du commerce équitable jouent-ils ce rôle d' « équipementiers du développement durable » pour les groupes de distribution? Ces entreprises mobilisent quatre types de moyens.

Une offre de produits labellisés sur catalogue

Des entreprises du commerce équitable proposent aux enseignes de distribution un certain nombre de produits sur catalogue qui peuvent être directement proposés en magasin. C'est par exemple ce que fait l'entreprise Alter Eco avec Monoprix.

De son coté Max Havelaar, qui ne distribue pas de produits mais gère un label de commerce équitable, peut accompagner une société qui souhaiterait distribuer à ses salariés ou à ses clients des produits équitables en lui communiquant les références des produits ayant son label.

Une ingénierie de filières pour labelliser de nouveaux produits

Alter Eco est un cas intéressant parce que son activité ne s'arrête pas à la distribution de produits de commerce équitable mais consiste aussi à construire pour des enseignes de distribution de nouvelles filières à travers une activité d'« ingénierie de filières » (proposée sous le nom Alter Eco Conseil, en collaboration avec le cabinet de conseil PriceWaterhouseCoopers) : contractualisation avec des groupes de producteurs dans les pays du Sud, des importateurs et des transformateurs, audits et accompagnement de ces acteurs, organisation logistique, mise en place d'un dispositif de traçabilité du produit qui permettra de mieux informer le client final, démarche de labellisation auprès d'organismes comme Max Havelaar.

Un accompagnement en aval de la chaîne de la valeur

L'offre d'Alter Eco Conseil s'étend également vers l'aval de la chaîne de la valeur : préparation au lancement d'une gamme de produits, expérimentation de

73. On retrouve sur les deux derniers points des débats similaires à propos des écolabels de produits (voir les travaux de A. Nadaï).

dispositif de vente en magasin, par exemple à l'aide de bornes interactives permettant au client de connaître l'histoire de chaque produit équitable (coopérative d'origine dans le Sud, mode de fabrication, etc.). L'entreprise apporte également un accompagnement dans le pilotage et le déploiement de la démarche au sein de ces sociétés de distribution.

De son côté Max Havelaar a lancé une campagne d'information ciblée, la campagne « Fair(e) » auprès des entreprises concernées par la NRE pour leur proposer de concrétiser le concept de développement durable par la distribution auprès des salariés et des clients de produits du commerce équitable. L'association a ainsi diffusé une brochure explicative auprès de ces entreprises [74], certaines ayant déjà fait le choix de consommer du café labellisé Max Havelaar en interne : Aéroports de Paris, Air France, BNP PARIBAS, EDF, France Télécom, Agnès B, SNECMA, La Poste, RATP, Société Générale. D'autres entreprises proposent ces produits à leurs clients : c'est le cas de plusieurs enseignes de la grande distribution, mais aussi du groupe Accor, qui propose du café labellisé Max Havelaar dans certains hôtels depuis 2003.

Des gammes de produits en expansion

Monoprix a été la première enseigne à proposer du café labellisé Max Havelaar en France en 1998. Son offre de produits du commerce équitable s'est depuis étoffée avec le lancement de la gamme Alter Eco composée de plus de dix produits (chocolats, thés, cacao, sucre, jus d'orange, etc.). Pour élargir sa gamme de produits issus du commerce équitable, Monoprix envisage également de payer le coût de la certification Max Havelaar pour certains fournisseurs susceptibles de s'engager dans cette démarche. L'enseigne a introduit en 2004 une dizaine de références de produits du commerce équitable dans ses marques propres.

De son côté le groupe Accor a pris pour 2003 l'initiative de tester la distribution de café équitable labellisé Max Havelaar dans la chaîne d'hôtel Sofitel. À travers chacune de ces expériences, des apprentissages croisés s'opèrent entre les distributeurs et les acteurs du commerce équitable.

Sources

Sources orales

- Entretien avec Simon Pare, responsable du développement de Max Havelaar France, 4 juin 2003. Site de Max Havelaar France : www.maxhavelaarfrance.org/
- Alter Eco, présentation du rapport d'activité 2002, 30 avril 2003, tour AIG, La Défense. Site d'Alter Eco : www.altereco.com/_Bienvenue.php
- Conférence à l'École des Mines sur le commerce équitable, dans le cadre de la quinzaine du commerce équitable, mai 2003
- Entretien avec Mme Nathalie De Fontgalland, Carrefour, responsable du déploiement du développement durable sur les hypermarchés en France, 20 octobre 2003
- Entretien avec Mme Stéphanie Levet, directrice des relations extérieures et du développement durable, 17 septembre 2003
- Entretien avec Mme Marie Garnier, directrice de la qualité et de l'offre des produits développement durable, 17 novembre 2003
- Entretien avec M. Franck Poncet, *category manager* marques propres, direction des achats, 16 décembre 2003

74. Cette brochure est disponible sur le site Internet de Max Havelaar France. http://www.maxhavelaar-france.org/sengager/entreprise.htm

Bibliographie

Alternatives économiques (2003), *La Consommation citoyenne. Guide pratique.*

BLANC J.-P., BRÉAUD O. et MASSIA P. (dir.) (2003), *Commerce équitable et café. Rébellion ou nécessaire évolution ?*, actes du colloque du 23 novembre 2001 organisé par le Cercle de l'art du café au Centre méditerranéen du commerce international, L'Harmattan, Paris.

LECONTE T. (2003), *Le Pari du commerce équitable*, Éditions d'Organisation, Paris.

NADAÏ A. (1997), « Les conditions de développement d'un écolabel de produit », *Responsabilité et environnement, Annales des Mines*, juillet.

ROOZEN N. et VAN DER HOFF F. (2002), *L'Aventure du commerce équitable. Une alternative à la mondialisation, par les fondateurs de Max Havelaar*, éditions J.-C. Lattès, Paris.

8. Participer aux projets de ville durable : l'engagement de Monoprix dans l'agenda 21 à Mulhouse

Dans le passé, la ville, à travers son développement rapide et parfois anarchique, a été stigmatisée parce qu'elle symbolisait les excès de notre société de consommation. Sa responsabilité a été très tôt pointée dans les débats internationaux sur le développement durable. Prises à parti, certaines collectivités locales ont réagi, en s'engageant, dès la conférence de Rio, en 1992, sur le développement d'agendas 21 qui répertorient une liste de 21 points sur lesquels des projets de ville durable devraient se concrétiser. Depuis lors, les initiatives locales se sont multipliées, même si en France elles sont encore récentes [75].

Ce n'est plus tant la ville qui est montrée du doigt que le développement mal maîtrisé du périurbain qui engendre des nuisances croissantes (augmentation de la circulation automobile, concentration de zones commerciales à la périphérie des villes, etc.). Pour reconquérir le terrain perdu, les villes jouent, en France, la carte de la qualité de vie : réhabilitation de l'habitat dans les centres villes, développement de modes de transports collectifs (tramways, etc.) et développement des politiques culturelles.

Monoprix, dont les magasins se situent en centre ville, a souffert dans les années 1980 de la désaffection pour les centres villes : la multiplication des hypermarchés et l'exode des populations vers les zones périurbaines, les difficultés d'accès et de stationnement ainsi que les prix plus élevés semblaient mettre en péril sa survie.

La réhabilitation des centres villes coïncide, pour Monoprix, avec un nouveau dynamisme et de nouvelles opportunités de développement. L'installation de populations aisées au centre ville permet un positionnement commercial tourné vers le haut de gamme et l'expérimentation de nouvelles gammes de produits (bio, environnement, commerce équitable, etc.) qui coïncident avec les aspirations d'une clientèle urbaine, aisée et cultivée. À travers cette crise, l'entreprise a très tôt compris que son développement était indissociable de la bonne santé des villes et de son insertion au cœur de la ville. Contrairement aux grandes surfaces, qui d'une certaine manière s'affranchissent des contraintes de la ville en s'instal-

75. 500 agendas 21 seraient actuellement en cours de préparation en France, pour 2006.

lant en périurbain dans des zones commerciales totalement dévouées à la consommation, la survie des magasins Monoprix est dépendante des politiques des villes. Qu'un parking soit fermé ou ouvert, qu'un quartier piétonnier soit créé, qu'il soit réhabilité, que le sens de circulation soit modifié et c'est le chiffre d'affaires du magasin qui s'en trouve affecté. À l'inverse, les magasins de centre ville constituent un élément de revitalisation auquel les habitants des quartiers et la municipalité sont très attachés.

La prise de conscience de ces interdépendances réciproques trouve son prolongement, dans certaines villes, à travers des coopérations dans des projets d'agendas 21. Pour Monoprix, il s'agit d'un des thèmes sur lesquels l'entreprise veut concrétiser sa politique de développement durable. Pour aborder cette problématique, nous présenterons le cas du magasin de Mulhouse et la participation de celui-ci à l'agenda 21 mis en place par la communauté d'agglomération de Mulhouse.

8.1. Radioscopie d'un magasin de centre ville

L'animation commerciale par la solidarité

Dans l'organisation du groupe Monoprix, le magasin constitue un centre de profit qui est d'abord jugé sur le chiffre d'affaires et la marge qu'il réalise. Il fait partie de la direction des ventes du groupe, organisée sur une base régionale. En matière d'aménagement du magasin, de politique d'achat et de référencement, de campagnes promotionnelles, les marges de manœuvre d'un directeur de magasin sont très limitées ; ces questions étant traitées, pour des raisons d'économies d'échelle et de marketing, dans les services centraux. Son rôle porte d'abord sur la gestion courante du magasin : éviter les ruptures, assurer la gestion du personnel, effectuer une comptabilité précise et un état des stocks, réduire les frais généraux, etc.

Dans le domaine social et celui de la solidarité, les opérations étaient laissées traditionnellement à l'initiative des magasins. La liste des animations ou des partenariats organisés par les magasins est étendue : cela peut aller du soutien à des associations locales, des écoles ou des hôpitaux, au soutien à des manifestations de solidarité (immeubles en fête, les Restos du cœur, etc.) ou à des opérations ponctuelles dictées par des événements particuliers (solidarité vis-à-vis des sinistrés d'AZF, des victimes de la canicule ou des marées noires, etc.). Dans ces opérations, de la nourriture ou des boissons sont distribuées gratuitement et des animations sont organisées en magasin à cet effet. Ces opérations étaient encouragées par la direction centrale, sans faire pour autant l'objet d'une politique de soutien spécifique. Du coup, on observait un degré d'implication variable d'un magasin à l'autre, en fonction de l'appétence particulière du directeur et de ses compétences relationnelles, et de son insertion plus ou moins forte dans les réseaux locaux.

Implantés en centre ville, les directeurs de magasins ont développé des relations avec les services municipaux et avec les riverains. Les directeurs se doivent, en effet, d'être vigilants à l'égard de tous les projets d'aménagement urbains qui pourraient avoir un impact sur l'activité de leur magasin (sens de circulation, parking, réhabilitation, travaux, construction de magasins concurrents à proximité, projets de transports collectifs, etc.). Certains d'entre eux entretiennent, dans cette optique, des échanges réguliers avec les services municipaux et les élus locaux. Les échanges réguliers avec les commerçants voisins sont fréquents car il y a un intérêt commun à créer les conditions permettant d'attirer une clientèle plus nombreuse. Mais les magasins peuvent également générer des nuisances vis-à-vis des riverains : stationnement des camions, nuisances occasionnées par les déchargements, etc. À cet égard, certains directeurs ont engagé depuis longtemps un dialogue avec les riverains et les associations de quartier pour limiter ces nuisances et développer des actions communes.

En résumé, selon les cas, les magasins peuvent être des acteurs plus ou moins importants de la vie locale des centres villes. La rotation assez rapide des directeurs de magasins dans le cadre de la politique des ressources humaines du groupe Monoprix – cinq à six ans au maximum dans un même site – peut d'ailleurs constituer un frein à la construction des réseaux interpersonnels et à celle du capital relationnel indispensable au développement de ce type d'opérations.

Soutenir et diffuser les meilleures pratiques

Les débats internes au sein du groupe Monoprix ont mis en évidence le rôle central que pouvaient jouer les magasins dans la mise en œuvre de la politique de développement durable du groupe. Non seulement le personnel des magasins doit être impliqué et associé aux actions impulsées par le siège, mais il a un rôle essentiel à jouer, localement, pour développer des actions permettant de concrétiser l'engagement de Monoprix dans le développement durable. Dans cette perspective, la réalisation ou l'accompagnement d'initiatives locales ou nationales qui favorisent la convivialité, la solidarité de proximité ou le respect de l'environnement (immeubles en fête, Restos du cœur, banques alimentaires, semaine du développement durable, etc.) apparaissent sous un jour nouveau : ces opérations participent de l'inscription de Monoprix comme acteur de la ville durable.

Ces opérations bénéficient dorénavant, lorsque les directeurs de magasins le sollicitent et que le projet est jugé intéressant, du soutien financier et technique de la direction du développement durable de Monoprix. Le développement durable a été introduit depuis 2004 dans les entretiens individuels d'évaluation des directeurs de magasins. Les plus belles initiatives sont primées lors d'un concours Monoprix « grand prix du centre ville », organisé chaque année. La semaine du développement durable a aussi été l'occasion de lancer dans vingt-huit magasins pilotes des campagnes de communication et des opérations promotionnelles sur les gammes de produits associées au développement durable : Monoprix Vert, Monoprix Bio, la gamme commerce équitable ou Monoprix « Bien Vivre ». Cette campagne a également permis de sensibiliser les collaborateurs de magasins à cette démarche.

L'exemple pionnier du magasin de Mulhouse

Le magasin de Mulhouse est le premier, au sein du groupe Monoprix, à officialiser un engagement dans un agenda 21. Avant d'analyser cet engagement, revenons sur les caractéristiques de ce magasin. Le magasin de Mulhouse est situé au cœur du centre ville, dans une rue du quartier piéton et dans un immeuble ancien classé que l'enseigne loue. Ces atouts sont contrebalancés par les difficultés de stationnement qui en rendent l'accès difficile. La clientèle est essentiellement une clientèle de passage (étudiants, personnes travaillant dans le quartier, etc.) et d'appoint. Le panier moyen est de 7 euros seulement. Le chiffre d'affaires annuel atteint les 12 millions d'euros, ce qui est dans la moyenne des magasins Monoprix en France. Le magasin emploie 57 personnes. Contrairement à la région parisienne, où le *turnover* est élevé, il s'agit essentiellement de CDI, ce qui constitue un facteur favorable à la mobilisation dans la durée des salariés vis-à-vis des démarches de développement durable. Un supermarché concurrent s'est toutefois installé à proximité et le chiffre d'affaires devrait s'en ressentir. Le groupe s'interroge sur l'opportunité de déplacer le magasin sur la place d'Europe qui va être desservie par le tramway et où un grand centre commercial devrait être construit.

Le directeur du magasin, M. Falcone, dirige le magasin de Mulhouse depuis quelques années. La démarche de développement durable a été impulsée localement depuis un an. En matière d'environnement, les actions ont porté sur l'organisation d'un tri sélectif des déchets dans le magasin (que ne pratique pas encore la commune) et l'investissement dans un local poubelle.

Un contrat de récupération des piles et des néons a été signé avec la société Valdelec. Une concertation a également été menée avec les riverains pour réduire les nuisances sonores liées au déchargement des camions. Les livraisons sont désormais concentrées le matin et les engins de déchargement sont équipés de roues en plastique et amortisseurs. Des actions sont actuellement engagées pour mesurer et réduire les consommations d'eau et d'énergie dans tous les secteurs du magasin.

Dans le domaine sociétal, le magasin est également très actif dans les opérations de solidarité locales. Il participe ainsi à immeubles en fête, aux Restos du cœur ou à la banque alimentaire. Mais l'action la plus importante engagée par le magasin dans le domaine du développement durable a été l'organisation de la semaine du développement durable qui a été soutenue financièrement par le siège du groupe – le magasin a été choisi comme l'un des vingt-huit magasins pilotes devant expérimenter la démarche au sein du groupe.

Dans le cadre de cette semaine du développement durable, des affiches, des stands présentant les produits bio, verts ou du commerce équitable, des dégustations ainsi que différentes animations, dont un parcours du consommateur responsable à travers le magasin, ont été réalisés. Une représentante de l'ADEME est intervenue, dans ce cadre, pour expliquer aux clients du magasin les enjeux du développement durable. Cette opération a été l'occasion de sensibiliser le personnel du magasin et la clientèle aux enjeux généraux et aux concrétisations de la notion au niveau d'un magasin. L'effet sur la fréquentation du magasin et les réactions des clients comme du personnel ont, semble-t-il, été positifs. Il faut dire que l'enjeu commercial pour Monoprix n'est pas négligeable : les gammes associées au développement durable – Monoprix Bio, commerce équitable, Bien Vivre et Monoprix Vert – représentent 11 % du chiffre d'affaires de l'épicerie du magasin.

8.2. La préparation de l'agenda 21 en partenariat avec la communauté d'agglomération de Mulhouse

Mulhouse est l'une des premières villes françaises à s'être engagée dans les réflexions sur le développement durable. Le maire, Jean-Marie Bockel, qui a participé aux conférences de Rio et de Johannesburg, est un promoteur des agendas 21 en France. Pour Mulhouse, ville industrielle, le développement durable peut contribuer à construire une nouvelle image. La gestion de l'eau, la politique d'assainissement, d'hygiène et d'urbanisme constituent autant de leviers d'action pour concrétiser cet engagement.

Même si le développement durable va plus loin que la notion d'environnement, il s'appuie à Mulhouse sur une sensibilité particulière des Alsaciens à la protection de la nature et à des actions anciennes de la commune dans le domaine. En 1989 est créée une mission transversale d'animation de l'environnement, qui devient mission transversale environnement en 1991. Cette mission a d'abord un rôle d'incitation en interne et en externe et a cherché à développer une certaine pédagogie à l'égard des questions environnementales. En 1992 est signée une charte d'écologie urbaine. C'est ainsi, assez naturellement, que la préparation de l'agenda 21 de la ville a été confiée au responsable de la mission environnement.

Cet agenda 21 ne concerne pas uniquement la ville de Mulhouse mais l'intercommunalité – la communauté de communes existe depuis 1996. Deux ans de préparation ont été nécessaires à la finalisation de cet agenda 21. Le texte, qui contient 285 programmes d'action regroupés dans 21 thèmes, a été élaboré progressivement à travers des contacts bilatéraux ou multilatéraux avec différentes parties intéressées. Une consultation extensive a été conduite aussi bien avec les associations de quartier, écologistes, qu'avec les industriels, les commerçants, la CCI, les universités ou les écoles. Un travail de fond a été réalisé avec l'association Alsace Nature qui a critiqué et fait des propositions alternatives au document.

Des thèmes variés sont abordés dans cet agenda 21 depuis la gestion des risques industriels – de nombreuses industries chimiques sont présentes dans l'agglomération – ou la reconversion du bassin potassique en parc d'activités intégré dans un site paysager au développement de transports collectifs (tramway) en passant par l'approfondissement de la gouvernance locale (conseils de quartiers, missions transversales).

Les contacts avec les entreprises du commerce et de la distribution sont plus récents. La communauté de communes voulait les associer au projet d'agenda 21 car ces entreprises sont en contact avec de nombreux clients et ont des effets de levier importants sur le comportement de ces consommateurs. Les organisateurs de l'agenda 21 ont choisi Monoprix – qu'ils ne connaissaient pas au départ – parce qu'ils ont été séduits, à la lecture du rapport de développement durable, par la démarche du groupe.

8.3. L'engagement de Monoprix dans l'agenda 21

Le directeur du magasin de Mulhouse, en concertation avec le siège de l'entreprise, a réagi positivement aux sollicitations de la commune. Parmi les 21 points figurant sur cet agenda, Monoprix s'engage sur différents programmes d'action qui sont pertinents par rapport à ses activités. Monoprix est cité comme une entreprise partenaire de l'agenda 21 qui combine développement économique, respect de l'environnement et du lien social (point n° 7 de l'agenda 21, « L'économie »). Monoprix participe ensuite à quatre points de l'agenda 21 :

- mesure et amélioration de l'impact de l'approvisionnement sur l'environnement au centre ville et mise en place de transports de marchandise dans l'hyper centre (point n° 10, « Les déplacements ») ;
- incitation à l'évolution des emballages des grandes surfaces (point n° 11, « La propreté urbaine et les déchets ») ;
- engagement pour un commerce équitable : politiques d'achat avec un label de commerce équitable, introduction de produits biologiques et durables (point n° 15, « Les pratiques vertes ») ;
- intégration périodique du développement durable dans les supports de communication (point n° 20, « La communication »).

À noter que Monoprix pourrait également être mentionné dans le point n° 6 (« Politique de la ville ») dans la partie « Soutien à la mobilisation des habitants », *via* les animations et l'accompagnement d'opérations locales réalisées comme immeubles en fête, les Restos du cœur ou lors de la semaine du développement durable.

Ces engagements ont été officialisés, en présence de tous les signataires, devant la presse le 20 septembre 2003. L'agenda 21 ne constitue pas un contrat avec des engagements explicites et contraignants pour les signataires. Si chacun s'engage sur ces actions, aucun engagement chiffré n'est défini au départ. Il s'agit davantage de construire un « partenariat d'exploration » (Segrestin, 2003), dont les objectifs et les actions à conduire, flous au départ, seront progressivement définis au cours du temps. Cette démarche souple et progressive est justifiée par ses promoteurs par le fait qu'il est important de construire d'abord une cohésion et des rapports de confiance mutuelle entre les acteurs avant d'aller trop rapidement vers des engagements précis. Il s'agit également d'éviter une gestion trop bureaucratique. Un comité de suivi va être mis en place et la démarche sera conduite sous la forme de fiches actions et d'un tableau de bord simplifié qui seront révisés, en fonction des progrès observés.

8.4. La capitalisation de cette expérience à travers l'élaboration d'une méthodologie de participation aux agendas 21 locaux

Dans le processus de consultation interne mis en place depuis 2001 au sein du groupe Monoprix visant à identifier les axes majeurs de concrétisation de la politique de développement durable, l'inscription des actions des magasins dans les agendas 21 constitue une priorité. Parmi les dix *tasks forces* portant sur le développement durable, l'une d'entre elles porte sur l'élaboration d'une méthodologie d'approche des élus et la participation des magasins aux agendas 21. Son objectif est de « mettre en œuvre une méthodologie d'approche entre les élus et les acteurs relais pour l'ensemble des magasins et définir un cadre d'action (magasins-villes) pour inscrire de nouveaux magasins dans les agendas 21 locaux ». En d'autres termes, le but de ce groupe de travail est d'aboutir à la définition d'un kit à l'attention des directeurs de magasin leur présentant des recommandations concrètes pour les aider à entrer en contact avec les élus locaux, négocier et finaliser les engagements des magasins dans les agendas 21. Ce kit proposera aux directeurs de magasins souhaitant s'engager dans un agenda 21 local des fiches synthétiques sur les thèmes de coopération possibles : politique de la ville, déplacements, déchets, pratiques vertes (offre de produits verts, bio, du commerce équitable), optimisation des consommations d'énergie. Chacune de ces fiches présentant les enjeux, les obligations légales, les référentiels existants, les bonnes pratiques réalisées dans le groupe Monoprix, etc.

Cette *task force*, qui a démarré en juillet 2003, comprend quatre personnes (le directeur du magasin de Marseille, celui de Versailles, la directrice des relations extérieures et du développement durable) et est animée par le directeur du magasin de Mulhouse. Ce dernier, qui est engagé dans l'agenda 21 de la communauté d'agglomération de Mulhouse signé le 20 septembre 2003, s'est porté volontaire pour animer ce groupe de travail. Après la signature de l'agenda 21 de Mulhouse, Monoprix a prévu un partenariat avec trois autres agendas 21 pour 2004.

Conclusion

Le magasin constitue un lieu incontournable de concrétisation du développement durable dans les entreprises de la grande distribution. C'est en effet au niveau du magasin que s'opère la relation avec la clientèle et que peuvent être déployées une politique de communication et une pédagogie du développement durable à son égard.

Cet enjeu, qui relève *a priori* de l'évidence, se heurte pourtant, dans la pratique, aux modes de gestion dans le secteur de la distribution. Ceux-ci présentent en général trois caractéristiques : les managers sont d'abord jugés sur leur contribution aux résultats ; la conception des magasins et le choix des produits se décident au siège ; les rapports entre le siège et le magasin sont davantage des rapports de prescription que des relations de participation. Dans ce schéma, les incitations à mettre en œuvre localement des démarches relevant du développement durable sont ainsi faibles. Pour surmonter ces obstacles, Monoprix s'est engagé depuis un an dans une évolution progressive de ces pratiques managériales. À partir de 2004, différentes dimensions du développement durable sont abordées lors des entretiens entre les directeurs de magasins et leurs supérieurs. Des budgets sont débloqués pour appuyer les actions locales qui relèvent du développement durable. Enfin, la mise en place de *task forces*, visant à décliner les engagements et les démarches du groupe en matière de développement durable, et auxquelles participent largement les directeurs de magasins, marque une évolution des rapports entre le siège et les magasins vers des relations plus participatives et réciproques.

Au niveau d'un magasin, le développement durable ne se concrétise pas uniquement au niveau de l'offre de produits mais également à travers la réalisation et l'accompagnement, localement, d'initiatives dans le domaine de la solidarité ou du respect de l'environnement. Ces actions qui sont parfois anciennes sont aujourd'hui étendues et encouragées par la direction du groupe Monoprix. L'approche de Monoprix va même plus loin si l'on se réfère au concept de *city-marché idéal*, un magasin de centre ville, qui incarne le développement durable dans sa structure et son organisation, son management, son offre de produits et de services, et dont le cahier des charges doit être défini à l'horizon 2005. On peut penser qu'à travers cette politique locale, Monoprix cherche à se différencier de ses concurrents présents en périphérie, et qui concentrent les critiques sur les excès de la société de consommation (primat de la voiture, excès de la société de consommation, insertion paysagère, etc.). Dans cette perspective, l'engagement de Monoprix dans les agendas 21 concrétise l'insertion du groupe comme partenaire du développement durable sur le plan local.

Sources

Sources orales

- Entretien avec Mme Stéphanie Levet, directrice des relations extérieures et du développement durable, 17 septembre 2003
- Entretien avec M. Philippe Falcone, directeur du magasin Monoprix de Mulhouse, 18 novembre 2003 à Mulhouse
- Entretien avec M. Jean-Pierre Reduron, directeur de la Mission environnement à la CAMSA, 18 novembre 2003 à Mulhouse
- Entretien avec M. Philippe Michel, CCI de Mulhouse, 18 novembre 2003 à Mulhouse

Sources écrites

- Communauté d'agglomération de Mulhouse Sud Alsace (CAMSA) (2003), *Agenda 21 local. Plan d'actions pour un développement durable de l'agglomération*
- Comptes rendus des *task forces* Monoprix, décembre 2003 (document interne)

Bibliographie

SEGRESTIN B. (2003), « La gestion des partenariats d'exploration. Spécificités, crises et formes de rationalisation », thèse de doctorat de l'École des Mines de Paris.

Chapitre 3

La gestion des ressources humaines à l'aune du développement durable

Contrairement au management de l'environnement, la gestion des ressources humaines (GRH) est un domaine d'action ancien pour les entreprises, progressivement structuré autour d'une fonction, d'outils et d'expertises particulières dont le libellé et les domaines d'intervention ont évolué au cours du temps. Fombonne (2001) décrit dans l'histoire de l'entreprise une affirmation progressive de la fonction du personnel à partir des années 1830. La requalification du domaine sous l'appellation ressources humaines est récente et témoigne d'une nouvelle problématisation de cette question dans les entreprises qui est indissociable des vagues de rationalisation qu'a connues l'entreprise. Ainsi, la gestion des compétences, le renouvellement des métiers (Sardas, 1997), la gestion de la qualification (et de la requalification) et la formation des salariés (Fixari *et al.*, 1996), les besoins de flexibilité de la main-d'œuvre, l'organisation des conditions de travail, la gestion de la mobilité sont-ils indissociables de l'intensification de l'innovation, des transformations des régimes de production et d'échange et de la montée, corrélative à ces évolutions, de la part des cols blancs et des personnels qualifiés. Dans cette perspective, on ne gère plus du personnel mais des ressources humaines qu'il faut renforcer et stimuler selon des démarches et des outils de gestion spécifiques (Fombonne, 2001).

Ce domaine d'action managériale témoigne également, depuis l'origine, d'une imbrication entre le gouvernement politique et le gouvernement managérial (Pezet, 2000). Nous entendons par gouvernement managérial celui exercé dans les entreprises sur les salariés. Cette imbrication se manifeste notamment dans la négociation collective qui associe les représentants de l'entreprise, des salariés et des pouvoirs publics. Comme le montre l'histoire de la représentation du personnel ou encore celle de la réglementation sur le temps de travail (voir Fridenson P. et Reynaud B., 2004), l'activité législative, réglementaire et conventionnelle porte la trace des rapports entre les entreprises, les syndicats et l'État.

De nombreux thèmes aujourd'hui associés aux politiques de développement durable ne paraissent pas nouveaux aux gestionnaires des ressources humaines. La formation, la sécurité au travail, le thème des compétences, qui sont souvent mentionnés dans les rapports de développement durable, sont des domaines d'intervention des gestionnaires des ressources humaines, structurés par des outils, des réglementations et des conventions collectives. En dehors de la requalification de ces pratiques anciennes, quels sont les nouveaux enjeux et les nouvelles pratiques associés à la dimension sociale du développement durable? Pour répondre à ces questions, il est nécessaire de situer dans une perspective historique les pratiques de gestion des ressources humaines aujourd'hui qualifiées de durable.

1. La GRH entre gouvernement politique et gouvernement managérial : deux exemples historiques

Sans rechercher l'exhaustivité, ni dans l'énumération des domaines ni dans la présentation de ceux qui seront choisis, l'imbrication entre gouvernement politique et gouvernement managérial peut être mise en évidence à partir de deux exemples historiques : celui de la législation sur les accidents du travail et sur la sécurité au travail, et celui de la formation professionnelle.

Ewald (1986) montre que la loi du 9 avril 1898 concernant la responsabilité des accidents dont les ouvriers sont victimes dans leur travail constitue une innovation par rapport aux règles du Code civil fondées sur la responsabilité. La législation sur les accidents du travail met en place une solidarité qui est d'abord organisée au sein de l'industrie elle-même puis, au-delà, par la création d'un fonds de garantie (loi du 31 mars 1905). Après la Seconde Guerre mondiale, une caisse est créée en application de la loi du 30 octobre 1946 sur la Sécurité sociale, confiant ainsi à l'État le soin de fixer le montant de la cotisation des entreprises d'une part et le soin d'indemniser les salariés accidentés du travail d'autre part. Par ailleurs, le thème de la sécurité au travail est à l'origine de la représentation du personnel et de l'évolution de ces institutions. Les délégués mineurs pour la sécurité sont institués par la loi du 8 juillet 1890. Au-delà du secteur minier, la loi du 24 juin 1936 sur les conventions collectives institue les délégués du personnel et leur confie la responsabilité de veiller à l'application de la législation du travail, notamment les règles de sécurité. Le décret du 1er août 1973 crée une commission du comité d'entreprise compétente pour les questions d'hygiène et de sécurité. La loi du 27 décembre de la même année crée une commission compétente pour relatives aux conditions de travail. Ces deux commissions sont réunies par cette loi au sein d'une nouvelle institution : le comité d'hygiène, de sécurité et des conditions de travail.

L'exemple de la formation professionnelle est aussi éclairant sur le lien entre le gouvernement politique et le gouvernement managérial. Brucy (2000) montre, par exemple, qu'autour de la formation professionnelle, entreprises et pouvoirs publics ont établi, avant 1914, des relations dans le cadre de commissions dont les travaux inspirent les textes législatifs et réglementaires. La politique de concertation ne porte pas seulement sur la formation professionnelle et se développe dans l'entre-deux-guerres au sein du Conseil national économique (Chatriot, 2002). Après la Seconde Guerre mondiale, en 1948, la formation fait l'objet d'une concertation entre les employeurs, les représentants des salariés et l'État au sein des commissions nationales professionnelles consultatives. Les brevets de techniciens et la réglementation sur les certificats d'aptitude professionnelle (CAP) industriels sont issus des travaux de cette commission (Brucy, 2000). En ce qui concerne la participation des entreprises au financement de la formation continue, l'accord interprofessionnel du 9 juillet 1970 inspire la loi du 16 juillet 1971 sur la formation professionnelle et l'éducation permanente. Les branches professionnelles peuvent depuis décembre 1991 délivrer des certificats de qualification professionnelle. Enfin, un accord interprofessionnel a été conclu le 20 septembre 2003 prévoyant un droit individuel à la formation que reprend la loi du 4 mai 2004 relative à la formation professionnelle tout au long de la vie et au dialogue social.

À considérer ces faits, le développement durable pourrait sembler être, du point de vue de la gestion des ressources humaines, une fausse nouveauté. Mais il s'agit d'un point de vue européen. La législation du travail n'est pas développée de la même façon sur tous les continents.

Le rapport entre la gestion des ressources humaines et le développement durable peut être examiné de deux points de vue suggérés par les références historiques qui viennent d'être rappelées. D'une part, du point de vue de la fonction elle-même en recherchant si sa place dans l'entreprise se trouve modifiée par la mise en œuvre de politiques de développement durable. D'autre part, en prenant en compte le processus de globalisation dans lequel les entreprises sont engagées et en se demandant si, au nom du développement durable, elles sont conduites à agir d'une certaine manière dans des pays où les normes sociales sont moins exigeantes qu'en Europe.

De ces deux points de vue, les cas étudiés montrent que la fonction ressources humaines est amenée à coopérer avec de nouveaux acteurs de l'entreprise chargés de la mise en œuvre de la politique de développement durable. Au-delà de cet aspect organisationnel, il apparaît que cette nouvelle fonction joue un rôle nouveau dans le rapport que l'entreprise entretient avec la normalisation de la relation d'emploi (lois, règlements, accords collectifs, usages).

2. La coopération entre les fonctions ressources humaines et développement durable : quelles spécificités ?

Le phénomène d'institutionnalisation en matière de développement durable, mis en évidence dans la première partie, porte notamment sur le *reporting* extra-financier auquel sont soumises les grandes entreprises. Des dispositifs volontaires (ex. : la GRI, Global Compact) et législatifs (ex. : la loi NRE en France) structurent la communication externe des entreprises en matière de développement durable. Pour répondre à la demande d'information de la part des parties prenantes, les entreprises sont incitées à centraliser la collecte interne de l'information et la diffusion externe de ces données.

Dans les entreprises étudiées, la mise en œuvre de politiques de développement durable s'est accompagnée de la création d'une nouvelle fonction, celle de responsable ou directeur du développement durable. Il s'agit, dans les grands groupes, d'une fonction transversale directement rattachée à la direction générale. Les responsables de cette fonction la cumulent souvent avec une autre : responsable directeur des relations extérieures, directeur de l'environnement, directeur de la communication, etc. Ils sont généralement expérimentés et présentent des profils variés : ils peuvent avoir une expérience préalable dans le domaine de la communication externe, du management de l'environnement, de l'organisation, de la notation sociétale ou des ressources humaines. Comme nous l'avons indiqué dans le chapitre 2, la problématisation du développement durable s'est souvent opérée à partir de l'environnement qui est le pilier en général le plus développé, moins souvent à partir de la dimension sociale. Cette dernière n'est évidemment pas absente des rapports de développement durable mais elle y occupe rarement une place centrale.

Les entreprises présentent comme des axes de leur politique de développement durable des questions de gestion des ressources humaines qui se seraient posées en dehors de ce cadre de référence. Ce sont par exemple des questions de recrutement, d'émergence d'une culture commune lors de la création d'un nouveau groupe, de gestion des compétences pour faire face à des départs à la retraite, de sécurité au travail, d'alphabétisation de la main-d'œuvre pour une entreprise implantée dans un pays en voie de développement. Les directions des ressources humaines mettent leur expertise au service du projet conduit par les directions du développement durable et participent à la communication interne (journaux internes, information des représentants du personnel) sur le développement durable : organisation de réunions de cadres pour favoriser l'intégration, participation à l'animation de politique sécurité, diffusion des pratiques éthiques au sein du groupe, etc.

Il est à noter que la coopération entre les ressources humaines et d'autres fonctions de l'entreprise n'est pas un phénomène propre au développement durable. Depuis les années 1980, la problématique de la flexibilité de l'entreprise ou le management de la qualité ont nécessité une imbrication forte des directions des ressources humaines avec d'autres directions de l'entreprise : production et qualité par exemple.

2.1. Partenariats d'exploration et construction de normes sociales

Plus originaux sont les partenariats et les compétences que les gestionnaires des ressources humaines développent, en dehors des cadres législatifs nationaux, pour établir de nouvelles normes sociales sur le plan international. Les cas d'Accor et de Lafarge illustrent des processus d'apprentissages collectifs fondés sur des partenariats d'exploration avec des *stakeholders* externes. Pour Accor, le groupe et les hôtels sont impliqués, en lien avec différents partenaires, dans la définition et la mise en œuvre de standards internationaux en matière de politique d'éducation, de lutte contre la prostitution et contre le travail des enfants [1]. En Afrique, Lafarge, dont les salariés sont fortement touchés par le virus du sida, développe, à travers différents partenariats, une politique de lutte contre la maladie qui dépasse le cadre de l'entreprise.

Ces entreprises ne cherchent pas à se substituer aux administrations des pays concernés pour mettre en place une politique sanitaire ou d'éducation. La solution adoptée par celles-ci est le développement de partenariats avec des associations locales, des ONG et les pouvoirs publics locaux ou internationaux. Ce ne sont pas des partenariats classiques, fondés sur une division du travail préétablie entre les différents partenaires. Il s'agit de partenariats d'exploration (Segrestin, 2003) où les objets du partenariat, les modalités de la coopération et les compétences apportées par chaque protagoniste sont définis dans le cours de l'action collective. Le partenariat entre Lafarge et Care (ONG internationale, spécialisée dans le développement) en matière de sida est emblématique de ces coopérations exploratoires. Cet exemple est développé dans l'étude de cas portant sur la mise en place par Lafarge d'une politique de prévention en matière de sida en Afrique.

1. Cet exemple chez Accor n'a pas fait l'objet d'une étude de cas spécifique. Il est développé dans la présentation générale de la stratégie d'Accor (voir deuxième partie, chapitre 1, 3).

2.2. De nouvelles formes de normalisation de la relation d'emploi

Les politiques de gestion des ressources humaines ont une forte adhérence nationale : elles sont structurées par la législation, les conventions collectives et la jurisprudence, ainsi que par l'histoire des relations sociales, notamment avec les syndicats. L'émergence du développement durable dans les groupes internationaux est la manifestation d'un changement d'échelle de la stratégie : certaines questions traitées, presque exclusivement, sur le plan national tendent à l'être sur le plan international. C'est, par exemple, le cas de la normalisation de l'emploi. La négociation des conditions d'emploi et de travail s'opère traditionnellement selon des modalités extrêmement variables d'un pays à l'autre. En France, la négociation entre les représentants des salariés et ceux de l'entreprise s'opère dans le cadre du droit du travail et des conventions collectives, à la différence des pays anglo-saxons, où la jurisprudence est prééminente. Autre différence par rapport aux pays anglo-saxons : le rôle clé de l'État et de l'administration en France, dans le contrôle, la mise en œuvre des normes et la médiation des conflits sociaux.

On observe cependant – et les politiques de développement durable en portent la trace – un désencastrement progressif des normes d'entreprises par rapport à ces cadres nationaux. À cet égard, les entreprises étudiées dans cet ouvrage permettent de mettre en évidence un rapport nouveau à la norme d'emploi. Dans les grands groupes internationaux comme Accor, Lafarge ou Arcelor, un enjeu clé est la construction d'un cadre commun en matière de ressources humaines, inspiré des meilleures pratiques locales. Cette standardisation répond d'une part au besoin de traiter des questions transversales comme la mobilité des personnels, la gestion sociale de la sous-traitance, la gestion d'un plan de restructuration transnational, etc., d'autre part à favoriser l'émergence d'une identité au sein de groupes qui n'ont cessé d'intégrer de nouvelles entités.

La mise en place d'un comité d'entreprise européen (CEE) chez Arcelor est le deuxième cas que nous présentons. Il illustre comment la mise en œuvre d'une politique de restructuration à l'échelle européenne est l'occasion de redéfinir les normes d'emploi au niveau du groupe. Cette instance, où sont représentés les salariés des différents pays où le groupe est présent, a joué, dans ce cas, un rôle important de négociation et de légitimation de la stratégie d'Arcelor, groupe récemment formé, qui devait montrer à ses salariés et à ses partenaires extérieurs qu'il était porteur d'une stratégie propre, distincte de celles des fleurons nationaux (Usinor, Arbed, Aceralia) qui le constituent. Dans la négociation engagée, il ne s'agit pas de trouver un compromis dans un contexte juridique et culturel connu mais d'établir un compromis innovant avec les représentants des salariés de sociétés implantées dans des pays culturellement différents et aux intérêts économiques perçus comme divergents. Menée sur un sujet sensible et sous le regard des médias et des instances politiques, cette négociation s'est révélée délicate. Du point de vue des instances politiques et des organisations syndicales, Arcelor doit contribuer, par l'exemple, à l'élaboration d'une norme de la relation d'emploi applicable à d'autres entreprises. La politique de communication externe de l'entreprise qui accompagne l'activité de négociation ne vise plus seulement à rendre compte des résultats obtenus dans les négociations internes mais à faire intervenir diverses parties prenantes dans le cours même de la négociation. L'analyse de la négociation a permis de mettre en évidence les débats contradictoires que suscite, chez les syndicats, la question du développement durable lorsqu'il s'est agi de mettre en rapport la conciliation de la préservation de l'emploi avec la préservation de l'environnement. La direction des ressources humaines contribue ainsi à l'élaboration d'une norme sociale européenne par l'animation d'une tribune interne, le comité européen, qui fait l'objet de l'attention des parties prenantes internes et externes (associations, médias, pouvoirs publics) et qui nourrit ainsi un débat dépassant le cadre du groupe.

La diffusion de normes sociales s'effectue sous deux formes : l'arbitrage entre différentes pratiques de gestion des ressources humaines et la mise en œuvre d'une ingénierie sociale à l'international. L'arbitrage est une forme de diffusion qui a été rencontrée dans le groupe Accor. Dans le secteur du tourisme, les grands groupes hôteliers exercent une influence sur les pratiques sociales dans la profession. Les syndicats internationaux tentent de mettre en évidence ces bonnes pratiques, pour construire et diffuser de nouvelles normes dans l'ensemble du secteur. L'Union internationale des travailleurs de l'alimentation, de l'agriculture, de l'hôtellerie-restauration, du tabac et des branches connexes (UITA) entretient des contacts réguliers avec la direction des ressources humaines du groupe Accor, notamment pour lui demander d'arbitrer des conflits locaux dans lesquels les directions des hôtels et les syndicats sont en désaccord.

Le troisième cas que nous allons présenter concerne la mise en œuvre d'une démarche de restructuration chez Lafarge Maroc. Ce cas illustre le développement d'une ingénierie sociale à l'international. Lafarge a récemment construit une nouvelle usine près de Tétouan en remplacement d'une usine vétuste située dans la ville même. La nouvelle unité de production emploiera un effectif inférieur à l'ancienne et l'entreprise met en place un plan social pour reclasser le personnel en sureffectif. Lafarge Maroc applique à la fermeture de l'ancienne usine de Tétouan le savoir-faire développé en France en application du droit sur les licenciements économiques. Ce transfert d'ingénierie sociale se fait dans un contexte où le Maroc réforme son propre code du travail en s'inspirant du droit français et mène une politique de rapprochement avec l'Europe. Le cas est cité en référence par les autorités locales comme l'exemple d'une gestion sociale responsable, promue auprès d'autres grandes entreprises étrangères. Il l'est également par les syndicats du groupe Lafarge qui en font un exemple à reproduire dans des conditions similaires. Par son action, Lafarge participe ainsi à la construction de nouvelles normes sociales.

3. Les nouvelles frontières de la gestion de la santé au travail : la mise en place d'une politique en matière de lutte contre le sida chez Lafarge

3.1. L'origine de la prise de conscience du sida chez Lafarge

La prise de conscience, au sein de la direction du groupe Lafarge, de la question du sida en Afrique est récente. Elle remonte au voyage de Bertrand Collomb, le PDG du groupe Lafarge au moment de l'acquisition du groupe cimentier britannique Blue Circle en 2001. Lafarge devient ainsi actionnaire majoritaire d'entreprises issues de sept pays d'Afrique anglophone (Nigeria, Kenya, Ouganda, Malawi, Zimbabwe, Zambie, Tanzanie) qui s'ajoutent aux unités de production déjà présentes au Cameroun et en Afrique du Sud. Les effectifs africains du groupe représentent aujourd'hui plus de 7 000 personnes (10 % des effectifs). Avec cette acquisition, Lafarge doit non seulement assurer la gestion des installations industrielles (les cimenteries) mais également celle de différents équipements et infrastructures qui appartenaient à Blue Circle (unités de soins, écoles, campements ou *settlements*, etc.) qui offrent aux salariés, et parfois à leurs familles, tout un ensemble de prestations (assurance maladie, retraite, prise en charge des funérailles, formation, etc.). Cette extension du champ d'action des entreprises bien au-delà de leurs métiers de base est très fréquente en Afrique de la part des grandes entreprises industrielles qui y sont implantées. Ces actions visent d'une part à pallier les défaillances du secteur public local (absence ou mauvaise qualité des infrastructures, désorganisation, corruption, absence de Sécurité sociale, etc.), et d'autre part à attirer, fixer et former une main-d'œuvre qualifiée qui est rare. On retrouve, dans ces pays, des formes de néo-paternalisme assez proches des politiques que l'on pouvait observer dans les grandes entreprises industrielles en France au XIXe siècle, à une époque où l'État providence n'existait pas encore [2].

L'étude comparative du fonctionnement des sites met en évidence que les pratiques médicales sont hétérogènes d'un pays à l'autre : tantôt les sites sont équipés d'infirmeries, tantôt de dispensaires ou de cliniques ; le niveau des prestations et de couverture médicale et sociale est également variable. Cette diversité résulte de l'histoire et du contexte de chaque site industriel. En fonction de la situation sanitaire du pays, de ses antécédents (acquisition d'une cimenterie publique à l'occasion d'une privatisation ou bien construction d'une nouvelle cimenterie), de l'implantation géographique des usines (près des villes ou à la campagne) et d'autres facteurs politiques ou culturels, différentes politiques et pratiques ont été définies sur le plan local. Tant qu'il s'agissait de traiter des pathologies courantes (malaria, paludisme, infections respiratoires, etc.), pour lesquelles le diagnostic et les traitements sont connus et disponibles, la gestion au niveau local était adaptée : il n'était nul besoin d'infrastructures et de compétences spécifiques, le coût de traitement était modéré et pouvait être assumé au plan local sans que la direction générale soit impliquée. En d'autres termes, à des problèmes confinés on pouvait apporter une réponse locale. Le sida va faire exploser ce cadrage.

3.2. Le sida : un problème qui déborde des cadres existants

Avec le sida s'opère un changement d'échelle : le diagnostic de l'épidémie nécessite des équipements et des compétences spécifiques ; le coût de prévention et de traitement [3] devient rapidement explosif avec l'augmentation du taux de prévalence [4] ; la progression de la maladie a un effet massif sur l'absentéisme et, plus généralement, sur le moral des salariés et de leurs familles. Le sida est

2. Le parallèle va plus loin : comme en France au XIXe siècle, ces formes de néo-paternalisme se concentrent dans les secteurs où les besoins en main-d'œuvre qualifiée sont élevés. Ainsi sont-elles, semble-t-il, beaucoup plus fréquentes en Afrique dans le pétrole, l'automobile, la métallurgie ou l'industrie lourde que dans le secteur agricole ou agro-alimentaire où la main-d'œuvre peu qualifiée est abondante. On retrouve des constats similaires à ceux que Philippe Lefebvre (2003) faisait pour la France au XIXe siècle : le paternalisme était alors beaucoup plus répandu dans la métallurgie et la mécanique que dans l'industrie textile. Ces constats, poursuit-il, relativisent les motifs religieux ou éthiques du paternalisme – même s'ils sont indéniables – et conduisent à mettre en avant les motifs d'efficacité (attirer, fixer et former une main-d'œuvre qualifiée pour accroître la productivité).

3. On a constaté, chez Lafarge, que le coût des traitements anti-rétroviraux s'élève parfois à la moitié voire à plus des deux tiers du salaire moyen d'un ouvrier d'une unité de production en Afrique.

4. Dans les douze pays dans lesquels Lafarge est implanté l'épidémie de VIH/sida affiche des taux de prévalence variant de 3,6 % au Bénin à plus de 33 % au Zimbabwe (*source :* rapport Lafarge, 2002).

aujourd'hui la première cause de mortalité sur les sites industriels du groupe Lafarge en Afrique. L'épidémie a non seulement des conséquences sanitaires et sociales mais également économiques. Sur le plan micro-économique, la productivité des usines s'en ressent : absentéisme, explosion des frais médicaux et sociaux pour l'entreprise, coût de l'embauche et de la formation de nouveaux salariés. Mais l'entreprise est également touchée sur le plan macro-économique par les effets de l'épidémie sur l'activité économique des pays : l'épidémie affecte la consommation, désorganise fortement l'économie et l'offre de formation. Les politiques locales, marquées par la corruption et la gabegie, peinent à enrayer une épidémie qui touche désormais plus de 40 millions de personnes en Afrique [5]. C'est dans ce contexte que Lafarge décide, en 2002, de lancer une réflexion au niveau de la direction générale visant à définir une politique globale en matière de santé en Afrique.

3.3. La construction d'une politique en matière de sida

La situation que connaît Lafarge en Afrique ne lui est nullement spécifique. Toutes les entreprises installées là-bas y sont confrontées. Leur mobilisation est pourtant récente. Pour certaines, l'alarme a été déclenchée assez tôt par les managers locaux mais elle a engendré un effet plus tétanisant que stimulant : que faire en matière de lutte contre le sida ? Est-ce le rôle des entreprises de s'y consacrer ? En dévoilant l'ampleur de l'épidémie ne risquent-elles pas d'être montrées du doigt ? Dans bien des cas, malgré les effets négatifs de l'extension de l'épidémie, les risques de brouillage de l'image, de controverse avec les ONG et les médias, ainsi que l'ampleur de la tâche à accomplir retiennent beaucoup d'entreprises d'annoncer des engagements et des plans d'action.

A contrario, Lafarge s'engage rapidement et essaye de transformer ce qui ressemble à première vue à un problème embarrassant en démarche emblématique du développement durable. Elle n'est pas la seule à agir à ce moment-là [6]. Il existe en effet une fenêtre d'opportunité politique avec la mobilisation internationale qui s'opère autour de cette question et les promesses de financement des pays riches vis-à-vis des pays touchés. Au début de 2002, Lafarge adhère à la coalition mondiale des entreprises contre le VIH/sida [7]. Cette adhésion accélère la décision du groupe de s'impliquer dans la lutte contre le virus. Un comité santé Afrique est créé en interne, composé de managers locaux, d'un représentant du groupe, d'un représentant d'une ONG et d'un conseiller médical.

La mise en visibilité de l'épidémie

Des données fiables sur l'état de l'épidémie et des moyens mis en œuvre chez Lafarge manquent. Un premier diagnostic est réalisé, fondé notamment sur un questionnaire envoyé à toutes les unités opérationnelles dans sept pays particulièrement touchés (Kenya, Malawi, Ouganda, Afrique du Sud, Nigeria, Zambie, Zimbabwe), complété par des visites de sites. Si les unités doivent faire face, en gros, aux mêmes défis sanitaires, les pratiques en matière de prévention et de traitement sont très variables d'un site à l'autre : la prévention n'est pas généralisée ;

5. Ainsi, faute d'une organisation efficace, les pays africains n'arrivent pas, semble-t-il, à consommer l'aide financière apportée par les institutions internationales (fonds mondial contre le sida, Banque mondiale, etc.).
6. Des entreprises comme Heineken, BMW ou Anglo-American annoncent au même moment des engagements et des mesures de lutte contre le sida.
7. La Global Business Coalition on HIV, basée à Washington, réunit actuellement environ 115 entreprises.

quant au traitement, deux pays – le Cameroun et le Kenya – le pratiquent systématiquement pour leurs salariés séropositifs en leur distribuant des anti-rétroviraux.

Élaborer une politique de santé a certes une dimension économique (le coût induit pour l'entreprise) mais le succès de sa mise en œuvre dépend également de la prise en compte d'aspects sociaux plus qualitatifs : sans garantie du respect des principes de confidentialité et de non-discrimination, les salariés risquent de refuser la prévention systématique et le traitement dans les cliniques d'usine. En outre, l'entreprise n'est pas un système en vase clos. Les salariés sont immergés dans les communautés locales. Ainsi, les mesures de prévention en interne peuvent être réduites à néant si les salariés sont ensuite contaminés dans des communautés locales où la prévention est inexistante.

Cette politique a également des implications en termes de coopération : puisque toutes les compétences et tous les équipements médicaux ne peuvent être présents dans chaque site de production, il faut pouvoir identifier localement les compétences nécessaires et passer des partenariats avec les gouvernements et les structures médicales publiques ou privées. Or, la possibilité de construire ces partenariats dépend à la fois de la stabilité des régimes politiques concernés et de l'existence de réseaux médicaux efficaces et structurés. En d'autres termes, l'action de l'entreprise en matière de sida a des effets d'autant plus durables qu'elle est susceptible d'être relayée par les communautés locales et qu'elle est renforcée et accompagnée par des politiques préventives et curatives mises en place par les gouvernements locaux.

De ces deux points de vue, la situation apparaît très variable d'un pays à l'autre : le Kenya et le Cameroun semblent présenter des conditions favorables : États mobilisés, structures et compétences médicales reconnues ; en Afrique du Sud, le secteur médical est bien organisé mais les pouvoirs publics rechignent à reconnaître l'ampleur de l'épidémie et à prendre des mesures ; enfin, dans les pays les plus instables, l'anarchie politique et la violence compliquent la tâche des entreprises.

Plutôt que de chercher à imposer les mêmes règles et pratiques à tous les pays, Lafarge s'oriente aujourd'hui vers l'édiction de principes de base qui seront ensuite adaptés et complétés selon les situations locales. Parmi ces principes (rapport développement durable 2002, p. 51-53), retenons l'interdiction de la discrimination, la confidentialité, le dépistage anonyme et volontaire et le traitement de tous les salariés séropositifs (ce qui implique une facilitation de l'accès aux anti-rétroviraux[8]) et des malades atteints de maladies opportunistes et sexuellement transmissibles.

La construction de partenariats

L'une des spécificités importantes de la politique de Lafarge en matière de sida est la construction de partenariats avec différents *stakeholders*. Comme nous l'avons mentionné, le sida n'est pas un problème gérable par l'entreprise seule : c'est une question qui a des dimensions techniques, politiques, sociales et culturelles. Les autres parties concernées par l'épidémie (les gouvernements locaux, les ONG, les communautés locales, les institutions internationales, les bailleurs internationaux, les médecins, etc.) sont également confrontées aux mêmes

8. Au stade actuel, il n'est pas encore garanti que cet accès aux traitements soit possible dans toutes les unités opérationnelles essentiellement pour des raisons de contrôle de la qualité, de sécurité de l'approvisionnement des traitements et de formation des personnels soignants.

problèmes : comment construire une action collective efficace ? Comment éviter le gaspillage des ressources financières ? Comment construire un schéma sanitaire et un système de santé performant ?

Progressivement, l'idée de partenariats tripartites, associant entreprises, pouvoirs publics et ONG, a émergé. Pour les entreprises, c'est un moyen de partager les coûts, d'accéder à des compétences médicales et d'obtenir une caution morale à sa politique ; pour les ONG, c'est la possibilité d'avoir accès à des populations dans de bonnes conditions de suivi et de traitement (l'entreprise) ; pour les bailleurs de fonds, les institutions financières, de même que pour certains gouvernements engagés dans la lutte contre l'épidémie, c'est l'espoir d'obtenir une utilisation plus efficace des fonds et des ressources mobilisées.

C'est dans cette perspective que Lafarge construit un partenariat avec Care France. Care France est membre de Care international[9], une grosse ONG (14 000 personnes) présente dans plus de 70 pays et spécialisée dans le développement. Elle intervient davantage en tant que maître d'ouvrage, en assurant une ingénierie de projets de développement, que directement dans la réalisation de ces projets. Ainsi ses méthodes se rapprochent-elles davantage de celles de consultants que de celles de petites ONG aux méthodes plus artisanales. Care s'appuie sur une bonne connaissance des communautés et des ONG locales et a acquis, notamment au Cambodge, une expertise en matière notamment de prévention contre le sida (campagnes de sensibilisation des populations, formation de « pairs éducateurs », etc.). C'est à ces titres que Lafarge cherche à conclure un partenariat qui, à l'instar de celui avec WWF (voir synthèse Lafarge), se déclinerait à la fois globalement (engagements réciproques, objectifs, calendrier) et localement (mise en œuvre dans chaque pays et sur chaque site d'une démarche spécifique, identification des ONG, des acteurs et des réseaux pertinents). Le partenariat a été officialisé en 2003.

Lafarge soutient aussi activement sida-entreprises, association créée en 2003 et regroupant plusieurs grandes entreprises françaises (Pechiney, EDF, Total, Lafarge, Accor, etc.). Cette association, émanation du CIAN (Conseil des investissements en Afrique noire), cherche, à travers l'activité de ses consultants, à promouvoir les échanges d'expériences entre entreprises et, plus largement, à identifier des bonnes pratiques et à proposer des démarches adaptées. Parmi ces bonnes pratiques, Pechiney est allé assez loin dans la concrétisation de partenariats tripartites. En effet, Alucam (filiale camerounaise de Pechiney), qui a développé une politique locale de lutte contre le sida, vient de signer, avec le gouvernement camerounais, un partenariat au terme duquel l'entreprise va renforcer son pôle médical et va étendre cette politique aux communautés locales (avec un soutien financier du fonds mondial contre le sida). Désormais l'entreprise ne sera plus seulement productrice d'aluminium mais également fournisseur de services médicaux.

Conclusion : le sida, une démarche emblématique du développement durable ?

Le sida constitue incontestablement pour les entreprises et les pouvoirs publics un objet de gouvernement d'une nature nouvelle : par ses effets cumulatifs

9. Care a été créée aux Etats-Unis en 1945 pour aider la reconstruction européenne et a progressivement élargi sa mission à d'autres régions du monde. Le sigle signifie aujourd'hui « Cooperative for Assistance and Relief Everywhere ».

et à long terme, par ses différentes dimensions (sociales, économiques, culturelles, médicales, politiques, etc.), il remet en question à la fois la durabilité du développement des entreprises et des pays. Il pose également un problème de gouvernance aussi bien pour les pouvoirs publics que pour les entreprises dans la mesure où les politiques sanitaires confinées ne suffisent pas à prendre en compte un problème aussi multiforme et complexe. De ce point de vue, la politique en cours d'élaboration chez Lafarge constitue un exemple intéressant articulant le local et le global (une politique santé au niveau du groupe avec une gestion locale de l'épidémie), la santé avec l'économique et le politique, et qui s'appuie, pour cela, sur différents partenariats destinés à faciliter sa définition et sa mise en œuvre. À travers ces démarches, Lafarge transforme progressivement un problème embarrassant en démarche emblématique du développement durable.

Sources

Sources orales

- Entretien avec François Jung-Rozensfarb, Care France, 22 avril 2003
- Entretien avec Olivier Vilaça, chargé d'études au sein de la direction des politiques sociales de Lafarge, 9 avril 2003
- Entretien avec Alain Guillen, directeur des politiques sociales de Lafarge, 18 février 2003
- Entretien avec Thérèse Lethu, consultante sida-entreprises, 7 juillet 2003

Sources écrites

Documents internes

- Documents internes Lafarge (confidentiels).
- sida-entreprises : présentation mai 2003 (confidentiel)
- *Rapport développement durable Lafarge 2002*, pages 51-53.

Bibliographie

LEFEBVRE P. (2003), *L'invention de la grande entreprise : travail, hiérarchie et marché*, PUF, Paris.

4. Anticiper pour restructurer : la consultation du comité d'entreprise européen d'Arcelor sur le plan de redéploiement

Le 24 janvier 2003, le conseil d'administration du groupe Arcelor annonçait un plan de restructuration du secteur aciers plats carbone par le recentrage de l'activité sur les sites du littoral. Dans le cadre de ce plan, la fermeture de six hauts-fourneaux est programmée en Europe d'ici cinq à dix ans, dont ceux des sites de Florange en France et de Liège en Belgique.

Bien que ce plan implique la fermeture de sites ainsi que le reclassement interne et externe d'un certain nombre de salariés, il est pourtant mis en rapport avec la politique de développement durable du groupe. L'argument principal mis en avant par la direction du groupe est que la prise en compte anticipée des contraintes économiques donne le temps de prendre des mesures adaptées en faveur de l'employabilité des salariés. Ainsi se trouve établi un lien entre emploi et développement durable. Cette anticipation de l'annonce doit aussi permettre d'organiser, en amont, une concertation avec les parties prenantes concernées (syndicats, représentants des salariés, pouvoirs publics nationaux et européens), afin de préparer au mieux les mesures de reconversion des salariés et de revitalisation économique des territoires concernés. Ce plan stratégique et son annonce anticipée participent de la politique d'Arcelor visant à établir des relations compréhensives avec ses *stakeholders*. Ils sont également cohérents avec les orientations fixées par la Commission européenne qui cherche à promouvoir un cadre européen pour des restructurations socialement responsables [9]. Dans cette perspective, la Commission suit avec attention le plan d'Arcelor, dont la dimension européenne l'intéresse au plus haut point.

Cependant, dans le domaine social, ces relations sont structurées pour une bonne part par le droit de la négociation collective. Les enjeux d'emploi et de dialogue social ont conduit, depuis longtemps, les législateurs nationaux et européens à mettre en place des procédures de consultation et de négociation des représentants du personnel en cas de plan social [10]. Les pouvoirs publics, quant à eux, sont particulièrement attentifs aux résultats de ces négociations. La sidérurgie est une des activités industrielles les plus pourvoyeuses d'emplois dans les pays du Benelux. En France, elle a fait l'objet de l'attention soutenue des pouvoirs publics. Enfin, la Communauté européenne a historiquement été attentive aux réorganisations dans ce secteur. Ainsi, toute décision d'ampleur dans le domaine social est à la fois encadrée juridiquement et analysée politiquement. Dès lors, il importe d'étudier comment Arcelor a présenté aux parties intéressées le projet de restructuration de son activité et comment celles-ci y ont réagi.

Il ressort de l'étude présentée ici le rôle central joué, dans ce processus de négociation, par le comité d'entreprise européen (CEE) d'Arcelor. Le CEE a été institué comme instance d'information et de consultation des salariés pour les groupes européens de plus de 1 000 salariés et présents dans au moins deux pays de l'Union européenne par la directive 94/45/CE du 22 septembre 1994. Cette directive ne fixe pas des attributions précises au CEE. Ces dernières doivent résulter d'une négociation préalable entre les représentants des salariés et ceux de la direction, réunis au sein d'un groupe de négociation, dont le rôle est d'aboutir à un accord fixant la durée, la fréquence, les attributions et les modalités de fonctionnement des réunions du CEE. De l'avis des syndicats et des entreprises, la mise en œuvre de cette directive ne semble pas avoir changé la nature du dialogue social. Dans la plupart des groupes, cette instance semble occuper une place marginale par rapport à l'instance paritaire du pays dont le groupe est issu. Ce n'est pas le cas pour Arcelor, groupe européen où aucune nationalité ne domine, qui a constitué et utilisé le CEE comme l'arène légitime de discussion de

9. Anticiper et gérer le changement : une approche dynamique des aspects sociaux des restructurations. Première phase de consultation des partenaires sociaux interprofessionnels et intersectoriels communautaires. Bruxelles, 15 janvier 2002.

10. En France, l'essentiel du livre IV du Code du travail porte sur l'obligation pour l'entreprise d'organiser une consultation préalable du comité d'entreprise lors d'un projet de licenciement collectif. Ces obligations sont encore renforcées dans la loi de modernisation sociale avec l'appel possible à un médiateur, l'allongement du délai de consultation et l'obligation d'information du comité d'entreprise européen. Le souci du législateur a été de donner aux salariés, et à leurs représentants, les moyens de discuter les objectifs et les motifs économiques des licenciements, et de pouvoir, le cas échéant, contester le bien-fondé du plan social. En octroyant formellement des moyens de recours aux salariés et à leurs représentants, l'intention du législateur n'est pas d'augmenter les contentieux mais bien d'inciter les entreprises à négocier en amont le contenu de leur plan social afin d'éviter des recours ultérieurs.

sa stratégie. Cette initiative a été confortée par la réaction des syndicats qui ont admis à l'usage qu'il ne s'agissait pas d'une instance visant à vider de leur substance les instances paritaires nationales, mais une tribune permettant aux représentants des salariés de s'exprimer et de coordonner leur action au niveau européen pour organiser une réponse collective aux propositions de la direction. Ainsi, aussi bien du point de vue de la consultation que de l'action collective, l'étude du fonctionnement et des discussions au sein de cette instance constitue un sujet d'étude particulièrement intéressant, notamment au regard des débats actuels sur la réactivation d'un dialogue social dans l'entreprise.

À travers l'analyse de ces discussions, il s'agit notamment de comprendre les raisons qui ont conduit l'entreprise à faire du CEE l'instance clé de discussion de la stratégie, de mettre en évidence les enjeux et les effets liés à sa mise en place sur la période que nous avons étudiée. Pour cela, nous nous appuierons sur une série d'entretiens réalisés auprès des représentants des salariés et de la direction du groupe Arcelor en octobre 2003 à Luxembourg (voir la liste plus loin) ainsi que sur la consultation des comptes rendus du CEE sur la période janvier-octobre 2003.

4.1. La place du comité d'entreprise européen dans le dialogue social chez Arcelor

Peu après sa création, le groupe Arcelor engage des négociations avec les organisations syndicales pour instituer un comité d'entreprise européen (CEE). Elles aboutissent à l'accord du 27 mai 2002 instituant un CEE en remplacement des deux comités européens qui existaient avant la fusion, celui d'Usinor et celui d'Arbed-Aceralia. Il est composé de 47 représentants des salariés des entreprises du groupe et de 10 représentants de la direction générale d'Arcelor. Il est présidé par le président de la direction générale d'Arcelor et se réunit une fois par an ou encore, de façon exceptionnelle, sur convocation du président ou à la demande du comité restreint [11]. Le représentant de la Fédération européenne de la métallurgie (FEM) est invité permanent au comité.

Composition du CEE d'Arcelor (accord du 27 mai 2002)

Nationalité des représentants titulaires au comité d'entreprise européen d'Arcelor en 2003	
France	14
Belgique	10
Espagne	10
Allemagne	6
Luxembourg	5
Italie	2
Total	**47**

11. Les réunions sont traduites en cinq langues (traduction simultanée). Les langues nationales sont utilisées pour la documentation écrite. Pour les activités de coordination du comité, il y a aujourd'hui un accord pour l'usage du français et de l'anglais.

Dans l'article 3 de l'accord du 27 mai 2002 sur le CEE, il est indiqué que celui-ci est une instance d'information et de consultation sur les questions économiques et sociales de nature « stratégique et transnationales qui concernent l'ensemble du groupe Arcelor ». La liste indicative des sujets pouvant être abordés par le comité tranche avec ce libellé général en suggérant que peuvent être abordés des sujets précis et aux implications managériales importantes.

Structure du groupe

Changement dans l'actionnariat du groupe
Structure du groupe et d'entreprises
Fusions-acquisitions et cessions de dimension internationale ou changeant significativement le périmètre du groupe
Réduction de la taille ou fermeture d'entreprises, d'établissements ou de parties importantes de ceux-ci

Activité

Situation économique, financière et sociale
Évolution probable des activités de la production et des ventes

Organisation et conditions de travail

Sécurité et santé au travail
Investissements
Changements substantiels dans l'organisation
Introduction de nouvelles méthodes de travail ou de nouveaux procédés de production
Transfert de production et délocalisation

Environnement

Protection de l'environnement dans le cadre des législations nationales et régionales

Emploi et formation professionnelle

Situation et évolution des emplois tant dans leur nature que dans leur qualification (sur les plans quantitatif et qualitatif)
Licenciements collectifs
Formation professionnelle
Égalité professionnelle

Source : d'après l'accord du 27 mai 2002 sur le comité d'entreprise européen du groupe Arcelor, article 3 : Compétences du CEE.

À la différence de l'accord instituant le comité, le tableau ci-dessus propose un classement par thème des sujets énumérés. Il peut y avoir un intérêt juridique à présenter les thèmes de façon peu organisée dans le texte de l'accord. L'énumération non ordonnée montre en effet la volonté de ne pas structurer trop fortement la compétence du comité ou encore d'éviter de suggérer une comparaison avec une autre instance paritaire de niveau national. En effet, les signataires veulent éviter toute confusion et toute compétition entre cette instance européenne et les instances paritaires nationales. Pour la direction d'Arcelor, le niveau européen s'ajoute au niveau national et ne doit pas s'y substituer [12]. L'information ne lui est pas communiquée préalablement aux instances de consultation nationales.

12. Entretien avec Mme Evie Roos, vice-président des relations industrielles Arcelor.

L'accord instituant le comité pose qu'il participe de la politique d'intégration menée par la direction d'Arcelor et le président du groupe souligne cet aspect lors la réunion inaugurale du CEE. La formation donnée aux représentants au comité, qui porte sur la présentation de la politique industrielle du groupe (formation à la stratégie globale du groupe) et sur la compréhension des différences culturelles entre les divers pays où il est présent (formation aux différences culturelles, droit comparé sur les procédures d'information et de consultation dans les différents pays) témoigne des enjeux de cette instance en termes d'intégration des multiples composantes d'Arcelor.

L'ordre du jour défini par les participants du CEE illustre l'importance des thèmes qui participent de cette politique d'intégration. Ainsi, parmi ceux qui ont été abordés dans les réunions du comité, citons la sécurité, l'environnement et les compétences. Dans le domaine de la sécurité, par exemple, une convention sécurité sera organisée, à son initiative, en février 2004 à Bilbao. Cette convention a pour but de faire des propositions d'action à partir d'applications de sites, ces expériences de référence étant structurées autour de cinq thèmes : prévention des risques professionnels, organisation de la prévention face aux risques industriels majeurs, les politiques de formation à la sécurité, l'entreprise et la sous-traitance, et la mise en œuvre de la directive européenne sur l'évaluation des risques [13].

Les échanges au sein du CEE sont l'occasion pour la direction d'Arcelor de souligner les conséquences négatives sur la compétitivité de l'entreprise des projets de directive sur les émissions de CO_2 dans la sidérurgie. L'entreprise a réduit ses émissions de CO_2 de 19 % depuis 1990, –24 % en valeur spécifique, mais ces efforts ne sont pas pris en compte, selon la direction du groupe, dans les projets de directive. Au contraire, un projet de directive prévoit l'annulation systématique des droits d'émission en cas de restructuration et l'impossibilité de transfert d'allocations entre pays européens. Le projet de directive prévoit aussi des quotas pour les émissions directes, ce qui entraînera un surcoût de 10 à 20 euros par tonne d'acier [14]. L'environnement est un thème présenté par la direction comme une menace sur les coûts de production. C'est aussi un thème sur lequel direction et syndicats ont un intérêt commun pour dénoncer les menaces de ces projets réglementaires sur la compétitivité, et donc sur l'emploi.

La façon dont le comité pourra aborder certains domaines est parfois plus difficile à préciser, notamment parce qu'il est difficile de faire un partage entre la politique du groupe et celle des sites. C'est le cas des compétences. La question des compétences est centrale dans la politique sociale du groupe et elle est un aspect essentiel de l'argumentaire du groupe sur le plan de redéploiement. Selon l'esprit de l'accord elle ne devrait pas être traitée trop précisément par le comité mais être traitée sur les sites. Cependant, c'est une ligne difficile à tenir, comme en témoigne une question sur ce thème inscrite à l'ordre du jour de l'assemblée plénière des 4-5 décembre 2002 du CEE par les représentants des salariés [15].

Le CEE apparaît comme une instance consultative différente de celles existant en France : elle n'émet pas d'avis, les procédures de consultation sont peu forma-

13. *Dialogue, Arcelor's Social Bulletin*, n° 3, printemps-été 2003, p. 7. En outre, sur la question de la sous-traitance sur les sites, voir le cas de Fos-sur-Mer.

14. Intervention de M. Pierquin lors de la réunion du comité restreint élargi, Secteur aciers plats carbone du 8 avril 2003.

15. « Formation, gestion des compétences : mise en place d'un groupe de travail au sein du CEE chargé de définir des axes communs aux différents pays dans ces deux domaines. »

lisées, les thèmes de discussion sont généraux. Nous allons voir toutefois, à travers le cas du plan de redéploiement, que ces thèmes peuvent être abordés de façon très précise.

4.2. La fonction tribunitienne du CEE

La procédure de consultation du CEE sur le plan de redéploiement est lancée peu après l'annonce officielle par le conseil d'administration, le 24 janvier 2003. Selon l'accord, la discussion du plan de redéploiement [16] est de la compétence du comité mais aucune disposition n'oblige la direction de l'entreprise à annoncer avec une telle anticipation les restructurations envisagées. Deux arguments peuvent expliquer cette annonce anticipée :

– en premier lieu, elle tient à une contrainte technique et industrielle. La longévité des installations industrielles a pour conséquence de lier dans la durée politique d'investissement et politique de l'emploi [17]. Dans la sidérurgie, les parties intéressées (syndicats, pouvoirs publics en particulier) sont vigilantes à ce propos et ne manqueraient pas de demander des explications à la direction sur sa politique d'investissement ;

– en second lieu, du point de vue d'Arcelor, il est important d'organiser, dans le cadre du plan de restructurations, une gestion anticipée de développement des compétences à laquelle sont associés les représentants du personnel. Pour la direction des ressources humaines du groupe, le cycle d'acquisition des compétences se raccourcit en effet de plus en plus et celles-ci s'acquièrent davantage en situation de travail que par une formation formalisée. Il s'agit aussi de relancer la politique d'implication du personnel en associant, en amont, les représentants des salariés à la gestion des compétences. De ces deux points de vue, l'anticipation est indispensable pour éviter une déperdition des compétences et une démotivation du personnel [18].

Le plan de redéploiement présenté est justifié sur le plan stratégique mais ne comporte pas encore de présentation systématique de données chiffrées sur les conséquences en termes d'emploi. Celles-ci dépendent à la fois de la négociation globale du plan et des mesures qui seront prises ultérieurement sur le plan local lors de sa mise en œuvre sur les sites. Juridiquement, ces mesures devront être discutées dans les instances consultatives concernées selon les législations nationales en vigueur.

Les débats contradictoires à propos du plan de redéploiement : le temps de la contre-expertise

Les débats au sein du CEE se concentrent sur le secteur de l'acier plat, qui est déficitaire, et sur lequel Arcelor a engagé un plan de réduction des coûts. Dans ce secteur, une étude stratégique (l'étude Apollo), appuyée par un cabinet extérieur, évalue les surcapacités de production d'acier d'Arcelor à 2 millions de tonnes par an. Face à cette situation il a été décidé de ne pas procéder à la réfec-

16. Les exemples pris ici ne concernent que les produits plats au carbone et les produits plats inox qui sont les plus sensibles sur le plan social, même si le plan de redéploiement concerne également les produits longs, la branche distribution-négoce et la politique de recherche.

17. Pierquin J.-L., « Notre objectif social : mieux dialoguer pour mieux travailler », *Dialogue, Arcelor's Social bulletin*, n° 3, printemps-été 2003.

18. Intervention de J.-L. Pierquin, directeur des ressources humaines d'Arcelor lors du congrès Human Ressource 2003, Paris, octobre 2003.

tion des hauts fourneaux des usines continentales, pour lesquelles le coût d'approvisionnement en minerais et charbon est plus élevé que celui des usines littorales comme Avilès en Espagne, Gent en Belgique et Dunkerque et Fos en France. Cette décision concerne l'Allemagne (Brème, Eisenhuttenstadt), la Belgique (Liège) et la France (Hayange-Florange). Les principaux extraits du rapport de l'étude Apollo ont été distribués aux membres du comité et font l'objet d'un examen contradictoire par l'expert missionné par les représentants du personnel [19].

Ce projet de réduction de capacité de la phase à chaud plat carbone est critiqué par l'expert du comité, le cabinet Secafi, proche de la CGT. Il conteste les hypothèses ayant conduit la direction d'Arcelor à concevoir le plan de redéploiement. Il juge les prévisions commerciales pessimistes et conteste la méthode de calcul des coûts de production servant de base aux calculs de rentabilité des sites. Selon lui, Arcelor justifie le plan de redéploiement en mettant en avant une croissance annuelle de la demande de l'ordre de 1 % par an, une baisse tendancielle des prix et des pertes de parts de marché inévitables à la suite des cessions imposées par la Commission européenne. Ainsi, Arcelor, plutôt que de s'engager dans une guerre des prix – ce que le groupe refuse – cherche, au contraire, à restaurer ses marges. Pour les auteurs du rapport, ce n'est pas l'évolution des marchés qui entraîne les surcapacités mais la logique de « tri de carnet » induite par l'étude Apollo. En effet, l'augmentation des prix de vente entraînera mécaniquement une baisse de la demande qui provoquera, à son tour, des surcapacités qu'il s'agit d'éliminer. L'expert considère que la baisse des prix de marché pourrait s'interrompre, notamment sous l'effet même de la constitution du groupe Arcelor qui, par la fusion des deux principaux acteurs du marché européen, devrait contribuer à limiter la guerre des prix. L'expert du comité formule aussi une critique à propos de la méthodologie de l'étude Apollo : la détermination des coûts de production des brames à l'horizon 2006 ne permet pas de trancher entre les sites ; les écarts de coût de revient entre les sites étant jugés non significatifs pour justifier de fermer tel site plutôt que tel autre. Sur le plan commercial, les prévisions d'évolution de la demande sont trop pessimistes et risquent d'engendrer à terme des problèmes de sous-capacité. Enfin, cette stratégie a des conséquences importantes sur l'aval. L'expert est en désaccord avec la méthode de calcul des coûts de production des brames à l'horizon 2006 adoptée dans le plan Apollo et estime que le coût standard devrait être recalculé en tenant compte du « mix produit », des coûts de réfections et des coûts sociaux.

Une argumentation de même type est donnée pour contester l'analyse de l'évolution des capacités à chaud du secteur aciers plats inoxydables présentée par la direction du groupe. Arcelor anticipe une croissance de 5 % du marché et une baisse des prix et des marges. Le maintien des parts de marché suppose la réduction des coûts. Un positionnement prix en rupture suppose une plus grande intégration de l'outil de production. Or, pour l'expert du comité, les hypothèses de réduction des coûts par intégration sont très optimistes ; la fermeture de l'usine de l'Ardoise risque d'engendrer un manque à gagner à court terme. IL en va de même pour la fermeture à moyen terme avec la fermeture de l'usine d'Isbergues.

Juridiquement, s'agissant d'un comité européen, le terme de consultation doit s'entendre comme « l'organisation d'un échange de vue et l'établissement d'un

19. La possibilité pour les représentants du personnel de faire appel à un expert pour évaluer les projets de la direction est prévue par la directive 94/45/CE du 22 septembre 1994.

dialogue » [20]. L'accord n'organise pas le vote au sein du comité, les avis sont émis de façon consensuelle, ce qui rend son adoption plus difficile que par un vote. La consultation n'a pas pour objet d'instaurer une codécision, par ailleurs d'autant plus difficile à concevoir que les points de vue de la direction et des syndicats s'appuient sur deux géographies différentes de la mondialisation : une géographie des marchés et de l'offre produit pour la direction d'Arcelor et une géographie de l'emploi pour les représentants des salariés – 88 % des salariés d'Arcelor travaillant en Europe. Les comptes rendus mettent en évidence cette difficulté à faire évoluer les positions des uns et des autres par le seul dialogue. Mais l'intérêt de la consultation est ailleurs : il est pour la direction de tester la réaction et les arguments des syndicats vis-à-vis de son plan de redéploiement ; il est pour les syndicats de construire, à travers ces débats contradictoires, une stratégie commune qui pourra être ensuite défendue.

L'apprentissage de la coopération intersyndicale

L'utilité de cette instance comme lieu de débat des choix stratégiques est reconnue par les représentants des salariés que nous avons rencontrés. Bien sûr, ceux-ci aimeraient pouvoir influer davantage sur la stratégie de l'entreprise [21], mais ils reconnaissent la qualité des informations auxquelles ils ont eu accès et les effets bénéfiques d'une telle instance, notamment du point de vue de la coordination intersyndicale. Sur ce dernier point, les syndicats veulent surtout éviter la pente fatale sur laquelle conduisent souvent les projets de restructuration, à savoir la politique du « chacun pour soi », où la défense des intérêts des salariés d'un site se fait au détriment de celle des autres. Cette politique, rationnelle sur le plan local, aboutit à l'affaiblissement de la position collective des syndicats. C'est la tragédie des « biens communs », bien connue en sociologie [22]. De ce point de vue, la nécessité, au sein du comité, de construire une position commune face aux propositions de la direction constitue une incitation à dépasser une vision locale des restructurations. Dans le cas présent, cette incitation semble avoir joué. Elle a permis aux représentants du personnel de rapprocher leurs points de vue alors qu'ils n'avaient pas, au départ, l'habitude de coopérer ensemble et alors qu'ils avaient des représentations différentes de leur action. Soulignons toutefois que le moment de vérité pour tester la solidité de cette approche intersyndicale interviendra au moment de la mise en œuvre du plan de restructuration sur les sites. C'est à ce moment-là que l'on verra si cette solidarité résiste aux forces centrifuges qui pourraient se faire jour.

Le CEE n'est pas la seule instance dans laquelle les représentants des salariés peuvent s'exprimer sur les décisions stratégiques. Les syndicats sont aussi représentés au niveau du groupe et au conseil d'administration d'Arcelor. Mais le comité est la seule instance où ils ont réellement la possibilité d'influencer l'ordre du jour et d'engager des débats contradictoires argumentés et approfondis avec la direction. Cette instance paritaire est une tribune pour la direction d'Arcelor et

---

20. LYON-CAEN G., PÉLISSER J. et SUPIOT A., *Droit du travail*, Paris, Dalloz, 1998, p. 600.
21. Du point de vue des syndicats, *influencer* signifie de pouvoir agir sur la réduction d'effectifs et sur les conditions de reconversion, voire sur la décision même de restructurer. Ainsi, pour la Fédération syndicale de la métallurgie (FEM), un cas exemplaire est celui de General Motors à Newton (G.-B.) où, à l'issue d'une négociation, la direction a finalement décidé de renoncer à fermer l'usine et d'agir, à la place, au niveau de l'organisation du travail.
22. Voir OLSON M., 1987.

les organisations représentatives des salariés. Les orientations discutées au sein du comité sont mises en œuvre dans les pays. Des législations particulières s'y appliquent et des actions doivent être négociées et engagées localement.

4.3. Le CEE : officialiser des engagements de responsabilité et poser les bases de négociations locales

Les engagements pris par Arcelor dans le CEE n'ont pas de force juridique, celle-ci est produite par la consultation des instances paritaires nationales qui émettent un avis sur la base de ces informations, mais elle donne un caractère officiel aux engagements pris par le groupe.

L'inventaire des compétences du comité montre qu'il est une instance à vocation particulièrement large. Pour Arcelor, le CEE permet de donner une légitimité à une communication interne dans le domaine de la politique sociale. La diffusion auprès des salariés des débats au sein du comité est un aspect important de la communication interne de l'entreprise. En effet, une publication, *Dialogue. Arcelor's Social bulletin*, a été créée à cet effet dès l'institution du comité. Son objet est de fournir aux responsables des ressources humaines du groupe et aux représentants locaux du personnel un support de diffusion de l'information sur la politique sociale du groupe.

Pour la direction et les organisations syndicales, cette instance est donc d'abord une tribune, à l'attention des salariés, mais elle permet aussi de se faire entendre des pouvoirs publics et, le cas échéant, des médias. La position de la Fédération européenne de la métallurgie (FEM) sur la question du comité européen éclaire ce point. Lors de son congrès du mois de septembre 2001, la FEM a fait de la participation à la création de comité d'entreprise européen l'un de ses cinq domaines d'intervention prioritaires [23]. Pour la FEM, le CEE doit permettre d'organiser un débat contradictoire et approfondi mais ne doit pas permettre aux employeurs de se désengager des instances de concertation nationales. La FEM considère que le comité d'Arcelor est une instance active et en pointe sur le sujet, et qu'une telle institution doit favoriser la diffusion du dialogue social, notamment en Europe de l'Est [24].

Sauf s'il est expressément indiqué que les informations divulguées sont strictement confidentielles, la directive 94/45/CE prévoit que les participants au CEE ne sont pas tenus à la confidentialité. C'est notamment le cas des informations qui, à l'instar d'un plan de restructuration, ont des répercussions fortes sur le fonctionnement de l'entreprise. Dans ces conditions, le CEE est aussi une tribune permettant de s'adresser à d'autres parties intéressées que celles qui y sont statutairement présentes.

Dans le cas d'Arcelor, l'annonce et les détails du plan de restructuration ont immédiatement été diffusés et commentés dans tous les pays où le groupe est présent. C'est ce qui s'est passé en Belgique après l'annonce d'Arcelor de fermer des sites à chaud de Liège en Wallonie où pouvoirs publics et syndicats se sont mobilisés collectivement contre le plan de redéploiement. Cette décision, concomitante de l'annonce de l'augmentation des capacités du site de Sidmar (Gent),

23. À côté des négociations dans le secteur de l'acier, de la place des femmes, de la coopération entre les pays de l'Ouest européens et les pays de l'Est et du centre de l'Europe et de la définition d'une politique salariale revendicative.
24. Voir sur ce point l'entretien du dirigeant de la Fédération européenne des métallurgistes, Tony Janssen, *Le Soir*, 14 juin 2003.

intervient sur fond de campagne électorale et de rivalité entre les communautés flamande et wallonne [25].

4.4. Mobilisation collective en Belgique autour du plan de restructuration

Compte tenu du poids économique de la sidérurgie en Wallonie et de l'émoi suscité par l'annonce, cette collision de l'agenda stratégique du groupe et de l'agenda politique en Belgique va faire déborder la négociation du cadre confiné dans lequel la maintient la loi, pour la placer au centre des enjeux de la campagne électorale. Ainsi, la région wallonne appuie-t-elle les syndicats quand ils s'opposent à la décision de fermer les sites à chaud de Liège : « Nous partageons l'analyse syndicale selon laquelle le sursis accordé à la phase à chaud n'est pas suffisant. Nous souhaitons donc qu'Arcelor rencontre à nouveau les syndicats et parvienne à un compromis [26] » déclare le président de la région, Jean-Claude Van Cauwenberghe, à la veille d'une rencontre entre les syndicats et la direction de l'entreprise. Arcelor évalue les pertes d'emplois provoquées par la restructuration à 2 798 emplois sur la région de Liège (1 600 salariés, 850 emplois sous-traitants et 360 fournisseurs) [27]. Ces pertes sont à mettre en perspective avec la situation économique du bassin de Liège et avec l'âge des salariés concernés. Ce chiffre, repris par la presse, est la base sur laquelle s'engagent les négociations entre Arcelor et les pouvoirs publics wallons [28]. Bien qu'un accord ait été trouvé le 24 avril 2003 avec le report en 2009 de la fermeture du site de Liège, la région reste vigilante et donne à Déminor le mandat de défendre son point de vue à l'assemblée générale des actionnaires d'Arcelor dont elle détient 4,25 % du capital [29]. Les mesures sociales accompagnant la fermeture du site de Liège sont en cours de discussion avec le gouvernement. Des pré-pensions (pré-retraites) pourraient accompagner les départs [30]. Par ailleurs, les salariés de Cockerill (filiale belge d'Arcelor) ont tenté une action auprès de la Commission européenne.

Dans le cas de la France, la décision de suppression d'emplois a fait l'objet de consultations du comité central d'entreprise au mois d'octobre 2003 [31]. Sont concernés 1 600 emplois d'ici 2006 chez Sollac Atlantique (Dunkerque et Mardyck dans le Nord), Desvres (Pas-de-Calais), Montataire (Oise) et Sollac Lorraine (Florange en Moselle). C'est l'accord Cap 2010 qui s'applique pour les congés de fin de carrière pour les salariés de plus de 55 ans. Contrairement à la Belgique, ces annonces n'ont pas entraîné, jusqu'ici, de réactions fortes de la part des salariés ou des communautés locales en France.

À quoi faut-il attribuer ces différences en matière de mobilisation collective? Les enjeux électoraux en Belgique ne suffisent pas à les expliquer totalement. Il faut également les mettre en relation avec deux éléments de contexte :

25. « La dernière bataille de l'acier », *Le Vif/L'Express*, 31 janvier 2003.
26. « La région wallonne charge les armes contre Arcelor », *Le Soir*, 23 avril 2003.
27. Intervention de J.-L. Pierquin lors de la réunion du comité restreint élargi, secteur aciers plats carbone, 8 avril 2003.
28. Benoît July, « Le projet wallon d'Arcelor », *Le Soir*, 2 juillet 2003.
29. « Sidérurgie, un accord chez Arcelor », *Le Soir*, 25 avril 2003. Voir aussi motion du conseil communal extraordinaire de la ville de Seraing du jeudi 23 janvier 2003.
30. Entretien avec M. Jacques Laplanche, secrétaire du CEE, Luxembourg, 14 octobre 2003.
31. Agence française de presse, 31 octobre 2003.

– premier élément : l'âge moyen des salariés des sites concernés à Liège est de 45 ans seulement contre plus de 50 ans dans les sites français. Ainsi, au moment de la fermeture effective des sites français en 2006, la plupart d'entre eux seront partis à la retraite ou pourront bénéficier de mesures d'âge. Ce n'est pas le cas à Liège où des reclassements externes devront être organisés ;

– le deuxième élément renvoie précisément aux possibilités de reconversion dans le bassin de Liège. L'annonce de la fermeture des sites à chaud est ressentie d'autant plus durement que Liège est une des régions de Belgique où le taux de chômage est le plus élevé (22 %). Ainsi, malgré les engagements et les assurances de la direction d'Arcelor, les syndicats, les salariés et les communautés locales s'inquiètent des possibilités de reconversion des salariés à des conditions équivalentes ; sans compter les pertes fiscales et de chiffre d'affaires pour les communes et les commerçants.

Ce contexte politique et social difficile permet d'éclairer les déclarations de responsabilité faites par Arcelor lors de l'annonce du plan de redéploiement. Ainsi lors de la réunion plénière du CEE du mois de décembre 2002, le directeur des ressources humaines a indiqué l'engagement du groupe à gérer l'emploi de manière responsable par le développement des compétences de tous pour assurer la performance d'Arcelor et en même temps pour permettre à chacun de conserver son employabilité. Cette politique s'appuie sur une instrumentation de gestion prévisionnelle de l'emploi. Enfin, comme les sociétés fondatrices l'ont fait dans le passé, Arcelor s'engage à rechercher les solutions les plus efficaces en matière d'emploi par un dialogue social régulier avec les instances représentatives du personnel. Cet engagement de responsabilité concerne aussi les collectivités où l'entreprise est implantée et il est crédibilisé par l'expérience dans ce domaine des entreprises constitutives d'Arcelor. Ainsi, Arcelor met en avant l'expérience de la Société pour le développement de l'industrie et de l'emploi (Sodie), créée par le groupe Usinor au moment des restructurations de la sidérurgie à la fin des années 1970, et rappelle la création d'une entité Sodie Belgique en 1999.

Ces engagements pris devant le comité (CEE) visent à atténuer l'annonce de décisions stratégiques et à poser les bases de négociations nationales à venir. La portée que leur confère cette instance est encore accrue par le caractère d'exemplarité que les syndicats et les pouvoirs publics confèrent à la sidérurgie dans la construction d'un espace social européen.

Conclusion

Alors que dans le domaine de l'environnement, l'établissement de relations compréhensives entre Arcelor et ses *stakeholders* passe par une politique de concertation et de communication, elle se concrétise dans le domaine des restructurations par la mise en place d'une approche procédurale de la négociation autour du comité d'entreprise européen (CEE) qui en est devenu l'instance de débat légitime. Cette instance est un lieu d'apprentissage de la coopération intersyndicale. Elle est également une tribune pour la direction et les syndicats, à l'attention des salariés, des pouvoirs publics ou des communautés locales mobilisées sur ces questions. Cette approche procédurale se caractérise par l'organisation des débats contradictoires dans la durée, laissant aux experts mandatés par les représentants du personnel le temps d'élaborer des contre-propositions. Elle permet d'expérimenter un dialogue social plus serein et moins contraint que celui qui résulte des procédures de consultation les plus courantes qui se déroulent dans l'urgence et dans un climat de tension sociale maximale. L'examen des comptes rendus du CEE confirme que les enjeux sociaux priment sur les enjeux environnementaux pour lesquels il ne s'agit pas de l'instance de débat la plus pertinente. En d'autres termes, le CEE ne constitue probablement qu'une instance parmi d'autres de débat de la politique du groupe en matière de développement durable.

Peut-on penser que le CEE sera le lieu de formation d'une norme sociale propre à Arcelor ? Les organisations syndicales souhaiteraient agir sur les orientations stratégiques du groupe et posent des questions dans ce sens. Une question vis-à-vis de laquelle le fonctionnement du CEE pourrait favoriser une convergence des points de vue des syndicats et de la direction est l'égalité de traitement des salariés entre les différents sites. Comme nous l'avons indiqué, le fonctionnement collégial favorise une coopération intersyndicale là où pouvaient prévaloir auparavant des actions mal coordonnées, voire une situation de concurrence en cas de restructuration. Sur le plan de l'égalité de traitement, cette exigence des syndicats rejoint les objectifs du gouvernement managérial affichés par Arcelor. Au final, c'est probablement d'abord comme tribune permettant de tester de nouvelles doctrines d'action et de nouvelles orientations qu'une telle instance est susceptible d'avoir les effets les plus visibles. Il convient évidemment de rester prudent sur les effets à long terme du fonctionnement de cette instance et des débats qui y ont lieu : permettront-ils d'identifier les lieux et les sujets de tension, et de prévenir les éventuels conflits liés au plan de restructuration ? Permettront-ils de préparer les salariés et les syndicats locaux aux mesures qui seront ensuite prises ? Permettront-ils de préparer les adaptations nécessaires en matière de gestion des ressources humaines et de reclassement ? Un bilan réel ne pourra être tiré qu'après la mise en œuvre effective du plan sur les sites concernés, mais on peut d'ores et déjà augurer que leur réponse dépendra en grande partie de la continuité de l'action au sein du CEE et de la capacité de ses membres à déployer localement un dialogue constructif avec les salariés et leurs représentants.

Sources

Sources orales

- Entretien avec Mme Evie Roos, vice-présidente des relations industrielles Arcelor, Luxembourg, 14 octobre 2003
- Entretien avec M. Luis Miguel Fernandes, représentant de la Fédération européenne de la métallurgie (FEM) au comité d'entreprise européen d'Arcelor, Luxembourg, 14 octobre 2003
- Entretien avec M Jacques Laplanche, secrétaire du comité d'entreprise européen d'Arcelor, Luxembourg, 14 octobre 2003

Sources écrites

Notes internes

- Note de Jacky Prudhomme, *Sustainibility Manager. Redéploiement industriel*, Luxembourg, 28 janvier 2003
- Arcelor, *Arcelor Principles of Responsability*, juillet 2003
- Comité d'entreprise européen du groupe Arcelor, *Déclaration commune en vue du développement de la sécurité au travail*, Luxembourg, 5 décembre 2002

– *Le Dialogue social la clé du succès*, déclaration de Guy Dollé, président du comité d'entreprise européen d'Arcelor, Luxembourg, le 27 mai 2002

Communication interne Arcelor

– *Accent Newsletter*, lettre éditée par la direction communication d'Arcelor, n° 96, 23 septembre 2003
– *Dialogue, Arcelor's Social Bulletin*, n° 1, automne 2002 ; n° 2, hiver 2002 et n° 3, printemps-été 2003

Communication externe

– Prudhomme J., *Sustainability Manager. Redéploiement industriel*, 28 janvier 2003
– Arcelor, *Projet d'orientations stratégiques du groupe*, 28 janvier 2003
– Intervention de J.-L. Pierquin, directeur des ressources humaines d'Arcelor lors du congrès Human Ressource 2003, Paris, Octobre 2003
– *Rapport annuel 2002 du groupe Arcelor*

Accords d'entreprise

– Usinor, *Cap 2010. Un accord majeur pour tenir le cap*, Paris, 18 octobre 1999
– Arcelor, *Accord sur le comité d'entreprise européen du groupe Arcelor*, Luxembourg, 27 mai 2002

Comptes rendus de réunions du Comité d'entreprise européen d'Arcelor

– Comité d'entreprise européen d'Arcelor, *Compte rendu de la séance inaugurale du 19 juillet 2002*
– Comité d'entreprise européen d'Arcelor, comité restreint, *résumé de la première réunion*, 19 juillet 2002
– Comité d'entreprise européen d'Arcelor, comité restreint, *relevé de décision de la 2e réunion*, 18 septembre 2002
– Comité d'entreprise européen d'Arcelor, Comité restreint, *relevé de décision de la 3e réunion*, 18 octobre 2002
– Comité d'entreprise européen d'Arcelor, assemblée plénière statutaire des 4-5 décembre 2002. Questions posées par les représentants du personnel
– Cabinet Secaphi-Alpha, *Rapport au comité d'entreprise européen du groupe Arcelor*, décembre 2002, tome 1, synthèse ; tome 2, le groupe Arcelor ; tome 3, environnement économique
– European Work Council, Select Committee Meeting, 29 janvier 2003
– Comité restreint élargi du 26 février 2003
– Rapport intermédiaire sur la réduction de capacité plats carbone, 25 mars 2003
– Compte rendu de la réunion du comité restreint élargi, secteur aciers plats carbone, Luxembourg, 8 avril 2003
– European Work Council, Select Committee : Internal Procedure : Proposition, 9 avril 2003
– European Work Council, Select committee, Extraordinary Meeting, Luxembourg, 26 mai 2003
– Étude sur la réduction de capacité de la phase à chaud plats carbone, 23 mai 2003
– Comité restreint élargi du 26 mai 2003, Secafi Alpha, étude sur la réduction de capacité de la phase à chaud plats carbone
– Ardin P., Ferracci P., Le Dily G., Lepage J.-C., *Rapport sur les comptes annuels du groupe Arcelor pour l'année 2002*, tome 1, synthèse, juin 2003

- Comité d'entreprise européen 18 et 19 juin 2003, *Synthèse. Évolution des capacités à chaud du secteur aciers plats inoxydables : examen du projet*
- Séance plénière du 19 juin 2003, annexe avis du CEE, *Étude sur la réduction de capacité plats carbone (8/04). Social Consequences of the Strategic Orientation of the Flat Carbon Steel Sector (8/04).* Expanded Select Committee Flat Carbon Steel

Presse

- Martine Orange, entretien avec Guy Dollé, *Le Monde*, 29 janvier 2003
- Benoit July, « Le projet wallon d'Arcelor », *Le Soir*, 2 juillet 2003

Bibliographie

BRAUD M., « Les acteurs sociaux européens, l'emploi et la montée du chômage en Europe », *Chroniques internationales de l'Ires*, n° 69, septembre 2002, p. 46-54.

DUFOUR C. et HEGE A., « Congrès de la Fédération européenne de la métallurgie », *Chroniques internationales de l'IRES*, n° 69, mars 2001, p. 1-6.

HUSSON M., « La nouvelle stratégie européenne pour l'emploi », *Chroniques internationales de l'IRES*, n° 82, mai 2003, p. 1-7.

LYON-CAEN G., PÉLISSER J. et SUPIOT A., *Droit du travail*, 1998, Paris, Dalloz.

OLSON M., *Logique de l'action collective*, 1987, Paris, PUF.

5. Une restructuration durable ? Le cas de l'usine Lafarge de Tétouan au Maroc

Le thème des restructurations responsables est actuellement sur l'agenda de la Commission européenne. Cette notion vise un objectif politique affiché plus qu'elle ne renvoie encore à des pratiques réelles des entreprises. Au niveau européen, cet objectif se décline sous la forme de différents principes que devraient mettre en œuvre les entreprises dans les processus de restructuration : anticipation des conséquences sociales et environnementales des restructurations ; annonce anticipée et concertation préalable avec les parties intéressées (syndicats et pouvoirs publics notamment) ; suivi et accompagnement des reconversions des salariés, aussi bien en termes de reclassement que d'acquisition de compétences. On s'attendrait évidemment à ce qu'une telle politique – quand elle existe – soit mise en œuvre dans les pays les plus développés où l'apprentissage du dialogue social est ancien et où les exigences réglementaires sont fortes.

L'exemple que nous allons développer ne se situe pas en Europe du Nord, ni même en France, mais au Maroc. À Tétouan, plus précisément, dans le nord du Maroc, où Lafarge a fermé une ancienne cimenterie (Tétouan I), en a construit une nouvelle (Tétouan II) et a reclassé tous les salariés qui ne pouvaient pas être repris sur le nouveau site. Cet exemple de reconversion constitue une première au Maroc. Il s'agit d'éclairer pourquoi et comment une entreprise présente dans un pays où il n'existe pas une telle tradition de dialogue social, pas plus qu'il n'existe un contexte incitatif en matière de politique sociale, en arrive à mettre en œuvre une politique de restructuration que l'on peut juger exemplaire, même à l'aune des meilleurs standards européens.

Les actions de l'entreprise ne se limitent pas au plan social mais concernent également le volet environnemental. En effet, dès la conception de la nouvelle cimenterie, plusieurs dimensions environnementales ont été prises en compte dans le projet d'investissement : utilisation des meilleures technologies disponibles pour réduire les émissions, projet d'éoliennes pour l'approvisionnement du site en énergie, prise en compte de contraintes architecturales et des résultats de l'étude d'impact, ainsi que les conséquences environnementales de la fermeture (réhabilitation des carrières, dépollution, etc.) de l'ancien site (Tétouan I). À cet égard, ce cas concrétise, de façon originale, la stratégie de développement durable de Lafarge au niveau de sa filiale marocaine.

Aussi spectaculaires qu'elles puissent paraître *a priori*, nous mettrons en évidence que les démarches mises en œuvre par Lafarge-Maroc sont non seulement cohérentes avec les principes d'action du groupe Lafarge, mais qu'elles ne sont aucunement contradictoires avec les objectifs de rentabilité du groupe. Elles relèvent, au contraire, d'une gestion avisée de l'entreprise dans un contexte de forte croissance du marché marocain et de prospérité de l'entreprise. Nous verrons, en effet, que ces démarches ont un coût très modéré pour l'entreprise – par rapport aux marges et aux investissements de l'entreprise – qui doit être mis en regard avec les retombées qu'elles sont susceptibles d'engendrer. Même si celles-ci sont hypothétiques et difficiles à quantifier, elles sont potentiellement importantes : elles portent sur le renforcement de l'image et de la réputation de l'entreprise auprès de ses *stakeholders* (salariés, syndicats, pouvoirs publics et administration marocaine), et indirectement sur les possibilités de faciliter l'obtention des autorisations administratives pour l'extension ou la construction de nouvelles cimenteries, condition nécessaire au développement de l'entreprise dans le pays.

5.1. Le contexte stratégique de la restructuration

La présence de Lafarge au Maroc remonte avant la Seconde Guerre mondiale mais l'entreprise a dû quitter le pays au moment de la « marocanisation » en 1982. Elle y est revenue en 1995, avec la réouverture du pays aux capitaux étrangers, à travers la création d'une *joint-venture* : Lafarge-Maroc, détenue à 50-50 par Lafarge et l'ONA (Omnium Nord Africain). La forme juridique est une société anonyme simplifiée. Deux représentants de Lafarge et de l'ONA siègent au conseil d'administration et au comité exécutif. Le management est assuré par Lafarge. Lafarge-Maroc est le résultat de la fusion de plusieurs sociétés et détient quatre cimenteries : Bouskoura et Meknès (les plus modernes), Tanger et Tétouan (les plus anciennes).

L'un des premiers enjeux pour Lafarge-Maroc a été de créer une cohésion entre les différentes unités et cultures du nouvel ensemble et de les rapprocher des standards du groupe Lafarge. Dans le domaine des ressources humaines, l'entreprise devait composer avec une population hétérogène, âgée et peu qualifiée dans certains sites [32], de même qu'avec l'héritage d'un management hiérarchique et taylorien, là où Lafarge voulait promouvoir un fonctionnement transversal et par équipe. Pour engager cette mue, l'entreprise s'est appuyée sur un encadrement renforcé et renouvelé [33] pour former le personnel aux méthodes et

32. Ainsi, Tanger et Tétouan comptaient près de 60 % d'analphabètes contre 0 % à Meknès. De même, l'effectif de Tétouan était composé à 50 % de temporaires.

33. Les effectifs d'encadrement sont passés de 56 en 1995 à 145 en 2002 (dont 6 Français) pour un effectif global de 1 400 personnes au Maroc (*source :* entretien Jean-Marie Schmitz et Larbi Koulou).

aux techniques Lafarge. Pour développer le sentiment d'appartenance et l'implication des salariés, l'entreprise leur a octroyé des avantages sociaux (couverture maladie, retraite), peu répandus au Maroc.

Lafarge est leader du marché marocain (avec 42 % de parts de marché), devant les trois autres cimentiers européens qui évoluent également sur celui-ci (Italcementi, Cimpor, Holcim). Ceux-ci sont présents dans le centre et le sud du Maroc alors que Lafarge est présent dans le centre et le nord. Le marché marocain du ciment, en développement rapide [34], était protégé jusqu'à récemment par des droits de douane élevés (40 %). Les performances économiques de Lafarge-Maroc sont très bonnes avec une marge bénéficiaire de 65 millions d'euros pour 280 millions d'euros de chiffre d'affaires en 2002.

5.2. Historique de la modernisation de la cimenterie de Tétouan

La cimenterie de Tétouan I, située dans le nord du Maroc, est la plus ancienne des usines de Lafarge-Maroc. Cette zone géographique, bien que la moins riche du Maroc, connaît une forte croissance de la consommation de ciment (nouvelles infrastructures, construction de logements, etc.). Elle est importante pour Lafarge qui y occupe une position dominante (90 % du marché). La modernisation de l'usine de Tétouan apparaît sur l'agenda stratégique de l'entreprise en 1997-1998.

Une étude stratégique est alors commandée à un consultant. Trois éléments sont mis en avant dans le rapport de celui-ci.

– Premièrement, il apparaît que l'usine de Tétouan a une capacité insuffisante pour répondre au besoin du marché et aux perspectives de développement des provinces du Nord. L'usine, en effet, a une capacité de 260 000 t alors que les besoins dans la région pour faire face aux projets d'infrastructures et à la construction de logements nécessiteraient une production beaucoup plus élevée. Il faut notamment éviter, pour l'entreprise, le risque qu'un nouvel entrant s'installe dans la région.

– Deuxièmement, la compétitivité de l'usine est menacée par l'abaissement des barrières douanières (de 40 à 28 %), qui doivent progressivement disparaître d'ici à 2010 dans le cadre de la mise en place d'une zone de libre-échange tarifaire avec l'Union européenne. L'accroissement des importations des pays du Bassin méditerranéen qui pourrait en résulter constitue un risque important pour l'entreprise.

– Enfin, l'usine, vétuste et générant de fortes pollutions, est, avec l'extension de la ville de Tétouan, désormais entourée de zones urbaines. De plus, dans un contexte où le Maroc cherche à promulguer des réglementations environnementales se rapprochant des normes de l'Union européenne, l'usine ne répond pas aux nouvelles normes d'émission (qui sont entrées en vigueur en 2003).

Si le diagnostic est globalement partagé, les solutions envisagées pour y répondre font l'objet de débats importants au conseil d'administration. Il faut dire que l'enjeu financier est de taille et que l'investissement dans une cimenterie est non redéployable.

Deux scénarios alternatifs sont en discussion au sein du conseil d'administration [35]. Le premier, intitulé « au fil de l'eau », soutenu par le consultant, est fondé

34. La croissance a dépassé 5 % par an au cours de la décennie précédente et les projections font état d'un quasi-doublement du marché entre 2000 et 2015 (de 7 à 13 MT).
35. *Source : Projet d'investissement Greenfield-Tétouan II*, document Lafarge-Maroc (confidentiel).

sur des projections de croissance modérée du marché. Il consiste à fermer l'usine de Tétouan en 2006, augmenter la capacité des usines de Casablanca et de Meknès, mettre à niveau l'usine de Tanger, livrer le nord du Maroc à partir de ces usines. L'avantage est alors de réduire l'investissement réalisé, de différer dans le temps des investissements plus lourds dans de nouvelles installations et d'augmenter, ce faisant, l'EVA, critère financier utilisé chez Lafarge.

Le deuxième scénario se fonde sur des projections de croissance rapide du marché du nord du Maroc et vise à éviter les risques d'importation ou d'installation de nouvel entrant dans la région. Il consiste à construire une nouvelle cimenterie près de Tétouan.

Le conseil d'administration opte finalement pour le deuxième scénario et décide en janvier 2000 d'investir à Tétouan le plus rapidement possible. Cette décision n'est pas remise en cause après le rachat par Lafarge de Blue Circle en 2001, et ce malgré un taux d'endettement élevé du groupe Lafarge (l'endettement représente 110 % des fonds propres en 2002). Il faut dire que, dans ce projet, Lafarge-Maroc a pu mobiliser des ressources financières propres, de même qu'elle a pu compter sur la volonté d'investir du partenaire marocain ainsi que sur l'annonce par Bertrand Collomb de la modernisation de l'usine de Tétouan.

Un site, situé dans des collines à une dizaine de kilomètres au nord de Tétouan, est choisi à proximité d'une carrière de calcaire importante (100 ans de réserve) et de bonne qualité. La nouvelle usine, dotée d'une capacité d'un million de tonnes, n'emploiera que 99 personnes (dont 50 % de cadres et techniciens), contre 195 personnes dans l'ancienne. Par ailleurs, sur ces 99 personnes, 49 seulement proviennent de l'ancienne usine. Ainsi, à côté de la construction de la nouvelle usine, il s'agit donc d'assurer la reconversion du personnel qui n'est pas repris (146 salariés).

L'enjeu de la modernisation est donc double : il s'agit de combiner un projet de construction d'une nouvelle usine – et la formation du personnel que cela implique – avec un projet de reconversion du personnel de Tétouan I. Pour la direction de Lafarge-Maroc, il est essentiel que le projet de reconversion se déroule au mieux, d'une part pour être en cohérence avec la politique sociale et de développement durable du groupe Lafarge, d'autre part pour éviter de perturber le projet de construction de la nouvelle usine et pour rassurer les pouvoirs publics marocains qui suivent de près les deux dossiers. Dès lors, les dirigeants vont mener les deux projets en parallèle en cherchant à assurer la coordination la plus efficace entre les deux.

5.3. *La conduite simultanée des deux projets*

Le projet de construction de Tétouan II

Le projet de construction de la nouvelle cimenterie de Tétouan II est un projet de grande ampleur qui aura duré près de six ans entre les premières études préliminaires (1997) et son démarrage effectif (à l'automne 2003). C'est un projet d'une grande complexité qui intègre différentes dimensions : techniques, environnementales et sociales.

Sur le plan technique, la capacité de la nouvelle usine (Tétouan II) est d'un million de tonnes contre 260 000 tonnes dans l'ancienne (Tétouan I). Le taux d'automatisation est beaucoup plus élevé que dans la précédente et les meilleures technologies existantes (four rotatif court et filtres à manche) sont mises en œuvre, permettant d'atteindre un très haut niveau de productivité (huit fois plus élevée par salarié que dans Tétouan I) et des niveaux d'émissions atmosphériques répondant aux meilleures normes environnementales en vigueur [36].

Le projet d'investissement dans la cimenterie se double d'un projet de construction d'éoliennes pour assurer l'approvisionnement énergétique du site. Plusieurs raisons sont mises en avant par l'entreprise, en effet, pour justifier l'intérêt de cette solution [37] :

– le prix de l'électricité (essentiellement d'origine thermique) fournie par l'ONE (Office national de l'électricité), qui détient le monopole d'approvisionnement au Maroc, est élevé ;

– le projet peut s'appuyer sur l'ouverture du marché de l'électricité à la concurrence ;

– la région bénéficie de conditions de vent exceptionnelles (situé près du détroit de Gibraltar, le vitesse moyenne du vent a été mesuré à 10,6 m/s) ;

– l'entreprise peut s'appuyer sur l'expérience de l'ONE dans la région qui a installé un parc de 50 MW d'éoliennes à proximité ;

– l'entreprise anticipe, dans le cadre du protocole de Kyoto, la mise en place du mécanisme de développement propre (MDP), qui encourage le développement des énergies renouvelables dans les pays en voie de développement et anticipe la formation d'un marché des certificats d'émission de carbone pour les entreprises multinationales ;

– le développement d'énergies renouvelables s'inscrit par rapport à l'engagement du groupe Lafarge signé avec WWF de réduire de 20 % ses émissions de CO_2 par tonne de ciment entre 1990 et 2010.

Après une étude de faisabilité et de rentabilité qui démontre l'intérêt technique et économique du projet, la décision est prise d'investir dans douze éoliennes d'une capacité globale de 10 MW permettant de couvrir la moitié des besoins énergétiques de la nouvelle usine.

La conception de la nouvelle usine intègre également d'autres aspects environnementaux. Ainsi, bien que non obligatoire sur le plan légal, la conception a intégré les résultats de l'étude d'impact et a notamment pris en compte les contraintes architecturales visant à intégrer le site dans son milieu naturel. Autre aspect du projet: la réhabilitation de l'ancienne carrière, située à proximité des zones urbaines, grâce à un partenariat avec WWF, mobilisé, sur ce cas, comme spécialiste de la biodiversité.

Mais le projet de nouvelle usine revêt également un volet social essentiel. L'usine, très automatisée, requiert en effet un personnel hautement qualifié. Plus de 36 000 heures de formation ont été dispensées au personnel pendant la durée du projet.

Pour gérer les différents volets de ce projet d'envergure, une gestion par projet a été mise en place. Les travaux, mobilisant 1 600 personnes, sont engagés à partir de juin 2001 après une procédure d'appel d'offres. Le directeur de la nouvelle usine est nommé en octobre 2001 et l'équipe projet est constituée début 2002. Le démarrage est prévu à l'automne 2003.

---

36. Sur ce dernier point, l'usine répond évidemment aux nouvelles normes marocaines concernant les émissions des cimenteries, entrées en vigueur en 2003, alignées sur les standards européens, et applicables à toutes les cimenteries du pays.
37. *Source : Projet d'investissement Greenfield-Tétouan II*, document interne Lafarge-Maroc.

Le projet de reconversion de Tétouan I: la réussite est dans les détails

La négociation avec les pouvoirs publics et les syndicats

L'annonce officielle de la fermeture du site de Tétouan I intervient le 3 janvier 2002, quinze jours après l'annonce de la direction auprès de l'encadrement (le 14 décembre 2001). Mais la préparation du dossier et les contacts avec l'administration, les syndicats et le pouvoir politique sont antérieurs à cette date.

D'emblée, le directeur général de Lafarge-Maroc et son directeur des relations sociales s'engagent personnellement sur le dossier. Ayant une bonne connaissance du système politique, administratif et syndical marocain, ils prennent directement en charge les relations avec l'administration, les syndicats et les salariés. Ainsi, en amont de l'annonce, ils prennent soin d'avertir l'administration centrale (ministère du Travail), le wali (préfet) et la direction nationale de l'Union des travailleurs marocains (UTM), le seul syndicat représenté dans l'usine de Tétouan [38], et d'engager avec eux des discussions. Pour la direction de l'entreprise, l'enjeu est d'obtenir l'aval de ces acteurs sur le déroulement du projet de reconversion. Des engagements verbaux sont alors personnellement pris par le directeur général quant au suivi et à la reconversion de tous les salariés de l'usine de Tétouan I. Cet engagement personnel a été souligné par tous nos interlocuteurs comme un élément essentiel à la construction de relations de confiance avec les dirigeants de l'entreprise. Le respect de la parole donnée, dans une culture orale comme celle du Maroc, où le sens de l'honneur joue un rôle prépondérant, est perçu comme un signe de la rectitude et de l'authenticité du comportement du dirigeant [39].

Le reclassement des salariés: une première au Maroc

Le Code du travail marocain, inspiré du Code du travail français, est, dans le domaine des reconversions, particulièrement lacunaire. Le nouveau Code du travail marocain (mis en œuvre à partir de janvier 2004) introduit un certain nombre de dispositions nouvelles: reconnaissance de la section syndicale, du comité d'entreprise ou du CHSCT (comité d'hygiène et de sécurité du travail). En revanche, il ne prévoit aucune disposition légale concernant les plans sociaux. Seules des primes d'indemnité, fonction de l'ancienneté et du statut [40], sont prévues en cas de licenciement économique. En cas de plan social, les discussions entre les salariés et la direction portent généralement sur les primes d'indemnités et non pas sur le reclassement des salariés qui n'est pas pratiqué au Maroc. Dans ce contexte, l'engagement de Lafarge de reclasser tous les salariés est sans précédent dans le pays.

En cas de conflit entre l'entreprise et les salariés, l'administration, *via* ses services centraux (ministère) et déconcentrés (inspection du travail), intervient comme médiatrice. Si cette médiation échoue, certains conflits débouchent parfois sur des recours juridiques, longs et rarement favorables aux salariés. Pourtant, les conflits sociaux ne sont pas rares, dans ces situations, mus autant – voire davantage –, semble-t-il par le sens de l'honneur, lorsque celui-ci est bafoué,

38. À noter que cette situation de monopole syndical ne prévaut pas dans les autres usines du groupe au Maroc.
39. Comme l'ont montré les travaux de C. GEETZ (1968) et P. D'IRIBARNE (1997) au Maroc.
40. Sur ce plan Lafarge-Maroc a décidé d'indemniser tous les salariés de l'usine, y compris les CDD, bien qu'elle n'y fût pas contrainte sur le plan légal.

que par l'espoir d'un gain hypothétique. Ils peuvent perturber le déroulement des projets de restructuration et altérer l'image de l'entreprise dans le pays [41].

Un contexte économique et social difficile

Le projet de reconversion de l'usine de Tétouan I s'est déroulé dans un contexte économique et social difficile. Sur un plan social, les salariés de l'usine sont âgés (45 ans en moyenne) et peu qualifiés (50 % d'illettrés). Ils bénéficient, en outre, de conditions salariales avantageuses, et surtout d'une protection sociale (retraite et couverture maladie), réservée à une minorité au Maroc [42]. Ces avantages pèsent d'autant plus dans la région de Tétouan qui est l'une des plus pauvres du Maroc [43] : tissu industriel limité, chômage élevé, salaires faibles. En outre, l'annonce de Lafarge intervient après une succession de plans sociaux conduits par des entreprises européennes dans la région de Tétouan qui se sont déroulés dans des conditions difficiles [44].

Les possibilités de reconversion semblaient ainsi très limitées, surtout dans le salariat où il est très difficile pour un employé de Lafarge de retrouver des conditions équivalentes dans la région. Par ailleurs, ces salariés font souvent vivre une famille élargie, voire ont une deuxième activité complémentaire (agriculture par exemple), et sont donc très peu mobiles. Partant de ce constat, les responsables de Lafarge-Maroc ont considéré que la perspective de reconversion la plus crédible était la création de micro-activités (commerce, agriculture, etc.). Ces activités sont, en effet, socialement valorisées et sont susceptibles de fournir aux salariés des revenus équivalents à ceux dont ils disposaient chez Lafarge, objectif affiché par la direction de l'entreprise. Mais une telle perspective se heurte, *a priori*, aussi bien aux capacités financières limitées des salariés qu'à leurs faibles qualifications, qu'elles soient techniques ou gestionnaires.

La constitution d'un groupe projet et le suivi individualisé des salariés

Dans un contexte aussi défavorable, l'attribution d'indemnités ne suffirait pas à créer les conditions d'une reconversion effective. Il fallait donc aller plus loin. S'appuyant sur les méthodologies développées en la matière au sein du groupe Lafarge, l'entreprise a alors constitué un groupe projet de cinq personnes en charge de la conduite du processus de reconversion. Outre le directeur des relations sociales, coordinateur du projet, celui-ci comprenait le directeur de l'usine de Tétouan I et trois personnes à plein temps animant une « antenne emploi » sur le site : un chef de projet, un conseiller formateur et une assistante. Une démarche en plusieurs étapes et s'appuyant sur différents cercles (usine, comité de pilotage, comité de direction, comité de direction élargi) a été adoptée.

Pour la direction, le premier enjeu était d'être à l'écoute des salariés et de leur apporter un suivi individualisé. Les missions de cette antenne étaient diverses : il

---

41. Ainsi, nos interlocuteurs nous ont cité l'exemple de l'annonce de la restructuration de l'usine Continental (pneumatiques) de Casablanca où les dirigeants allemands ont annoncé brutalement un plan de restructuration, assorti de primes de licenciement, sans prendre le soin de consulter au préalable les syndicats et le personnel. La situation a alors dégénéré en une grève dure et longue qui a finalement abouti à la fermeture de l'usine.
42. Moins de 10 % de la population en bénéficieraient.
43. Les différents trafics qui s'organisent avec le continent semblent être la principale richesse de cette région.
44. L'un de ces plans, mis en œuvre, sans autorisation administrative, dans une sucrerie du groupe Camsa (Espagne), étant actuellement jugé devant les tribunaux.

s'agissait, dans un premier temps, d'expliquer les mesures envisagées, d'écouter les salariés et de leur apporter une aide psychologique ; il s'agissait ensuite de dresser un bilan de compétences, d'aider chaque salarié à formuler un nouveau projet ; il s'agissait enfin de les aider à concrétiser leur projet en apportant les formations, les contacts nécessaires et les soutiens financiers adaptés, puis en les accompagnant pendant les deux premières années du démarrage de leur affaire.

Sur le plan financier, afin de favoriser la création de micro-activités, l'entreprise a mis sur pied un système incitatif: en sus des indemnités de licenciement, des primes à la création d'entreprise seraient octroyées en complément, en fonction de l'investissement réalisé et dans une limite de 80 % du montant de l'investissement et de 15 000 euros.

Surmonter le choc de l'annonce de licenciement

Comme souvent dans des cas similaires, l'annonce de la fermeture de l'usine suscita un choc émotionnel chez les salariés, notamment chez ceux qui y travaillaient depuis de nombreuses années. L'annonce d'un licenciement peut provoquer des situations de détresse individuelle et les salariés concernés ont souvent besoin d'un accompagnement psychologique. En effet, ils doivent « faire le deuil » de leur travail avant d'envisager d'autres projets. L'antenne emploi consacra plusieurs semaines à recevoir individuellement chaque salarié. À l'occasion de ces entretiens, des jalousies se manifestèrent parfois entre ceux qui avaient été sélectionnés pour travailler dans le site de Tétouan II et les autres. Le suivi psychologique individualisé fut, dans ces conditions, très important pour accompagner les salariés, pour éviter que la détresse initiale ne se transforme en rancœur à l'égard de l'entreprise et pour les aider à construire d'autres projets.

Le développement de projets de micro-activités

En septembre 2003, sur les 121 salariés concernés par la reconversion[45], 103 avaient développé un projet de création de micro-activités et 3 seulement n'avaient pas encore trouvé de solution. Ces projets ont, en outre, déjà généré 240 emplois. Ils se répartissent entre le commerce (magasin d'alimentation, primeurs, etc. : 42 projets), l'agriculture (pluriactivité agricole, élevage, etc. : 31), les services (salon de coiffure, taxi, transport, etc. : 22) et les ateliers industriels (électricité industrielle, etc. : 8)[46]. Mais plus que de projets individuels, il s'agit le plus souvent de projets collectifs[47] qui servent à créer des emplois pour les membres de la famille: enfants, frères et sœurs, cousins.

La concrétisation de ces projets a nécessité la mise en place d'une antenne emploi par Lafarge-Maroc. En effet, la création d'une nouvelle activité requiert non seulement l'acquisition des compétences nécessaires, mais aussi un accompagnement permettant de surmonter l'ensemble des obstacles juridiques, administratifs et financiers. Les salariés concernés, dont plus de 50 % étaient illettrés, ne disposaient généralement pas du capital social et culturel suffisant pour mener à bien de tels projets. L'antenne emploi joua alors un rôle et d'ingénierie

45. Par ailleurs, 16 salariés de plus de 55 ans ont bénéficié de retraites anticipées, 5 sont partis en retraite et 4 autres ont été intégrés dans d'autres cimenteries du groupe (*source : Projet de redéploiement du personnel de l'usine de Tétouan*, document interne Lafarge-Maroc).

46. *Source :* tableau de bord de l'équipe de soutien de Tétouan.

47. Parmi plusieurs exemples, on peut citer le cas de la création d'un salon de coiffure par un ancien salarié, permettant à ses deux fils qui avaient une formation de coiffeur mais pas de ressources financières, de s'installer à leur compte.

sociale et d'intermédiation sur le marché du travail : elle facilita les procédures administratives, mit en contact les salariés avec les interlocuteurs extérieurs utiles, définit les besoins de formation de chacun, mit sur pied, avec les organismes compétents, des formations sur mesure, les aida à monter leurs dossiers techniques et financiers, etc.

L'apprentissage de la coopération entre Lafarge et les administrations locales

Il faut également souligner, dans ce processus, la coopération et l'implication des services administratifs marocains, en particulier le ministère de l'Agriculture et le Centre de formation professionnelle de Tétouan (l'équivalent de l'AFPA en France). Du côté de Lafarge, il s'agissait de s'appuyer sur leurs compétences techniques et administratives. Du côté de l'administration, des dispositifs de formation et d'appui technique existaient, mais les candidats sérieux et solvables manquaient le plus souvent. De ce point de vue, les anciens salariés Lafarge étaient une aubaine pour l'administration : grâce au soutien de Lafarge, ils disposaient d'un capital financier important ; de plus, ils arrivaient avec un projet déjà bien ciblé. Sur cette base, certaines formations jugées trop théoriques par Lafarge furent adaptées sur mesure, en fonction des projets individuels et des besoins des personnes. En matière d'agriculture, des entretiens individuels furent conduits pour déterminer l'orientation précise de chaque projet agricole (taille, type d'activité : élevage, culture ou poly-activité, forme : intensif ou extensif, etc.) et pour identifier les besoins de formation. Un accompagnement des projets et un suivi technique furent ensuite assurés.

Dans le Centre de formation professionnelle de Tétouan, en dehors de programmes d'alphabétisation nécessaires à certains, une formation à la conduite des affaires fut donnée aux stagiaires, visant à leur apporter les bases permettant de gérer leur propre affaire : rudiments de comptabilité, patente, registre du commerce.

Le bilan du projet de reconversion

Le bilan du projet de reconversion est positif, tant sur le plan quantitatif que sur le plan qualitatif. Après l'annonce du plan de reconversion, aucune plainte ni aucune grève n'ont été répertoriées. Hormis trois salariés qui restent à reclasser, tous les autres ont trouvé un emploi ou ont développé un projet. Évidemment, il s'agit souvent de projets modestes dans leur ampleur, dont les revenus sont parfois à peine équivalents à ceux dont ils disposaient antérieurement. En outre, les projets de micro-activités ont généré 140 emplois supplémentaires, principalement parmi les membres de la famille des créateurs. À ce jour, aucune défaillance n'a été enregistrée parmi ces projets.

L'administration et l'UMT considèrent la démarche de Lafarge comme exemplaire. Les pouvoirs publics marocains la citent en exemple auprès des autres industriels, notamment étrangers, pour les inciter à mettre en œuvre les mêmes pratiques. Ce cas est désormais connu dans le monde syndical et cité en exemple par les syndicats d'autres filiales de Lafarge, notamment dans les pays arabes (Jordanie, Égypte), qui entretiennent des relations avec leurs homologues marocains. En France, un film réalisé par la CFDT sur ce cas a été projeté lors d'un congrès national.

Du point de vue de Lafarge, les effets sont évidemment très positifs ; les objectifs initiaux ont été tenus : les salariés ont été reclassés dans des conditions satisfaisantes ; les budgets et le calendrier ont été tenus ; le projet de construction de la nouvelle usine a pu être mené dans des conditions sereines ; le projet de reconversion, spectaculaire, a eu impact financier limité pour l'entreprise [48] ; l'image de Lafarge-Maroc, comme entreprise socialement responsable, s'en trouve renforcée, aussi bien au sein du groupe Lafarge que vis-à-vis des autorités et des syndicats marocains.

5.4. Les leçons du projet: la démonstration d'un savoir-faire politique et managérial

Dans le contexte marocain, le projet conduit par Lafarge est, sans conteste, innovant. C'est la première fois qu'une politique de reconversion est conduite par une entreprise jusqu'à son terme. Mais, même selon des standards français ou européens, cet exemple sort du lot. Des travaux récents [49] ont montré, en effet, combien étaient rares les expériences de reconversion sans heurts et aboutissant au reclassement de tous les salariés. Ensuite, l'originalité de ce projet consiste à combiner un projet de reconversion avec un projet de construction d'une nouvelle cimenterie et l'intégration, à travers ces deux projets, des trois dimensions du développement durable: les volets économique, social et environnemental. En particulier, la consultation du dossier d'investissement de la nouvelle cimenterie indique que ces trois volets ont été pris en compte dès la conception du projet.

Quels ont été, dans le projet de reconversion, les principaux facteurs de réussite? Soulignons d'abord que ce projet n'est pas réductible à un ensemble de recettes managériales qui seraient facilement reproductibles ailleurs. Cet exemple met d'abord en évidence les savoir-faire politique et stratégique des dirigeants qui se sont manifestés aux différents moments du projet: lors de la préparation du projet d'investissement en dégageant les ressources nécessaires pour faire face aux enjeux sociaux et environnementaux ; lors de l'annonce anticipée en tenant un discours approprié aux différentes parties intéressées du projet de restructuration ; en adaptant ensuite les règles et les méthodologies du groupe Lafarge au contexte marocain ; en apportant enfin un soutien constant aux équipes locales en charge de la reconversion des salariés. Ces capacités résultent d'abord d'un travail d'équipe et d'une très bonne connaissance du contexte politique et social marocain. De ce point de vue, le fait que le directeur des relations sociales soit marocain et qu'il ait une connaissance intime, aussi bien des réseaux d'influence au Maroc que du système juridico-administratif, a eu un poids déterminant dans la préparation et la conduite du projet.

Les processus de reconversion, parce qu'ils touchent à des dimensions sociales, psychologiques et politiques, sont largement imprévisibles. Dès lors, les capacités de réaction et d'adaptation sont essentielles pour réagir à tous les débordements qui peuvent survenir au cours du projet. Par ailleurs, la capacité à limiter ces débordements n'est pas proportionnelle aux indemnités financières accordées, mais dépend davantage de la capacité à traiter simultanément les

48. Le coût global de la reconversion (indemnités, aide à la création d'entreprise, dépenses de formation, etc.) représente 4,1 millions d'euros, soit environ 33 000 euros par salarié (*source : Projet de redéploiement du site de Tétouan*). Ce chiffre correspond à 165 fois l'équivalent du SMIC au Maroc. Malgré l'importance de ces sommes, elles ne représentent que 3 % environ du coût global du projet global de modernisation – y compris le coût d'investissement de la nouvelle usine –, soit un montant voisin de celui consenti pour la formation du personnel de Tétouan II.

49. Voir AGGERI F. et PALLEZ F. (2003), LEMASLE T. et TIXIER P.E. (2000).

différentes dimensions de la reconversion, qui ne sont pas séparables dans l'action. Il faut, avec chaque personne, pouvoir faire les ajustements fins qui lui permettront de dépasser le choc psychologique de la perte de son emploi et d'envisager, puis de mettre en œuvre des projets alternatifs.

La mobilisation, à bon escient, des savoir-faire managériaux développés en Europe par Lafarge en matière de restructuration et de reconversion constitue un point à souligner. Ces savoir-faire ne se résument pas à la formalisation d'une démarche projet structurée en différentes étapes. Ils portent également sur les modalités du suivi individualisé des projets et des individus. Ils insistent également sur l'importance de garder le contrôle en interne du projet, là où beaucoup d'entreprises choisissent de confier la gestion des reclassements à des cabinets extérieurs.

Un autre facteur de succès a été les apprentissages réciproques et les relations de confiance qui ont pu se nouer entre l'entreprise, l'administration et les syndicats. Loin de constituer des freins au processus de reconversion, ces acteurs ont apporté leurs compétences techniques et relationnelles : dans le cas des services administratifs, ils ont adapté leurs prestations aux projets individuels des salariés ; dans le cas du syndicat, celui-ci a joué un rôle de médiation entre l'entreprise et les salariés. Ces coopérations méritent d'être soulignées.

La conjonction de ces divers facteurs a engendré un cercle vertueux, facilité, il est vrai, par la situation financière prospère de l'entreprise. Il est indéniable qu'une telle situation confère des marges de manœuvre accrues à ses dirigeants. Cela dit, aucune incitation ou contrainte particulière ne les obligeait à agir de la sorte. Le projet a pu également bénéficier d'un contexte social peu conflictuel dans l'usine. Ces bonnes relations sont loin d'être monnaie courante au Maroc et on peut penser qu'elles sont le fruit des efforts engagés par Lafarge, depuis plusieurs années, en matière de politique sociale, de management et d'implication des salariés.

L'exemple de Tétouan constitue pour les concurrents de Lafarge au Maroc un défi auquel ils seront confrontés lors des restructurations prochaines. Mais il implique également un certain nombre d'obligations pour l'entreprise Lafarge elle-même. Compte tenu de la médiatisation de ce cas au sein du groupe Lafarge – notamment à travers les échanges intersyndicaux que nous avons mentionnés –, il sera désormais difficile de faire moins bien si un cas similaire se présente dans un autre site du groupe dans le monde. Or nous avons vu que la réussite de tels projets tient au moins autant à des variables politiques et stratégiques – comme le profil, l'expérience et le savoir-faire politique des managers locaux – qu'à des savoir-faire managériaux, facilement transférables. De la capacité de l'entreprise à encourager, étendre et adapter ces savoir-faire dépendra le renforcement de l'image de Lafarge comme entreprise socialement responsable.

Sources

Sources orales

- Entretien avec Jean-Marie Schmitz, administrateur, directeur général de Lafarge-Maroc, 11 septembre 2003
- Entretien avec Larbi Koulou, directeur de l'administration du personnel et des relations sociales, Lafarge-Maroc, 11 septembre 2003
- Entretien avec Mohamed Tassafout, chef du projet reconversion, 11 septembre 2003

- Entretien avec Abdelhay Imrani, secrétaire général de l'UMT pour la région de Tétouan, 11 septembre 2003
- Entretien avec Ayoub Azami, directeur de Tétouan II, 11 septembre 2003
- Entretien avec Jaali Oulmaati, directeur de l'ISTAT, 12 septembre 2003
- Entretien avec Yousef Zari, adjoint au directeur de l'ISTAT, 12 septembre 2003
- Entretien avec Mohammed Akhazzan, technicien spécial auprès de la direction provinciale de l'agriculture de Tétouan, 1er septembre 2003
- Entretien avec Mohammed El Iamani, Direction provinciale de l'agriculture, 12 septembre 2003
- Entretien avec Alalaoui El Mehdi, directeur du Centre de formation professionnelle et vice-président de l'UMT pour Tétouan, 12 septembre 2003

Sources écrites

Documents de travail internes

- *Projet d'investissement Greenfield-Tétouan II*, direction Lafarge-Maroc (confidentiel)
- Tableau de *reporting* « antenne emploi », septembre 2003 (confidentiel)
- *Projet de redéploiement du personnel de l'usine de Tétouan*, Aïcha Stitou Daoudi, Larbi Koullou, M.Tassafout, 2002

Communication interne

- *Al Was*, le magazine de Lafarge-Maroc, n°16, décembre 2002, p. 16-17
- *Al Was*, le magazine de Lafarge-Maroc, n° 18, juin 2003, p.18
- *Planète Lafarge* (lettre interne), n°4, juin 2003

Autre source écrite

- El Fekkak M. (1994), *Répertoire de la législation du travail*, Librairie Al Wahda Al Arabia, Casablanca, Maroc

Bibliographie

Aggeri F. et Pallez F., « Restructurations industrielles et mondialisation : une reconversion aussi pour l'État ? », *Politiques et management public*, juin 2003.

Geetz C., *Islam Observed: Religious Development in Morocco and Indonesia*, The Chicago Press, 1968.

Hamamou M., « Responsabilité sociale de l'entreprise : un cas concret, Lafarge au Maroc », *Management et conjoncture sociale*, juin 2003.

D'Iribarne P., « Les ressources imprévues d'une culture », *Gérer et comprendre*, juin 1997, p. 16-31.

Lemasle T. et Tixier P.E. (éd.), *Des restructurations et des hommes*, Dunod, 2000.

Troisième partie

Les dynamiques d'apprentissages collectifs en matière de développement durable : essai de synthèse

Introduction

Au terme de ce parcours, quelles leçons tirer des dynamiques d'apprentissage collectif en matière de développement durable? Nous avons analysé, dans une première partie, la formation d'un espace d'action collective stratégique, structuré autour de la question du *reporting* extra-financier et de la communication externe. Dans cet espace, s'expérimentent et s'élaborent les nouvelles normes d'évaluation du développement durable pour les entreprises. Il met aux prises, dans différents dispositifs internationaux (GRI, Global Compact, groupes de travail divers, etc.), une coalition d'acteurs hétérogènes: des responsables d'entreprises, des consultants internationaux, des représentants d'institutions internationales (PNUE, Commission européenne), des syndicalistes, des responsables d'ONG, etc. Au sein de cet espace stratégique circule un langage managérial, produit du transcodage et de l'invention par des consultants britanniques de concepts issus de diverses influences, en particulier de notions théoriques (*stakeholder*, RSE) développées aux États-Unis, autour du champ *Business and Society*. Ce langage structure les représentations des acteurs ainsi que leurs pratiques managériales.

1. Un espace instrumenté

À cet égard, la nouveauté de cet espace d'évaluation du développement durable ne réside pas dans l'idée que l'entreprise a des responsabilités envers la société – on trouve cette idée aussi bien dans le paternalisme que dans les débats sur la RSE aux États-Unis à partir des années 1950. L'originalité des formes que prend cet espace tient à la primauté de la dimension managériale sur les principes éthiques. Corollaire: on y observe un foisonnement d'instrumentations gestionnaires (référentiels, normes, évaluation) et d'expertises qui y sont associées (conseil, audit, certification). Cette dimension managériale constitue une différence importante du développement durable par rapport à la vogue de l'éthique des affaires qui plaçait les principes éthiques comme fondement premier de la démarche des entreprises. Débarrassé de toute référence religieuse, ce langage neutre et à visée universelle explique, pour une large part, le succès international de la notion de développement durable auprès des entreprises, quelles que soient leur nationalité et leur histoire. L'autre élément concerne la méthode et les formes de la normalisation adoptées. Fondées sur une démarche partenariale et volontaire, ces démarches de normalisation (ex.: GRI, groupe de travail de la Commission européenne) possèdent *a priori* tous les attributs de la bonne gouvernance mondiale. Quant aux dispositifs d'évaluation, ils s'inscrivent dans la continuité de logiques et d'expertises largement éprouvées par les entreprises et suscitant peu de débats (l'assurance qualité et le *reporting* financier par exemple).

On peut interpréter l'absence de conflits autour des enjeux de l'évaluation comme étant liée au caractère encore volontaire de l'adoption des normes. Ils pourraient cependant se révéler dès lors que certains standards deviendront obligatoires sur le plan réglementaire ou qu'ils seront fortement conseillés dans le cadre du jeu économique. Il convient donc de s'intéresser aux hypothèses et aux limites possibles de ces normes du développement durable : sur quels savoirs et sur quelles pratiques concrètes se fondent-elles ? Au nom de quoi peut-on dire que telle entreprise a une action plus responsable que telle autre ? Quels sont les effets potentiels de ces normes sur l'action des entreprises ? Dans quelle mesure conduisent-elles à de nouvelles explorations ou, au contraire, à une logique de conformation par rapport à des référentiels conventionnels ? Il n'existe pas de réponse évidente à ces questions. À travers la formation de cet espace et des règles qui y sont associées, se joue la question de la dynamique du système capitaliste et du renouvellement de ses pratiques.

2. Logique de conformation et logique d'exploration

Pour traiter ces questions, nous avons étudié, dans la deuxième partie de ce livre, le point de vue et les pratiques de quatre entreprises pionnières en matière de développement durable. À travers cette analyse, nous voulions saisir la façon dont elles problématisent la question du développement durable par rapport à leurs activités, les démarches et les instruments qu'elles mettent en œuvre pour y parvenir et les apprentissages collectifs que ces démarches suscitent en retour. En particulier, nous voulions étudier la manière dont l'espace stratégique du développement durable était articulé ou non à des espaces, plus locaux et plus anciens, constitués autour du management de l'environnement ou des ressources humaines. Cette articulation n'a, en effet, rien d'évident, comme le montre l'attention particulière que portent les consultants à identifier les « bonnes pratiques » des entreprises pour les associer aux enjeux du développement durable (les *business case*).

Mais, direz-vous, en quoi les entreprises que nous avons étudiées sont-elles représentatives de la masse de celles qui communiquent sur le développement durable ? Comme l'indiquent les études les plus récentes (ORSE/EPE, 2004 ; Unep/SustainAbility, 2002), il est de plus en plus difficile de différencier l'action réelle des entreprises alors qu'enfle le soupçon, chez certaines, d'une déconnexion croissante entre des discours saturés de rhétorique et leurs pratiques concrètes. C'est le syndrome des figures imposées que nous avons décrit dans la première partie. Ces figures imposées répondent à une logique de conformation symbolique à des injonctions extérieures (agences de notation sociétales, réglementations, donneurs d'ordre) qui permettent aux entreprises d'éviter d'être stigmatisées pour leur comportement peu responsable à moindre frais. Cette convergence est mue par trois mécanismes : le mimétisme qui pousse les entreprises à s'inspirer des pratiques de leurs meilleurs concurrents ; les *benchmarks* effectués par les cabinets conseil qui pointent du doigt les insuffisances de certains rapports et préconisent l'adoption des « meilleures pratiques » ; la pression des agences de notation sociales et environnementales et des investisseurs institutionnels qui demandent à ce que les rapports soient comparables et conformes aux référentiels préconisés en matière de *reporting* par la GRI.

On retrouve là les mécanismes mis en évidence par Powell et Di Maggio dans leur analyse des processus d'isomorphisme.

À côté de cette logique de conformation, nous avons montré que la dynamique du système s'entretenait des explorations conduites par les entreprises pionnières. Celles-ci sont numériquement peu nombreuses mais elles donnent le « la » par leur participation aux processus de normalisation en cours, par les coopérations et les expertises qu'elles développent, par le mimétisme et l'émulation qu'elles suscitent auprès des autres entreprises. Dans un phénomène émergent comme le développement durable, la notion d'échantillon représentatif n'a d'ailleurs guère de sens car cela suppose de connaître à l'avance les critères permettant de le constituer.

À cet égard, les théories de l'isomorphisme et de la réponse aux pressions des *stakeholders (responsiveness)*, statiques et fondées sur une approche en termes de rapports de pouvoir, ne permettent pas de saisir la dynamique des processus d'apprentissages collectifs qui sont à l'œuvre. Elles ne permettent ni de comprendre la genèse de nouvelles figures d'acteurs, ni la transformation des normes en relation avec les pratiques des entreprises. Pour aller plus loin il faut, au contraire, analyser, dans un même mouvement, le processus conjoint de conformation et d'exploration collective, ainsi que les retombées que suscitent les apprentissages des pionniers sur les autres acteurs et sur l'élaboration des règles du jeu collectif [1].

Dans cette perspective, les pionniers jouent un rôle central dans la formation de ces nouveaux espaces d'action collective. Ils ne se contentent pas seulement des figures imposées qui ne permettent pas aux entreprises de se différencier. Ils pratiquent également les figures libres qui vont au-delà de la réglementation qui se démarque des pratiques de leurs concurrents, qui sont dirigées vers des *stakeholders* et qui ne se réduisent pas à une analyse coûts-avantages. Contrairement aux figures imposées, ces figures libres sont susceptibles de donner un sens et une valeur spécifique aux démarches de développement durable de l'entreprise dès lors qu'elles sont associées à des enjeux stratégiques. Pour cela, les entreprises pionnières cherchent à articuler la communication externe avec ces pratiques innovantes afin d'éviter la déconnexion entre le « dire » et le « faire ». Il n'existe pas de liste *a priori* de ces figures libres : les domaines d'action concernés peuvent être très variés. Toutefois, ce type d'expérimentation a un coût et n'est pas sans risques : pour obtenir des résultats tangibles, il faut inscrire ces expériences dans la durée et à tous les niveaux de l'organisation ; ce qui suppose une continuité de l'action des managers ainsi qu'une implication constante des salariés de l'entreprise et de ses *stakeholders* extérieurs (clients, fournisseurs, riverains, pouvoirs publics, ONG, etc.).

En quoi consistent ces démarches d'exploration et ces figures libres ? Pour répondre, nous allons caractériser les démarches et les nouvelles fonctions du développement durable adoptées par les entreprises pionnières que nous avons étudiées.

1. James March développe une idée similaire, autour de la distinction exploration/exploitation, mettant en évidence les boucles de rétroaction entre ces deux processus d'apprentissage (voir March, 1991).

3. Les formes de concrétisation du développement durable dans les entreprises pionnières

La première question que nous avons posée en introduction portait sur les formes de concrétisation du développement durable dans les entreprises : selon quel processus et à travers quelles démarches les entreprises concrétisent-elles le développement durable dans leur stratégie et dans leurs pratiques ? La lecture des monographies met en évidence que ces entreprises sont engagées, avec des degrés d'avancement variables, dans un processus de transformation de leur stratégie. Ce processus a des effets, avérés ou potentiels, sur les dimensions traditionnelles de la stratégie des entreprises (les produits, les marchés, les métiers, etc.) et contribue à faire émerger de nouvelles dimensions (la gestion des *stakeholders*, par exemple). Cinq points caractérisent les formes que prend la concrétisation du développement durable dans les entreprises étudiées.

Une approche sélective des enjeux

Premier point : la lecture des rapports de développement durable ne permet pas toujours de faire ressortir les enjeux essentiels des démarches menées par les entreprises en matière de développement durable. Compte tenu de la multiplicité des destinataires potentiels (agences de notation, actionnaires, pouvoirs publics, ONG, etc.), la production des rapports peut ressembler parfois à l'enchaînement de figures de style imposées où il est question de passer en revue tous les thèmes associés, de près ou de loin, au développement durable : gouvernance, politique sociale et environnementale, sécurité, mécénat, *reporting*, rapports avec les parties intéressées, valeurs de l'entreprise, etc.

Les entretiens et l'analyse des pratiques des entreprises permettent de hiérarchiser de façon beaucoup plus précise quels sont les enjeux sur lesquels se concentrent l'attention et les actions des entreprises. Nous avons ainsi montré que la concrétisation du développement durable s'opérait, dans les quatre entreprises étudiées, à partir de problématisations différentes. Autrement dit, les raisons fondamentales pour lesquelles les entreprises s'engagent et les objectifs principaux qu'elles se fixent diffèrent assez largement d'une entreprise à l'autre. Ces différences tiennent non seulement aux métiers, aux secteurs ou à l'histoire des entreprises, mais encore aux agendas stratégiques du moment (le contexte de la fusion pour Arcelor, le développement international pour Lafarge et Accor, etc.) qui peuvent infléchir les orientations retenues.

Pour Accor, le premier objectif de la politique de développement durable est d'abord externe : il s'agit de conforter une image de groupe international responsable et leader sur son marché qui se matérialise dans l'offre de services dans les hôtels et dans les actions menées localement (partenariats, gestion environnementale, mécénat, etc.). Dans un groupe aussi décentralisé (4 000 hôtels), la mise en œuvre de cet objectif s'opère par la standardisation des qualifications (académie Accor), des pratiques (*reporting*, guides) et des services (offre, politique d'achats), et par l'implication des managers d'hôtels.

Pour Arcelor, l'objectif est, dans un premier temps, interne : il consiste à faire du développement durable une démarche fédératrice entre les différentes entités du groupe nouvellement constitué (Arbed, Aceralia, Usinor). Pour le siège, le développement durable apparaît comme l'un des leviers à travers lesquels elle cherche à affirmer ses orientations et à construire sa légitimité vis-à-vis de sociétés aux cultures et aux pratiques différentes.

Pour Lafarge, l'objectif premier du groupe est externe : il est, par une démarche proactive s'appuyant notamment sur un dialogue instrumenté et des partenariats avec différents *stakeholders* (riverains, ONG, institutions internationales, autorités locales, etc.), de conforter une image de pionnier du développement durable et d'anticiper et de traiter en amont les risques de controverse qui sont liés à ces activités (pollutions, valorisation des déchets en cimenterie, etc.). À travers ces actions, le groupe espère attirer de nouveaux investisseurs et nouer des relations de confiance avec ses principaux *stakeholders* (pouvoirs publics, riverains, etc.) : condition nécessaire au développement international du groupe.

Pour Monoprix, l'objectif principal consiste à associer étroitement développement durable, politique de communication et politique commerciale en rendant visibles les engagements de Monoprix au niveau de l'offre de produits et de services (Monoprix Vert, Bio, commerce équitable, livraisons à domicile, etc.) et par les actions de solidarité et d'animation conduites dans les magasins. À travers ces actions, soutenues par une politique de communication active, l'entreprise cherche à faire de l'implantation en centre-ville, qui peut apparaître, à première vue, comme un handicap (difficultés de stationnement, coûts d'approvisionnement élevés), un avantage par rapport à ses concurrents (concept de *citymarché idéal* qui combine une offre de produits durables, l'insertion des magasins dans les projets de ville durable, les dimensions architecturales et la conception des magasins et une politique de réduction des impacts environnementaux).

Ces différentes démarches montrent les formes variables de problématisation du développement durable dans les entreprises. À cet égard, il n'existe pas une liste identifiée de thèmes sur lesquels les entreprises devraient se positionner. Cette liste est non seulement variable d'une entreprise à l'autre, mais elle n'est pas bornée *a priori* dans la mesure où les entreprises peuvent identifier de nouveaux objets de gouvernement (ex. : le sida) qui étaient jusque-là en dehors de leur champs d'action traditionnel. Au sein d'une entreprise, cette liste peut évoluer dans les entreprises au fil du temps, en fonction des apprentissages collectifs et des lacunes identifiées. Ainsi, parmi les entreprises étudiées, le développement durable n'est réellement intégré dans la conception et l'innovation de produit que chez Monoprix. Cependant, ce thème a été identifié par Lafarge et Arcelor comme un enjeu crucial de leur politique de développement durable, et ces entreprises cherchent à élaborer et à mettre en place des démarches en la matière[2].

Si nous avons souligné des différences dans la sélection des enjeux et dans le type de problématisation opérés par les entreprises, les processus de concrétisation à l'œuvre présentent plusieurs points de convergence.

La gestion des stakeholders comme modèle de représentation et comme enjeu managérial

Deuxième point : l'omniprésence de la question des « parties intéressées » *(stakeholders)*. Ce thème se concrétise d'abord dans la représentation de l'entre-

2. Depuis 2003, Lafarge a initié des réflexions pour structurer une démarche en matière de « construction durable » qui associe les différentes branches et les différents métiers de l'entreprise.

prise vis-à-vis de son environnement. Selon cette représentation, l'environnement de l'entreprise n'est plus représenté comme un ensemble unifié et organisé autour de quelques pôles stables (les marchés et les institutions), mais comme un ensemble fragmenté et constitué de relations multiples et hétérogènes avec différents *stakeholders*. Dans cette perspective, l'une des fonctions des rapports de développement durable consiste à effectuer la cartographie la plus précise possible de ces différentes relations. Le rapport ne consiste plus seulement à « rendre compte » mais devient également un outil pour engager un dialogue avec les *stakeholders*. Des cabinets conseil comme Utopies en France ou SustainAbility au Royaume-Uni ont structuré leur offre de conseil aux entreprises selon cette approche.

Mais les relations avec les *stakeholders* se posent aussi comme enjeu managérial pour les entreprises. Anticiper et traiter les risques de controverses environnementales (pollutions, accidents industriels, etc.) et sociales (restructurations, etc.), apporter des solutions à des problèmes complexes et transversaux (la gestion du sida, la traçabilité des fournisseurs, etc.), participer aux agendas 21 locaux, dialoguer avec les fonds éthiques, tout cela implique de développer des relations avec une variété de *stakeholders*, parfois nouveaux (riverains, associations, ONG, institutions internationales, collectivités locales, agences de notations, fonds éthiques, etc.). Développer des relations avec des groupes d'acteurs qui sont parfois réticents à l'égard de l'entreprise est loin d'aller de soi. Pour surmonter la défiance initiale des parties intéressées, il est essentiel pour l'entreprise de donner des gages d'ouverture, de transparence et de volontarisme. D'où la multiplication des engagements volontaires, des instances de concertation et des actions de communication qui visent un objectif: la confiance des *stakeholders* – condition indispensable à l'établissement de relations, voire de partenariats. Une fois les contacts établis, nous avons vu comment les entreprises étudiées (Lafarge, Monoprix, Accor notamment) essayaient d'instrumenter et de pérenniser ces relations à travers différents dispositifs (chartes, contrats souples : agendas 21, instances de concertation, outils de *reporting*, etc.).

On retrouve, dans ces multiples démarches de l'entreprise, les trois dimensions de la théorie des *stakeholders* présentée par Donaldson et Preston (1995): la fonction descriptive (cartographier les relations), la fonction instrumentale (les gérer) et la fonction normative (définir et justifier les engagements de l'entreprise vis-à-vis de ces *stakeholders*).

Des démarches entre continuité et changement

Troisième point : l'inscription des discours et des pratiques dans l'histoire des entreprises. Sur le plan des discours, on observe une convergence forte de ces derniers et des documents d'entreprise qui se situent entre continuité et changement. Le registre de la continuité s'appuie sur trois arguments: les entreprises inscrivent leurs démarches de développement durable dans la tradition sociale de l'entreprise (Arcelor, Accor, Lafarge) ; elles mettent en avant l'engagement de leurs dirigeants (Monoprix, Lafarge, Accor, Arcelor) ; elles inscrivent leurs actions locales par rapport aux relations anciennes qu'elles ont développées avec les communautés locales (Accor, Monoprix, Lafarge). Le registre du changement s'appuie sur un argument principal: de nouveaux enjeux émergent pour l'entreprise (le dialogue avec les *stakeholders*, les pollutions globales, les produits verts ou équitables, le sida, la notation sociale, la responsabilité étendue, de nouveaux services), qui justifient la mise en œuvre de nouvelles ingénieries (partenariats avec les ONG, *reporting*, instrumentation) et une évolution des pratiques (développer le dialogue local avec les *stakeholders*, nouvelles pratiques d'achat et de sous-traitance, etc.).

Le développement durable ne saurait relever, en effet, de la génération spontanée ou de la conversion. Ces discours ont un écho d'autant plus fort dans les entreprises étudiées qu'ils s'appuient sur des pratiques en matière sociale et environnementale, progressivement forgées au cours de leur histoire. À cette occasion, les entreprises ont pu expérimenter et mettre en place de nouveaux fonctionnements organisationnels – management participatif, fonctionnement en réseau, reconnaissance de zones d'autonomie locales, ouverture sur l'extérieur, incitations aux initiatives locales – qui constituent des facteurs favorables au déploiement de démarches de développement durable.

Impulser et mettre en exergue des expériences innovantes

Quatrième point : l'expérimentation. Si le discours de la continuité peut être rassurant, il n'est pas toujours de nature à mobiliser les salariés et encore moins à susciter l'adhésion des *stakeholders*. Le discours du changement se concrétise dans les entreprises étudiées par une pédagogie de l'exemple. Il s'agit de stimuler des expérimentations puis de mettre en exergue des expériences innovantes, dont les études de cas que nous avons présentées constituent des exemples. Cinq critères caractérisent ces expériences innovantes :

1) *elles vont au-delà de la réglementation* : que ce soit les actions de Lafarge et d'Arcelor dans le domaine des restructurations ou de la concertation locale, le développement de nouvelles gammes de produits et la signature d'un agenda 21 pour Monoprix, la mise en place d'un *reporting* environnemental chez Accor, ces différentes expériences vont plus loin que le respect (ou l'anticipation) de la loi, qui ne constitue qu'un motif d'agir secondaire ;

2) *elles se démarquent de celles de leurs concurrents* : c'est surtout vrai dans le cas d'Arcelor et de Lafarge-Maroc dans le cas des restructurations, de Lafarge dans le cas du sida ou de Monoprix dans les deux cas étudiés. Dans ces exemples, l'entreprise, par son action pionnière dans son secteur, cherche à imposer une nouvelle pratique de référence qui interpellera leurs concurrents ;

3) *elles ont des retombées pour les* stakeholders : les actions étudiées peuvent concerner une grande variété de *stakeholders* : apprentissages des relations avec les riverains, les ONG, les syndicats et les pouvoirs publics ; acquisition de nouvelles compétences pour les salariés ; reclassement et indemnisation des salariés dans le cas des restructurations, etc.

4) *elles s'inscrivent dans le long terme* : la plupart des cas étudiés s'inscrivent dans la durée : gestion anticipée des restructurations chez Arcelor et chez Lafarge-Maroc ; engagement de Monoprix dans l'agenda 21 de Mulhouse ; politique de lutte contre le sida chez Lafarge ;

5) *elles ne sont pas réductibles à une analyse coûts-avantages* : dans la plupart des cas, une évaluation économique a, bien sûr, été conduite par les entreprises, notamment pour estimer les coûts à engager. Si les coûts peuvent être évalués, avec une plus ou moins grande précision selon les cas, les bénéfices de ces actions sont, en revanche, impossibles à évaluer *ex-ante* : comment évaluer les gains d'une politique en matière de sida ? Quels seront les bénéfices d'une politique socialement responsable en matière de restructuration ? Quels sont les

effets d'une politique de concertation avec les *stakeholders*? Quelle est la rentabilité d'une nouvelle gamme de produits quand le segment de marché correspondant n'existe pas encore (produits verts, bio et commerce équitable au moment de leur lancement par Monoprix)? Ces questions sont, à l'évidence, indécidables d'un point de vue économique, soit parce qu'elles concernent des éléments immatériels (l'image de l'entreprise, le climat social, les compétences, etc.), dont les effets sur la performance de l'entreprise sont très difficiles à évaluer ; soit parce que le caractère inédit de l'expérience fait que les outils classiques du marketing (les études de marché) sont inopérants [3]. Dans les deux cas, la décision de l'entreprise relève d'abord d'un pari stratégique assumé.

Si elles sont ensuite valorisées et parfois étendues par les directions du développement durable, ces expériences s'appuient sur la coopération, voire le plus souvent sur l'initiative d'acteurs locaux. Elles se sont développées dans les espaces d'autonomie reconnus par les directions générales.

Des engagements mesurés et progressifs

Cinquième point : prudence et progressivité des engagements. Il s'agit, pour les entreprises, d'éviter de s'engager inconsidérément sur des objectifs ou des mesures qui ne seraient pas tenus. Cependant, l'exercice d'une responsabilité sociale exige de prendre des risques et d'affirmer des engagements concrets. Critiquée sur le flou de certains objectifs dans son rapport de développement durable en 2001, Lafarge les précise dans le rapport 2002 en présentant des engagements quantifiés dans différents domaines assortis d'un calendrier de réalisation (réhabilitation des carrières, réduction des émissions de CO_2, etc.). Il en est de même pour Monoprix dont le rapport 2002 est beaucoup plus détaillé que le précédent. Accor et Arcelor ont annoncé dans leur rapport 2003 des engagements quantifiés ainsi que plusieurs mesures concrètes. Cette évolution progressive des objectifs s'explique d'abord par le déploiement de nouvelles démarches managériales qui commencent à produire leurs effets aussi bien en termes de connaissance des impacts environnementaux et sociaux des activités de l'entreprise *(reporting)* qu'en termes de gestion des relations avec les *stakeholders* (concertation locale, partenariats avec les ONG, traçabilité sociale et environnementale des fournisseurs, etc.).

4. Fonctions, démarches et partenariats en matière de développement durable

La deuxième question que nous avons formulée porte sur les dynamiques d'action collective à l'œuvre: quelles sont les caractéristiques des nouvelles fonctions du développement durable? Quelles sont les formes des instrumentations et des partenariats qui se mettent en place?

Une nouvelle figure d'acteur: la fonction développement durable

Les quatre entreprises étudiées présentent le point commun d'avoir créé une nouvelle fonction: la direction du développement durable. Parfois, cette direc-

3. Ainsi, le lancement de nouvelles gammes de produits par Monoprix a fait l'objet de débats contradictoires entre le président du groupe et son directeur financier qui n'était pas convaincu par la rentabilité de l'opération.

tion est une extension de la direction des relations extérieures (Lafarge, Monoprix) – confirmant l'importance du dialogue et des relations avec les *stakeholders* –, parfois elle chapeaute la direction de l'environnement (Accor, Arcelor) – soulignant l'importance de cette dimension dans la politique de l'entreprise.

Au-delà de ces différences, ces fonctions partagent trois points communs.

• *Le soutien des dirigeants:* dans ces quatre entreprises, le président du groupe s'est personnellement engagé sur le développement durable, cherchant à en faire un projet d'entreprise. Toutes ont créé un comité de coordination qui associe les principaux directeurs de l'entreprise et qui se réunit périodiquement pour définir les grandes orientations de l'entreprise en matière de développement durable. Dans ce schéma, une division s'opère entre le comité qui est chargé de l'élaboration de la stratégie et la direction du développement durable qui est chargée de sa mise en œuvre opérationnelle, qui instruit les dossiers et alimente les réflexions stratégiques du comité.

• *Responsable développement durable et* risk manager*: deux fonctions distinctes.* Les grands cabinets conseil et d'audit considèrent généralement que le développement durable relève de la gouvernance d'entreprise et assimilent la fonction DD avec celle de *risk manager*. La fonction de *risk management*, du point de vue du conseil, est une fonction parfaitement structurée autour d'outils et de techniques vendus « clés en main ». Il s'agit, dans un premier temps, d'organiser un travail de réflexion collectif dans l'entreprise pour cartographier les principaux risques économiques, financiers, sociaux et environnementaux, puis, dans un deuxième temps, de mettre en œuvre les outils et les démarches d'assurance qualité permettant de les maîtriser. Dans certaines entreprises, comme Arcelor, une direction spécifique y est consacrée. Le *risk management* se fonde sur une vision défensive de l'entreprise, proche de celle véhiculée par la gouvernance d'entreprise: l'entreprise est cernée par des dangers divers et produit elle-même des risques pour les parties intéressées qu'il faut repérer et éliminer par des procédures adéquates. Le développement durable, comme nous l'avons vu à travers les monographies, s'appuie sur une représentation plus large de l'entreprise: celle-ci est aussi productrice de valeur et son action ne se limite pas à des outils et des démarches d'assurance qualité. Ce constat n'est pas forcément facile à admettre pour le conseil dans la mesure où les autres aspects de cette fonction relèvent davantage de l'art du manager que de savoir-faire facilement industrialisables.

• *Un rôle d'animation, de coordination, d'incitation:* en premier lieu, la logique du développement durable dans les entreprises étudiées est fondée sur la mobilisation et l'implication des salariés. Il s'agit davantage d'inciter et d'animer que de prescrire ou de diriger. À défaut d'expertises déjà constituées sur lesquelles s'appuyer, les directions du développement durable essayent de susciter et d'identifier de nouvelles pratiques. Pour relayer leurs actions, les directions du développement durable s'appuient sur des correspondants locaux. Chez Monoprix, le processus va même un cran plus loin puisque l'entreprise a officiellement adopté une organisation matricielle où des correspondants « développement durable » ont été nommés, dans toutes les directions, et à tous les niveaux de l'entreprise, avec une mission non seulement de relais, mais également de sensibilisation de leurs homologues aux objectifs du développement durable. Dans cette optique, les responsables du développement durable sont attentifs à ne pas demander des mesures qui soient interprétées par les salariés comme inutiles ou participant à une bureaucratisation de l'entreprise. Ce risque existe notamment pour tous les aspects liés à la mise en place de nouveaux systèmes de *reporting*. En second lieu, puisque c'est une fonction transversale, ses responsables sont attentifs à ne pas empiéter sur les prérogatives des autres directions métiers concernées (la direction des ressources humaines, de l'environnement, la direction de la communication, etc.). De ce point de vue, la direction du développement durable a un rôle de coordination et d'intégration de ces différentes politiques métiers qui n'est pas toujours facile à mettre en œuvre. Dans cette perspective, les démarches mobilisées sont interactives : à la fois *top-down* (orientations, préconisations) et *bottom-up* (identification et diffusion des « bonnes pratiques »).

Démarches éprouvées et démarches exploratoires : les instrumentations du développement durable

Le point commun à toutes les entreprises étudiées est la multiplicité des démarches managériales associées au développement durable. Les cas étudiés mettent en évidence la grande variété des démarches, des tactiques et des outils utilisés.

Les fonctions développement durable mobilisent, en interne, toute la gamme des méthodes déjà éprouvées dans l'entreprise : depuis la gestion de projet pour mobiliser les opérationnels sur un thème, un calendrier et des objectifs quantitatifs précis (ex. : la réhabilitation des carrières chez Lafarge), en passant par le *benchmark* – c'est-à-dire une comparaison structurée des performances de deux (ou plusieurs) unités –, l'assurance qualité, le *reporting*, les tableaux de bord, les plans de progrès, les certifications et les audits, les *task forces*, etc. Tous ces outils nous ont été mentionnés. Nous avons pu en étudier certains de plus près. Ils ont fait leurs preuves dans le cadre de grandes organisations, comme celles que nous avons étudiées, pour mobiliser et faire converger un travail collectif (gestion de projet, *task force*), recueillir et compiler des informations (tableaux de bord, *reporting*, systèmes d'information, *knowledge management*), engager des démarches de progrès continu (assurance qualité, certification), évaluer et comparer des actions locales (audit, certification, *benchmark*). Mais ils ne remplacent pas la réflexion stratégique préalable et ne garantissent, en aucune mesure, l'adhésion des salariés.

À côté de cette première catégorie d'outils, il faut souligner l'originalité de certaines démarches utilisées par les entreprises. Citons, en particulier, l'émergence de nouvelles ingénieries (ex. : l'instrumentation du dialogue avec les *stakeholders*, la construction de nouvelles filières du commerce équitable, la prise en charge du sida, la construction des règles de fonctionnement d'un comité d'entreprise européen, la construction de partenariats « hybrides », etc.) et le développement de partenariats multipartites ou de partenariats avec les ONG. Ces ingénieries se déploient sur de nouveaux champs d'investigation, à la frontière des activités traditionnelles de l'entreprise, où il n'existe pas encore de compétences et d'outils sur lesquels l'entreprise pourrait s'appuyer. Ces nouveaux champs d'action sont transversaux aux métiers et aux activités de l'entreprise ; ce qui nécessite la mobilisation de partenaires et de réseaux d'acteurs. Dans ces conditions, les démarches impulsées par les entreprises ont un caractère collectif et exploratoire : elles s'appuient sur des réseaux et des partenariats divers, leurs objectifs et les moyens mis en œuvre évoluent progressivement à travers des « apprentissages croisés » entre acteurs (Hatchuel, 1996).

Partenariats d'exploration avec les ONG

Dans ce contexte, les partenariats avec les ONG font l'objet de débats contradictoires. Pour Lafarge et Accor, c'est le gage de l'ouverture et de la transparence de l'entreprise et le moyen de bénéficier de compétences que les entreprises ne détiennent pas. Lafarge a conclu un contrat cadre avec WWF sur différents sujets environnementaux (la réhabilitation des carrières, les émissions de CO_2, la politique des déchets, etc.). Ce partenariat ambitieux a fait l'objet d'une préparation minutieuse et de nombreux contacts bilatéraux avant d'être officialisé. Un autre partenariat a été conclu, après une longue négociation, avec Care pour la gestion du sida en Afrique (voir l'étude de cas). Accor a engagé, depuis plusieurs années, de nombreux partenariats avec différentes ONG (voir le cas Accor). Monoprix coopère également depuis cinq ans avec Max Havelaar pour développer de nouvelles filières de produits issus du commerce équitable.

La difficulté de ces partenariats tient à l'hétérogénéité des acteurs en présence et des objectifs qu'ils poursuivent. Ce type de partenariat est, en effet, autant porteur de risques – liés aux comportements mal connus des partenaires – que d'opportunités, difficiles à identifier *a priori*. Dans ces conditions, pour reprendre l'analyse de Blanche Segrestin (2003), les enjeux de « cohésion » (définition d'un but commun, partage de la valeur, gestion des risques) se posent d'emblée comme essentiels par rapport à ceux de « coordination » (division du travail, gestion de projet), souvent prédominants dans les partenariats interentreprises plus classiques. Il en résulte des formes de couplage cohésion-coordination particulières où la phase d'avant-contrat, dans laquelle se négocie le cadre de légitimité de la future relation, est cruciale. On constate que ces partenariats d'exploration revêtent des formes qui diffèrent des partenariats interentreprises traditionnels : d'abord il n'y est pas question de mener des activités à but lucratif, mais de partager des connaissances, de conduire des actions communes en vue d'objectifs sociaux, environnementaux ou sociétaux, au départ mal spécifiés. Afin d'éviter les conflits éventuels, les engagements réciproques sont limités et réversibles. Dans le cas du partenariat Lafarge-WWF, cela va même plus loin puisque chaque partenaire peut continuer à exercer publiquement son droit de critique envers l'autre.

5. Le développement durable face aux injonctions contradictoires du management

La troisième question que nous avons posée en introduction porte sur les injonctions contradictoires auxquelles se heurtent les démarches de développement durable dans les entreprises. La gestion des entreprises se caractérise, en effet, par la sédimentation de démarches et d'outils introduits à des époques différentes et selon des logiques distinctes. Les cas que nous avons étudiés confirment ces difficultés.

L'introduction de systèmes de *reporting* sociaux et environnementaux se heurte à la fois à l'engorgement des opérationnels et aux critères financiers sur lesquels ils sont encore prioritairement jugés. Le déploiement de nouvelles démarches ou de nouvelles gammes de produits dont la rentabilité n'est pas démontrée suscite des débats internes, parfois virulents, avec les tenants d'une logique financière qui n'en voient pas toujours l'intérêt et qui fixent des contraintes budgétaires. Autre exemple : la révision des cahiers des charges des achats pour introduire une sélection et une traçabilité des sous-traitants sur les dimensions environnementales et sociales (Arcelor, Accor, Monoprix). Du point de vue du développement durable et de la minimisation des risques, cette nouvelle politique des achats est un enjeu prioritaire. Sa mise en œuvre est pourtant loin d'être simple car elle implique un changement de cap profond par rapport aux pratiques antérieures d'externalisation qui consistaient à déléguer à un fournisseur (ou un partenaire), sélectionné par rapport à un cahier des charges fonctionnel et en fonction de son prix, un ensemble de services ou de fonctions à réaliser. La mise en place de cette nouvelle politique d'achats suppose à la fois d'accepter de nouveaux compromis – écarter un fournisseur qui ne respecterait pas les critères du développement durable même s'il est moins cher que ses concurrents – et de revenir sur le principe de la délégation en renforçant les procédures de contrôle et traçabilité, y compris chez les fournisseurs de rang 2 et plus. Le paradoxe est alors que l'exercice de la responsabilité sociale et environnementale des grands groupes peut se faire au détriment de la liberté des fournisseurs. Dans la mise en œuvre de ces différentes démarches, il semble que les directions du développement peuvent compter, en cas d'arbitrage, sur le soutien des dirigeants.

Ces constats demandent toutefois à être confirmés dans la durée. Il s'agit, en particulier, d'étudier si la mise en œuvre de ces démarches suscite l'adhésion, l'indifférence ou le rejet des salariés et des fournisseurs, et dans quelle mesure elles résistent dans le temps à la logique économique et d'éventuelles difficultés conjoncturelles.

6. Des syndicats en retrait, des directions des ressources humaines prudentes

Le second point de tension concerne la participation des partenaires sociaux traditionnels (syndicats et direction des ressources humaines) aux politiques de développement durable engagées par les entreprises. Les monographies réalisées mettent en évidence que le développement durable a suscité, dans un premier temps, le scepticisme des syndicats. Ils ont pu avoir le sentiment d'être noyés parmi un ensemble de *stakeholders* alors qu'ils détenaient en Europe jusque-là le monopole de la représentation des salariés sur les questions sociales. Le deuxième sujet de grief, semble-t-il, est lié au constat que le développement durable est perçu comme synonyme d'internationalisation qui se traduit, dans les grands groupes étudiés – Arcelor, Lafarge, Accor –, par un désengagement progressif des pays européens au profit d'investissements sur d'autres continents. *A contrario*, les fédérations syndicales européennes et internationales semblent constituer de nouveaux interlocuteurs des directions du développement durable. Des contacts ont déjà été pris dans ce sens par les entreprises que nous avons étudiées (voir les monographies Arcelor et Accor). En présence de ces évolutions qui interrogent leur place et leur rôle, on observe cependant l'émergence de réflexions au niveau confédéral qui visent à reconstruire une nouvelle doctrine d'action pour les syndicats sur le plan national [4].

Les directions des ressources humaines sont également prudentes sur la question du développement durable. Habituées à négocier dans un cadre juri-

4. La signature par les syndicats nationaux d'accords de responsabilité sociale dans des groupes internationaux (ex. : Renault en 2004, Rhodia et EDF en janvier 2005, etc.) atteste de cette évolution.

dique et conventionnel délimité et contraignant, elles sont attentives aux engagements pris par l'entreprise, en particulier aux risques juridiques et aux conflits sociaux que ces engagements pourraient susciter.

7. Le développement durable : un nouveau champ d'expansion de la stratégie ?

Cette analyse des tenants et des aboutissants du développement durable met en évidence les liens étroits qu'entretient cette nouvelle approche avec la stratégie des entreprises. Précisons en quoi consiste au juste ces liens.

Le développement durable au cœur des rapports actionnaires-managers

Le développement durable est au cœur des rapports actionnaires-managers. Les crises financières récentes ont ébranlé l'un des piliers du système capitaliste : la confiance en la sincérité des comptes de l'entreprise. Cette confiance est également minée par la multiplication des « externalités » (pollutions, accidents industriels, accidents du travail, conflits sociaux et de voisinage, controverses avec les parties intéressées, etc.) qui met en évidence les lacunes des systèmes comptables et financiers et qui se traduit, entre autres, par une augmentation des primes d'assurance. Ces deux constats ont fait toucher du doigt aux actionnaires et aux investisseurs les limites d'une approche exclusivement financière. À cette aune, la mise en œuvre de démarches de développement durable peut contribuer, de leur point de vue, à minimiser la survenue de risques sociaux ou environnementaux et à renforcer l'image de l'entreprise. D'où le succès croissant, notamment outre-Atlantique, des fonds éthiques (voir première partie).

Cela ne signifie pas pour autant que les dirigeants d'entreprise ont toutes marges de liberté pour conduire une politique de développement durable. Comme nous l'avons vu, les pratiques des entreprises tendent à être encadrées de plus en plus par des règles et des dispositifs (ex. : la GRI), activement soutenus par des prescripteurs.

Le renforcement d'une identité d'entreprise et la construction d'une image de groupe

Le développement durable dans les entreprises étudiées est davantage que la somme des actions conduites par les entreprises dans le domaine social, environnemental et sociétal. Deux autres enjeux apparaissent comme essentiels dans les cas étudiés : le renforcement d'une identité commune au sein de l'entreprise ; la construction d'une image de groupe, différentes de celle des marques et des sociétés.

Le renforcement d'une identité d'entreprise : les entreprises étudiées affichent, de longue date, des valeurs et des principes, qui sont parfois consignés dans des chartes et des guides (voir les monographies Accor et Lafarge) et qui sont réaffirmés périodiquement par leurs dirigeants. Ces éléments visent à susciter ce que l'on a coutume d'appeler une « culture d'entreprise ». Toutefois, les membres des organisations se renouvellent, leurs aspirations évoluent, les valeurs de la société se transforment. Pour Lafarge, Accor, Arcelor et Monoprix, entreprises qui se sont développées rapidement, par croissance interne et externe, l'intégration des nouveaux salariés requiert un discours modernisé et l'affirmation de nouvelles valeurs qui, sans rompre avec les traditions de l'entreprise, entrent en résonance avec les débats de société actuels et permettent de susciter l'adhésion des salariés dans des contextes géographiques et culturels différents.

Plus généralement, on assiste à une crise de confiance des salariés envers l'entreprise comme l'attestent les enquêtes qui indiquent un malaise croissant, y compris chez les cadres. Il apparaît notamment que la loyauté, l'implication et la responsabilité, valeurs fortement valorisées dans les années 1980, sont éventuellement perçues comme des valeurs positives à condition qu'elles soient associées à d'autres finalités que la recherche du seul profit. De ce point de vue, un discours sur le développement durable, notion élastique, permet d'afficher d'autres finalités (la transparence, le dialogue, la protection de l'environnement, etc.) et de montrer que l'action des entreprises et de ses salariés peut y contribuer. Un tel discours vise à reconstruire le sentiment d'identification des salariés à l'entreprise autour d'une idée simple: l'entreprise est, par ses actions, productrice de liens sociaux. Dans cette perspective, les rapports de développement durable sont autant destinés aux salariés qu'aux *stakeholders* externes. Mais au-delà des intentions, qu'en est-il des effets réels? Constate-t-on, à travers ces démarches de développement durable, une adhésion plus forte des salariés? Il faudrait, pour cela, réaliser des enquêtes internes. Le pari est loin d'être gagné d'avance. Sa réussite dépendra notamment de la capacité des entreprises à concrétiser leurs engagements à tous les niveaux et dans toutes les actions de l'entreprise.

La construction d'une image de groupe: à l'exception de Monoprix, une caractéristique commune à Arcelor, Lafarge et Accor est qu'il s'agit de multinationales, constituées de plusieurs sociétés et marques. Pour ces groupes, l'un des enjeux du développement durable est de construire une image de groupe, différente de celle des marques et des sociétés, que les investisseurs, les salariés et les pouvoirs publics reconnaissent et valorisent. Les échecs à répétition de nombreuses fusions et acquisitions ont échaudé les investisseurs et les marchés financiers vis-à-vis des logiques purement financières. Les groupes étudiés tentent de se différencier de cette logique en cherchant à démontrer comment une démarche d'entreprise transversale peut contribuer à créer une cohésion et renforcer l'intégration au sein de ces groupes. On sait l'importance de l'image de marque dans la construction d'un *goodwill* qui peut représenter une part conséquente de la valorisation boursière des entreprises. Mais on sait aussi qu'une image de groupe, fondée sur la réputation, se construit pas à pas dans la durée ; ce qui implique une continuité de l'action et des engagements des entreprises, quelles que soient les vicissitudes rencontrées.

8. La reconfiguration des découpages traditionnels et l'émergence de nouveaux champs d'action

Un autre aspect du développement durable dans l'entreprise est le caractère transversal des démarches engagées par rapport aux découpages fonctionnels de l'entreprise. En débordant des cadrages traditionnels, ces démarches contribuent à reconfigurer les champs que l'on a coutume d'appeler le social ou l'environnement. Ainsi, les actions par Lafarge et Arcelor en matière de dialogue avec les riverains dépassent les compétences et le champ d'intervention traditionnel d'un service environnement, souvent cantonné à une approche technique et réglementaire des problèmes d'environnement. Cette évolution de fond devrait conduire les entreprises à réviser progressivement les missions et les compétences de leurs services environnement dans le sens d'une ouverture aux *stakeholders* par des actions de concertation et de communication appropriées. Autre exemple : la négociation des agendas 21 avec les collectivités locales ne rentre pas non plus, *a priori*, dans les compétences d'un directeur de magasin. De même, la conduite des projets de restructuration menés par Lafarge-Maroc ou Arcelor qui déborde du cadre d'intervention et des compétences des directions des ressources humaines. La répétition des processus de restructuration en fait un nouveau champ d'action et d'expertise pour ces grandes entreprises. De même, la gestion du sida dans une entreprise comme Lafarge dépasse les compétences du service hygiène, santé et sécurité. Cette question déborde même du cadre de l'entreprise. Elle requiert la mise en place d'actions coordonnées entre l'entreprise, les réseaux médicaux et les pouvoirs publics. Ces deux derniers exemples soulignent à la fois l'émergence de nouveaux « objets de gouvernement » pour les entreprises et une reconfiguration du champ du social dans l'entreprise, dont la gestion doit, sur certaines dimensions, faire l'objet d'une approche collective et transversale.

Ces exemples sont non seulement transversaux par rapport aux métiers de l'entreprise mais également par rapport aux découpages réglementaires et juridiques. Ainsi, le droit social ne couvre, en matière de restructuration, qu'un tout petit volet d'un processus qui revêt de multiples dimensions : économiques, sociales, politiques, psychologiques, etc.

9. Un terrain d'expression de « l'art du manager » ?

Les enjeux émergents et les nouveaux champs d'action que nous venons de présenter sont rétifs à la quantification et au « prêt à penser ». La conduite de ces processus d'exploration relève davantage de « l'art du manager ». Les méthodes, les outils et les compétences sont à inventer. Dans la plupart des cas étudiés, les managers se sont engagés pour explorer ces questions et en superviser le déroulement.

S'ils s'investissent personnellement dans des processus risqués, peu spécifiés et aux bénéfices incertains, c'est non seulement parce que les enjeux sont jugés importants mais aussi, nous semble-t-il, parce que les actions engagées sont compatibles avec leur éthique personnelle. En d'autres termes, il y a dans la construction d'une politique de développement durable des motifs qui dépassent le cadre d'une explication fonctionnaliste.

10. Les engagements volontaires, l'action publique et les normes de marché

L'un des enjeux sous-jacents à de nombreuses démarches mises en œuvre par les entreprises a trait à l'action publique et à la production de référentiels « privés » de développement durable. En effet, si les entreprises s'engagent de façon volontaire dans un certain nombre d'actions (*reporting* environnemental, gestion responsable des restructurations, sida, etc.), c'est aussi pour montrer aux pouvoirs publics qu'il n'est pas nécessaire, en la matière, de réglementer.

Ces actions sont également destinées, indirectement, aux prescripteurs qui essayent de définir les futurs référentiels des marchés du développement durable. À la recherche des « meilleures pratiques » d'entreprise en matière de développement durable, ces acteurs scrutent avec intérêt les démarches des entreprises. Pour ces dernières, l'enjeu est d'apparaître comme le pionnier dans son secteur, d'être en mesure d'influencer les futures normes sectorielles du développement durable. Pour comprendre les débats en jeu, revenons sur les acteurs, les stratégies et les dispositifs dans lesquels ces normes sont discutées.

Stratégies d'acteurs et rapports de prescriptions réciproques

Un référentiel n'est jamais neutre. Il n'indique ni le vrai, ni le juste. C'est une convention dont nous avons montré qu'elle était le résultat de compromis entre différentes stratégies d'acteurs. Ces référentiels ont des effets structurants sur les démarches des entreprises. Ils visent à prescrire aux entreprises des actions à conduire et d'autres à éviter.

Les entreprises ne sont pas pour autant démunies par rapport à ces dynamiques de normalisation. Elles font partie du jeu et sont activement engagées, pour certaines, dans la négociation de ces normes. Leur influence s'exerce par la mise en exergue directement ou indirectement, *via* les consultants, de « bonnes pratiques », qui peuvent être traduites sous forme de norme ou d'indicateur. Ces stratégies de pionnier sont bien connues et ont été notamment analysées dans le domaine des politiques environnementales (voir Gabel, 1995 ; Aggeri, 2000). Les cas que nous avons présentés montrent la participation active des entreprises à l'élaboration de ces normes.

À cet égard, les entreprises ne subissent pas les normes imposées par le marché, pas plus que le processus de normalisation n'est détourné par les intérêts des entreprises. Le processus à l'œuvre n'est ni descendant, ni ascendant, ni polarisé par un acteur particulier. Il s'agit, au contraire, d'un processus dynamique, interactif et multipolaire qui est structuré à travers des rapports de prescription réciproques et des processus d'apprentissages croisés (Hatchuel, 1996). Ces analyses rejoignent l'analyse de Foucault qui mettait en avant, dans ces travaux sur la « gouvernementalité » (Foucault, 1976), une évolution des formes de gouvernement des hommes et des choses dès la fin du XVIIIe siècle ; évolution caractérisée par le primat de la norme sur la loi, par l'émergence d'un « pouvoir capillaire » – par opposition au pouvoir central – s'appuyant sur une série de nouveaux savoirs (statistiques, démographie, économie, etc.) et de dispositifs techniques, réglementaires et administratifs et par la prééminence du gouvernement sur toute autre forme d'activité. Pour Foucault, le gouvernement doit être entendu non pas comme une activité réservée à un acteur institutionnel particulier – le Gouvernement –, mais comme une activité générique qu'il définit comme le processus de « conduite des conduites » (Foucault, 1984) dans laquelle se combinent rapports de pouvoir et relations de savoir. Dans cette perspective, gouverner est un processus interactif où chaque acteur cherche, par ses actions et ses prises de position, à influencer les représentations et les actions de l'autre.

Cette approche est utile pour comprendre la formation de nouveaux espaces d'action collective de la responsabilité sociale des entreprises. Dans cet espace, il n'existe, en effet, ni grand Architecte ni lieu unique de production des normes, mais une multiplicité de réseaux d'acteurs, de lieux d'échange et de dispositifs d'action collective. Le constat vaut aussi bien au sein des grands groupes que nous avons étudiés, où la coordination de l'action collective est loin d'aller de soi, qu'au sein des forums dans lesquels se débattent les normes du développement durable. La dynamique de ces réseaux et de ces dispositifs s'appuie sur et se nourrit, comme nous l'avons montré tout au long de ce livre, des expérimentations, des démarches et des instruments mis en œuvre par les entreprises et par des collectifs d'acteurs (entreprises, ONG, consultants, etc.). Les dispositifs gestionnaires (instruments, normes d'évaluation, techniques managériales, etc.) que nous avons étudiés dans les entreprises ne visent pas seulement à conformer le comportement des acteurs à des normes. Ils visent aussi d'autres objectifs: « mettre en visibilité », classer des actions, synthétiser de nouvelles expériences et guider des processus d'exploration. Bref, ils visent à créer les conditions d'un apprentissage collectif. L'apprentissage collectif ne s'oppose pas, dans cette perspective, à l'existence de jeux stratégiques. Il n'y aurait pas deux visions du monde qui seraient irréductibles: l'une angélique – les acteurs apprennent ensemble –, l'autre pessimiste – le monde ne serait que rapports de force. Mais, dans un contexte de fortes incertitudes comme celui que nous avons décrit, l'une est la condition de l'autre. Sans apprentissages, l'action et la décision sont aveugles et l'exercice de la stratégie s'apparente à une loterie. Explorer pour apprendre est alors le moyen de maîtriser son environnement, de faire émerger de nouvelles expertises et de nouvelles représentations et, *in fine*, d'identifier des options stratégiques. Dans cette phase d'exploration, le jeu est encore ouvert. Ni les actions des entreprises ni le processus de normalisation ne sont encore enfermés dans des trajectoires irréversibles. Cette ouverture laisse une marge de manœuvre aux pionniers mais elle n'implique pas pour autant que toutes les expérimentations soient possibles et souhaitables. L'efficacité et la recherche du profit ne constituant plus des critères de légitimité suffisants, les entreprises doivent aussi faire reconnaître leurs actions et les faire accepter par leurs différents *stakeholders*. Ce sont les efforts à consentir pour reconquérir une légitimité et une place dans la société aujourd'hui contestées.

Conclusion

Ces premières analyses ne prétendent pas décrire de façon exhaustive les formes de concrétisation du développement durable dans les entreprises. Elles sont cependant suffisamment riches pour mettre en évidence quelques tendances fortes qui pourront être testées ailleurs. Premier point: le développement durable se déploie non pas, comme il y a quelques années, dans un petit nombre d'entreprises militantes (Ex.: Ben and Jerry's, The Body Shop, Patagonia, etc.), mais dans de grandes entreprises, totalement intégrées dans le jeu de la mondialisation. Deuxième point: les expériences que nous avons étudiées frappent par leur variété et leur diversité. Certaines prolongent et enrichissent des actions et des savoir-faire déjà constitués, d'autres explorent de nouveaux champs d'action dans lesquels les compétences et les démarches restent à inventer. Autre point marquant: les transformations rapides, en l'espace de quelques années, des actions et des démarches mises en œuvre par les entreprises étudiées. C'est une indication que, dans ces entreprises, le développement durable constitue un nouvel espace d'exploration stratégique sur lequel des moyens importants sont mis en œuvre. Comme nous l'avons montré, cet engagement n'est pas uniquement réactif (répondre aux exigences des marchés et minimiser les risques) mais également proactif (développer de nouveaux produits, construire des relations sereines et durables avec les *stakeholders*, conforter une identité et une image de groupe, s'imposer dans son secteur comme un pionnier du développement durable). Ces évolutions constituent-elles les prémices d'un nouvel esprit du capitalisme [5]? On pourrait l'évoquer et le qualifier si le mouvement de transformation que nous avons analysé prenait de l'ampleur. Mais le risque est grand, dans une phase de rationalisation à venir, que le développement durable se réduise progressivement à des formes appauvries de *risk management* et d'assurance qualité dans lesquelles tout nouvel esprit serait balayé. À cet égard, la façon dont des référentiels de développement durable se structurent actuellement constitue une menace pour ces dynamiques d'exploration.

Sous la pression des marchés, des cabinets d'audit et de conseil, les tentations d'une rationalisation des critères, des méthodes d'évaluation et de certification du développement durable sont grandes. Il nous semble qu'une formalisation trop précoce de référentiels d'évaluation, sous la forme d'une liste de critères trop précis, risquerait d'entraver le processus d'exploration en cours, en se focalisant sur des informations non pertinentes dans certains secteurs ou, à l'inverse, en éliminant de nouveaux champs d'action que certaines entreprises pionnières commencent à investir. De même, une telle rationalisation fait courir le risque d'une bureaucratisation du *reporting* au sein des entreprises, qui pourrait miner les efforts mis en œuvre par les entreprises pour mobiliser leurs salariés dans cette voie. Enfin, si les critères d'évaluation ne font pas l'objet d'un large consensus de la part des principaux *stakeholders* de l'entreprise, il est à parier que les référentiels ne résoudront en rien la crise de légitimité que traverse le système capitaliste.

Plus généralement, on peut se demander si le développement durable est réductible, au stade actuel, à un ensemble d'indicateurs quantitatifs et standardisés. Si les managers se sont engagés personnellement dans ces démarches, n'est-ce pas aussi parce qu'il s'agit, pour eux, d'un nouvel espace de liberté à conquérir ? Si l'un des corollaires de la crise financière est l'émergence des fonds éthiques et de nouvelles régulations, l'autre corollaire est le renforcement des règles du gouvernement d'entreprise : soit une surveillance accrue des managers qui se traduit par un resserrement des règles de contrôle et d'audit et par l'exigence de *business plans* réguliers. Par rapport à ce qui est vécu par les managers comme un contrôle étroit et tatillon, le développement durable constitue un espace d'exploration qui échappe, pour le moment, à cette logique. L'évolution des rapports de prescriptions réciproques entre les entreprises et ces différents prescripteurs, constitue, à cet égard, un sujet d'étude à poursuivre et à approfondir.

5. Selon la formule proposée par Weber (1964, *op. cit.*) et reprise par Boltanski et Chiapello (1999, *op. cit.*).

Glossaire

ADEME : Agence de l'environnement et de la maîtrise de l'énergie

AFNOR : Association française de normalisation

BSI : British Standards Institution

CSR Europe : Corporate Social Responsibility Europe

DRIRE : Direction régionale de l'industrie, de la recherche et de l'environnement

EPE : Entreprises pour l'environnement

SD21000 : Guide réalisé par l'AFNOR, visant à faciliter l'appropriation des enjeux et la construction d'une stratégie de développement durable par les entreprises

GRI : Global Reporting Initiative

ISO : International Organisation for Standardization

ISR : Investissement socialement responsable

ONU : Organisation des Nations unies

OCDE : Organisation de coopération et de développement économiques

OIT : Organisation internationale du travail

Orée : Entreprises et collectivités partenaires pour l'environnement

ORSE : Observatoire sur la responsabilité sociétale des entreprises

PNUD : Programme des Nations unies pour le développement

PNUE : Programme des Nations unies pour l'environnement

RSE : Responsabilité sociale de l'entreprise

Stakeholder: partie intéressée

WBCSD : World Business Council for Sustainable Development

Bibliographie

ABRAMS F.W. (1951), « Management Responsibilities in a Complex World », *Harvard Business Review*, XXIX, 3, mai.

ABRASSART C. et AGGERI F. (2002), « La naissance de l'éco-conception. Du cycle de vie du produit au management environnemental produit », *Responsabilité et environnement, Annales des Mines*, n° 25, janvier.

ACKERMAN R.W. (1973), « How Companies Respond to Social Demands », *Harvard Business Review*, juillet-août, p. 88-98.

ACKERMAN R.W. et BAUER R.A. (1976), *Corporate Social Responsiveness*, Reston, Virginia.

ACQUIER A., AGGERI F. et ABRASSART C. (2004), « How Markets are Embedded in Management: Strategies and Framing Processes in the Field of Corporate Social Responsibility (CSR) », papier présenté au colloque EGOS, Lubljana, Sub-theme 33: Organizing Markets.

ACQUIER A. et GOND J.-P. (2005), « Aux sources de la responsabilité sociale de l'entreprise: (re)lecture et analyse d'un ouvrage séminal: BOWEN H. (1953), *Social Responsibilities of the Businessman*, Working paper – CGS – École des Mines de Paris.

ADEME, ORSE, EPE (2001), *Guide des organismes d'analyse sociétale*, ADEME Éditions, Paris.

ADEME, ORSE, EPE (2003), *Évolutions récentes des organismes d'analyse sociétale. Complément au guide 2001 des organismes d'analyse sociétale*, ADEME Éditions, Paris.

AGGERI F. et HATCHUEL A. (1997), « Les instruments de l'apprentissage. Construction et diffusion d'une expertise recyclage dans la conception automobile », *in* MOISDON J.-C., *Du mode d'existence des outils de gestion*, Seli Arslan, Paris.

AGGERI F. et HATCHUEL A. (1999), « A Dynamic Model of Environmental Policy. The Case of Innovation Oriented Voluntary Agreements », *in* CARRARO C. et LÉVÊQUE F. (éd.), *Voluntary Approaches in Environmental Policy*, Kluwer.

AGGERI F. (2000), « Les politiques d'environnement comme politiques de l'innovation », *Gérer et comprendre*, juin, p. 41-56.

AGGERI F. (2004), « Développement durable et gouvernement de l'environnement: la formation d'un nouvel espace d'action collective », *in* DUMEZ H. (éd.), *Gouverner les organisations*, L'Harmattan, p. 39-97.

AGGERI F. et PALLEZ F. (2003), « Restructurations industrielles et mondialisation: une reconversion aussi pour l'État? », *Politiques et management public*, numéro spécial sur la mondialisation, vol. 21, n° 2, p. 83-100.

AGGERI F. (2004), « Les entreprises françaises et le développement durable », *Regards sur l'actualité*, numéro spécial sur la France et le développement durable, La Documentation française, juin-juillet.

AGGERI F. (2005), « Les nouveaux régimes de gouvernementalité dans le domaine de l'environnement », *in* HATCHUEL A. et PEZET E. (éd.), *Organiser après Foucault*, Presses universitaires de Laval.

ALBERT M. (1991), *Capitalisme contre capitalisme*, Seuil, Paris.

ALBERT M. (2003), « Une nouvelle économie sociale de marché? », *Futuribles*, juin, p. 5-19.

BAUER R.A. et FENN D.H. (1973), « What is a Corporate Social Audit? », *Harvard Business Review*, janvier-février.

BERRY M. (1983), *Une technologie invisible*, Paris, École polytechnique.

BLACKLER F. (1995), «Knowledge, Knowledge Work and Organizations: An Overview and Interpretation », *Organization Studies*, 16/6, p. 1021-1046.

BOASSON C. (2002), « La responsabilité sociale des entreprises », *Entreprise et personnel/CSR Europe*, cahier.

BOATRIGHT J.R. (1994), « Fiduciary Duties and the Shareholder Management Relation: Or, What's So Special About Shareholders? », *Business Ethics Quarterly*, 4.

BOIRAL O. (2000), « Vers une gestion environnementale des entreprises », *Revue française de gestion*, janvier-février.

BOLTANSKI L. et CHIAPPELLO E. (1999), *Le Nouvel Esprit du capitalisme*, Gallimard.

BOUDÈS T., CHARUE F., GAREL G, JOUINI B.M.S., KESSELER A. et MIDLER C. (1996), « Du management de projet aux nouvelles rationalisations de la conception », *Cahier du CRG*, n° 13.

BOULLET D. (1999), « Entreprises et environnement en France de 1960 à 1990 », *Histoire contemporaine*, Paris X-Nanterre.

BOWEN H.R. et LADD (1995), « Opinion Pulse» *The American Enterprise*, janvier-février.

BOWEN H. R. (1953), *Social Responsibilities of the Businessman*, New York, Harper & Brothers.

BRAUD M. (2002), « Les acteurs sociaux européens, l'emploi et la montée du chômage en Europe», *Chroniques internationales de l'IRES*, n° 69, septembre, p. 46-54.

BRAUDEL F. (1979), *Civilisation matérielle, économie et capitalisme*, tomes 1, 2, 3, Armand Colin.

BRUCY G. (2000), « Le système français de la formation professionnelle: mise en perspective historique », *Entreprises et histoire*, n° 26, p. 45-62.

BRUNSSON N. (1982), « The Role of Irrationality in Organizations », *Strategic Management Journal*.

BUCHHOLZ R.A. (1982), *Business Environment and Public Policy*, Englewood Cliffs, NJ, Prentice-Hall.

CALKINS R.D. (1946), «Objectives of Business Education », *Harvard Business Review*, octobre, p. 46-54.

CALLON M., LASCOUMES P. et BARTHE Y. (2001), *Agir dans l'incertain. Essai sur la démocratie technique*, Seuil.

CALLON M. (1999), « La sociologie peut-elle enrichir l'analyse économique des externalités? Essai sur la notion de cadrage-débordement », *Innovations et performances. Approches interdisciplinaires*, Paris, Éditions de l'École des hautes études en sciences sociales.

CAPRON M. et QUAIREL-LANOIZELÉE F. (2004), *Mythes et réalités de l'entreprise responsable. Acteurs, enjeux, stratégies*, Paris, La Découverte.

CARROLL A.B. (1979), « A Three Dimensional Conceptual Model of Corporate Performance », *Academy of Management Review*, 4(4), p. 497-505.

CARROLL A.B. (1991), « The Pyramid of Corporate Social Responsibility: Toward the Moral Management of Organizational *Stakeholders* », *Business Horizons*, juillet-août, p. 39-48.

CARROLL A.B. (1999), « Corporate Social Responsibility. Evolution of a Definitional Construct », *Business ans Society*, 38, p. 268-295.

CARSON R. (1962), *Silent Spring*, Boston, Houghton Mifflin.

CAZÈS G. et LANQUAR R. (2001), *L'Aménagement touristique et le développement durable*, PUF, Paris.

CHANDLER A. (1988), *La Main visible des managers*, Economica.

CHARAN R. et FREEMAN R.E. (1979), « *Stakeholders* Negociations: Building Bridges with Corporate Constituents », *Management Review*, novembre, p. 8-13.

CHARVOLIN F. (2003), *L'Invention de l'environnement en France. Chronique anthropologique d'une institutionnalisation*, La Découverte.

CHATRIOT A. (2002), *La Démocratie sociale à la française. L'expérience du Conseil national économique 1924-1940*, Paris, La Découverte.

CHEIT E. F. (1991), « Coming of Middle Age in Business and Society », *California Management Review*, hiver.

CLARK J. M. (1916), « The Changing Basis of Economic Responsibility », *The Journal of Political Economy*, 24(3), p. 209-229.

CLARKSON M. B. E. (1995), « A Stakeholder Framework for Analysing and Evaluating Corporate Social Performance », *Academy of Management Review*, 20(1), p. 92-117.

COCHRAN P.L. et WOOD D.J. (1985), « Corporate Social Responsibility and Financial Performance », *Academy of Management Journal*, 27.

COLASSE B. et PAVÉ F. (2003), « Entretien avec Bertrand Collomb, président du groupe Lafarge », *Gérer et comprendre*, mars, p. 4-13.

Comité 21 (2002), Entretien avec Bertrand Collomb, président du groupe Lafarge.

CROZIER M. et FRIEDBERG E. (1977), *L'Acteur et le système. Les contraintes de l'action collective*, Le Seuil.

CYERT R. et MARCH J. (1963), *A Behavioral Theory of the Firm*, Prentice Hall.

DAUDIGEOS T. (2004), « Des instituts de normalisation en quête de légitimité et de profit: étude comparée du travail des instituts anglais et français de normalisation sur le cas du développement durable », mémoire de DEA, Sciences Po.

DAVID A. (1998), « Outils de gestion et dynamique du changement », *Revue française de gestion*, septembre-octobre, p. 44-59.

DAVID R.K. (1949), « Business Responsibilities in an Uncertain World », *Harvard Business Review*, 27, 3 mai.

DAVIS K. (1960), « Can Business Afford to Ignore Social Responsibilities? », *California Management Review*, 2 (3).

DAVIS K. (1973), « The Case for and against Business Assumptions of Social Responsibilities », *Academy of Management Journal*, 16(2), p. 312-322.

DÉJEAN P. et GOND J.-P. (2004), « La responsabilité sociétale des entreprises : enjeux stratégiques et méthodologies de recherche », *Finance-Contrôle-Stratégie (FCS)*, vol 7(1), p. 5-31.

DÉJEAN F., GOND J.-P. *et al.* (2004), « Measuring the Unmeasured: An Institutional Entrepreneur Strategy in an Emerging Industry », *Human Relations*, 57(6), p. 741-764.

DIERKES M. et BERTHOIN ANTAL A. (1986), « Whither Corporate Social Reporting : Is it Time to Legislate ? », *California Management Review*, 28 (3).

DI MAGGIO P.J. et POWELL W.W. (1983), « The Iron Cage Revisited : Institutional Isomorphism and Collective Rationality in Organizational Fields », *American Sociological Review*, 48, avril, p. 147-160.

D'IRIBARNE P. (1997), « Les ressources imprévues d'une culture », *Gérer et comprendre, Annales des Mines*, juin, p. 16-31.

DJELIC M.L. (1998), *Exporting the American Model : The Postwar Transformation of the European Business*, Oxford University Press.

DONALDSON T. (1999), « Making Stakeholder Theory Whole », *Academy of Management Review*, 24(2), p. 237-241.

DONALDSON T. et PRESTON L.E. (1995), « The Stakeholder Theory of the Corporation : Concepts, Evidence, and Implications », *Academy of Management Review*, 20, n° 1.

DONALDSON T. et PRESTON L.E. (1995), « The Stakeholder Theory of the Corporation : Concepts, Evidence and Implications », *Academy of Management Review*, vol. 20, n° 1, p. 65-91.

DONHAM W. B. (1927), « The Emerging Profession of Business », *Harvard Business Review*, 5(4).

DRUCKER P. F. (1954), *The Practice of Management*, Paris (version française, 1957), Éditions d'Organisation.

DUBIGEON O. (2002), *Mettre en pratique le développement durable*, Eyrolles.

DUBOIS L. (1988), *Lafarge-Coppée : 150 ans d'industrie. Une mémoire pour demain*, Paris, Belfond.

DUFOUR C. et HEGE A. (2001), « Congrès de la fédération européenne de la métallurgie », *Chroniques Internationales de l'IRES*, n° 69, mars, p. 1-6.

DUMEZ H. et JEUNEMAITRE A. (2000), *Understanding and Regulating the Globalisation of a Market : the Cement Case*, Londres, McMillan Press.

EBERSTADT N. (1977), « What History Tells us about Corporate Responsibilities ? », *Managing Corporate Social Responsibility*, CARROLL A.B., Boston, Little, Brown.

EELS R. et WALTON C. C. (1961), *Conceptual Foundations of Business*, Homewood Ill., Richard D. Irwin.

ELKINGTON J. (1980), *The Ecology of Tomorrow's World*, Associated Business Press, Londres.

ELKINGTON J. et HAILES J. (1988), *The Green Consumer Guide*, Victor Golancz, Londres.

ELKINGTON J. (1994), « Towards the Sustainable Corporation : Win-Win-Win Business Strategies for Sustainable Development », *California Management Review*, hiver.

ELKINGTON J. (1997), *Cannibal with Forks*, Capstone Publishing.

ELKINGTON J. et FENNELL S. (1998), « Partners for Sustainability », *GMI*, hiver, p. 48-60.

EMSHOFF J.R. et FREEMAN R.E. (1978), « Stakeholder Management », Working paper from the Wharton Applied Research Center.

EPA (1973), *Managing the Environment*, Washington, USA, EPA-600/5-73-010, novembre.

EPA (1974), *Carrying Capacity in Regional Environmental Management*, EPA 600/5-74-021, février.

EPSTEIN E.M. (1987), « The Corporate Social Policy Process: Beyond Business Ethics, Corporate Social Responsibility, and Corporate Social Responsiveness », *California Management Review*, XXXIX, n° 3, printemps.

EPSTEIN E. M. (2002), « The Field of Business Ethics in the United States: Past, Present and Future [1] », *Journal of General Management*, 28(2), p. 1-29.

ERKMAN S. (1998), *Vers une écologie industrielle*, éditions Charles Léopold.

EWALD F. (1986), *Histoire de l'État providence. Les origines de la solidarité*, Paris, Grasset.

FÉRONE G., D'ARCIMOLES C.H., BELLO P. et SASSENOU N. (2002), *Le Développement durable. Des enjeux stratégiques pour l'entreprise*, Éditions d'Organisation, 325 pages.

FISHER K. et SCHOT J. (1993), *Environmental Strategies for Industry*, Island Press.

FIXARI D., MOISDON J.-C. et WEIL B. (1996), « Former pour transformer : la longue marche des opérations de requalification », *Cahier du CGS*, n° 10.

FOMBONNE J. (2001), *Personnel et DRH. L'affirmation de la fonction personnel dans les entreprises (France, 1830-1990)*, Paris, Vuibert.

FOUCAULT M. (1976), *Histoire de la sexualité*, tome I, « La volonté de savoir », Gallimard, Tel.

FOUCAULT M. (1984), « Interview de Michel Foucault », p. 312-341, *in* DREYFUS H. et RABINOW P., *Michel Foucault: un parcours philosophique*, Gallimard.

FOUCAULT M. (1994), « La gouvernementalité. Cours au Collège de France », *in Dits et Écrits*, volumes 3 et 4, Gallimard.

FREDERICK W.C. (1978), « From CSR1 to CSR2: The Maturing of Business-and-Society Thought » (working paper 1978 – published in 1994), *Business and Society*, 33(2).

FREDERICK W.C. (1981), « Free Market *vs.* Social Responsibility: Decision Time at the CED », *California Management Review*, XXIII (3).

FREDERICK W.C. (1983), « Corporate Social Responsibility in the Reagan Era and Beyond », *California Management Review*, XXV (3, printemps).

FREDERICK W.C.(1986), « Toward CSR3: Why Ethical Analysis is Indispensable and Unavoidable in Corporate Affairs », *California Management Review*, XXVIII(2).

FREDERICK W.C. (1994), « Coda », *Business and Society*, 33(2).

FREEMAN R.E. (1984), *Strategic Management: A Stakeholder Approach*, Pitman.

FREEMAN R.E. (1994), « The Politics of Stakeholder Theory: Some Future Directions », *Business Ethics Quarterly*, 4(4).

FREEMAN R.E. (1999), « Divergent Stakeholder Theory », *Academy of Management Review*, 24(2), p. 233-236.

FREEMAN R.E. et EVAN W.M. (1990), « Corporate Governance: A Stakeholder Interpretation », *Journal of Behavioral Economics*, 19(4).

FREEMAN R.E. et REED D.L. (1983), « Stockholders and Stakeholders: A New Perspective on Corporate Governance », *California Management Review*, XXV(3, printemps).

FREEMAN R.E., WICKS A.C. *et al.* (2004), « Stakeholder Theory and the Corporate Objective Revisited », *Organization Science*, 15/3, mai-juin, p. 364-369.

FRIDENSON P. et REYNAUD B. (2004), *La France et le temps de travail (1814-2004)*, Paris, Odile Jacob.

FRIEDMAN M. (1962), *Capitalism and Freedom*, Chicago University Press.

FROOMAN J. (1999), « Stakeholder Influence Strategies », *Academy of Management Review*, 24(2), p. 191-205.

FUSILIER B., VANDEWATTYNE J., LOMBA C. *et al.* (2003), *Kaléidoscopie d'une modernisation industrielle. Usinor, Cockerill Sambre, Arcelor*, UCL Presses universitaires de Louvain, Louvain.

GABEL L. (1995), « Environmental Management as a Competitive Strategy: The Case of CFC's », *Principles of Environmental Economics*, FOLMER H., GABEL L. et OPSCHOOR H. (éd.), Londres, Edward Elgar Publishing.

GALBRAITH J.K. (1969), *Le Nouvel État industriel*, Gallimard.

GEETZ C. (1968), *Islam Observed : Religious Development in Morocco and Indonesia*, The Chicago Press.

GERDE V.W. et WOKUTCH R.E. (1998), « 25 Years and Going Strong. A Content Analysis of the First 25 Years of the Social Issues in Management Division Proceedings », *Business and Society*, 37(4), p. 414-446.

GIOIA D. A. (1999), « Practicability, Paradigms, and Problems in Stakeholder Theorizing », *Academy of Management Review*, 24(2), p. 228-232.

GODARD O. (1994), « Le développement durable: paysage intellectuel », *Nature, Science et Société*, 2(4), octobre, p. 309-322.

GODARD O. (2002), « Le développement durable et les entreprises », *Revue des deux mondes*, octobre-novembre, p. 101-128.

GODELIER E. (1996), « Du bricolage à l'organisation : la naissance des outils de gestion du personnel chez Usinor (1948-1981) », *Entreprises et histoire*, n° 13, p. 97-114.

GODELIER E. (1997), « De la stratégie des sites à la stratégie de groupe. Contingence et changement chez Usinor », *Gérer et comprendre*, Annales des Mines, n° 48, p. 79-93.

GOND J.-P. (2001), « L'éthique est-elle profitable ? L'étude des interactions entre performance sociétale et performance financière », *Revue française de gestion*, 136, novembre-décembre.

GRIFFIN J.J. et MAHON J.F. (1997), « The Corporate Social Performance and Corporate Financial Performance Debate: Twenty-Five Years of Uncomparable Research », *Business and Society*, 36-1.

HAMAMOU M. (2003), « Responsabilité sociale de l'entreprise : un cas concret, Lafarge au Maroc », *Management et conjoncture sociale.*

HATCHUEL A. et WEIL B. (1992), *L'Expert et le système. Gestion des savoirs et métamorphose des acteurs dans l'entreprise industrielle*, Paris, Economica.

HATCHUEL A. (1995), « Les marchés à prescripteurs », *in* JACOB A. et VÉRIN H., *L'Inscription sociale du marché*, Paris, L'Harmattan.

HATCHUEL A. (1996), « Coopération et conception collective: variété et crise des rapports prescription », *in* DE TERSSAC G. et FRIEDBERG E., *Coopération et conception*, Octares Éditions.

HATCHUEL A. (2000), « Quel horizon pour les sciences de gestion ? Vers une théorie de l'action collective », *Les Nouvelles Fondations des sciences de gestion. Éléments d'épistémologie de la recherche en management*, DAVID A., HATCHUEL A. et LAUFER R., Paris, Vuibert, p. 7-43.

HATCHUEL A., LE MASSON P. et WEIL B. (2001), « De la R&D à la RID. La construction des fonctions "innovation" dans les entreprises », 8th International Product Development Management Conference, Enschede, Pays-Bas.

HATCHUEL A. et WEIL B. (éd.) (2005), *Les Nouveaux Régimes de la conception*, Aubier.

HAZEBROUCQ J.-M. (1999), *Management des projets de tourisme et de loisir*, Gaëtan Morin Europe éditeur, Paris.

HEALD M. (1961), « Business Thought in the Twenties : Social Responsibility », *American Quarterly*, 13(2), p. 126-139.

HEALD M. (1970), *The Social Responsibilities of Business : Company and Community, 1900-1960*, Cleveland, Case Western Reserve University Press.

HILL C.W.L. et JONES T.M. (1992), « Stakeholder-Agency Theory », *Journal of Management Studies*, 29.

HOLLIDAY C.O. Jr., SCHMIDHEINY S. *et al.* (2003), *De la parole aux actes. 67 expériences de développement durable dans l'entreprise*, Victoires Éditions.

HOLMES S. L. (1976), « Executive Perceptions of Corporate Social Responsibility », *Business Horizons*, 19, p. 34-40.

HONORÉ D. (2001), « Contribution au développement de la démarche de communication environnementale sur le site de Sollac-Fos », thèse professionnelle, Institut supérieur d'ingénierie et de gestion de l'environnement (ISIGE).

HOUZÉ P. (1998), *La vie s'invente en ville. Quel commerce pour les villes ?*, Économica, Paris.

HOUZÉ P. (2003), « Monoprix et le développement durable, agissons pour demain, chaque jour », *Industry and the Environment*, vol. 26, n° 1, *Shopping for a Better World : Sustainability and Retailing*, UNEP, Paris.

HUSSON M. (2003), « La nouvelle stratégie européenne pour l'emploi », *Chroniques internationales de l'IRES*, n° 82, mai, p. 1-7.

IGALENS J. et NIOCHE J.-P. (1977), « À propos du bilan social, trois voies de l'innovation sociale », *Revue française de gestion*, numéro spécial sur le bilan social, n° 12-13, novembre-décembre, p. 193-199.

JAWAHAR I. M. et MCLAUGHLIN G.L. (2001), « Toward a Descriptive Stakeholder Theory : An Organizational Life Cycle Approach », *Academy of Management Review*, vol. 26, n° 3, juillet.

JONES T.M. (1980), « Corporate Social Responsibility Revisited, Redefined », *California Management Review*, XXII(2).

JONES T.M. (1995), « Instrumental Stakeholder Theory : A Synthesis of Ethics and Economics », *Academy of Management Review*, 20(2), p. 404-437.

JONES T.M. et WICKS A.C. (1999), « Convergent Stakeholder Theory », *Academy of Management Review*, 24(2), p. 206-221.

JOUET G. et VAMPOUILLE M. (2003), « Ciments Calcia à la découverte de ses territoires », *Journal de l'école de Paris*, avril, p. 27-38.

KARPIK L. (1997), « Dispositifs de confiance et engagements crédibles », *Sociologie du travail*, 4, p. 527-550.

KPMG (2002), *Beyond Numbers : How Leading Organizations Link Values with Value to Gain Competitive Advantage*, rapport.

LASCOUMES P. (1994), *L'éco-pouvoir. Environnements et politiques*, Paris, La Découverte.

LASCOUMES P. (éd.) (1999), *Instituer l'environnement. Vingt-cinq ans d'administration de l'environnement*, L'Harmattan.

LASCOUMES P., LE GALES P. *et al.* (2004), *Gouverner par les instruments*, Presses de Sciences Po.

LAUFER R. (1993), *L'Entreprise face aux risques majeurs : à propos de l'incertitude des normes sociales*, L'Harmattan.

LAUFER R. (2000), « Les institutions du management : légitimité, organisation et nouvelle rhétorique », *in* DAVID A., HATCHUEL A. et LAUFER (éd.), Vuibert, p. 45-82.

LAVILLE E. (2002), *L'Entreprise verte. Le développement durable change l'entreprise pour changer le monde*, Village Mondial.

LECONTE T. (2003), *Le Pari du commerce équitable*, Éditions d'Organisations, Paris.

LEFEBVRE P. (2003), *L'invention de la grande entreprise : travail, hiérarchie, marché (France: fin XVIIIe siècle-début XXe siècle)*, PUF, Paris.

LE GOFF J.-P. (1993), *Le Mythe de l'entreprise*, Paris, La Découverte/Essais.

LEMASLE T. et TIXIER P.E. (éd.) (2000), *Des Restructurations et des hommes*, Dunod.

LENAY O. et MOISDON J.-C. (2003), « Trajectoire d'un instrument de gestion du système hospitalier », *Revue française de gestion (RFG)*, septembre-octobre, vol. 29, n°146.

LEVITT T. (1958), « The Dangers of Social Responsibility », *Harvard Business Review*, septembre-octobre.

LOISELET E. (2001), « L'investissement socialement responsable: genèse, méthodes et enjeux », *L' Économie politique*, n° 7, 3e trimestre.

LORDON F. (2003), *Et la vertu sauva le monde... Après la débâcle financière, le salut par l'"éthique" ?* , éditions Raisons d'Agir, Paris.

LYON-CAEN G., PÉLISSER J. et SUPIOT A. (1998), *Droit du travail*, Paris, Dalloz.

MACKINLAY A. et STARKEY K. (éd.) (1998), *Foucault, Management and Organization Theory*, Sage, Londres.

MAIGNAN I. et RALSTON D.A. (2002), « Corporate Social Responsibility in Europe and the US: Insights from Businesses' Self-Presentation », *Journal of International Business Studies*, 33, n° 3, p. 497-514.

MAILLE S. (2002), « L'hôtellerie de chaîne en 2000. Un bouleversement de l'offre hôtelière », *INSEE Première*, n° 820, janvier.

MAMOU-MANI (2002) (dir.), *Le Guide éthique du consommateur*, Observatoire de l'éthique, Albin Michel, Paris.

MALOTT D.W. (1924), « Business Advancing as a Profession », *Iron Trade Review*, 12 juin, p. 1564-65.

Management Review (1980), « How AT&T Copes with its Stakeholders », août.

MARCH J.G. (1991), « Exploration and Exploitation in Organizational Learning », *Organization Science*, vol. 2, n° 1, février, p. 71-87.

MARGOLIS J.D. et WALSH J.P. (2003), « Misery Loves Companies: Rethinking Social Initiatives by Business », *Administrative Science Quarterly*.

MARTINET A.-C. et REYNAUD E. (2001), « *Shareholders, stakeholders* et stratégie », *Revue française de gestion*, novembre-décembre, p. 12-24.

MCCRAW T.K. (1984), « Business and Government: The Origins of the Adversary Relationship », *California Management Review*, XXVI (2).

MCGUIRE J.W. (1963), *Business and Society*, New York, Mac Graw Hill.

MÉDA D. (2001), « Pour de nouveaux indicateurs de richesse », *Les cahiers du management*.

MERCIER S. (2004), *L'Éthique dans les entreprises*, La Découverte.

MEYER J.W. et ROWAN B. (1983), « Institutionalized Organizations: Formal Structure as Myth and Ceremony », *American Journal of Sociology*.

MEZNAR M.B., NIGH D. *et al.* (1994), « Effect of Announcements of Withdrawal from South Africa on Stockholder Wealth », *Academy of Management Journal*, 37, p. 1633-1648.

MIDLER C. (1986), « La logique de la mode managériale », *Gérer et comprendre*, n° 2, p. 31-46.

Ministère du tourisme, Direction du tourisme, Bureau de la Stratégie (2001), *Les mouvements de restructuration des entreprises touristiques françaises dans le contexte international*, juillet.

MITCHELL R.K., AGLE B.R. *et al.* (1999), « Who Matter to CEO ? An Investigation of Stakeholders Attributes and Salience, Corporate Performance, and CEO Values », *Academy of Management Journal*, 42(5).

MITCHELL R.K., AGLE B.R. *et al.* (1997), « Toward a Theory of Stakeholder Identification and Salience : Defining the Principle of Who and What Really Counts », *Academy of Management Review*, 22(4), p. 853-886.

MOISDON J.-C. (éd.) (1997), « Introduction », *Du mode d'existence des outils de gestion*, Séli Arslan, p. 4-21.

MOTTIS N. et PONSSARD J.-P. (2003), « L'influence des investisseurs institutionnels sur le pilotage des entreprises », *Revue française de gestion*.

NADAÏ A. (1997), « Les conditions de développement d'un écolabel de produit », *Responsabilité et environnement*, *Annale des Mines*, juillet.

NADER R. (1965), *Unsafe at Any Speed*, Pocket Books.

NOTAT N. (2003), « La responsabilité sociale des entreprises », *Futuribles*, n° 288, p. 11-28.

OLIVER C. (1991), « Strategic Responses to Institutional Processes », *Academy of Management Review*, 16(1), p. 145-179.

OLSON M. (1987), *Logique de l'action collective*, PUF, Paris.

OLSZAK N. (1999), *Histoire du droit du travail*, Paris, PUF.

ORSE/Orée/EPE (2004), « Rapport de mission au gouvernement : bilan critique de l'application de l'article 116 de la loi NRE », juin.

PADIOLEAU J.-G. (1982), *L'État au concret*, PUF.

PAUL K. (1991), « Reflections on the Utility of a Middle-Aged Field », *California Management Review*, hiver.

PEREZ R. (2003), « L'actionnaire socialement responsable », *Revue française de gestion*.

PEREZ R. (2003), *La Gouvernance de l'entreprise*, coll. « Repères », La Découverte.

PESQUEUX Y. et BIEFNOT Y. (2002), *L'Éthique des affaires. Management par les valeurs et responsabilité sociale*, Éditions d'Organisation.

PEZET E. (2000), « Négociation collective et gouvernement des individus dans l'entreprise : la négociation de la classification dans la métallurgie (1968-1975) », *Entreprises et histoire*, n° 26, p. 74-88.

PFEFFER J. et SALANCIK G.R. (1978), *The External Control of Organizations : A Ressource Dependance Perspective*, Harper & Row Publishers.

PHILLIPS R., FREEMAN R.E. *et al.* (2003), « What Stakeholder Theory Is not », *Business Ethics Quarterly*, 13(4), p. 479-502.

PLIHON D. et PONSSARD J.-P. (2002), *La Montée en puissance des fonds d'investissements, quels enjeux pour les entreprises ?*, La Documentation française, Paris.

PORTER M.E. et LINDE C.V.D. (1995), « Toward a New Conception of the Environment-Competitiveness Relationship », *Journal of Economic Perspectives*, 9, n°4, p. 97-118.

POST J.E. (1991), « Identity Crises in Middle Age : The Business and Society Field », *California Management Review*, hiver.

POWER M. (1996), « Making Things Auditable », *Accounting, Organizations and Society*, 21(2/3), p. 289-315.

PRESTON L.E. (1990), « Stakeholder Management and Corporate Performance », *Journal of Behavioral Economics*, 19(4), p. 361-375.

PRESTON L.E. (1991), « Comments on Dean Cheit's Remarks », *California Management Review*, hiver.

PRESTON L.E. et POST J.E. (1975), *Private Management and Public Policy,* Englewood Cliffs, New Jersey, Prentice-Hall.

RANDALL C.B. (1952), *A Creed for Free Enterprise*, Boston.

Regards sur l'actualité (2004), numéro spécial sur la France et le développement durable, La Documentation française, juin-juillet.

REVERDY T. (2001), « L'invention du management environnemental », *Gérer et comprendre*, n° 63, p. 31-42, mars.

REVERDY T. (2005), « Management environnemental et dynamique d'apprentissage », *Revue française de gestion* (a paraître).

Revue française de gestion (RFG) (2001), numéro spécial sur l'éthique, novembre-décembre.

REYNAUD J.-D. (1989), *Les Règles du jeu. L'action collective et la régulation sociale*, A. Colin, Paris.

RICHARD D., DUPARD D. *et al.* (2003), *WWF: entre action militante, partenariat et action institutionnelle*, École de Paris.

ROAN A. (1989), *Ozone Crisis*, Wyley and Sons.

ROOZEN N. et VAN DER HOFF F. (2002), *L'Aventure du commerce équitable. Une alternative à la mondialisation, par les fondateurs de Max Havelaar*, éditions J.-C. Lattès, Paris.

ROPER E. (1949), « The Public Looks at Business », *Harvard Business Review*, mars, p. 165-174.

ROQUEPLO P. (1988), *Pluies acides: menaces pour l'Europe*, Economica.

ROSEN C.M. (2001), « Environmental Strategy and Competitive Advantage: An Introduction », *California Management Review*, 43, n° 3, p. 8-15.

ROWLEY T.J. (1997), « Moving beyond Dyadic Ties: A Network Theory of Stakeholder Influences », *Academy of Management Review*, 22(4), p. 887-910.

SACHS I. (1998), *L'Écodéveloppement, stratégie pour le XXIe siècle*, Syros.

SALMON A. (2002), *Éthique et ordre économique: une entreprise de séduction*, CNRS Éditions.

SANTELMAN P. (2001), *La Formation professionnelle, nouveau droit de l'homme ?*, Paris, Gallimard.

SARDAS J.-C. (1997), « Ingénierie intégrée et mutation des métiers de la conception », *Annales des Mines*, février.

SCHWARTZ N. et GIBB B. (1999), *When Good Companies Do Bad Things*, J. Wyley, New York.

SEGRESTIN B. (2003), « Les partenariats d'exploration », thèse de doctorat de l'École des Mines de Paris.

SEGRESTIN D. (1997), « L'entreprise à l'épreuve des normes de marché », *Revue française de sociologie*, n° 38, p. 553-585.

SETHI P.S. (1975), « Dimensions of Corporate Social Performance: An Analytical Framework », *California Management Review*, XVII(3).

SETHI P.S. (1979), « A Conceptual Framework for Environmental Analysis of Social Issues and Evaluation of Business Response Patterns », *Academy of Management Review*, 4, n° 1.

SICARD J.-P. (2002), « Investissement socialement responsable et fonds éthiques. Nouveaux enjeux, nouvelles perspectives », *Problèmes économiques*, n° 2745, 23 janvier.

STURDIVANT F.D. (1979), « Executives and Activists : Test of Stakeholder Management », *California Management Review*, XXII(1).

STURDIVANT F.D. et GINTER J.L. (1977), « Corporate Social Responsiveness. Management Attitudes and Economic Performance », *California Management Review*, XIX – 3.

SUCHMAN M.C. (1995), « Managing Legitimacy : Strategic and Institutional Approaches », *Academy of Management Review*, 20(3), p. 571-610.

SUNDARAM A.K. et INKPEN A.C. (2004), « The Corporate Objective Revisited », *Organization Science*, 15/3, mai-juin, p. 350-363.

SUTTON F.X. (1956), *The American Business Creed*, Cambridge, Harvard University Press.

SWANSON D.L. (1995), « Adressing a Theoretical Problem by Reorienting the Corporate Social Performance Model », *Academy of Management Review*, 20(1), p. 43-64.

SWANSON D.L. (1999), « Toward an Integrative Theory of Business and Society : A Research Strategy for Corporate Social Performance », *Academy of Management Review*, 24(3), p. 506-521.

TELCOCK P.E. (2000), « Cognitive Biases and Organizational Correctiveness : Do Both Disease and Cure Depend on the Politics of the Beholder ? », *Administrative Science Quarterly*, 45, p. 293-326.

TREBOUL J.-B. (1998), *Les Stratégies des entreprises de tourisme*, PUF, Paris.

TREVINO L.K. et WEAVER G. (1999), « The Stakeholder Research Tradition : Converging Theorists. Not Converging Theory », *Academy of Management Review*, 24(2), p. 222-227.

ULLMAN A. (1985), « Data in Search of a Theory : A Critical Examination of the Relationships among Social Performance, Social Disclosure and Economic Performance », *Academy of Management Review*, 10.

UNEP-SustainAbility (2003), *Trust Us : The Global Reporters Survey of Corporate Social Reporting*, UNEP (éd.).

VELLAS F. (2002), *Économie et politique du tourisme mondial*, Économica, Paris.

VOGEL D. (1978), *Lobbying the Corporation*, New York, Basic Books.

VOGEL D. (1986), « The Study of Social Issues in Management : A Critical Appraisal », *California Management Review*, XXVIII-2, hiver.

WACKERMANN G. (1994), *Loisir et tourisme. Une internationalisation de l'espace*, SEDES, Paris.

WARTICK S.L. et COCHRAN P.L. (1985), « The Evolution of the Corporate Social Performance Model », *Academy of Management Review*, 10(4).

WARTICK S.L. et RUDE R.E. (1986), « Issues Management : Corporate Fad or Corporate Function ? », *California Management Review*, XXIX (1, automne).

WEBER M. (1971), *Économie et société*, Plon.

WEBER M. (1964), *L'éthique protestante et l'esprit du capitalisme*, Plon.

WEIL B. (1999), « Conception collective, coordination et savoirs, les rationalisations de la conception automobile », École nationale supérieure des Mines de Paris.

WHITE A. et ZINKL D. (1997), *Green Metrics : A Status Report on Standardized Corporate Environmental Reporting*, working paper.

Wood D.J. (1991), « Corporate Social Performance Revisited », *Academy of Management Review*, 16(4).

Wood D.J. (1991), « Social Issues in Management : Theory and Research in Corporate Social Performance », *Journal of Management*, 17(2), p. 383-406.

Wood D.J. et Cochran P.L. (1992), « Business and Society in Transition », *Business and Society*, 31, n° 1, printemps.

Zadek S. (2001), *The Civil Corporation. The New Economy of Corporate Citizenship*, Earthscan, Londres.

Zadek S., Evans R. *et al.* (1997), *Building Corporate Accountability*, Earthcan, Londres.

Zadek S. (2004), « The Path to Corporate Responsibility », *Harvard Business Review*, décembre.

Table des matières

Achevé d'imprimer en Février 2005
sur les presses de l'imprimerie Grapho 12
12200 Villefranche-de-Rouergue
n° imprimeur : 02066
ISBN : 2-7117-6962-3